Scott Kelby

Lightroom

Classic und CC für digitale Fotografie

Impressum

Wir hoffen, dass Sie Freude an diesem Buch haben und sich Ihre Erwartungen erfüllen. Ihre Anregungen und Kommentare sind uns jederzeit willkommen. Bitte bewerten Sie doch das Buch auf unserer Website unter www.rheinwerk-verlag.de/feedback.

An diesem Buch haben viele mitgewirkt, insbesondere:

Lektorat Christine Keutgen-Plümpe
Übersetzung und Bearbeitung Heico Neumeyer, Oberbayern
Korrektorat Petra Biedermann, Reken
Herstellung Janina Brönner
Typografie und Layout Vera Brauner, Janina Brönner
Einbandgestaltung Bastian Illerhaus
Coverfotos Scott Kelby
Fotos Scott Kelby (Ausnahmen: Copyright-Hinweis am Bild)
Satz Janina Brönner
Druck Firmengruppe Appl, Wemding

Dieses Buch wurde gesetzt aus der TheSans (8,5 pt/12,75 pt) in Adobe InDesign CC.
Gedruckt wurde es auf mattgestrichenem Bilderdruckpapier (115 g/m²).
Hergestellt in Deutschland.

Das vorliegende Werk ist in all seinen Teilen urheberrechtlich geschützt. Alle Rechte vorbehalten, insbesondere das Recht der Übersetzung, des Vortrags, der Reproduktion, der Vervielfältigung auf fotomechanischen oder anderen Wegen und der Speicherung in elektronischen Medien.

Ungeachtet der Sorgfalt, die auf die Erstellung von Text, Abbildungen und Programmen verwendet wurde, können weder Verlag noch Autor, Herausgeber oder Übersetzer für mögliche Fehler und deren Folgen eine juristische Verantwortung oder irgendeine Haftung übernehmen.

Die in diesem Werk wiedergegebenen Gebrauchsnamen, Handelsnamen, Warenbezeichnungen usw. können auch ohne besondere Kennzeichnung Marken sein und als solche den gesetzlichen Bestimmungen unterliegen.

Authorized translation from the English language edition, entitled »The Adobe Photoshop Lightroom Classic CC Book for Digital Photographers«, 1st Edition, ISBN 978-0-13-454513-4 by Scott Kelby, published by Pearson Education, Inc., publishing as New Riders, Copyright © 2018.
All rights reserved. No part of this book may be reproduced or transmitted in any form or by any means, electronic or mechanical, including photocopying, recording or by any information storage retrieval system, without permission from Pearson Education, Inc.

German language edition published by Rheinwerk Verlag GmbH, Copyright © 2018

Autorisierte Übersetzung der englischen Originalausgabe mit dem Titel »The Adobe Photoshop Lightroom Classic CC Book for Digital Photographers« von Scott Kelby, 1. Ausgabe, ISBN 978-0-13-454513-4, erschienen bei New Riders, einer Verlagsmarke von Pearson Education Inc., Copyright © 2018. Alle Rechte vorbehalten. Kein Teil dieses Buches darf ohne ausdrückliche Genehmigung von Pearson Education Inc. reproduziert oder weiterverbreitet werden, weder auf elektronischem noch mechanischen Wege, einschließlich Fotokopie, Aufzeichnung und Speicherung in Informationssystemen.

Bibliografische Information der Deutschen Nationalbibliothek:
Die Deutsche Nationalbibliothek verzeichnet diese Publikation in der Deutschen Nationalbibliografie; detaillierte bibliografische Daten sind im Internet über http://dnb.d-nb.de abrufbar.

ISBN 978-3-8421-0318-4

1. Auflage 2018
© Rheinwerk Verlag, Bonn 2018

Vierfarben ist eine Marke des Rheinwerk Verlags. Der Name Vierfarben spielt an auf den Vierfarbdruck, eine Technik zur Erstellung farbiger Bücher. Der Name steht für die Kunst, die Dinge einfach zu machen, um aus dem Einfachen das Ganze lebendig zur Anschauung zu bringen.

Informationen zu unserem Verlag und Kontaktmöglichkeiten finden Sie auf unserer Verlagswebsite www.rheinwerk-verlag.de. Dort können Sie sich auch umfassend über unser aktuelles Programm informieren und unsere Bücher und E-Books bestellen.

Liebe Leserin, lieber Leser,

Lightroom ist sozusagen der Goldstandard für die effiziente Bildverwaltung und RAW-Entwicklung. Und mit diesem Buch halten Sie den Goldstandard unter den Anleitungen dazu in Händen. Sie halten das für übertrieben? Dann lassen Sie sich auf den folgenden fast 500 Seiten überzeugen!

Ich kann Ihnen dieses Buch wirklich ans Herz legen, denn neben der genauen Anleitung gibt es immer wieder absolute Super-Tipps zu entdecken, die das Arbeiten mit Lightroom um so vieles leichter machen. Scott Kelby kennt Lightroom wirklich in- und auswendig und teilt sein Wissen gerne mit Ihnen. Das Buch ist von seiner Art her zum schnellen Nachschlagen geeignet, es ist aber auch absolut lohnend, es von vorne bis hinten durchzulesen und viele Projekte nachzumachen (auf Seite 12 erfahren Sie, wo Sie die Beispielbilder für die Workshops herunterladen können). Das bringt Ihnen mit Sicherheit das eine oder andere Aha-Erlebnis, und es wird den Spaß vergrößern, den Sie mit Lightroom haben können. Genauso gut aber können Sie irgendwo ins Buch hineinspringen, wenn Sie sich für eine bestimmte Sache interessieren. Wollen Sie zum Beispiel schnell einen Bildfehler beheben? Dann ist Kapitel 8 ab Seite 247 ein guter Startpunkt. Oder wollen Sie einen einfachen Weg kennenlernen, ein tolles Fotobuch mit Ihren Aufnahmen zu gestalten? Dann sollten Sie sich an Kapitel 11 halten. Keine Frage auch, dass der RAW-Entwicklung, dem Herzen von Lightroom, gleich drei Kapitel gewidmet sind: Nummer 5, 6 und 7. Hier werden Sie zum absoluten Profi gemacht.

Ich hoffe, dass Ihnen dieses Buch weiterhilft und dass Sie viel Freude beim Sortieren und Bearbeiten Ihrer Bilder mit Lightroom haben werden. Sollten Sie Fehler oder Unstimmigkeiten entdecken, wenden Sie sich gern an mich – ebenso, wenn Sie allgemeine Anregungen, Lob oder Kritik loswerden möchten. Aber jetzt blättern Sie erst einmal um, und legen Sie los!

Christine Keutgen-Plümpe
Lektorat Fotografie

christine.keutgen@rheinwerk-verlag.de
www.rheinwerk-verlag.de
Rheinwerk Verlag • Rheinwerkallee 4 • 53227 Bonn

Inhalt

Über den Autor 11

Etwa sieben Dinge, die Sie vorab wirklich
wissen müssen 12

1 Importieren
So laden Sie Ihre Fotos in Lightroom 17

Ganz am Anfang: Speichern Sie alle Ihre Fotos
auf einer externen Festplatte 18

Was Sie machen können, wenn Ihr Bilder-Ordner
ein Fragezeichen zeigt 19

Sicher ist sicher: Sie brauchen noch eine
Backup-Platte 20

Und Sie brauchen einen Cloudspeicher! 21

Organisieren Sie Ihre Bilder von Anfang an richtig 22

Importieren Sie Bilder von Ihrer Festplatte 26

Entscheiden Sie, wie schnell Sie Ihre Bilder
sehen wollen 27

Von der Kamera importieren (für Einsteiger) 29

Von der Kamera importieren (für Fortgeschrittene) ... 31

Sie nutzen Lightroom am Laptop? Dann sind
Smart-Vorschauen Ihr Ding! 35

Schneller mit Importvorgaben und Kompaktansicht ... 36

Legen Sie Voreinstellungen für den Import fest 37

Der Wechsel von RAW zum DNG-Dateiformat 40

Und hier kommen noch vier Dinge, die Sie jetzt
über Lightroom wissen sollten 41

So sehen Sie sich Ihre importierten Fotos an 43

Die zwei Vollbildansichten 45

2 Bibliothek
System für ein glückliches Lightroom-Leben 47

Vier wichtige Dinge gleich am Anfang 48

Sie wollen mit Lightroom glücklich werden?
Verwenden Sie nur einen Katalog! 50

So speichern Sie Ihren Katalog richtig 52

So wird der Ordner zur Sammlung 53

So organisieren Sie die Fotos von Ihrer Festplatte 54

Inhalt

Darum sind Flaggen besser als eine Sternebewertung 56

So organisieren Sie neue Fotos von der Kamera 58

Schneller zum besten Bild – mit »Übersicht« und »Vergleichen« 64

Smart-Sammlungen: Ihr Aufräum-Assistent 66

Räumen Sie auf – stapeln Sie Ihre Bildserien! 68

Finden Sie Ihre Bilder mit Stichwörtern 70

Personenfahndung per Gesichtserkennung 74

Wie Sie bereits importierte Fotos umbenennen 78

So finden Sie Ihre Fotos blitzschnell 79

Lightroom zeigt Ihre Bilder automatisch auf einer Karte an 81

Nutzen Sie die Karte auch ohne eingespeicherte GPS-Daten 82

Sammlung aus Ortsangaben erstellen 84

Wie Sie fehlende Fotos finden 85

Wie Lightroom Ihre Bilder nach Datum sortiert 87

Sehr, sehr wichtig: eine Sicherungskopie für Ihren Katalog! 90

3 Im Profi-Modus
Importieren und sortieren für Anspruchsvolle ... 93

Tethered Shooting: von der Kamera direkt zu Lightroom 94

Wie Sie Ihre Bilder mit Layoutüberlagerungen direkt im Layout testen 98

Erstellen Sie eigene Vorlagen für Dateinamen 102

Erstellen Sie Ihre eigene Metadatenvorgabe mit Copyright-Hinweis 106

Fokus aufs Foto: »Gedämpfte Beleuchtung«, »Beleuchtung aus« und andere Darstellungsmodi 108

Hilfslinien und Raster nutzen 110

So hilft Ihnen die Schnellsammlung 111

Wie Sie Zielsammlungen nutzen – und deren großer Vorteil! 113

Schreiben Sie Copyright, Bildtexte und andere Metadaten in Ihre Bilddateien 115

So zieht Ihr Katalog auf einen anderen Computer um 118

Was Sie bei einer Katastrophe tun können 121

Inhalt

4 Gut eingerichtet
Ihre persönliche Benutzeroberfläche ... 125

Gestalten Sie die Lupenansicht nach Ihrem Geschmack ... 126
Wie Sie die Rasteransicht optimal anpassen ... 128
Arbeiten Sie schneller mit den Bedienfeldern ... 132
So setzen Sie Lightroom mit zwei Monitoren ein ... 133
Richten Sie den Filmstreifen ein ... 137
Die ganz persönliche Note: Ihr eigener Name im Programmfenster ... 138

5 Bildbearbeitung
Entwickeln Sie Ihre Aufnahmen wie ein Profi ... 143

Mein Entwickeln-Spickzettel ... 144
Wenn Sie in RAW aufnehmen, müssen Sie hier loslegen ... 146
So gelingt der perfekte Weißabgleich ... 151
Den Weißabgleich direkt beim Tethered Shooting einstellen ... 155
Die praktische Vorher-/Nachher-Darstellung ... 157
Mit der Referenzansicht einen Bildlook übertragen ... 158
Die automatische Korrektur (endlich richtig gut) ... 159
So nutzen Sie Weiß- und Schwarzpunkt ... 160
Wie Sie die Gesamthelligkeit steuern ... 162
Mein Power-Trio: Weiß, Schwarz und Belichtung ... 163
Kontrast steigern (wichtig!) ... 164
So bekommen Sie Überbelichtung in den Griff ... 165
Hellen Sie dunkle Bildpartien auf ... 167
Der »Klarheit«-Regler macht Ihre Bilder knackiger ... 168
Wie Sie die Farben zum Strahlen bringen ... 169
Pusten Sie den Dunst aus dem Bild! ... 170
Gleichen Sie die Bildstimmung automatisch an ... 174
Meine Bildbearbeitung – der Ablauf im Überblick ... 175
Was bringt die Ad-hoc-Entwicklung in der Bibliothek? ... 176

6 Malen mit Licht
Der Korrekturpinsel und andere Werkzeuge ... 179

Bildzonen aufhellen und nachdunkeln ... 180
Und noch fünf Dinge, die Sie über den »Korrekturpinsel« wissen sollten ... 186
Weißabgleich, Schattenzeichnung und Bildrauschen lokal korrigieren ... 187

Inhalt

Wie Sie Porträts retuschieren 189	Lichtstrahlen ins Bild malen 236
Der »Verlaufsfilter« macht den Himmel schöner 193	So entstehen HDR-Bilder in Lightroom 240
Knifflige Korrektur per Bereichsmaske 196	Lassen Sie Straßen und Pflastersteine nass glänzen ... 244
Spotlicht und flexible Randabdunklung mit dem vielseitigen »Radial-Filter« 201	

7 Spezialeffekte
Bilder ... nun ja ... speziell aussehen lassen 205

Neue Bildlooks mit kreativen Profilen 206

Experimentieren Sie ohne Risiko – mit virtuellen Kopien 208

Steuern Sie einzelne Farben im HSL-Bedienfeld 210

Der Vignetteneffekt: Dunkeln Sie den Rand ab 212

Gestalten Sie den coolen Hochkontrast-Look 215

So entstehen ausdrucksvolle Schwarzweißbilder 218

So erhalten Sie starke Duotonbilder 222

Mattierter Look in zwei Schritten 223

Nutzen Sie Ein-Klick-Vorgaben (und machen Sie eigene!) 224

Gegenlichteffekt verstärken 229

Cross-Entwicklung für Fashion-Fotos 231

So montieren Sie Panoramen in Lightroom 233

8 Problemfotos
Korrigieren Sie typische Bildfehler 247

Reparieren Sie Gegenlichtszenen 248

Bildrauschen reduzieren 250

Kommando zurück – Widerrufen ohne Ende 253

Schneiden Sie Ihr Bild richtig zu 255

Tolle Sache: Freistellen mit »Beleuchtung aus« 258

Korrigieren Sie einen schiefen Horizont 259

Auf den Punkt genau retuschieren 261

So spüren Sie Staub und Flecken kinderleicht auf 264

Korrigieren Sie rotgeblitzte Augen 267

So beheben Sie Objektivverzerrungen automatisch ... 268

Objektivverzerrungen manuell korrigieren 272

Korrigieren Sie die Randabdunklung 275

Verbessern Sie die Bildschärfe 278

Korrigieren Sie chromatische Aberrationen (auch bekannt als »diese hässlichen Farbsäume«) 282

Eine einfache Kamerakalibrierung 284

Inhalt

9 Bilder exportieren
Speichern Sie JPEGs, TIFFs (und mehr) ... 287
Wie Sie im JPEG-Dateiformat speichern ... 288
Schützen Sie Ihre Bilder mit einem Wasserzeichen ... 296
Mailen Sie Fotos aus Lightroom heraus ... 300
So exportieren Sie Ihre Original-RAW-Dateien ... 302
Wie Sie Ihre Bilder mit nur zwei Klicks veröffentlichen ... 304

10 Der Sprung zu Photoshop
Wann und wie Sie wechseln sollten ... 311
So übergeben Sie Ihre Dateien am besten an Photoshop ... 312
Der Sprung zu Photoshop – und der Sprung zurück ... 313
So behalten Sie Ihre Photoshop-Ebene bei ... 319
Fügen Sie Ihrer Lightroom-Bearbeitung eine Photoshop-Automatik hinzu ... 320

11 Fotobücher
Gestalten Sie Alben mit Ihren Fotos ... 329
Bevor Sie mit dem ersten Fotobuch anfangen ... 330
Gestalten Sie Ihr erstes Fotobuch in nur 10 Minuten ... 332
Machen Sie es sich leicht mit »Auto-Layout« ... 338
Richten Sie eigene Benutzerseiten ein ... 342
Bildunterschriften und andere Texte für Ihr Fotobuch ... 344
Wie Sie Seitenzahlen einfügen und anpassen ... 348
Diese vier Dinge sollten Sie über Layoutvorlagen wissen ... 350
Passen Sie Ihren Hintergrund individuell an ... 352
Tipps zum Layout und zum Druck außerhalb von Blurb ... 354
Entwerfen Sie Schriftzüge für die Titelseite ... 355
Erzeugen Sie ein besonders raffiniertes Layout ... 358

12 Das große Drucken
Bringen Sie Ihre Bilder zu Papier ... 361
Wie Sie ein Einzelbild drucken ... 362
Gestalten Sie Kontaktbögen mit mehreren Fotos ... 366
Gestalten Sie eigene Layouts ... 374
So bringen Sie Text auf Ihre Seiten ... 378
Drucken Sie ein Foto mehrfach auf einer Seite ... 380
Speichern Sie Ihre eigenen Layouts als Vorlagen ... 385
So merkt sich Lightroom Ihre Drucklayouts ... 386
Gestalten Sie Ausdrucke mit blassem Hintergrundbild ... 387

Die richtigen Druck- und Farbeinstellungen	390
Sichern Sie Ihr Layout als JPEG-Datei	400
Zeigen Sie Ihre Ausdrucke mit neuen Bildrahmen	403

13 Video

Mit Filmclips aus Ihrer Kamera arbeiten 407

So kürzen Sie Ihre Filme	408
Thumbnail für das Video festlegen	410
Ein Bild aus dem Film extrahieren	411
So bearbeiten Sie Ihren Film (auf die einfache, aber auch eingeschränkte Weise)	412
Vielseitigere Videobearbeitung (mit praktischen Extras)	413
Einen kurzen Film zusammenstellen und in HD-Qualität speichern	415

14 Lightroom für Mobilgeräte

Unterwegs mit Lightroom 421

Vier coole Fakten über Lightroom auf Ihrem Mobilgerät	422
Richten Sie Lightroom auf Ihrem Mobilgerät ein	424
Synchronisieren Sie Sammlungen mit dem Mobilgerät	425
Arbeiten Sie mit Ihren mobilen Alben	426
Nutzen Sie Markiert-Fahnen und Bewertung	430
Bearbeiten Sie Ihre Fotos am Tablet oder Mobiltelefon	432
Zuschneiden und drehen	440
Ihre Lightroom-Alben über das Internet teilen	442
Online-Fotosession für Ihre Kunden	446
Die Suchfunktion der Lightroom-App	448
Die eingebaute Kamerasteuerung ist echt großartig!	450
Lightroom CC = Lightroom mobile am Computer	454

15 Mein Workflow

So laufen meine Fotoprojekte ab 457

Los geht's mit dem Shooting	458
Workflow Schritt 1: Bilder importieren	459
Workflow Schritt 2: Bilder sortieren	460
Workflow Schritt 3: Top-Bilder bearbeiten	464
Workflow Schritt 4: Rückmeldungen der Kunden	470
Workflow Schritt 5: Das Bild ausdrucken	472
Möchten Sie noch mehr von mir lernen?	474
Stichwortverzeichnis	476

Über den Autor

*Dieses Buch widme ich
meinem guten Freund und Kollegen,
der Lightroom-Lichtgestalt, Winston Hendrickson.
Du hast uns so viel über so vieles beigebracht.
Wir werden Dich immer vermissen.
1962 – 2018*

Scott Kelby ...

... ist Redakteur und Herausgeber des »Lightroom Magazine«, Produzent von *LightroomKillerTips.com* und Mitgründer des Magazins »Photoshop User«. Er moderiert »The Grid«, eine wöchentliche, vielbeachtete Live-Talkshow für Fotografen, und rief den alljährlichen »Scott Kelby's Worldwide Photo Walk« ins Leben.

Scott ist Präsident und Vorstandsvorsitzender des Online-Schulungsunternehmens KelbyOne, das Kenntnisse in Photoshop, Lightroom und Fotografie vermittelt.

Scott ist Fotograf, Designer und preisgekrönter Autor – er schrieb mehr als 90 Bücher, darunter »Fotografieren im Studio mit Scott Kelby: Beleuchten, Belichten, Bearbeiten«, »Scott Kelbys Porträt-Retusche-Tricks für Photoshop«, »Wie mache ich das in Lightroom?« und die Reihe »Das Digitale Fotografie-Buch«. Der erste Band aus dieser Reihe ist das bestverkaufte Buch zur digitalen Fotografie aller Zeiten.

Scott wurde in den vergangenen sechs Jahren mehrfach als Nummer-1-Bestseller-Autor für Fotografiebücher ausgezeichnet. Seine Bücher erschienen in Dutzenden Sprachen, darunter Chinesisch, Russisch, Spanisch, Koreanisch, Polnisch, Taiwanesisch, Französisch, Deutsch, Italienisch, Japanisch, Hebräisch, Niederländisch, Schwedisch, Türkisch und Portugiesisch. Scott erhielt den renommierten »ASP International Award«, den die »American Society of Photographers« jährlich verleiht, »für einen besonderen oder bedeutsamen Beitrag zur Verbreitung der professionellen Fotografie als Kunst und Wissenschaft« sowie den »HIPA Special Award« für seinen Beitrag zur weltweiten Vermittlung fotografischer Kenntnisse.

Bei der jährlichen »Photoshop World Conference« ist Scott technischer Verantwortlicher. Rund um die Welt spricht er regelmäßig auf Messen und Konferenzen, und Sie erleben ihn in vielen Online-Kursen auf KelbyOne.com. Scott schult Photoshop-Nutzer und Fotografen bereits seit 1993.

Sie möchten mehr wissen? Besuchen Sie Scott Kelby im Netz:
Sein Lightroom-Blog: *http://lightroomkillertips.com*
Sein persönlicher Blog: *http://scottkelby.com*
Twitter: *@scottkelby*
Facebook: *www.facebook.com/skelby*
Instagram: *@scottkelby*
Google+: *+ScottKelby*

Lightroom Classic und CC für digitale Fotografie

Etwa sieben Dinge, die Sie vorab wirklich wissen müssen

Sie sollten wirklich das Optimum aus diesem Buch herausholen. Ich verspreche Ihnen: Wenn Sie sich zwei Minuten Zeit nehmen, um diese (ungefähr) sieben Punkte hier jetzt zu lesen, erreichen Sie viel mehr mit Lightroom Classic und mit diesem Buch (außerdem schicken Sie mir dann keine E-Mails mit den Fragen, die jeder stellt, der diese Seiten überspringt). Und übrigens: Die Fotos hier sind reine Schmuckbilder. Wir sind schließlich Fotografen, und wir wollen was Schönes vorzeigen!

1 Dieses Buch ist für Anwender von Lightroom Classic CC (also die Lightroom-Version, die wir alle seit rund elf Jahren kennen und lieben). Sieht Ihr Lightroom ungefähr so aus wie in der Abbildung? Dann sind Sie hier richtig. Oder sieht Ihr Lightroom anders aus – ohne **Bibliothek**, **Entwickeln**, **Karte** usw.? Dann arbeiten Sie mit der anderen Lightroom-Ausgabe, die Ihre Fotos in der Cloud (im Internet) sichert. Sie heißt Lightroom CC – also *nicht* Lightroom Classic CC. Ganz hinten im Buch werfen wir einen kurzen Blick auf Lightroom CC, aber wir besprechen die Cloudausgabe hier nicht ausführlich. Sie dürfen natürlich gern hierbleiben und die schönen Bilder bewundern.

2 **Die meisten Fotos aus diesem Buch können Sie herunterladen**, und zwar hier: *http://kelbyone.com/books/lrclassic7*. Dann spielen Sie meine Projekte genau mit den Bildern aus diesem Buch durch. Sehen Sie, und diese wichtige Information hätten Sie verpasst, wenn Sie den Einstieg hier übersprungen und gleich Kapitel 1 aufgeschlagen hätten! Dann würden Sie sich womöglich per E-Mail bei mir beschweren, dass ich Ihnen die Download-Adresse für die Bilder nicht genannt hätte. Sie wären nicht die oder der Erste ...

Bibliothek | Entwickeln | Karte | Buch | Diashow | Drucken | Web

3 **Meine anderen Bücher** können Sie meist an beliebigen Stellen öffnen und irgendwo anfangen. Mit diesem Lightroom-Buch ist es anders: Die Themen erscheinen in der Reihenfolge, in der Sie typischerweise mit der Software arbeiten werden. Ist Lightroom also neu für Sie, beginnen Sie am besten wirklich mit Kapitel 1 und gehen die Kapitel dann der Reihe nach durch. Aber hey, das ist Ihr Buch: Sie könnten auch ein Loch hineinbohren und Ihre Wertsachen darin verstecken. Das werde ich nie erfahren. Bitte lesen Sie auch die Einstiegssätze ganz oben über jedem Projekt – dort stehen wichtige Dinge, die Sie nicht verpassen sollten.

4 **Offiziell heißt das Programm ja »Adobe Photoshop Lightroom Classic CC«**, denn es gehört zur Photoshop-Familie und ist Teil der Creative Cloud von Adobe. Aber wenn ich das immer voll ausschreiben würde, bekämen Sie eine Riesenwut auf mich – oder auf die Person neben Ihnen. Darum schreibe ich ab jetzt nur »Lightroom« oder »Lightroom Classic«.

5 **Amtliche Warnung: Die Einleitungsseiten zu den Kapiteln** sind als kurze Entspannungspause gedacht. Diese Einstiege haben, ehrlich gesagt, wenig Bezug zum Kapitel. Sie haben sogar wenig Bezug zu irgendetwas. Aber ich schreibe diese leicht skurrilen Einstiegsseiten in allen meinen Büchern – es gibt sogar einen Band mit meinen gesammelten besten Einstiegsseiten (keine *fake news*!). Doch falls Sie ein sehr ernster Mensch sind, gehen Ihnen die Einstiegsseiten womöglich auf die Nerven. Und dann überspringen Sie sie am besten. Der Rest des Buchs ist normal. Aber diese eine Seite ganz am Anfang … nun ja …

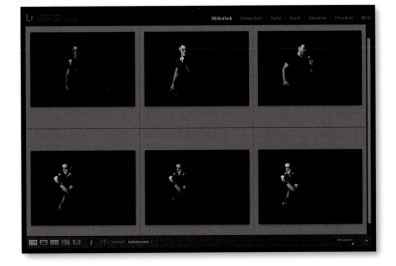

13

Lightroom Classic und CC für digitale Fotografie

6 **Ganz hinten im Buch finden Sie ein spezielles Bonuskapitel.** Dort stelle ich meinen ganz persönlichen Arbeitsablauf vor. Lesen Sie diesen Teil bitte erst, nachdem Sie das gesamte Buch gelesen haben. Sonst können Sie einige Tipps vielleicht nicht nachvollziehen (genau darum steht das Kapitel ja auch erst am Buchende).

7 **Wo sind die Kapitel zu Diashow- und Web-Modul?** Na, die finden Sie im Internet (unter der Webadresse, die ich Ihnen in Punkt 7,2 verrate). Diese Kapitel gibt es nicht gedruckt, weil Adobe ..., nun ja, Adobe hat diese Module mehr oder weniger vergessen (natürlich nicht offiziell, aber mal im Ernst, in den letzten vier Versionen hat Adobe dort nichts Größeres geändert, darum kann ich diese Module nicht guten Gewissens empfehlen). In einem einzigen Fall können wir das Diashow-Modul gut gebrauchen, und das beschreibe ich im »Video«-Kapitel. Aber wie auch immer: Sie finden die Themen Web und Diashow online (auf Englisch!) – es sind ganz einfach Bonuskapitel, die Sie nie lesen, über Features, die Sie nie nutzen.

Bibliothek | Entwickeln | Karte | Buch | Diashow | Drucken | Web

7,1 Wie wär's mit ein paar coolen, kostenlosen Lightroom-Vorgaben? Die haben Sie sich verdient (zumindest später, wenn Sie mit diesem Buch durch sind). Wenn Sie gerade erst mit Lightroom anfangen und Vorgaben noch nicht kennen: Das sind im Grunde »Ein-Klick-Zaubertricks«, die Ihre Fotos fulminant aufpeppen. Für diese Vorgaben existiert ein großer Markt, und sie werden für viel Geld verkauft. Aber Sie bekommen von mir reihenweise Gratisvorgaben aus eigener Produktion – weil ich meine Leser mit der Leidenschaft tausend brennender Sonnen liebe (oder weil Sie dieses Buch gekauft haben, entscheiden Sie selbst, welcher Grund Ihnen besser gefällt). Die Internetadresse und Beispielbilder finden Sie auf der Download-Seite, die ich gleich im nächsten Schritt nenne. Sehen Sie, so denke ich an Sie.

7,2 Ich habe noch ein paar Bonusvideos für Sie produziert (auf Englisch). Der erste Film zeigt, wie Sie alle Ihre Aufnahmen auf eine externe Festplatte verschieben (mehr dazu in Kapitel 1). Im zweiten Video produzieren wir mit Photoshop neue Rahmen, die Sie für Ihre Ausdrucke verwenden (das besprechen wir in Kapitel 12). Sie finden die Videos unter *http://kelbyone.com/books/lrclassic7*. Okay, dann blättern Sie mal um, denn jetzt geht's los!

Foto: Scott Kelby | Belichtung: 0,5s | Brennweite: 14mm / Blende: f/11

Importieren
So laden Sie Ihre Fotos in Lightroom

1

Lesen Sie gar nicht erst weiter, drücken Sie zuerst mal auf Pause (das ist die Schaltfläche mit den zwei senkrechten Linien). Blättern Sie zurück auf Seite 13, und lesen Sie noch einmal Punkt 5 in »Etwa sieben Dinge, die Sie vorab wirklich wissen müssen«. Das ist echt wichtig (und stimmt mich irgendwie auch traurig), denn: Ein Leser der Vorauflage hat diese (ungefähr) sieben Dinge einmal übersprungen (meines Wissens stammte er aus Canterbury, England, nahe der Geburtsstätte von Austin D. Powers). Der Leser wusste also nicht, was er von den Kapiteleinstiegen zu halten hatte. Er vermutete daraufhin, das ganze Buch sei so, und das trieb ihn in den Wahnsinn. Ja, er wurde verrückt! Jeden Tag wickelte er sich in Alufolie ein und verkaufte Goldfischbrötchen auf der Straße. Und da merkten die Leute natürlich bald, dass er für die Politik prädestiniert war. Nach knappem Wahlausgang leistete er den Amtseid an einem zugigen Novembermorgen im Jahre 2015 (ich meine, es war ein Dienstag). So stand er, ein stolzer Anblick, auf den Stufen zum Justizpalast, und der Wind strich sanft durch sein Alugewand. Er schwor Ihrer Majestät, der Histogrammkönigin, sowie ihren Ahnen und Nachfahren ewige Treue. Er gelobte, seine Bilder so zu importieren, dass es der Grafschaft Lupenansicht und den Stichwörter-Inseln zu Ehre und Ruhm gereicht. Allerdings, nach nur fünf Monaten im Amt ließen sich Gerüchte über fehlende Masterdateien und defekte Kataloge nicht mehr unterdrücken – eine Pressekonferenz wurde eilends einberufen. Politikchef Simon Jollybotum vom »Guardian« fragte nach dem Wahrheitsgehalt der Gerüchte. Unser Mann blickte Simon ins Gesicht und erwiderte nur »Hashtag Fakenews, Hashtag Sad«. Dann jagte er Simon schnöd vom Platz. Und echt, so was kannst Du gar nicht erfinden.

Kapitel 1 So laden Sie Ihre Fotos in Lightroom

Ganz am Anfang: Speichern Sie alle Ihre Fotos auf einer externen Festplatte

Bevor Sie Lightroom erstmals starten, verschieben Sie alle Ihre Bilder auf eine externe Festplatte. Nur so werden Sie dauerhaft glücklich – denn die Platte in Ihrem Computer ist ohnehin bald voll. Dieser Schritt spart Ihnen später Frust ohne Ende. Zum Glück sind externe Festplatten jetzt enorm billig: Neulich sah ich eine 4-Terabyte-Platte von WD für 99 Euro – unglaublich!

Scott Kelby / Apple

Legen Sie los: Hängt die externe Platte am Rechner? Dann *verschieben* Sie jetzt auf dieses eine, externe Laufwerk alle Ihre Bilder. Wirklich *alle*! Suchen Sie alte DVDs, CDs und sonstige Laufwerke heraus, und schieben Sie den ganzen Sums auf die eine Ziel-Festplatte. Und ich meine wirklich verschieben – nicht etwa kopieren. Prüfen Sie, ob die Fotos heil auf der neuen Platte angekommen sind. Anschließend löschen Sie auf dem Rechner verbliebene Kopien (die doppelten Versionen irritieren sonst ganz schrecklich). Es braucht ein bisschen, bis Sie alle diese Fotos an einem Platz versammelt haben. (Ich habe ein kleines englisches Video zu diesem Thema produziert, Sie finden es auf der englischen Website zum Buch. Die Adresse steht auf Seite 15.) Nun haben Sie alle Bilder an einem einzigen Speicherort, der sich leicht per Backup noch einmal sichern lässt – das beruhigt enorm. Und dazu kommt: Meine Leser erzählen mir immer wieder, dass diese Umorganisation gar nicht mal so lange dauert, sie hatten mehr Arbeit befürchtet. TIPP: Kaufen Sie eine Platte mit deutlich mehr Kapazität als eigentlich erforderlich, nehmen Sie mindestens 4 Terabyte. Denn die Platte füllt sich ohnehin weit schneller als gedacht, den heutigen Multi-Megapixel-Kameras sei Dank (und diese Megapixel werden bestimmt nicht weniger). Also, kratzen Sie alle CDs, DVDs und Laufwerke zusammen, und schieben Sie Ihre Bilderschätze auf die neue Foto-Platte.

Bibliothek | Entwickeln | Karte | Buch | Diashow | Drucken | Web

Was Sie machen können, wenn Ihr Bilder-Ordner ein Fragezeichen zeigt

*Das Fragezeichen auf den Lightroom-Ordnern im **Ordner**-Bedienfeld ist kein Problem: Sie haben vorhandene Ordner auf die externe Platte verschoben, und Lightroom findet die Ordner nicht mehr. Nennen Sie einfach den neuen Speicherort, und das Programm erfasst Ihre Bilder automatisch neu. Sie können die Fragezeichen sogar ganz vermeiden – mehr dazu weiter unten.*

So melden Sie Lightroom den neuen Speicherort: Sie haben Ihre Bilder vom Rechner auf die externe Platte geschoben? Das **Ordner**-Bedienfeld im Bibliothek-Modul zeigt diese Ordner jetzt blassgrau und mit Fragezeichen. Lightroom kennt also den Speicherort Ihrer Aufnahmen nicht mehr. Die Lösung? Teilen Sie Lightroom den neuen Speicherort mit – Rechtsklick auf einen Fragezeichen-Ordner, im Kontextmenü wählen Sie **Fehlenden Ordner suchen** (wie abgebildet). Damit landen Sie im üblichen Öffnen-Dialog. Dort rufen Sie Ihr externes Laufwerk auf, klicken auf den vermissten Ordner und dann auf **Ordner auswählen**. Das war's schon – Lightroom findet die Fotos und funktioniert wie gewohnt.

Für Fortgeschrittene: Sie müssen die Ordner nicht vom Computer auf die externe Platte ziehen – wahlweise erledigen Sie alles direkt in Lightrooms **Ordner**-Bedienfeld. Dabei sehen Sie später keine Fragezeichen und müssen Ihre Fotos nicht erst wieder verbinden.

  Hinweis: Stöpseln Sie eine neue, leere externe Festplatte an, wird sie von Lightroom zunächst nicht erkannt, sie erscheint nicht im **Ordner**-Bedienfeld. Klicken Sie rechts oben im **Ordner**-Bedienfeld auf das Pluszeichen, rufen Sie das externe Laufwerk auf, und legen Sie dort einen neuen leeren Ordner an. Jetzt erscheint die Platte auch im **Ordner**-Bedienfeld, und Sie können Ihre Ordner direkt auf das externe Laufwerk ziehen.

Sicher ist sicher: Sie brauchen noch eine Backup-Platte

Zum Glück sind externe Festplatten heute so billig, denn Sie brauchen zwei davon: Irgendwann gehen die Dinger einfach kaputt (entweder von allein, weil wir sie fallen lassen, weil der Blitz einschlägt oder weil der Hund sie vom Tisch zerrt). Das betrifft ja nicht nur externe Festplatten – alle Speichermedien geben irgendwann den Geist auf (auch CDs, DVDs und optische Laufwerke). Und wenn Ihre externe Platte das Zeitliche segnet, brauchen Sie eine perfekte Datensicherung.

Das muss eine völlig separate Festplatte sein: Packen Sie Ihr Backup auf eine zweite, völlig neue, ganz und gar unabhängige Festplatte, die mit Ihrem ersten externen Laufwerk rein gar nichts zu tun hat. Erzeugen Sie nicht einfach eine zweite Partition auf der ersten Platte. Manche Fotografen erzählen mir, dass ihr Backup auf einer neuen Partition liegt. Das ist aber brandgefährlich: Wenn diese externe Festplatte abraucht, dann geht nicht nur Ihr Haupt-Fotoordner den Bach runter – das Backup ist gleich mit weg. Sie verlieren womöglich alle Ihre Fotos für immer.

Wie Sie Ihre zwei externen Platten lagern: Sie brauchen nicht nur zwei getrennte externe Platten – lagern Sie diese zwei Laufwerke auch an getrennten Orten. Ich lasse zum Beispiel die eine Platte zuhause, die andere liegt im Büro. Ungefähr einmal im Monat synchronisiere ich die beiden Datenträger, um sie auf einen einheitlichen, aktuellen Stand zu bringen. Da ich sie an getrennten Orten aufbewahre, bin ich bei Einbrüchen, Feuer und Naturkatastrophen auf der sicheren Seite. Aus diesem Grund taugt auch Ihr Computer nicht als Backup-Medium, denn der fällt vielleicht auch dem Feuer oder Ganoven zum Opfer. Und genau darum legen Sie Ihre Backup-Platte auch nicht neben die Hauptfestplatte.

Bibliothek | Entwickeln | Karte | Buch | Diashow | Drucken | Web

Und Sie brauchen einen Cloudspeicher!

Waaaas? Wieeee? Dreimal speichern? Ja genau – dreimal. Sichern Sie Ihre Bilder auch in der Cloud (im Internet). Fragen Sie mal Leute, die nach einer Überschwemmung alle Fotos verloren haben. Es gibt ja immer mehr Naturkatastrophen. Es geht um die unersetzlichen Bilder Ihres Lebens, um Kundenfotos – alles unbezahlbar. Das ist heute wichtiger denn je. Okay, Sie müssen Ihre Bilder nicht unbedingt in der Cloud speichern – aber ruhiger schlafen werden Sie dann schon.

Darum brauchen Sie ein Backup in der Cloud: Wird Ihr Gebiet von Überschwemmung oder Sturmtief heimgesucht, verlieren Sie womöglich beide Foto-Festplatten, selbst wenn sie an unterschiedlichen Orten liegen. Darum brauchen Sie noch ein Cloud-Backup. Ich verwende dafür *Backblaze.com*. Der schlichte Grund – Sie zahlen pro Monat nur schlappe 5 Dollar für unbegrenzten Speicherplatz. Das sind derzeit gerade mal 4,50 Euro! Das System arbeitet unauffällig im Hintergrund und sichert Ihre externe Platte automatisch in der Cloud.

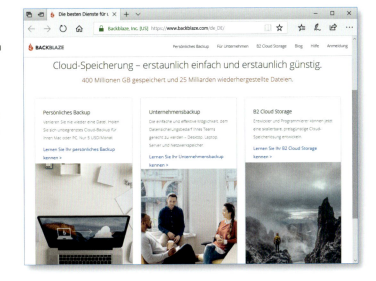

Schielen Sie nicht zu früh auf den Upload-Fortschritt: Für Backblaze und andere Clouddienste gilt natürlich: Sie müssen Ihre komplette Fotosammlung hochladen – vermutlich mehrere Terabyte –, und das dauert einfach. Wie lange? Na ja, vermutlich dauert es mindestens einen Monat, oder vielleicht auch sechs Wochen bis zwei Monate, und fleißige Fotoprofis warten womöglich noch länger. Hochladen dauert zudem meist viel länger als Herunterladen, darum meine Empfehlung: Schauen Sie einen Monat lang nicht auf den Upload-Fortschritt, denn sonst heißt es nur: »WAH#%$&!!! Erst bei sechs Prozent!!« Sparen Sie sich den Stress – starten Sie den Upload, und leben Sie Ihr Leben weiter. In sechs Wochen liegen Ihre Bilder vielleicht schon tutti completti in der Cloud ... oder auch nicht. Ändern können Sie daran eh nichts.

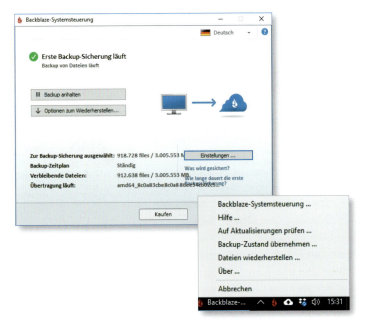

Kapitel 1 So laden Sie Ihre Fotos in Lightroom

Organisieren Sie Ihre Bilder von Anfang an richtig

Jeden Tag erzählen mir Fotografen, dass sie mehr oder weniger verzweifelt auf der eigenen Festplatte nach ihren Bildern suchen. Dieser Frust hat rein gar nichts mit Lightroom zu tun. Richten Sie am besten vorab alles übersichtlich ein (und ich zeige Ihnen gleich, wie das geht). Erst danach starten Sie mit Lightroom – das macht Ihr Leben soooooo viel einfacher! Sie kennen dann immer den genauen Ort Ihrer Bilder. Sie können den Speicherort sogar dann genau beschreiben, wenn Sie gar nicht am Rechner sitzen.

1 Richten Sie auf Ihrer externen Festplatte (mehr auf Seite 18) einen einzelnen neuen Ordner ein. Das ist der Hauptordner für Ihre Fotosammlung. Hier verstauen Sie Ihre sämtlichen Bilder – die alten aus vergangenen Jahren ebenso wie die neuen, die Sie noch aufnehmen werden. Und das ist auch schon der Schlüssel zu einer übersichtlichen Dateiverwaltung, noch bevor Sie mit Lightroom überhaupt loslegen. Übrigens heißt dieser wichtigste aller Ordner bei mir »Lightroom-Fotos«, aber verwenden Sie ruhig jeden beliebigen Namen nach Ihrem Geschmack. Egal, wie er heißt, hier befindet sich jetzt Ihre komplette Fotosammlung. Und bei der Datensicherung müssen Sie sich nur um einen einzigen Ordner kümmern. Ganz schön praktisch, oder?

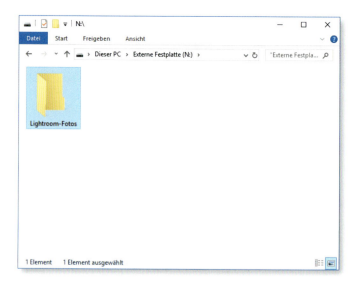

2 Innerhalb des ersten Ordners erzeugen Sie weitere Ordner. Die benennen Sie nach Ihren typischen Motiven. Ich habe zum Beispiel getrennte Ordner für Architektur, Autos, Fliegen, Familie, Landschaft, Leute, Sport, Veranstaltungen, Reisen und Sonstiges – lauter eigene Ordner innerhalb von »Lightroom-Fotos«. Ich fotografiere aber viele verschiedene Sportarten. Darum habe ich innerhalb des »Sport«-Ordners weitere Ordner für Rugby, Baseball, Motorsport, Basketball, Hockey, Football und Sonstiges angelegt. Das müssen Sie nicht genauso halten. Ich tue es, wie gesagt, nur, weil ich viele verschiedene Sportarten fotografiere, und mit diesen Unterordnern finde ich Bilder leichter, wenn ich einmal außerhalb von Lightroom suche.

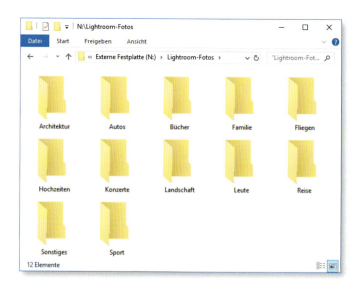

Bibliothek | Entwickeln | Karte | Buch | Diashow | Drucken | Web

3 Womöglich haben Sie schon massenhaft Foto-Ordner auf Ihrer Festplatte. Die ziehen Sie jetzt in den thematisch passenden Ordner. Das ist echt einfach: Haben Sie die Bilder von Ihrer Hawaii-Reise in einem Ordner, dann kommt der in den »Reise«-Ordner innerhalb von »Lightroom-Fotos«. Und trägt dieser Ordner noch keinen eindeutigen Namen, dann benennen Sie ihn jetzt um, zum Beispiel in »Maui 2018«. So klar und deutlich wie möglich muss der Name sein. Noch ein Beispiel: Sie haben das Softball-Endspiel Ihrer Tochter fotografiert. Diesen Ordner ziehen Sie jetzt in den »Sport«-Ordner innerhalb von »Lightroom-Fotos«. Aber weil es um Ihre Tochter geht, sollen die Schnappschüsse vielleicht lieber in den Ordner »Familie«? Das ist auch okay! Aber wenn Sie nun weitere Sportfotos Ihrer Kinder reinbekommen, dann gehören die auch wieder in den Ordner »Familie« – nicht einige in »Sport« und andere in »Familie«. Konsistenz ist hier alles!

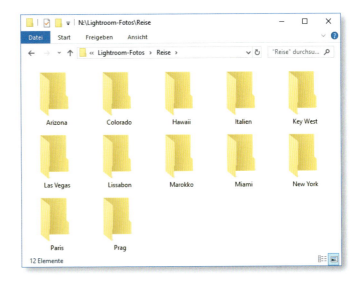

4 All diese Bilder in die richtigen Ordner zu verschieben geht schneller, als Sie denken. Das dauert allerhöchstens ein paar Stunden (wenn Sie wirklich viele Foto-Ordner haben). Und was bringt es? Nun, erst einmal wissen Sie jetzt genau, wie Sie alle Ihre Fotos blitzschnell finden, sogar wenn Sie nicht am Rechner sitzen. Ich frage Sie zum Beispiel, wo Ihre Italien-Bilder sind. Und Sie wüssten es schon: Im Ordner »Lightroom-Fotos«, dort im Unterordner »Reise«, dort im Unterordner »Italien«. Vielleicht waren Sie sogar mehrfach in Italien, Sie Glückspilz. Dann haben Sie womöglich drei Ordner – »Italien Winter 2015«, »Italien Frühling 2016«, »Italien Weihnachten 2017«. Jetzt wäre ich total neidisch, dass Sie es schon dreimal nach Italien geschafft haben, am liebsten hätte ich Ihnen diese Frage erst gar nicht gestellt. Aber die Antwort darauf wüssten Sie sofort. Und es gibt noch mehr Vorteile.

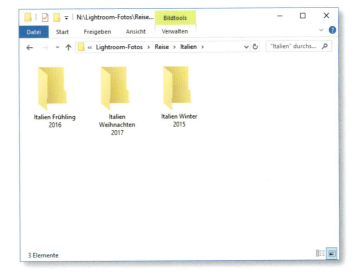

5 Vor einer Falle möchte ich Sie gern bewahren: Legen Sie keine Ordner nach Datum an. Dann müssen Sie sich immer daran erinnern, wann Sie was unternommen haben. Außerdem kennt Lightroom sowieso Datum, Uhrzeit und sogar den Wochentag jeder einzelner Ihrer Aufnahmen (Lightroom erfährt das aus den Kameradaten innerhalb Ihrer Fotos). Also, sollen Ihre Bilder einmal sortiert nach Datum erscheinen? Dann blenden Sie oben in Lightrooms Rasteransicht per <-Taste die Filterleiste ein, dort klicken Sie auf **Metadaten**, und im Menü der ersten Spalte wählen Sie **Datum**. Klicken Sie das Jahr und den Monat an, dessen Fotos Sie sehen wollen. Lightroom hat die Aufnahmedaten also schon im Blick, Sie brauchen dafür keine Ordner mehr.

6 Vielleicht erzählen Sie mir von Ihren vielen Landschaftsfotos, und ich frage Sie dann nach Ihren Bildern von Yosemite. Sie entgegnen dann: »Die Yosemite-Fotos sind auf meiner externen Festplatte, im Ordner ›Lightroom-Fotos‹, innerhalb des Ordners ›Landschaft‹.« So einfach ist das, keine weiteren Fragen! Und innerhalb des »Landschaft«-Ordners können Sie sich alle Unterordner blitzschnell in alphabetischer Reihenfolge anzeigen lassen. Einfacher geht's nicht mehr. Benennen Sie Ihre Ordner schön anschaulich wie etwa »Acadia-Nationalpark«, »Rom« oder »Familienfeier 2016«, und alles ist in bester Ordnung. Ziehen Sie Ihre Fotos einmal in die passenden Ordner – das kostet Sie allenfalls ein paar Stunden, wenn überhaupt. Anschließend freuen Sie sich ein Leben lang an Ihrer herrlich übersichtlichen Fotosammlung.

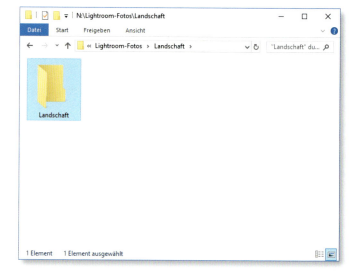

Bibliothek | Entwickeln | Karte | Buch | Diashow | Drucken | Web

7 Und wenn Sie neue Bilder von der Speicherkarte Ihrer Kamera importieren? Dann machen Sie's genauso: Importieren Sie die Motive sofort in den passenden Themen-Ordner. Innerhalb dieses Ordners erzeugen Sie einen neuen Ordner mit einem klaren Namen. Angenommen, Sie haben beim Konzert von Kiss und Def Leppard fotografiert (tolle Show übrigens). Diese Bilder kommen dann in den Ordner »Lightroom-Fotos« auf Ihrer externen Festplatte und dort in den »Konzerte«-Ordner und darin in den Unterordner »Kiss_Def Leppard«.

Hinweis: Sie fotografieren häufig Veranstaltungen? Dann brauchen Sie wohl einen eigenen Ordner »Veranstaltungen« und darin weitere Unterordner wie »Konzerte«, »Prominente«, »Preisverleihungen«, »Politik« etc.

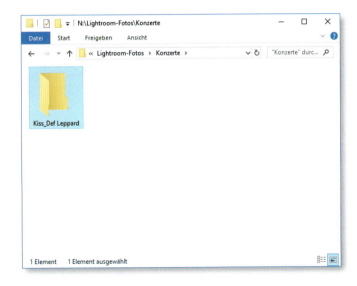

8 Ein anderes Beispiel: Als Hochzeitsfotograf haben Sie vielleicht einen Ordner »Hochzeiten« und darin weitere Ordner wie »Johnson_Anderson Hochzeit« oder »Smith_Robins Hochzeit« etc. Ruft also Frau Garcia wegen weiterer Papierbilder an, dann finden Sie die Aufnahmen mühelos: im Unterordner »Lightroom-Fotos\Hochzeiten\Garcia_Jones«. Einfacher geht es nicht mehr (na ja, es geht noch einfacher, und zwar in Lightroom, aber das erfahren Sie später, denn die Schritte auf diesen Seiten hier kommen ja *vor* jeder Arbeit in Lightroom). Mit dieser Organisation schaffen Sie eine perfekte, übersichtliche Ordnung – das Geheimnis erfolgreicher Lightroom-Arbeit. Und wenn wir schon Geheimnisse ausplaudern, hier ist das Geheimnis der glücklichen Ehe – ganz einfach, aber es funktioniert. Das Geheimnis ist ... Moment noch, Moment ... getrennte Bäder! Da. Ich hab's wirklich gesagt. Zwei Geheimnisse in einem Buch. Wer hätte das gedacht?

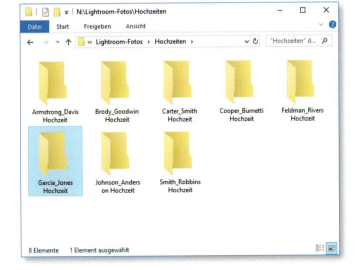

Kapitel 1 So laden Sie Ihre Fotos in Lightroom

Importieren Sie Bilder von Ihrer Festplatte

Bei Lightroom heißt es zwar »Importieren«. Aber dabei kopieren oder verschieben Sie nichts. Ihre Bilddateien bleiben am ursprünglichen Ort – auf der externen Platte. Lightroom verwaltet Ihre Schätze jetzt aber. Sie sagen: »Guck mal, Lightroom, die Bilder da – kümmere dich darum.« Klar, Sie wollen in Lightroom etwas sehen, darum erzeugt das Programm Miniaturansichten Ihrer Aufnahmen. Die erscheinen in Lightroom. Aber die Fotodateien selbst wandern nirgendwo hin – sie werden weder kopiert noch verschoben.

1 Haben Sie die Einleitung oben gelesen? Die ist wichtig zum Verständnis. Dann legen Sie mit dem Importieren Ihrer Fotos los. Zum Glück ist nichts auf der Welt einfacher als das. Von Ihrer externen Festplatte aus ziehen Sie Ordner zum Importieren auf das Lightroom-Symbol – am Mac im Dock, unter Windows auf dem Desktop. Damit öffnet sich Lightrooms Importieren-Dialog (hier zu sehen). Zunächst gilt die Annahme, dass Sie alle Aufnahmen importieren wollen, darum sehen Sie bei jeder Miniatur ein Häkchen. Möchten Sie etwas nicht importieren, klicken Sie auf das Häkchen – es verschwindet, und die Aufnahme erscheint später nicht in Lightroom. Per Doppelklick vergrößern Sie ein Bild; der nächste Doppelklick kehrt zur ursprünglichen Rasteransicht zurück, oder drücken Sie die Taste [G]. Der Schieberegler unten rechts vergrößert alle Miniaturen gleichmäßig.

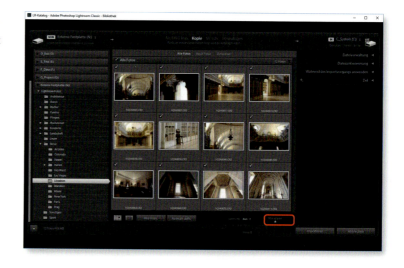

2 Achten Sie nur auf eins: Dass oben im Importieren-Fenster **Hinzufügen** aktiviert ist. Dann klicken Sie unten rechts auf **Importieren**, und Ihre Bilder erscheinen in Lightroom. Die ganzen Bedienfelder und Schaltflächen ignorieren wir erst einmal – etwas später besprechen wir die nützlichen Optionen noch. Fertig! Mehr müssen Sie gar nicht tun, um Bilder von der Festplatte in Lightroom anzuzeigen.

Bibliothek | Entwickeln | Karte | Buch | Diashow | Drucken | Web

Entscheiden Sie, wie schnell Sie Ihre Bilder sehen wollen

Lightroom erzeugt Vorschaubilder in verschiedenen Größen: Minimal, Standard und 100 % (das heißt bei Lightroom 1:1). Je größer die Vorschau, desto länger dauert der Import. Abhängig von Ihrer Geduld entscheiden Sie selbst, wie fix Lightroom die ersten Bilder anzeigen soll. Also ich habe ja die Geduld eines Hamsters, darum will ich die Vorschauen am liebsten sofort sehen (den Preis für die flotte Bildansicht zahle ich später). Entscheiden Sie einfach selbst, welche Vorschautechnik Ihnen am meisten zusagt.

Oben rechts im Importieren-Fenster zeigt Lightroom das Bedienfeld **Dateiverwaltung** mit dem Klappmenü **Vorschauen erstellen**. Hier finden Sie vier Varianten für die Geschwindigkeit beim Bildaufbau – für Miniaturen wie auch für hochgezoomte Details. Besprechen wir das flotteste Verfahren zuerst:

Minimal (sehr schnelle Miniaturen)
Wenn Sie RAW-Dateien aufnehmen und **Minimal** vorwählen, sucht Lightroom innerhalb der RAW-Dateien nach der kleinsten eingebetteten JPEG-Vorschau (diese JPEG-Fassung erscheint auch auf Ihrem Kameramonitor). Diese JPEG-Variante sehen Sie blitzschnell in Lightroom. (*Hinweis:* Ich verwende immer diese Option.) Die Farben stimmen dabei nicht so ganz, Sie erkaufen sich Tempo auf Kosten von Farbgenauigkeit. Zoomen geht fix, falls der Kamerahersteller ordentlich große JPEGs einbettet. Falls nicht, muss Lightroom die größere Vorschau erst aufbauen; das kostet Sie ein paar Sekunden.

Hinweis: Wenn Sie in JPEG fotografieren, zeigt Lightroom Ihre Bilder stets schnell an; das Zoomen bremst Sie nicht aus, und die Farben stimmen auch – 2:0 für JPEG!

> **TIPP: Schnell größere Vorschauen**
>
> Die eingebettete JPEG-Vorschau reicht nicht, Sie brauchen etwas Größeres? Klicken Sie bei RAW-Dateien einfach auf den Doppelpfeil, den die Miniaturen in der Rasteransicht in der linken oberen Ecke zeigen.

Eingebettete und Filialdateien

Diese Methode verwendet die größte in Ihren Fotos eingebettete JPEG-Vorschau. Die Miniaturen erscheinen einigermaßen fix. Klicken Sie doppelt auf ein Foto, erzeugt Lightroom eine größere Vorschau, auf die Sie einen Moment warten müssen. Solange zeigt Lightroom die Meldung **Ladevorgang läuft**. Zoomen Sie bis zur 100%-Darstellung (1:1) hinein, müssen Sie erneut kurz warten (Sie erhalten wieder die Meldung **Ladevorgang läuft**). Denn Lightroom erzeugt die hochwertige große Darstellung erst, wenn Sie tatsächlich zoomen.

Standard

Wer **Standard** wählt, muss beim Importieren ein bisschen warten, denn Lightroom berechnet erst einmal die Vorschauen in Standardgröße. Der Vorteil: Klicken Sie ein Foto doppelt an, müssen Sie den Ladevorgang nicht mehr abwarten. Die Vorschau in Standardgröße zeigt Lightroom nach Doppelklick auf eine Miniatur oder im Entwickeln-Modul. Beim Importieren präsentiert Lightroom zunächst einen Fortschrittbalken oben links, bis alle Vorschauen berechnet sind. Wenn Sie allerdings noch weiter hineinzoomen, zum Beispiel auf 1:1, dann brauchen Sie erneut etwas Geduld, denn nun erst erzeugt Lightroom die 1:1-Darstellung.

1:1 (100-Prozent-Größe)

Sie wählen **1:1**, wenn Sie die Meldung mit dem Ladevorgang nie mehr sehen wollen. Lightroom liefert sofort eine krachscharfe, hochaufgelöste Darstellung. Aber bitte bringen Sie viel Geduld mit, denn die Berechnung der 1:1-Vorschauen kostet Zeit ohne Ende. So nach dem Motto: »Ich klicke auf **Importieren**, dann schmiere ich mir ein Butterbrot, und anschließend mähe ich noch den Rasen.« Und selbst dann hat Lightroom vielleicht noch nicht fertiggerechnet. Danach geht's dafür auf der Überholspur weiter: Einen »Ladevorgang« müssen Sie nicht mehr abwarten, denn alle Bilder liegen schon in voller Auflösung parat.

Bibliothek | Entwickeln | Karte | Buch | Diashow | Drucken | Web

Von der Kamera importieren (für Einsteiger)

Dieses einfache Verfahren ist für Lightroom-Neulinge, die sich vielleicht wundern, wohin ihre neuen Fotos eigentlich beim Importieren wandern. (Hinweis: Alte Lightroom-Routiniers springen am besten gleich zu Seite 31.) Bei dieser Einsteiger-Technik reizen wir die vielen Lightroom-Optionen nicht aus. Aber Sie gehen später mit dem guten Gefühl schlafen, dass Sie genau wissen, wo Ihre neuen Aufnahmen gelandet sind.

1 Starten Sie Lightroom fürs Erste noch nicht. Schließen Sie das Lesegerät mit der Speicherkarte an den Computer an, wählen Sie die Bilder auf der Karte aus, und ziehen Sie sie direkt in den richtigen Ordner auf Ihrer externen Festplatte. Hier habe ich zum Beispiel Reisefotos aus Lissabon. Die gehören natürlich in den »Reise«-Ordner, und dort legen Sie einen neuen Ordner »Lissabon« an. Dann ziehe ich die Aufnahmen von der Speicherkarte direkt in diesen »Lissabon«-Ordner. Bleibt dabei der Speicherort irgendwie unklar? Nein: Die Fotos liegen auf dem externen Laufwerk im »Reise«-Ordner und dort im Unterordner »Lissabon«. Dieser Speicherort ändert sich später beim Lightroom-Import nicht mehr – die Fotos bleiben auf der externen Platte.

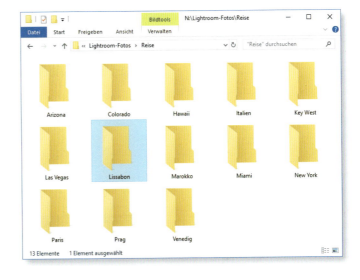

2 Schnappen Sie sich den »Lissabon«-Ordner, und ziehen Sie ihn auf das Lightroom-Symbol – unter Windows liegt es auf dem Desktop, Mac-Nutzer finden es im Dock. Jetzt erscheint Lightrooms Import-Dialog (s. Abbildung). Oben rechts im **Dateiverwaltung**-Bedienfeld öffnen Sie das Klappmenü **Vorschauen erstellen**; dort entscheiden Sie, wie lang der Aufbau der Vorschauen dauern soll (das haben wir uns schon auf Seite 27 angeschaut). Ich nehme hier **Eingebettete und Filialdateien**, aber vielleicht gefällt Ihnen eine andere Option besser.

3 Die anderen Einstellungen im Import-Dialog besprechen wir erst später. Eine wichtige Sache sollten Sie aber jetzt schon kennen, die Option **Mögliche Duplikate nicht importieren.** Wenn Sie das einschalten, importiert Lightroom keine Fotos, deren Dateiname es schon im Zielordner gibt – das Programm überspringt die Bilder. Das ist nützlich, wenn Sie über Tage hinweg Bilder mehrfach von derselben Speicherkarte importieren, zum Beispiel im Urlaub. So gibt es hinterher auf der externen Platte keine doppelt abgelegten Fotos. Wie gesagt, die anderen Optionen besprechen wir ab der nächsten Seite in der Beschreibung für Fortgeschrittene. Aber steigen Sie dort erst ein, wenn Sie wirklich überblicken, wie und wo Ihre Aufnahmen importiert und gesichert werden.

4 Achten Sie nur auf jeden Fall noch auf eins: Oben im Import-Fenster muss **Hinzufügen** aktiviert sein. Dann klicken Sie unten rechts auf **Importieren**, und schon landen Ihre Aufnahmen in Lightroom. Blättern Sie durch Ihre Bilder, wechseln Sie per Doppelklick zu größeren Darstellungen, und prüfen Sie vielleicht schon die Schärfe in der 100-Prozent-Ansicht. Sie können hier auch schon die besten Bilder heraussuchen (mehr zu diesem Ablauf im nächsten Kapitel).

Bibliothek | Entwickeln | Karte | Buch | Diashow | Drucken | Web

Von der Kamera importieren (für Fortgeschrittene)

Sie beherrschen Lightroom perfekt und wissen genau, wie und wo Sie Ihre Bilder speichern? Sie kennen den Speicherort und suchen nie lange und verzweifelt nach Ihren Daten? Dann lesen Sie hier weiter. Anschließend importieren Sie Ihre Bilder mit doppelter Lichtgeschwindigkeit: Sie hantieren lässig routiniert mit Optionen und Schaltflächen, die selbst bei Adobe keiner richtig versteht. Bitte anschnallen – es geht los!

1 Sie haben Lightroom geöffnet und verbinden Kamera oder Kartenleser mit Ihrem Computer, dann öffnet sich dieses Import-Fenster. Besonders wichtig ist der Überblick ganz oben, denn Sie erkennen den bevorstehenden Ablauf. Von links nach rechts: ❶ Woher kommen die Fotos? (Hier von einer Kamera.) ❷ Was passiert mit diesen Bildern? (Sie werden von der Karte herüberkopiert.) Und ❸ wohin werden die Fotos übertragen? (Hier landen die Bilder auf der externen Platte im Ordner »Hochzeiten«.)

2 Haben Sie Kamera oder Kartenleser an den Rechner angeschlossen, dann geht Lightroom davon aus, dass Sie Fotos direkt von der Speicherkarte importieren wollen. Darum erscheint die Karte auch links oben im Feld **VON** (hier hervorgehoben). Haben Sie mehrere Kartenleser verbunden und möchten Bilder von einem anderen Gerät importieren? Dann klicken Sie auf **VON** und geben hier den anderen Kartenleser vor. Oder wählen Sie eine andere Importquelle aus – importieren Sie zum Beispiel auch vom Desktop, vom »Bilder«-Ordner oder einem anderem Ordner, den Sie zuletzt verwendet hatten.

Kapitel 1 So laden Sie Ihre Fotos in Lightroom

3 Unten rechts unter dem Vorschaubereich finden Sie den Regler für die Miniaturengröße. Ziehen Sie den Regler einfach nach rechts, um Ihre Bilder größer zu sehen. Sie möchten ein Foto vor dem Import in voller Monitorgröße sehen? Klicken Sie es einfach doppelt an, oder klicken Sie es nur einmal an, und drücken Sie dann die Taste [E]. Mit dem nächsten Doppelklick verkleinern Sie die Darstellung wieder, oder Sie drücken die Taste [G].

TIPP: Schneller zoomen

Mit der Taste [+] auf Ihrer Tastatur sehen Sie größere Miniaturen. Per [-]-Taste werden sie wieder kleiner.

4 Wie schon gesagt: Standardmäßig sind zunächst alle Bilder mit einem Häkchen ausgewählt, das heißt, sie sind für den Import vorgesehen. Wollen Sie eine oder mehrere Aufnahmen nicht importieren, klicken Sie das Häkchen einfach weg. Vielleicht haben Sie ja 300 oder mehr Fotos auf der Karte, Sie wollen aber nur eine Handvoll importieren. Dann klicken Sie unten links unter dem Vorschaubereich auf **Auswahl aufh.** (aufheben), so dass kein Foto mehr ausgewählt ist. Danach folgt ein [Strg]/[Cmd]-Klick nur auf die Aufnahmen, die Sie tatsächlich importieren möchten. Klicken Sie in das Kontrollkästchen für eins dieser Bilder. So merken Sie mit einem Klick alle gewählten Fotos zum Import vor.

TIPP: Mehrere Fotos auswählen

Sie möchten mehrere benachbarte Bilder auswählen? Klicken Sie auf das erste Foto, dann halten Sie die [⇧]-Taste gedrückt, ziehen den Rollbalken bis zum letzten Bild und klicken bei weiter gedrückter [⇧]-Taste auf das letzte Motiv. So wählen Sie die gesamte Serie aus.

Bibliothek | Entwickeln | Karte | Buch | Diashow | Drucken | Web

5 Im oberen Bereich des Import-Fensters gibt es weitere wichtige Optionen. Entscheiden Sie, wie Sie die Bilder importieren: **Kopie** holt die Bilder unverändert herüber (RAW bleibt RAW, JPEG bleibt JPEG); **Als DNG kopieren** wandelt RAW-Dateien ins DNG-Format um (mehr zu DNG auf Seite 40). Ich verwende immer **Kopie**. In keinem Fall verschiebt Lightroom Ihre Bilder (die Schaltfläche **Verschieben** erscheint auch nur abgedunkelt oder ausgegraut, sie ist nicht auswählbar). In der Reihe darunter steuern Sie die Bilddarstellung: Standardmäßig, mit der Option **Alle Fotos**, zeigt Lightroom sämtliche Bilder an. Ihre Alternative: **Neue Fotos** – nun erscheinen nur Aufnahmen von der Karte, die Sie noch nicht importiert haben. Die anderen Bilder blendet Lightroom aus.

6 Rechts im Importieren-Fenster sehen Sie noch mehr Optionen (die Sie womöglich schon kennen, wenn Sie diesen Teil für Fortgeschrittene lesen). Mit dem Bedienfeld **Dateiverwaltung** können Sie **Smart-Vorschauen erstellen** (das schalte ich nur ein, wenn ich am Laptop ohne die hochaufgelösten Originale arbeite, aber die Vorschauen im Entwickeln-Modul korrigieren möchte). Sie können eine weitere Kopie auf eine andere Festplatte schreiben, aber diese neue Kopie liegt dort ohne Ihre Bearbeitungen – ein schlichter Doppelgänger der Speicherkarten-Version. Mit der letzten Option in diesem Bedienfeld pflegen Sie Fotos in Sammlungen ein, wahlweise legen Sie eine neue Sammlung an. Im Bedienfeld **Während des Importvorgangs anwenden** bearbeiten Sie Ihre Bilder direkt beim Import mit Vorgaben aus dem Entwickeln-Modul und mit Copyright-Hinweisen (per **Metadaten**-Klappmenü). Sie können auch **Stichwörter** (Suchbegriffe) eintippen.

Kapitel 1 So laden Sie Ihre Fotos in Lightroom

7 Unterhalb der Dateiverwaltung sehen Sie das Bedienfeld **Dateiumbenennung**. Es benennt Ihre Dateien direkt beim Import automatisch um. Damit erhalten meine Fotos aussagekräftige Namen (etwas wie »Williams Hochzeit« klingt hier ja wohl besser als »_K1_8115.CR2«; vor allem wenn ich mal danach suchen muss). Schalten Sie **Dateien umbenennen** ein, und wählen Sie ein Schema aus dem **Vorlage**-Klappmenü. Ich nehme **Benutzerdefinierter Name – Sequenz**. Der Name besteht also aus dem benutzerdefinierten Text »Williams Hochzeit« und einer Nummer. Wir erhalten damit »Williams Hochzeit-1.CR2«, »Williams Hochzeit-2.CR2«, usw. Das Klappmenü bietet verschiedene Umbenennungsvorlagen. Oder klicken Sie dort auf **Bearbeiten**, und erzeugen Sie Ihr eigenes Schema für neue Dateinamen (das besprechen wir detailliert in Kapitel 3).

8 Zu guter Letzt: Klicken Sie oben rechts etwas länger auf **IN**, erscheint das Menü mit den Speicherzielen für die importierten Schnappschüsse (hier abgebildet). Wir wollen ja auf der externen Platte sichern. Ich klicke darum auf **Anderes Ziel** und nenne einen passenden Ordner wie »Reise«, »Porträt«, »Familie« oder in diesem Fall »Hochzeiten«. Unten im Ziel-Bedienfeld nutze ich außerdem die Option **In Unterordner** und benenne den neuen Ordner leicht verständlich, hier mit »Williams_Arnone Hochzeit«. Im **Ordnen**-Klappmenü nehme ich **In einen Ordner**. Damit wissen Sie drei Dinge: 1. Die Bilder kommen von der Speicherkarte; 2. sie werden von der Karte kopiert; und 3. die Kopien wandern auf die externe Platte in den Ordner »Hochzeiten« und dort in den neuen Unterordner »Williams_Arnone Hochzeit«.

Bibliothek | Entwickeln | Karte | Buch | Diashow | Drucken | Web

Sie nutzen Lightroom am Laptop?
Dann sind Smart-Vorschauen Ihr Ding!

*Arbeiten Sie am Laptop, dann sichern Sie Ihre Bilder vermutlich (hoffentlich) auf einer externen Festplatte. Doch hängt diese Platte mal nicht am Rechner, können Sie Dinge wie die **Belichtung** oder den **Weißabgleich** nicht mehr ändern (denn die Originale liegen auf dem abgekoppelten Laufwerk). Sie können zwar Ihre Miniaturen noch sortieren und so, aber nicht mehr an Kontrast und Farben drehen. Gut zu wissen: Mit Smart-Vorschauen fällt diese Einschränkung weg.*

1 Sie wollen Ihre Bilder noch bearbeiten, wenn sie »offline« sind, also wenn die externe Festplatte mit Ihren Aufnahmen nicht am Rechner hängt? Dann schalten Sie beim Import die Smart-Vorschauen ein. Klicken Sie einfach auf das Kontrollkästchen **Smart-Vorschauen erstellen** oben rechts (im Bedienfeld **Dateiverwaltung**, hier markiert). Damit erzeugt Lightroom eine spezielle größere Vorschau, die Änderungen im Entwickeln-Modul erlaubt. Verbinden Sie später den Laptop wieder mit der externen Festplatte, überträgt Lightroom Ihre Korrekturen auf die hochaufgelösten Originaldateien. Ganz tolle Sache.

2 Haben Sie Ihre Bilder importiert, klicken Sie einmal auf eine Aufnahme und sehen dann direkt rechts oben unter dem Histogramm nach. Dort meldet Lightroom **Original- & Smart-Vorschau**. Sie sehen also das Original (denn die Festplatte mit der Originaldatei ist angeschlossen, sie erscheint links im **Ordner**-Bedienfeld). Das Bild hat jedoch auch eine Smart-Vorschau.

> **TIPP: Smart-Vorschauen nach Import**
>
> Sie haben Bilder importiert und den Klick auf die Option **Smart-Vorschauen erstellen** vergessen? Kein Problem: Wählen Sie Bilder aus, die eine Smart-Vorschau erhalten sollen, dann gehen Sie im Menü auf **Bibliothek • Vorschauen • Smart-Vorschauen erstellen**.

Kapitel 1 So laden Sie Ihre Fotos in Lightroom

Schneller mit Importvorgaben und Kompaktansicht

Verwenden Sie beim Importieren immer wieder dieselben Einstellungen? Dann machen Sie's sich doch bequem: Stellen Sie alles ein, und speichern Sie das als flotte Importvorgabe. Später nennen Sie nur noch die Vorgabe, ein paar Stichwörter und den Zielordner – fertig. Das große Import-Fenster ersetzen Sie dabei durch die Kompaktausgabe. So geht's:

1 In diesem Beispiel importieren wir von der Speicherkarte auf die externe Festplatte, in den Unterordner »Lightroom-Fotos/Familie«. Sie wollen direkt beim Importieren Ihre Copyright-Angaben hinzufügen (mehr in Kapitel 3) und wählen **Eingebettete und Filialdateien**, damit Miniaturen und Vorschauen flott erscheinen. Unten Mitte im Import-Fenster klicken Sie länger auf das Wort **Ohne** und dann auf **Aktuelle Einstellungen als neue Vorgabe speichern** (wie hier zu sehen). Vergeben Sie einen leicht nachvollziehbaren Namen.

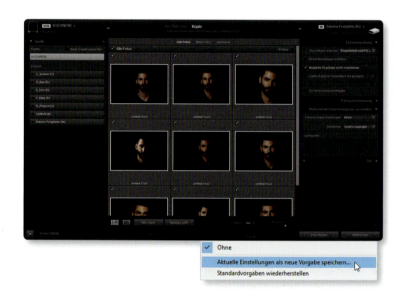

2 Klicken Sie unten links auf die Schaltfläche **Weniger Optionen einblenden** (Pfeil nach oben), erscheint das Fenster in einer kompakten Darstellung (wie hier zu sehen). Ab sofort wählen Sie nur noch die passende Vorgabe aus dem Menü unten (so wie hier, ich nehme die Vorgabe **Von Speicherkarte**). Sie tragen nur noch die paar Informationen nach, die bei jedem Import wechseln, etwa den genauen Namen des Unterordners. Spart uns das nicht prima Zeit? Sie geben nur mehr einen Ordner an, tippen die Bezeichnung des Unterordners ein und klicken auf **Importieren**.

Anmerkung: Sie können das Import-Fenster jederzeit wieder in der vollständigen Größe erscheinen lassen. Dazu klicken Sie links unten auf die Schaltfläche **Mehr Optionen einblenden** (jetzt ein Pfeil nach unten).

Bibliothek | Entwickeln | Karte | Buch | Diashow | Drucken | Web

Legen Sie Voreinstellungen für den Import fest

Die Voreinstellungen für den Foto-Import erscheinen erst gegen Ende des Kapitels »Importieren«, weil ich annehme, dass Sie inzwischen doch einige Bilder importiert haben. Sie wissen also jetzt am besten, was anders laufen sollte. Genau dafür gibt es die Voreinstellungen, und in Lightroom steuern Sie alle Abläufe perfekt nach eigenem Geschmack.

1 Die Voreinstellungen für den Import bietet Lightroom an mehreren unterschiedlichen Stellen an. Wählen Sie unter Windows **Bearbeiten • Voreinstellungen** (wie abgebildet). Am Mac heißt es **Lightroom • Voreinstellungen**.

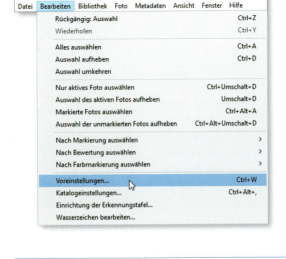

2 Oben im Dialog **Voreinstellungen** klicken Sie zuerst auf den Reiter **Allgemein** (hier ausgewählt). In der Mitte, im Abschnitt **Importoptionen**, steuern Sie, wie Lightroom reagiert, sobald Sie eine Speicherkarte aus der Kamera an den Computer anschließen. Standardmäßig öffnet sich das Import-Fenster. Vielleicht soll sich dieses Fenster jedoch nicht jedes Mal öffnen, sobald Sie Kamera oder Kartenleser anschließen. Dann schalten Sie das Kontrollkästchen ab. Die zweite Einstellung gibt es schon seit Lightroom 5. Davor war es so: Wenn Sie in irgendeinem Lightroom-Modul gearbeitet und den Tastaturbefehl für den Foto-Import gedrückt haben, wurde alles unterbrochen, und Lightroom hat angezeigt, wie es die Fotos im Bibliothek-Modul importiert. Wahlweise können Sie jetzt in der Sammlung oder in dem Ordner bleiben, den Sie gerade bearbeiten. Lightroom importiert dann im Hintergrund. Dazu deaktivieren Sie die Option **Sammlung »Aktueller/Vorheriger Import« beim Importieren auswählen**.

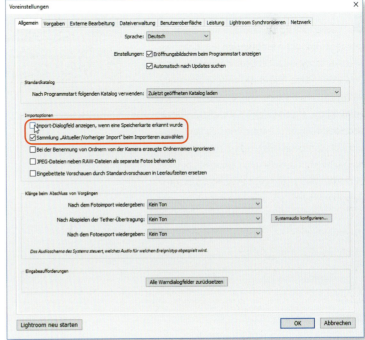

3 Importieren Sie Ihre Fotos mit der Vorgabe **Eingebettete und Filialdateien** (Seite 27)? Dann gibt es eine Option, mit der Lightroom automatisch größere Vorschauen errechnet, sobald das Programm sonst nichts Wichtiges zu erledigen hat. Dazu aktivieren Sie **Eingebettete Vorschauen durch Standardvorschauen in Leerlaufzeiten ersetzen**. Die größeren und farbgenaueren Vorschauen entstehen dann automatisch im Hintergrund.

4 Ich möchte noch zwei weitere Import-Voreinstellungen im Bereich **Allgemein** erwähnen. Im Abschnitt **Klänge beim Abschluss von Vorgängen** bestimmen Sie, ob Lightroom beim Abschluss des Imports ein Tonsignal abspielt. Sie legen auch den gewünschten Ton fest. Das Ausklappmenü bietet die auf Ihrem Rechner bereits vorhandenen Systemklänge an.

5 Direkt unter der Voreinstellung **Nach dem Fotoimport wiedergeben** legen Sie zwei andere Klänge fest. Bei Bedarf hören Sie einen Ton, sobald eine Tether-Aufnahme übertragen worden und ein Export abgeschlossen ist. Ich weiß schon, dieser Export hat nichts mit einer Voreinstellung fürs Importieren zu tun, aber wo wir schon mal hier sind... Ein paar andere Möglichkeiten aus diesem Dialogfeld besprechen wir später, hier geht es schließlich ums Importieren.

Bibliothek | Entwickeln | Karte | Buch | Diashow | Drucken | Web

6 Schließen Sie diese Voreinstellungen, und öffnen Sie unter Windows wieder das **Bearbeiten**-Menü, am Mac das **Lightroom**-Menü; dann gehen Sie auf **Katalogeinstellungen** und klicken auf den Reiter **Metadaten**. Entscheiden Sie hier, ob Metadaten für RAW- oder JPEG-Dateien nur in der Lightroom-Datenbank landen oder auch direkt mit der Datei gesichert werden – also Copyright, Stichwörter etc., aber auch Tonwertkorrekturen. Bei Bedarf aktivieren Sie also die Option **Änderungen automatisch in XMP speichern**. Nun gilt: Bearbeiten Sie JPEG- oder DNG-Dateien, landen die Informationen direkt als XMP-Datensatz direkt in den Dateien selbst; bei kameraeigenen RAW-Dateien wie CR2 oder NEF entsteht eine zweite, sogenannte »Filialdatei«, Sie haben dann also Foto und Metadaten in getrennten Dateien (die Metadaten liegen aber immer noch auch in der Datenbank). Verzichten Sie auf die Option, bettet Lightroom die Metadaten erst beim Exportieren in die Bilddatei ein (wenn Sie ein Bild an Photoshop weitergeben oder als JPEG, TIFF oder PSD exportieren).

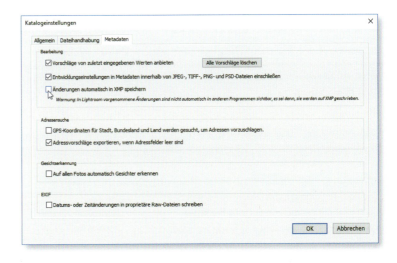

7 Die Option **Änderungen automatisch in XMP speichern** kennen Sie also nun. Ich würde sie jedoch nicht empfehlen, denn dieser Schreibvorgang kostet Zeit und bremst Lightroom. Die Alternative: Wollen Sie ein Bild verschicken und die Metadaten je nach Dateityp in eine XMP-Filialdatei schreiben, markieren Sie die Aufnahme zunächst im Bibliothek-Modul, dann drücken Sie [Strg]/[Cmd]+[S], das Tastenkürzel für den Befehl **Metadaten in Datei speichern** aus dem **Metadaten**-Menü. Lightroom schreibt die Metadaten nun je nach Dateityp in eine separate XMP-Datei. Sie müssen also gegebenenfalls das Foto und die XMP-Datei gemeinsam verschicken.

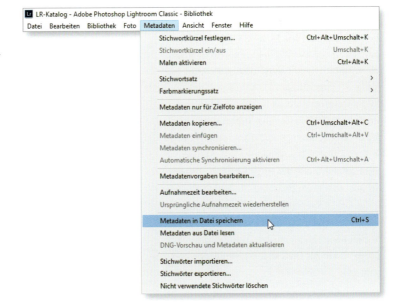

Der Wechsel von RAW zum DNG-Dateiformat

Ihre RAW-Dateien können Sie in Adobes offenes Dateiformat DNG (Digital Negative) umwandeln. Adobe schuf diesen Dateityp, damit Sie nicht im Regen stehen, falls ein Kamerahersteller sein hauseigenes Format irgendwann abschafft. Allerdings unterstützen die drei großen Kamerahersteller DNG nicht, und ich selbst wandle meine Aufnahmen seit ein paar Jahren auch nicht mehr um. Aber wie dem auch sei, hier lernen Sie das DNG-Verfahren trotzdem kennen:

Die zwei Pluspunkte von DNG: DNGs haben zwei gewichtige Vorteile. Erstens behalten DNG-Dateien die volle RAW-Qualität, belegen aber rund 20 Prozent weniger Speicherplatz, zweitens müssen Sie bei der Weitergabe einer DNG-Datei keine separate XMP-Filialdatei für Ihre Änderungen aus Lightroom mitschicken (also Stichwörter, Copyright, Kontrastkorrektur). Denn DNG-Dateien sichern alle diese Informationen direkt in der Datei selbst, Sie brauchen keine zweite Datei. Es gibt aber auch Nachteile: So kosten DNGs beim Importieren mehr Zeit, denn die RAW-Dateien müssen erst umgewandelt werden. Viele andere Bildprogramme unterstützen DNG zudem nicht. Dies nur zu Ihrer Information.

Richten Sie Ihre DNG-Vorgaben ein: Wollen Sie Ihre RAW-Aufnahmen in DNG umwandeln, öffnen Sie zuerst die **Voreinstellungen** mit ⌈Strg⌉/⌈Cmd⌉+⌈W⌉. Dort klicken Sie auf den Reiter **Dateiverwaltung** (wie oben zu sehen). Im Bereich **DNG-Erstellung importieren** legen Sie die Dateiendung und die Kompatibilität mit älteren Camera Raw-Versionen fest. Steuern Sie auch die Größe der eingebetteten JPEG-Vorschau. Sie können zwar Ihre Original-RAW-Datei in die DNG-Datei einbetten, aber das steigert die Dateigröße massiv, und der oben erwähnte Vorteil 1 entfällt. Im Import-Dialog klicken Sie übrigens auf **Als DNG kop.** (kopieren; wie hier gezeigt).

Bibliothek | Entwickeln | Karte | Buch | Diashow | Drucken | Web

Und hier kommen noch vier Dinge, die Sie jetzt über Lightroom wissen sollten

Sie haben nun also Ihre Bilder importiert. Jetzt sollten Sie noch ein paar Dinge über das Arbeiten mit der Lightroom-Oberfläche wissen, die Ihnen im Alltag mit dem Programm viel Zeit und Aufwand ersparen.

1 In Lightroom gibt es sieben verschiedene Module, jedes mit seiner eigenen Aufgabe. Ihre importierten Fotos erscheinen immer zunächst im Zentrum des Bibliothek-Moduls. Dort erledigen Sie das Sortieren und Organisieren. Im Entwickeln-Modul findet die Bildbearbeitung statt (Belichtung und Farbstimmung ändern, Weißabgleich usw.). Die Titel der anderen fünf Module erklären sich von selbst. Wechseln Sie das Modul, indem Sie auf den gewünschten Modulnamen oben rechts klicken, oder Sie nutzen die Tastaturbefehle: Strg/Cmd+Alt+1 für die Bibliothek, Strg/Cmd+Alt+2 für Entwickeln usw.

2 Die Lightroom-Oberfläche ist in fünf Bereiche unterteilt: die Anwendungsleiste oben, die Bedienfeldbereiche links und rechts, ein Filmstreifen unten und Ihre Fotos zentral im Vorschaubereich. Die Bedienfelder blenden Sie aus, indem Sie auf das kleine graue Dreieck am Rand dieser Bedienfelder klicken. So wird der Vorschaubereich für Ihre Fotos größer. Klicken Sie zum Beispiel einmal auf das kleine graue Dreieck ganz oben in der Mitte. So blenden Sie den Anwendungsbereich aus. Der nächste Klick bringt diesen Bereich wieder zurück.

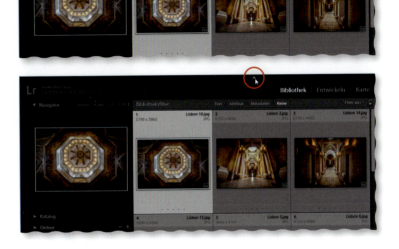

3 Lightroom-Nutzer klagen dauernd über die Funktion **Automatisch ein- und ausblenden**, die zunächst für alle Bedienfelder gilt. Der Grundgedanke ist eigentlich gut: Das jeweilige Bedienfeld erscheint automatisch, sobald Sie den Mauszeiger in diesen Bereich bringen. Bewegen Sie den Mauszeiger wieder weg, verschwindet das Bedienfeld wieder. Klingt eigentlich sinnvoll, oder? Die Bedienfelder kommen aber leider auch zum Vorschein, wenn man sie gar nicht sehen will. Sie haben die Maus vielleicht nur zufällig in diesen Bereich bewegt. Das macht manche Leute schier verrückt (mich auch), und sie flehen regelrecht nach einer Anleitung, wie sich dieses Verhalten abschalten lässt. Dazu reicht der Rechtsklick auf ein kleines graues Dreieck, dann schalten Sie von **Automatisch ein- und ausblenden** zu **Manuell** um. Dies stellen Sie für alle vier Bedienfeldbereiche einzeln ein.

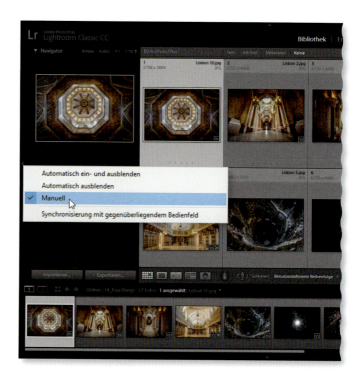

4 Ich selbst arbeite im Modus **Manuell**. Ich kann also Bedienfelder nach Bedarf öffnen und schließen. Es geht aber auch mit Tastaturbefehlen: [F5] schließt oder öffnet den Anwendungsbereich oben, [F6] blendet den Filmstreifen aus, [F7] verbirgt die linken Bedienfelder, und [F8] ist für die rechte Seite zuständig. (Auf neueren Mac-Tastaturen oder -Laptops müssen Sie eventuell zusätzlich [Fn] drücken.) Mit der [⇥]-Taste verbergen Sie die Bedienfelder links und rechts. Der wohl wichtigste Tastaturbefehl ist aber [⇧]+[⇥]: Damit verschwinden alle Bedienfelder, und nur die Fotos bleiben übrig (wie hier zu sehen). Die Bedienfeldbereiche sind übrigens in jedem Modul nach dem gleichen Prinzip aufgebaut: Auf der linken Seite wenden Sie vor allem Vorlagen und Vorgaben an, und Sie sehen oben eine Vorschau für das Foto, die Vorgabe oder Vorlage. Alles andere, also alle Einstellungen, finden Sie auf der rechten Seite des Programmfensters.

Bibliothek | Entwickeln | Karte | Buch | Diashow | Drucken | Web

So sehen Sie sich Ihre importierten Fotos an

Reden wir zunächst nicht über das Sortieren und Auswählen – darum geht es im nächsten Kapitel. Erfahren Sie erst einmal, wie Sie Ihre Bilder ideal in Lightroom sichten. Das ist wichtig und hilft auch sehr bei der Entscheidung, welche Bilder Gewinner sind (und welche nicht).

1 Lightroom zeigt Ihre importierten Fotos zunächst als kleine Miniaturen im zentralen Vorschaubereich (wie hier zu sehen). Die Größe der Vorschaubilder ändern Sie mit dem **Miniaturen**-Regler rechts in der Werkzeugleiste (die graue, waagerechte Leiste direkt unter dem mittleren Vorschaubereich). Ziehen Sie den **Miniaturen**-Regler nach rechts, werden die Vorschaubilder größer. Mit einer Bewegung nach links erscheinen sie kleiner. Alternative: Mit Strg/Cmd+ + werden die Miniaturen größer, und per Strg/Cmd+ - zoomen Sie wieder heraus.

2 Wollen Sie eine Miniatur größer sehen, klicken Sie doppelt darauf, oder drücken Sie die Taste E oder die Leertaste. Diese größere Darstellung heißt **Lupenansicht** (als ob Sie das Foto durch eine Lupe sehen). Die Zoomstufe ist standardmäßig **Einpassen**, so erscheint das gesamte Foto vor grauem Hintergrund. Gefällt Ihnen das graue Drumherum nicht? Dann klicken Sie im **Navigator**-Bedienfeld oben links auf **Ausfüllen**. Beim nächsten Doppelklick füllt Ihr Foto den Vorschaubereich vollständig, ohne graue Umgebung; dabei verschwinden Bildränder aus dem Blickfeld. Die Vorgabe **1:1** zoomt beim nächsten Doppelklick direkt in die 100 %-Darstellung. Dann sehen Sie nur noch einen kleinen Bildausschnitt. Aber das plötzliche Heranzoomen von der kleinen Miniatur auf den riesigen Bildausschnitt bei 100 % wirkt meist etwas seltsam.

3 Ich belasse die Navigator-Einstellung auf **Einpassen**, nach einem Doppelklick sehe ich also das komplette Foto im Vorschaubereich. Möchten Sie aber stärker vergrößern und die Schärfe prüfen, dann achten Sie in der Lupenansicht auf den Cursor – der erscheint jetzt als Lupe. Klicken Sie einmal in die Aufnahme, sehen Sie eine **1:1**-Darstellung des gewählten Bildbereichs. Der nächste Klick zeigt wieder das Gesamtbild. Um wieder die Miniaturenreihe zu sehen (sie heißt **Rasteransicht**), drücken Sie einfach die Taste G auf der Tastatur. Dies ist einer der wichtigsten Tastaturbefehle. Die Taste G ist wirklich praktisch: Egal, in welchem Modul Sie arbeiten, das G bringt Sie zurück in die Bibliothek zu Ihren Fotominiaturen – sozusagen ins Lightroom-Hauptquartier.

Standardmäßig zeigt Lightroom die erweiterte Zellenansicht. Sie gibt die meisten Informationen über das Bild wieder.

4 Der Bereich um die Fotominiatur herum heißt Zelle. Jede Zelle zeigt Informationen wie Dateiname, Dateiformat, Größe etc. Sie können diesen Bereich Ihren Bedürfnissen anpassen, mehr dazu in Kapitel 4. Vorerst ist hier ein weiterer nützlicher Tastaturbefehl: Mit J schalten Sie durch drei verschiedene Darstellungen der Zellen, jede einzelne Darstellung mit anderen Informationen. Sie sehen die erweiterte Zelle mit besonders zahlreichen Angaben (oben), eine kompakte Zelle mit knappen Daten (unten) und eine Zelle komplett ohne ablenkende Informationen (Mitte) – gut, wenn Sie Ihre Bilder Kunden präsentieren. Mit dem T verbergen oder zeigen Sie die Werkzeugleiste. Drücken Sie T länger, verschwindet die Werkzeugleiste nur, solange Sie diese Taste drücken.

Wenn Sie J drücken, erscheinen die Zellen kleiner und ohne alle Informationen. Sie sehen nur noch das Foto.

Drücken Sie erneut J, fügt Lightroom ein paar Informationen hinzu. Das ist die sogenannte kompakte Ansicht.

Bibliothek | Entwickeln | Karte | Buch | Diashow | Drucken | Web

Die zwei Vollbildansichten

In zwei unterschiedlichen Varianten zeigt Lightroom Ihr Bild ganz groß auf dem Schirm: Die eine Darstellungsart verbannt die meisten Bedienfelder, Werkzeuge und sonstiges Gedöns – das ist bereits ganz übersichtlich. Die Alternative: Zeigen Sie allein das Foto und sonst gar nichts. Eine Variante gefällt Ihnen sicher besser, aber Sie sollten beide einmal ausprobieren.

1 Mit ⇧+⇥ blenden Sie alle Bedienfelder aus – links, rechts, oben und unten. Aber Menüs und Titelleiste bleiben Ihnen noch erhalten. Sollten Sie die graue Werkzeugleiste unter der Vorschau sehen, sie verschwindet mit der Taste T. Sie befinden sich in der Rasteransicht und wollen oben den Bibliotheksfilter verbannen? Er geht mit der Taste < auf Tauchstation.

Hinweis: Stellen Sie das **Navigator**-Bedienfeld oben in der linken Bedienfeldleiste auf **Einpassen**, erscheint Ihre Aufnahme vollständig vor grauem Hintergrund am Schirm (wie abgebildet). Verwenden Sie dagegen **Ausfüllen**, zoomt Lightroom ins Motiv, bis der Bildschirm ganz abgedeckt ist. Mit dem nächsten Griff zu ⇧+⇥ zeigen Sie wieder alle Bedienfelder – aber das sind reichlich viele Manöver bloß für eine vergrößerte Darstellung, finden Sie nicht auch?

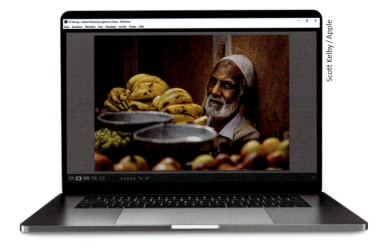

2 Eine schlichte Vollschirmdarstellung erhalten Sie so: Drücken Sie einfach das F auf der Tastatur. Zurück zur normalen Ansicht geht's wieder per F. Dieser Weg ist doch schon deutlich einfacher.

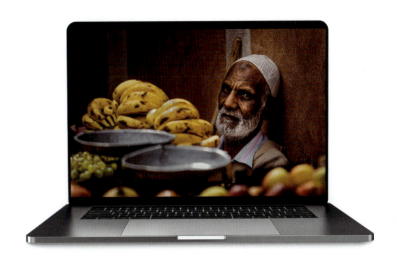

Foto: Scott Kelby | Belichtung: 1/8000 s | Brennweite: 11 mm | Blende: f/7,1

Bibliothek
System für ein glückliches Lightroom-Leben

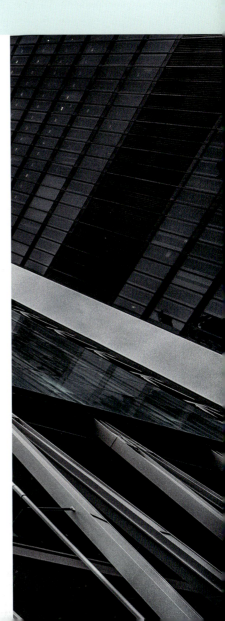

Lightroom lässt sich auf unterschiedlichste Arten einrichten – jeder nutzt andere Verfahren und Prozeduren, kein Anwender arbeitet so wie der nächste. Vor allem: Viele Techniken sind so komplex, ja verwirrend, dass sich die Leute sogar ausgedruckte Ablaufdiagramme neben die Tastatur legen. Sonst verlieren sie den Überblick. Schlimme Sache das. Darum habe ich vor einigen Jahren ein neues System vorgestellt, das sich wirklich für jeden eignet, einfach und effektiv. Die Anwender finden spielend ihre Fotos; sie erhalten sogar ruckzuck ein dreifaches Backup, denn sicher ist sicher. Mein System heißt »SLIM«, Kürzel für »Simplified Lightroom Image Management« (zu Deutsch: Vereinfachte Bildverwaltung mit Lightroom). Sie erleben mein Konzept gleich auf den nächsten Seiten. Es folgte auf die weniger verbreitete Vorgängertechnik »Datei-, Info- und Computer-Komplex« (»DICK«). Die lief zunächst eine Weile ganz gut, doch Anwender beschwerten sich zunehmend, weil es ihre Daten- und Dating-Planung nahezu unmöglich werden ließ. Das System wurde zudem immer schwerfälliger und letztlich für viele Aufgaben zu behäbig. Es hat sich schlussendlich sogar in ein noch größeres System namens »Farb-Einstellungs-Tonwert-Tipps« weiterentwickelt. Doch als ich den Laptop auf eine Kreuzfahrt mitnahm, passte mein »FETT«-Verfahren nicht mehr in die Kajüte – es hatte sich aufgebläht zur Technik »Wandelbare Automatische Nachbelichtung & Schatten-Tonung«. Die sitzt nun auf der Couch und mampft Chips.

Vier wichtige Dinge gleich am Anfang

Lernen Sie hier mein eigenes Lightroom-System kennen. Ich nenne es »SLIM«, für »Simplified Lightroom Image Management« (also: Vereinfachte Bildverwaltung mit Lightroom). Die gute Nachricht zuerst: Einen Teil der Arbeit haben Sie schon in Kapitel 1 erledigt. Sie haben die Bilder auf die externe Festplatte und dort in Themen-Ordner geschoben – ein wesentlicher Teil meiner SLIM-Prozedur, die wir jetzt in Lightroom noch einmal nachvollziehen. Aber die folgenden vier Dinge sollten Sie vorab wissen.

1. Finger weg vom Ordner-Bedienfeld

Manche Fotografen verloren schon einige oder alle Bilder für immer. Und warum? Weil sie mit Lightrooms **Ordner**-Bedienfeld herumgespielt haben. Darum lassen Sie lieber die Finger von diesem Bedienfeld. Das Risiko ist einfach zu groß – ein Fehler, und es gibt kein Zurück mehr. Vergleichen Sie's mit einem Auto: Wir kurven froh und munter herum, gelangen problemlos ans Ziel und freuen uns des Lebens. Doch wenn wir die Motorhaube öffnen und am Motor herumfummeln, ohne dass wir uns so richtig auskennen – dann geht alles schief. Behandeln Sie das **Ordner**-Bedienfeld genauso. Sie werden auch glücklich, ohne dass Sie dort herummanipulieren. Ohne **Ordner**-Bedienfeld funktioniert Lightroom nicht, so wenig wie ein Auto ohne Motor. Aber nur Fachleute sollten dort herumschrauben, und wir halten uns vornehm zurück.

2. In Lightroom nimmt man Sammlungen

Darum finden Sie das **Sammlungen**-Bedienfeld in allen sieben Lightroom-Modulen, die Ordner aber nur im Bibliothek-Modul. Sammlungen sind sicher. Sammlungen verzeihen Fehler. Kein Drama. Packen Sie ein Foto ruhig in mehrere Sammlungen, etwa Ihren Hund in die Sammlungen »Hunde«, »Familie« und »Tiere«. Mit Ordnern geht das nicht. Sie arbeiten schon mit Ordnern? Dann setzen Sie Ordner in Sammlungen um: Klicken Sie mit der rechten Maustaste auf den Ordner und dann auf **Sammlung "..." erstellen**. So einfach ist das? Ja, so einfach ist das!

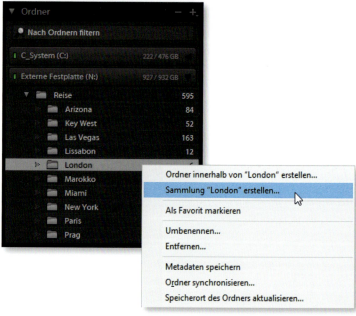

Bibliothek | Entwickeln | **Karte** | Buch | Diashow | Drucken | Web

3. Eine Sammlung ist wie ein Fotoalbum

Früher haben wir unsere Filme entwickeln lassen, und die Abzüge kamen dann ins Fotoalbum. Sammlungen nutzen Sie heute genauso: Sie legen dort Ihre schönsten Bilder ab, spielen mit der Reihenfolge und packen eine Aufnahme sogar in mehrere Sammlungen gleichzeitig. Kurzum: Sammlungen sind einfach super!

4. Mit Sammlungssätzen organisieren Sie Ihre Sammlungen

Sie horten viele ähnliche Sammlungen, zum Beispiel von Ihren Reisen nach Italien, San Francisco und Hawaii? Die packen Sie gemeinsam in einen Sammlungssatz, den Sie am besten »Reise« nennen. So sehen Sie alle Reisesammlungen gemeinsam, wie Ordner auf der Festplatte. Das Symbol für Sammlungssätze sieht doch aus wie diese Boxen für Hängeordner. Und genau darum geht es ja auch: In Sammlungssätze packen Sie untergeordnete Sammlungen zu Einzelthemen. Schachteln Sie sogar Sammlungssätze ineinander: Sie legen zum Beispiel den Sammlungssatz »Sport« an und darin einen Sammlungssatz »American Football«; der nimmt dann Ihre Fotos der einzelnen Spiele auf. Fotografieren Sie High-School- und College-Teams, bieten sich wieder getrennte Sammlungssätze an: Ein Satz nimmt die High-School-Begegnungen auf (»Predators – Blazers«, »Sabercats – Huskies«), der andere erfasst die College-Spiele (»Buckeyes – Seminoles«, »Vols – Crimson Tide«). Sammlungen und Sammlungssätze eröffnen weitere Möglichkeiten, die es bei Ordnern nicht gibt. Wollen Sie Lightroom am Handy oder Tablet nutzen (siehe Kapitel 14), brauchen Sie Sammlungen – Ordner scheiden aus. Der Arbeitsablauf in Lightroom stützt sich auf Sammlungen, daran führt kein Weg vorbei. Nutzen wir sie also von Anfang an richtig.

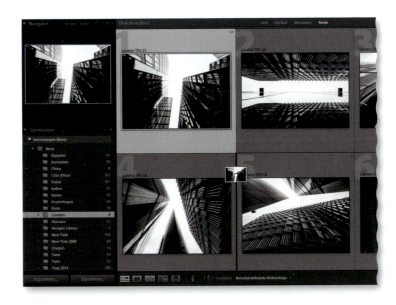

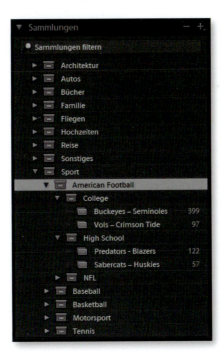

Kapitel 2 System für ein glückliches Lightroom-Leben

Sie wollen mit Lightroom glücklich werden? Verwenden Sie nur einen Katalog!

Vielleicht haben Sie schon ein Dutzend Kataloge – aber kein Problem, wir räumen gleich noch auf. Sie möchten in Ruhe und Frieden mit Lightroom leben und Frust vermeiden? Dann verwalten Sie alle Bilder in einem einzigen Katalog. Selbst mit sechs Millionen Bildern im Katalog läuft Lightroom wie geschmiert. Also: Ein einziger Katalog reicht, Sie ersparen sich Stress.

1 Wenn Sie bei Lightroom neu einsteigen, ist alles ganz einfach: Sie öffnen das Programm, Sie sehen Ihre Bilder, und das ist Ihr Katalog. Damit arbeiten Sie fortan. Erstellen Sie bloß keinen weiteren Katalog! Aber was tun, wenn Sie schon drei, fünf oder 15 Kataloge angelegt haben? Es gibt zwei Möglichkeiten: 1. Fassen Sie alle Ihre Kataloge in einem einzigen Katalog zusammen (ah, wunderbar, schön ist das). Keine Sorge, dabei bleibt alles intakt – Sortierung, Metadaten, Korrekturen –, es ist ein Kinderspiel. Öffnen Sie einen beliebigen ersten Katalog, vielleicht Ihren wichtigsten, oder den größten, welchen auch immer. Dort integrieren Sie jetzt die weiteren Kataloge. Also, entscheiden Sie sich für einen Katalog.

2 Die anderen Kataloge importieren Sie jetzt allesamt (ja, alle) in den schon geöffneten Katalog. Dazu klicken Sie auf **Datei** und dann auf **Aus anderem Katalog importieren**. Suchen Sie auf Ihrem Rechner das Verzeichnis mit den Lightroom-Katalogen (das ist vermutlich ein »Lightroom«-Ordner innerhalb des Ordners »Bilder« oder »Meine Bilder«). Klicken Sie auf einen Katalog und dann auf **Wählen**.

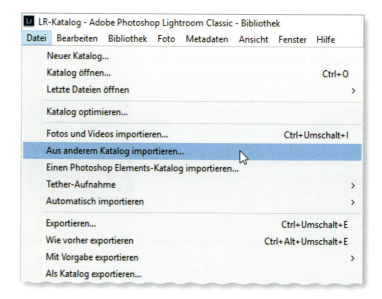

Bibliothek | Entwickeln | **Karte** | Buch | Diashow | Drucken | Web

3 Nach dem Klick auf **Wählen** landen Sie im Importieren-Dialog wie hier abgebildet. Oben sehen Sie alle Ordner und die Zahl der darin verwalteten Bilder. Sie können einzelne Ordner abwählen; aber das lohnt sich höchstens, wenn Sie Konflikte zwischen Sammlungen fürchten. Behalten Sie im Ausklappmenü **Dateiverwaltung** die Option **Neue Fotos ohne Verschieben dem Katalog hinzufügen**. Ich klicke dann unten rechts auf **Importieren** und koche erstmal Kaffee (das geht fix, das ist eine Keurig-Maschine). Ist der Katalog komplett importiert, erledige ich noch zweierlei: Erstens ziehe ich jedes neue Bild in die thematisch passende Sammlung und zweitens lösche ich den alten Katalog (den brauchen Sie nicht, Sie haben ihn ja hier mit aufgenommen). Behandeln Sie so auch Ihre weiteren Kataloge, das geht schneller als vermutet. Zum Schluss haben Sie alle Bilder in einem einzigen Katalog – herrlich, so soll es sein!

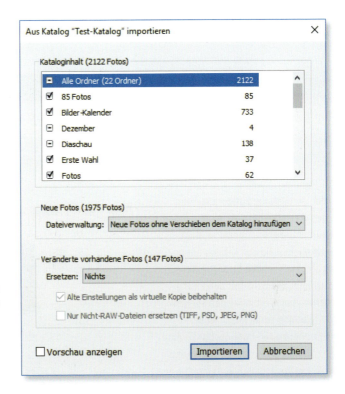

4 Wie versprochen, hier ist die zweite Möglichkeit bei mehr als einem Katalog. Vielleicht gefällt Ihnen keiner der vorhandenen Kataloge. Dann erzeugen Sie einen völlig neuen, leeren Katalog; dorthinein importieren Sie alle bereits vorhandenen Kataloge. Dazu wählen Sie **Datei • Neuer Katalog**. So entsteht ein neuer Katalog mit nix drin. Nun importieren Sie die vorhandenen Kataloge so wie gerade besprochen. Das Resultat kennen Sie schon: ein einziger Katalog mit Ihren sämtlichen Foto-Schätzen. Einem glücklichen Leben mit Lightroom steht nun nichts mehr im Weg.

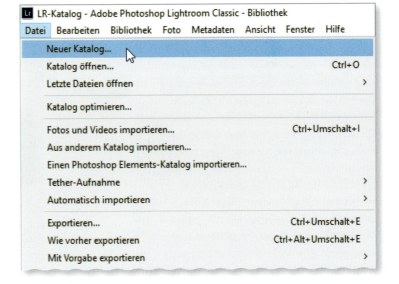

Kapitel 2 System für ein glückliches Lightroom-Leben

So speichern Sie Ihren Katalog richtig

Ihre Bilder liegen ja nun alle auf der externen Festplatte. Den Lightroom-Katalog sollten Sie jedoch direkt auf dem Rechner speichern, denn nur so kann eine gute Performance mit Lightroom gewährleistet werden.

1 Haben Sie den Katalog auf der externen Festplatte gesichert, lässt er sich leicht auf den Computer zurückkopieren (Lightroom läuft dann zügiger). Ziehen Sie den Katalog aber nicht gleich auf den Rechner. Erzeugen Sie auf der externen Platte zunächst den Ordner »Katalog-Sicherung«. Dorthin ziehen Sie den vorhandenen Katalog zusammen mit den »Previews«-Ordnern oder -Dateien. Das bringt zwei Vorteile: Ersten haben Sie ein Backup, falls beim Verschieben etwas falsch läuft (auch wenn das kaum je passiert). Und zweitens verwendet Lightroom diesen Katalog von der externen Platte nicht mehr, weil sich das Verzeichnis geändert hat.

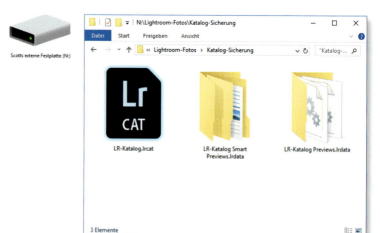

2 Öffnen Sie den Ordner »Katalog-Sicherung«. Ziehen Sie die folgenden Ordner und Dateien auf den Computer: die ».lrcat«-Datei (Ihr eigentlicher Katalog); die Datei oder den Ordner mit der Endung ».lrdata«, also die Vorschauminiaturen; falls Sie Smart-Vorschauen verwenden, finden Sie eine separate Datei oder einen separaten Ordner mit dem Namensbestandteil »Smart Previews.lrdata« – den ziehen Sie ebenfalls herüber. Alle zwei oder drei Objekte packen Sie auf der Festplatte in einen Unterordner wie »Meine Bilder/Lightroom«; vielleicht gibt es diesen Ordner schon. Erledigt? Klicken Sie doppelt auf die ».lrcat«-Datei auf dem Computer, ab jetzt verwendet Lightroom immer diesen Katalog.

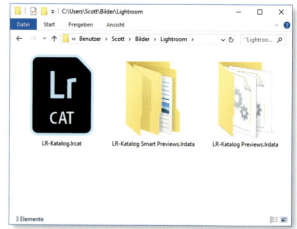

Bibliothek | Entwickeln | **Karte** | Buch | Diashow | Drucken | Web

So wird der Ordner zur Sammlung

Also, das Herumdoktern mit Ordnern vergessen wir, das ist zu gefährlich (Sie wundern sich? Dann lesen Sie bitte noch einmal die »Vier wichtigen Dinge« am Kapitelanfang). Wir lassen die Finger von den Ordnern. Hier ersetzen wir Ordner durch Sammlungen. Und wir löschen hier ja keine Ordner, wir nutzen nur stattdessen Sammlungen. Diese Ordner bleiben uns heilig, denn sie enthalten die eigentlichen Bilddateien. Darum fassen wir sie auch später nicht mehr an.

1 Früher war es mal umständlich, aber einen Ordner in eine Sammlung umsetzen, das geht heute ganz einfach: Klicken Sie im **Ordner**-Bedienfeld mit der rechten Maustaste auf einen Ordner, den Sie auch als Sammlung brauchen. Im Kontextmenü nehmen Sie **Sammlung "..." erstellen**. Peng. Zack. Fertig! Mehr braucht's nicht. Öffnen Sie einfach das **Sammlungen**-Bedienfeld, dort finden Sie Ihre neue Sammlung (alphabetisch eingeordnet).

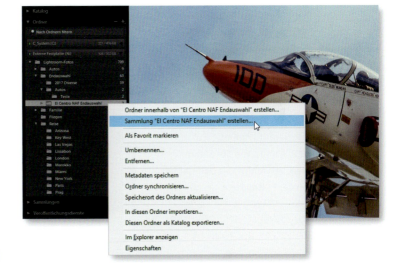

2 Sie haben Ordner mit Unterordnern darin? Wird erledigt: Sie klicken mit der rechten Maustaste auf den übergeordneten Ordner und dann auf **Sammlungssatz "..." erstellen**. Sie erhalten einen Sammlungssatz und darin eine Sammlung pro Unterordner. Sie arbeiten ab sofort nicht mehr mit Ordnern und Bilddateien – und Ihr Lightroom wird zu einem besseren Ort, zu einer Idylle unterm Regenbogen, in der niedliche Tiere mit Kulleraugen aus Ihrer Hand fressen. Einem gesegneten Leben mit Lightroom steht nichts mehr im Weg.

Achtung: Auch wenn es schon oben in der Einleitung stand – Sie haben jetzt Sammlungen aus Ihren Ordnern gemacht, doch die Ordner dürfen Sie nicht löschen. Die enthalten nämlich ihre eigentlichen Bilddaten. Fassen Sie die Ordner nicht an. Kümmern Sie sich nicht drum. Ignorieren! Wir sind jetzt von Kopf bis Fuß auf Sammlungen eingestellt, das alte Ordner-Denken legen wir ab.

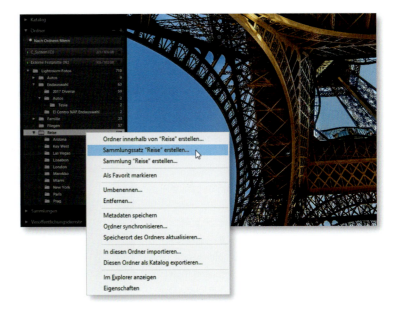

Kapitel 2 System für ein glückliches Lightroom-Leben

So organisieren Sie die Fotos von Ihrer Festplatte

Hier lernen Sie mein kinderleichtes System kennen, um diejenigen Bilder zu organisieren, die Sie schon auf der externen Festplatte haben. Ich sagte »externe Festplatte«, weil ich doch hoffe, dass Sie Ihre gesammelten Werke schon auf ein externes Laufwerk verschoben haben. Nein, noch nicht? Na gut, Sie können mein Verfahren hier trotzdem 1:1 nachspielen.

1 Den ersten Teil dieses Kapitels kennen Sie? Dann sind wir bereit. Erinnern Sie sich noch an die Themen-Ordner, die wir im ersten Kapitel auf der externen Festplatte angelegt haben? Mit diesen Ordnern hatten Sie Ihre Bilder schon vor dem ersten Lightroom-Start organisiert. Und diese Struktur bauen wir jetzt in Lightroom nach, mit Sammlungen und Sammlungssätzen. Klicken Sie also am **Sammlungen**-Bedienfeld oben rechts auf das **+** und dann auf **Sammlungssatz erstellen**. Verwenden Sie den Namen eines Ordners von der Festplatte.

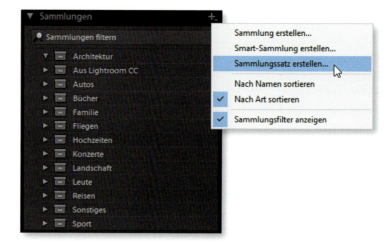

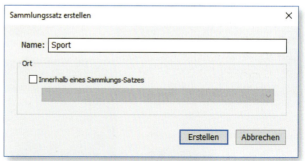

2 Ziehen Sie passende vorhandene Sammlungen in diesen ersten Sammlungssatz. Ein Beispiel: Der erste Sammlungssatz heißt »Sport« und Sie haben Sammlungen mit allerlei Sportarten. Sie ziehen die Sammlungen einfach in den Sammlungssatz, dort bleiben sie. Haben Sie viele Bilder von einer Sportart, brauchen Sie speziellere Sammlungssätze. Ein Beispiel: Innerhalb von »Sport« erzeugen Sie den Satz »Motorsport«. Die Bilder von Autorennen ziehen Sie dann in diesen untergeordneten Sammlungssatz. In meinem Sammlungssatz »Sport« habe ich Sammlungssätze für American Football, Baseball, Tennis, Motorsport, Sonstige Sportarten, Hockey und Basketball. Im Sammlungssatz »American Football« trenne ich weiter nach NFL- und College-Ligen, und in der NFL differenziere ich erneut in Sammlungssätze für Spiele der Bucs und der Falcons.

Bibliothek | Entwickeln | **Karte** | Buch | Diashow | Drucken | Web

3 Für jeden Ordner auf der externen Platte erzeugen Sie jetzt einen Sammlungssatz. Alle schon vorhandenen Sammlungen ziehen Sie nun in die passenden Sammlungssätze (hier ziehe ich meine Sammlung »Oregon Landschaft« in den Sammlungssatz »Landschaft«). Bilder vom Fußball gehen also in den »Sport«-Sammlungssatz. Die Abiturfeier Ihres Juniors ziehen Sie in den Sammlungssatz »Familie«. Die Blumen-Makros von neulich kommen in den Sammlungssatz »Sonstige« (es sei denn, Sie fotografieren viele Blüten, dann legen Sie einen passenden Sammlungssatz an). Sie haben den Nachwuchs beim Fußball fotografiert und wissen nicht, ob das Bild zu »Familie« oder zu »Sport« gehört? Erzeugen Sie einfach neue Sammlungen in beiden übergeordneten Sammlungssätzen. Das ist das Tolle an Sammlungen – Sie können ein einzelnes Bild mehrfach einsortieren (mit Ordnern geht das nicht).

> **TIPP: Sammlungen löschen**
>
> Sie möchten eine Sammlung oder einen Sammlungssatz entfernen? Klicken Sie den Abschusskandidaten mit rechts an und nehmen Sie **Löschen**. Lightroom meldet dann, dass die Bilder der Sammlung weiter im Katalog verbleiben (und das ist auch gut so).

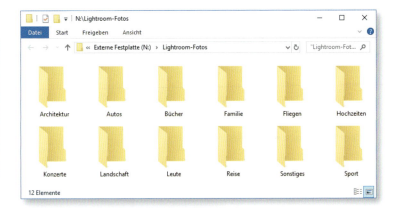

4 Das obere Bild zeigt eine mögliche Ordner-Struktur auf Ihrer externen Festplatte (je nach Ihren typischen Motiven). Und darunter sehen Sie das dazu passende **Sammlungen**-Bedienfeld aus Lightroom – es bildet die Ordnerstruktur genau nach. Klicken Sie auf eins dieser kleinen hellen Dreiecke, sehen Sie die untergeordneten Sammlungssätze und Sammlungen innerhalb eines Sammlungssatzes.

Darum sind Flaggen besser als eine Sternebewertung

*Kommt ein Teilnehmer meiner Kurse nicht weiter, liegt das meist an der zeitraubenden »Sternebewertung«: »Verdient dieses Foto wohl zwei oder drei Sterne?« Das ist völlig egal! Entweder ist das Bild gut oder unscharf und reif für die Löschtaste (den Rest sollten Sie ignorieren). Darum finde ich die **Markiert**-Flagge so sinnvoll: Die Aufnahme ist gut – oder nicht gut. Darum nutzen wir die Flaggen ganz zentral bei der Bildverwaltung. Hier mein Verfahren:*

1 Wir suchen die besten Bilder einer Serie. Und die schlechten löschen wir ganz flott – also die unscharfen, die mit Blitzversagen und irrtümlich ausgelöste Schnappschüsse. Warum Bilder speichern, die man eh nie verwendet? Mit **Markiert**-Flaggen kennzeichnen Sie Ihre wirklich guten Bilder (die Sie später verwenden werden). Die echt schlechten Fotos entsorgen wir ratzfatz. Zuerst sehen Sie sich Ihre Aufnahmen in groß an. Verbannen Sie also die Bedienfelder mit ⇧+⇥, oder drücken Sie gleich das F für Vollschirmdarstellung. Ein kurzer Blick pro Bild reicht jetzt, denn Highlights fallen sofort auf. Das Bild überzeugt? Teilen Sie mit dem P eine **Markiert**-Flagge zu. Sind die Bedienfelder ausgeblendet, meldet Lightroom **Als ausgewählt markieren**. Bei Vollschirmdarstellung erscheint nur eine weiße Fahne auf dem Monitor.

2 So läuft das also: Für gute Bilder drücken Sie das P. Bei mittelprächtigen Exemplaren unternehmen Sie nichts, Sie schalten einfach mit der →-Taste weiter. Misslungene Fotos kennzeichnen Sie per X als **Abgelehnt** (hier ein unscharfes Bild). Sie ändern Ihre Meinung und möchten ein Bild nicht mehr als **Ausgewählt** oder **Abgelehnt** markieren? Das U hebt jede Kennzeichnung auf.

> **TIPP: Automatisch weiterschalten**
>
> Wählen Sie **Foto • Automatisch weiterschalten.** Sobald Sie nun ein Bild als **Markiert** kennzeichnen, zeigt Lightroom sofort die nächste Aufnahme.

3 Auf der nächsten Seite sehen wir uns die **Markiert**-Flagge näher an, aber hier erledigen wir erst einmal die **Abgelehnt**-Exemplare (das geht auch später; aber ich werfe sie möglichst bald raus, damit sie nicht weiter den Schirm vollmüllen). Wollen Sie alle Abgelehnten auf einen Schlag raushauen? Dann wählen Sie **Foto • Abgelehnte Fotos löschen** (hier zu sehen). In der Rasteransicht zeigt Lightroom noch einmal alle Abschusskandidaten (Sie können also Ihre Meinung noch ändern). Ein Dialog fragt nach, ob die Bilder nur aus Lightroom verschwinden oder gleich ganz von der Platte geputzt werden sollen. Ich nehme immer **Vom Datenträger löschen**. Denn schließlich: Die **Abgelehnt**-Fahne vergebe ich aus gutem Grund, und solche Bilder will ich nicht mehr wiedersehen.

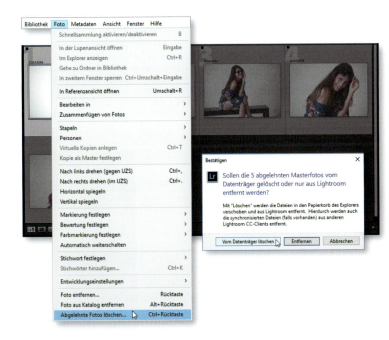

4 Findet die Sternebewertung also gar nicht statt? Doch, aber nur eine Stufe – die Fünf-Sterne-Bewertung (hier habe ich die ⑤ auf der Tastatur gedrückt, um fünf Sterne zuzuteilen; einen bis vier Sterne vergeben wir nie, nur fünf Sterne). Sie mögen keine Sterne? Dann könnten Sie auch die Farbmarkierung verwenden; die wandert allerdings nicht weiter an Lightroom CC auf Mobilgeräten, darum verzichte ich meist darauf. In einem Fall nutze ich die Farbmarkierung aber doch: Bei Modeshootings habe ich auch Stylisten für Haar, Kleidung und Make-up im Studio. Sie kennzeichnen ihre Lieblingsfotos mit Farben. Später kann ich ihnen so ganz einfach bearbeitete Aufnahmen für ihre Eigenwerbung schicken.

Kapitel 2 System für ein glückliches Lightroom-Leben

So organisieren Sie neue Fotos von der Kamera

Lesen Sie hier, wie Sie Bilder organisieren, die Sie gerade von der Kamera importiert haben. Ich zeige Ihnen die Technik, die ich selber bei meinen Shootings verwende. Das ist ziemlich unkompliziert. Wichtig dabei ist aber: Behalten Sie ein einmal gefundenes Verfahren konsequent bei.

1 Wir haben also gerade die Bilder von der Speicherkarte der Kamera importiert. Die Fotos erscheinen in der Rasteransicht – Sie können jetzt korrigieren, sortieren und so weiter. Zuallererst klicken Sie aber oben rechts im **Sammlungen**-Bedienfeld auf das **+** (Pluszeichen) und vergeben im Dialog **Sammlungssatz erstellen** einem aussagekräftigen Namen. Hier lade ich Bilder aus Lissabon, der Sammlungssatz heißt darum (bitte warten … Moment noch …) »Lissabon«. Den Sammlungssatz »Reise« mit meinen Reisefotos habe ich schon. Im Dialog für den neuen Sammlungssatz nutze ich darum die Option **Innerhalb eines Sammlungs-Satzes**, im Menü gebe ich »Reise« an, dann klicke ich auf **Erstellen**.

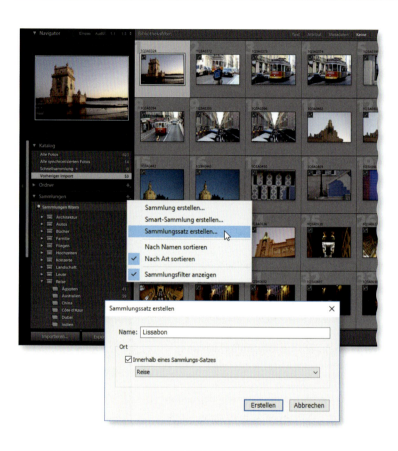

2 Sie haben also jetzt den leeren Sammlungssatz »Lissabon«. Klicken Sie auf **Bearbeiten • Alles auswählen**, oder drücken Sie einfach Strg/Cmd+A; so wählen Sie alle neu importierten Lissabon-Bilder aus. Oben im **Sammlungen**-Bedienfeld klicken Sie wieder auf das **+** und dann auf **Sammlung erstellen**. Im Dialog nennen Sie diese Sammlung »Komplette Serie«. Wollen Sie also mal alle Ihre Fotos aus der portugiesischen Hauptstadt sehen, klicken Sie einfach auf »Komplette Serie«.

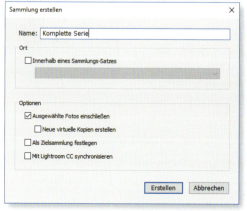

Bibliothek | Entwickeln | **Karte** | Buch | Diashow | Drucken | Web

3 Im Bereich **Ort** aktivieren Sie **Innerhalb eines Sammlungs-Satzes**. Im Menü darunter nehmen Sie »Lissabon« (alle Ihre Sammlungssätze erscheinen in diesem Menü). Eins weiter unten sollte die Option **Ausgewählte Fotos einschließen** schon eingeschaltet sein. Falls nicht, schalten Sie die Option ein (sonst ignoriert Lightroom die Bilder, die Sie gerade für die Sammlung ausgewählt haben). Klicken Sie auf **Erstellen**. Die Sammlung »Komplette Serie« landet also im Sammlungssatz »Lissabon«. Okay, so weit, so gut. Und jetzt wird's erst richtig interessant (aber nicht anstrengender, sondern reizvoller).

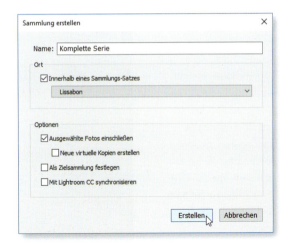

4 Ab hier fahnde ich nach meinen besten Bildern. Ich verwende die **Markiert**-Flagge wie soeben auf den Seiten 56/57 besprochen. Das erste Bild vergrößere ich per Doppelklick (die Darstellung heißt bei Lightroom Lupenansicht). Dann verbanne ich alle Bedienfelder mit ⇧+⇥ und arbeite mich durch die Aufnahmen. Gefällt mir ein Motiv, drücke ich das P. Gefällt es mir nicht so, unternehme ich gar nichts – ich schalte schlicht mit der Taste → zur nächsten Aufnahme weiter. Misslungene Fotos werden bald gelöscht, dafür merke ich sie mit der Taste X vor. Habe ich mich vertan, drücke ich das U, so verschwindet jegliche Kennzeichnung. Hier arbeiten wir zackzack, treffen schnelle Entscheidungen – erst im nächsten Schritt blicken wir genauer hin. So sichten Sie überraschend schnell eine ganze Serie. Okay, ganz geschafft haben wir es noch nicht, aber wir sind schon gut unterwegs.

Kapitel 2 System für ein glückliches Lightroom-Leben

5 Sind Sie mit den Kennzeichnungen **Markiert** und **Abgelehnt** durch? Dann fliegen die Abgelehnten jetzt von der Platte. Schalten Sie mit der Taste G in die Rasteransicht, und zeigen Sie per ⇧+↹ die Bedienfelder wieder an. Im **Katalog**-Bedienfeld klicken Sie auf **Vorheriger Import**, danach wählen Sie **Foto • Abgelehnte Fotos löschen**. Lightroom zeigt noch einmal die Kandidaten, die Sie als **Abgelehnt** ausgewiesen haben, und fragt, ob die Bilder nun weg sollen. Klicken Sie auf **Vom Datenträger löschen**. Und schwups, liegen die Dateien im Papierkorb.

6 Lassen Sie sich nur die **Markiert**-Bilder mit weißer Fahne zeigen, und blenden Sie den Rest aus. Klicken Sie also im Sammlungssatz »Lissabon« auf die Sammlung »Komplette Serie«, und blenden Sie auf jeden Fall den Filmstreifen unten im Programmfenster ein. In der oberen Leiste des Filmstreifens erscheint das Wort **Filter**, rechts daneben zeigt Lightroom drei blassgraue Flaggen. Klicken Sie doppelt auf die erste, weiße Flagge, um nur die **Markiert**-Fotos zu zeigen. Übrigens müssen Sie nur bei der ersten Anwendung zweimal klicken (und falls Sie sich das fragten, per Klick auf die mittlere Fahne präsentiert Lightroom Bilder ohne Kennzeichnung).

> **TIPP: Filtern nach Attributen**
>
> Auch die Filterleiste oben über dem Vorschaubereich zeigt wahlweise Bilder nach den Kriterien **Markiert**, **Abgelehnt** oder nicht gekennzeichnet (falls nicht zu sehen, blenden Sie die Leiste mit der Taste < ein). Nach dem Klick auf **Attribut** erscheint eine weitere Liste. Dort klicken Sie auf die weiße **Markiert**-Fahne, um nur noch **Markiert**-Bilder zu sehen.

Bibliothek | Entwickeln | **Karte** | Buch | Diashow | Drucken | Web

7 Lightroom zeigt also nur die **Markiert**-Schnappschüsse. Wählen Sie mit ⌃Strg⌄/⌃Cmd⌄+⌃A⌄ alle sichtbaren Fotos aus (die markierten); die packen wir jetzt in eine weitere Sammlung. Legen Sie mit ⌃Strg⌄/⌃Cmd⌄+⌃N⌄ eine neue Sammlung an – und merken Sie sich dieses Tastenkürzel gut, denn Sie werden noch viele Sammlungen erzeugen. Im Dialog **Sammlung erstellen** nennen Sie die neue Sammlung »Markiert«, und Sie verstauen die Sammlung natürlich im altbekannten »Lissabon«-Sammlungssatz – schließlich vereint die neue Sammlung genau Ihre besten Bilder aus Lissabon. Im Menü **Innerhalb eines Sammlungs-Satzes** wählen Sie also »Lissabon«, und die Option **Ausgewählte Fotos einschließen** bleibt wie immer ausgewählt. Dann klicken Sie auf **Erstellen**. Was haben wir nun bis jetzt geschafft? Im Sammlungssatz »Reise« gibt es einen Sammlungssatz »Lissabon« und darin die normalen Sammlungen »Komplette Serie« und »Markiert«. Viel ist gar nicht mehr zu tun.

8 Innerhalb der »Markiert«-Sammlung fallen ein paar Hingucker-Fotos besonders ins Auge – die besten Bilder überhaupt, die Sie später auch an Kunden schicken, ausdrucken oder in Ihrer Präsentationsmappe zeigen. Wir verfeinern den Auswahlprozess darum noch um die Kategorie »Top-Fotos«. Die **Markiert**-Flagge haben wir ja schon verbraucht. Wir könnten natürlich alles auswählen, mit dem ⌃U⌄ die Kennzeichnung aufheben und dann nur die Spitzenmotive neu als **Markiert** kennzeichnen (so wie hier abgebildet). Aber wie wär's stattdessen mit der Fünf-Sterne-Bewertung? Die haben wir uns doch für solche Situationen aufgehoben. Und nachher bei den Smart-Sammlungen ist diese Wertung noch einmal sehr hilfreich, während wir dort mit der **Markiert**-Fahne nicht weiterkommen (mehr dazu später).

9 Mit der Fünf-Sterne-Bewertung trennen wir also jetzt die »Top-Fotos« von den **Markiert**-Fotos – unseren einfach nur »guten Aufnahmen«. Später werden Sie diese Differenzierung sehr zu schätzen wissen. Wir suchen also die Besten der Besten aus unserer Serie (wie gesagt, die »Top-Fotos«). Und nun investieren wir richtig viel Zeit: Seien Sie bei der Auswahl der »Top-Fotos« sehr wählerisch, und zappen Sie nicht ungeduldig von einem Bild zum nächsten (das ist eh nicht nötig, denn bei weitem nicht alle Aufnahmen haben ja eine **Markiert**-Fahne). Klicken Sie in der Sammlung »Markiert« doppelt auf das erste Bild, also auf die erste Miniatur links oben, um es in der Lupenansicht vergrößert darzustellen. Drücken Sie ⇧+↹ (oder wechseln Sie zur Vollschirmansicht), dann fahnden Sie nach würdigen Fünf-Sterne-Kandidaten.

10 Klicken Sie durch Ihre Serie und suchen Sie Fotos, die Sie tatsächlich weiter korrigieren, online stellen oder an Kunden schicken würden. Dort drücken Sie die Taste 5. Lightroom meldet jetzt **Als Bewertung 5 festlegen**. Im Vollschirmmodus sehen Sie nicht diesen Texthinweis, sondern schlicht fünf Sterne unten auf dem Bildschirm.

Bibliothek | Entwickeln | **Karte** | Buch | Diashow | Drucken | Web

11 Haben Sie die Fünf-Sterne-Aufnahmen ausgewählt? Diese Fotos kommen jetzt in unsere dritte und letzte Sammlung. Vorab sehen wir uns ausschließlich die Fünf-Sterne-Bilder an. Dazu brauchen Sie wieder den Filterbereich oben am Filmstreifen. Rechts neben den Flaggen zeigt Lightroom fünf blasse Sterne. Klicken Sie, und ziehen Sie den Mauszeiger über alle fünf Sterne, um sie alle weiß hervorzuheben (so wie hier). So filtern Sie alles andere weg, nur Fünf-Sterne-Bilder bleiben sichtbar. Die weitere Prozedur kennen Sie: Sie wählen alles aus und erzeugen eine neue Sammlung mit Strg/Cmd+N. Die Sammlung nennen Sie »Top-Fotos« und speichern sie innerhalb des Sammlungssatzes »Lissabon«.

12 Ihr Sammlungssatz »Lissabon« zeigt jetzt drei Sammlungen: 1. »Komplette Serie«, 2. »Markiert« und 3. »Top-Fotos«. Ab jetzt nutzen Sie wohl vor allem die Sammlung »Top-Fotos« – sie zeigt schließlich Ihre besten Bilder. Vielleicht brauchen Sie mehr Aufnahmen für ein Fotobuch oder eine Diashow, dann suchen Sie auch in der Sammlung »Markiert«, diese Aufnahmen sind ja auch »gut«. Wie sieht nun der Sammlungssatz für eine Porträtserie aus? Ich verstaue ihn in meinen Sammlungssatz »Porträt« und nenne ihn nach meinem Modell, etwa »Allison Kopfbilder«. In diesem Sammlungssatz finden Sie dann drei Sammlungen: »Komplette Serie«, »Markiert« und »Top-Fotos«. Und was ist mit Landschaftsbildern aus dem Yosemite-Park? Die kommen in den Sammlungssatz »Landschaft« und dort in den Sammlungssatz »Yosemite«. Innerhalb von »Yosemite« gibt es abermals drei Sammlungen: »Komplette Serie«, »Markiert« und »Top-Fotos«. Ihr Motiv spielt überhaupt keine Rolle, differenzieren Sie einfach immer so: »Komplette Serie«, »Markiert« und »Top-Fotos«. Halten Sie das konsequent ein, läuft Ihre Lightroom-Arbeit flott, beliebige Bilder finden Sie in Nullkommanichts.

Schneller zum besten Bild – mit »Übersicht« und »Vergleichen«

*Die wirklich besten Fotos einer Serie entdeckt man nicht immer so leicht – vor allem, wenn sich Bilder sehr ähneln, wie bei einer Porträtreihe. Zum Glück erleichtert Lightroom Ihnen die Auswahl mit zwei praktischen Funktionen: die Darstellungen **Übersicht** und **Vergleichen**.*

1   Habe ich viele ähnliche Bilder, nutze ich die Übersicht; hier gibt es zum Beispiel eine Bildserie mit einheitlicher Pose. Wählen Sie zunächst ähnliche Fotos aus; dazu klicken Sie auf das erste Bild und dann bei gedrückter [Strg]/[Cmd]-Taste auf weitere Motive. Ich wähle hier sechs Fotos aus. In die Übersicht wechseln Sie dann mit der Taste [N]. Die Auswahl der wirklich besten Bilder fällt oft schwer. Leichter dagegen findet man die schwächsten Motive. Und darum geht es bei der Übersicht: Sie werfen die schlechten Bilder raus. Halten Sie den Mauszeiger über eine weniger gelungene Aufnahme. Die Miniatur zeigt nun in der rechten unteren Ecke ein kleines ✗ (hier hervorgehoben).

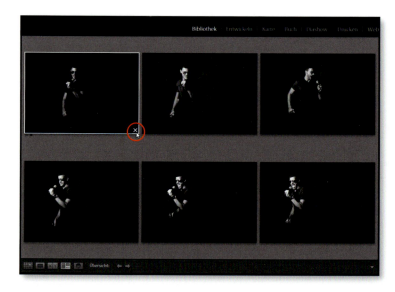

2   Mit einem Klick auf das ✗ verbannen Sie dieses Foto vom Schirm. Es wird weder gelöscht noch fliegt es aus irgendeiner Sammlung – es verschwindet lediglich aus der aktuellen Darstellung. Darum sehen Sie nur noch fünf Bilder. Jetzt verbannen Sie weitere weniger überzeugende Aufnahmen: Klicken Sie auf das ✗ in der rechten unteren Ecke jeder Aufnahme; sie verschwindet dann ebenfalls aus der Darstellung.

Bibliothek | Entwickeln | **Karte** | Buch | Diashow | Drucken | Web

3 Hier blieben drei Bilder übrig. Wenn sie Ihnen alle gefallen, könnten Sie diese Fotos mit fünf Sternen kennzeichnen. Oder klicken Sie weitere Aufnahmen weg. Dann bleibt ein einziges Bild übrig, das in diesem Fall fünf Auswahlrunden überstand. Drücken Sie die 5, damit es fünf Sterne erhält und für die Sammlung »Top-Fotos« qualifiziert ist. Alternativ suchen Sie das beste Bild im **Vergleichen**-Modus: Hier zeigt Lightroom keine ganze Bildserie am Schirm, vielmehr inszenieren Sie Zweikämpfe. Verbannen Sie die Bedienfelder mit ⇧+⇥, dann wählen Sie eine Bildreihe aus und wechseln mit der Taste C zum Vergleichen. Nun sehen Sie links das **Auswählen**-Bild, rechts erscheint der **Kandidat** (wie in der Abbildung unten).

4 Am Ende gilt das Foto links im **Auswählen**-Bereich als Sieger. Aber zunächst entscheiden Sie sich für einen der beiden aktuellen Kandidaten. Gefällt Ihnen links das aktuelle **Auswählen**-Bild besser als der **Kandidat** rechts, drücken Sie die →-Taste. Dann bleibt Ihnen das **Auswählen**-Bild erhalten, und rechts kommt ein neuer **Kandidat** als Herausforderer. Gefällt Ihnen jedoch der Kandidat besser, klicken Sie unten in der Leiste auf die Schaltfläche **Vertauschen** (hier markiert). Damit wandert der bisherige **Kandidat** nach links ins **Auswählen**-Feld, und rechts taucht ein neuer **Kandidat** auf. (Falls Sie die Leiste unten nicht sehen, drücken Sie das T.) Das war's in etwa. Vielleicht beginnen Sie das Vergleichen mit sieben Bildern; beim letzten Vergleichspaar bleibt Lightroom dann stehen und präsentiert keine neuen Kandidaten – diese zwei sind im Finale. Gefällt Ihnen das **Auswählen**-Motiv, ist das Ihr Favorit; er hat alle anderen aus dem Rennen geschlagen. Oder bevorzugen Sie das **Kandidat**-Foto? Dann klicken Sie unten auf **Vertauschen**. Danach klicken Sie auf **Fertig**. Sie landen in der Lupenansicht und zeichnen Ihr Bild mit der 5 als »Top-Foto« aus. Erledigt.

Smart-Sammlungen: Ihr Aufräum-Assistent

Hätten Sie nicht auch gern einen Assistenten, der Lightroom in Ordnung hält, so nach dem Motto »Trage alle Fünf-Sterne-Fotos der letzten 60 Tage zusammen, aber nur die querformatigen mit GPS aus der 5D Mark IV, und packe sie automatisch in eine Sammlung«? Genau das erledigen Smart-Sammlungen – sie zeigen alle Fotos mit bestimmten Kriterien automatisch in einer Übersicht. Wie ein Assistent. Oder wie ein magischer Bilder-Butler. Ja, so einen hätten wir gern.

1 Sehen wir uns die Möglichkeiten der Smart-Sammlungen näher an: Wir suchen die besten Aufnahmen aus dem letzten Jahr, und zwar nur Querformate. Damit gestalten Sie einen Kalender für Ihre Lieben. Im **Sammlungen**-Bedienfeld klicken Sie auf das **+** oben rechts neben der Überschrift, dann auf **Smart-Sammlung erstellen**. Im Dialog geben Sie oben einen Namen ein, zum Beispiel »Top-Bilder 2017«, und im Menü **Entspricht** wählen Sie **jeder**. Die Bilder für diese Smart-Sammlung müssen also alle Kriterien gemeinsam erfüllen.

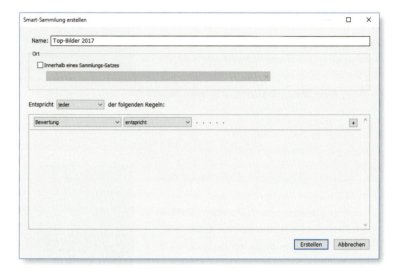

2 Das nächste Ausklappmenü zeigt zuerst das Kriterium **Bewertung**. Das Klappmenü daneben setzen Sie auf **entspricht**, dann sehen Sie rechts daneben fünf schwarze Punkte. Klicken Sie auf den fünften Punkt – nun haben Sie fünf Sterne. Falls Sie jetzt schon auf **Erstellen** klicken, zeigt die Smart-Sammlung sämtliche Fünf-Sterne-Fotos aus Ihrem Katalog. Aber wir fügen noch ein Kriterium hinzu: Wir suchen nur die Top-Fotos aus 2017. Klicken Sie noch rechts neben den Sternen auf das kleine **+**. So zeigt Lightroom eine weitere Zeile für Kriterien. Im ersten Ausklappmenü wählen Sie **Datum • Aufnahmedatum** und im zweiten Ausklappmenü **liegt im Bereich**. In die Felder für den Zeitraum tippen Sie »2017-01-01« bis »2017-12-31«.

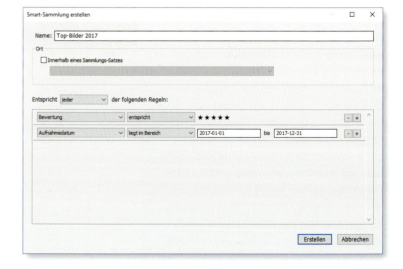

Bibliothek | Entwickeln | **Karte** | Buch | Diashow | Drucken | Web

3 Klicken Sie jetzt auf **Erstellen**, sammelt Lightroom Ihre Fünf-Sterne-Motive aus 2017. Das klingt schon praktisch, aber für unseren Kalender brauchen wir nur die Querformate. Klicken Sie also wieder außen rechts auf das **+**, so dass Lightroom eine weitere Zeile für Kriterien anbietet. Im ersten Ausklappmenü nehmen Sie **Größe • Seitenverhältnis**, im zweiten Menü **entspricht**, das dritte stellen Sie auf **Querformat**. Wenn Sie jetzt auf **Erstellen** klicken, umfasst die neue Smart-Sammlung alle querformatigen Fünf-Sterne-Aufnahmen aus 2017. Und importieren Sie heute ein weiteres Bild mit passenden Kriterien, erscheint es automatisch auch in dieser Smart-Sammlung.

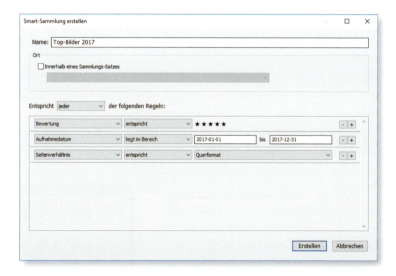

FÜR FORTGESCHRITTENE: Fügen Sie Unterkriterien hinzu

Machen Sie die Smart-Sammlung noch smarter: Halten Sie die Alt-Taste gedrückt, so dass die Plus-Schaltfläche mit dem Zeichen **#** (Nummer) erscheint. Klicken Sie auf **#**, erhalten Sie Unterkriterien für noch raffiniertere Abfragen.

4 Sobald Sie auf **Erstellen** klicken, erzeugt Lightroom sofort die Smart-Sammlung mit passenden Fotos, der neue Name erscheint im **Sammlungen**-Bedienfeld. Smart-Sammlungen erkennen Sie an dem kleinen Zahnrad unten rechts am Sammlungen-Symbol. Gut zu wissen: Sie können jederzeit Kriterien ändern, hinzufügen oder entfernen. Klicken Sie die Smart-Sammlung einfach doppelt im **Sammlungen**-Bedienfeld an. Im Dialog **Smart-Sammlung bearbeiten** fügen Sie nun Kriterien hinzu (mit der Plus-Schaltfläche), oder Sie entfernen Kriterien (mit der Minus-Schaltfläche). Dabei müssen Smart-Sammlungen nicht immer so komplex sein – ein »Einzeiler« tut's oft auch: Suchen Sie etwa alle Fotos ohne Copyright-Hinweis, ohne GPS (wie Sie GPS-Daten hinzufügen, sage ich Ihnen auf Seite 82) oder mit einem bestimmten Stichwort. Also, selbst wenn Sie nur ein einziges Kriterium nutzen: Smart-Sammlungen sind super-nützlich!

Kapitel 2 System für ein glückliches Lightroom-Leben

Räumen Sie auf – stapeln Sie Ihre Bildserien!

*Schaffen Sie Übersicht im Bildarchiv, und nutzen Sie Lightrooms **Stapeln**-Funktion. Sie sehen dann eine einzelne Miniatur stellvertretend für eine Serie ähnlicher Aufnahmen. Das eignet sich zum Beispiel für Panoramareihen mit vielen ähnlichen Bildern oder für HDR-Reihen mit sieben Belichtungen, die sich nur in der Helligkeit unterscheiden. Sie können von Hand stapeln – aber noch besser gefällt Ihnen sicher die Stapelautomatik.*

1 Hier habe ich Bilder von einer Fotosession importiert, und Sie erkennen bestimmt, was ich im Anleser meinte: Es gibt zahlreiche Aufnahmen mit sehr ähnlicher Haltung. Die Miniaturen sind schon sehr klein, dennoch sieht man nicht alle Bilder des Shootings. Fassen wir also ähnliche Fotos in Stapeln zusammen, die nur noch als einzelne Miniatur erscheinen. Die anderen Bilder liegen versteckt dahinter, ihre Anzahl meldet Lightroom auf dem »Titelbild«. Klicken Sie auf das erste der sich ähnelnden Bilder (hier ausgewählt), dann klicken Sie bei gedrückter ⇧-Taste auf das letzte Bild dieser Art. So haben Sie die Reihe ausgewählt. (Sie können wahlweise auch im Filmstreifen arbeiten.)

2 Drücken Sie Strg/Cmd+G. So packen Sie alle ausgewählten Fotos in einen Stapel. (Dieser Tastaturbefehl lässt sich leicht merken – G steht für »Gruppe«.) Die Rasteransicht zeigt jetzt nur noch eine einzige Miniatur mit dieser Pose. Wir haben nichts gelöscht oder verschoben – die Bilder sind nur hinter dieser einen Miniatur gestapelt (Sie können Lightroom vertrauen, hier verschwindet nichts so einfach). Oben links erscheint die Zahl 28 in einem weißen Kästchen. Damit wissen Sie, dass Lightroom hinter dieser einen Miniatur 27 weitere Aufnahmen stapelt.

Bibliothek | Entwickeln | **Karte** | Buch | Diashow | Drucken | Web

3 Hier habe ich die Serien einzeln ausgewählt und jeweils mit `Strg`/`Cmd`+`G` gestapelt. Damit sieht man nur noch vier Miniaturen; sie stehen für all die vielen Bilder, die Sie in Schritt 1 sehen – das nenne ich aufgeräumt! Um alle Fotos im Stapel anzuzeigen, klicken Sie das »Titelbild« an und drücken das `S`. Oder klicken Sie direkt auf die kleine Nummer oben links in der Stapelminiatur. Oder, weitere Möglichkeit: Klicken Sie auf eine der kleinen Leisten links und rechts vom Stapel. Wiederholen Sie eine dieser Übungen, um den Stapel wieder einzuklappen. Übrigens: Wollen Sie ein weiteres Foto zum Stapel hinzufügen, ziehen Sie es einfach darauf. Sie möchten ein Foto aus dem Stapel herausnehmen? Klicken Sie die Miniatur mit der rechten Maustaste an, und wählen Sie **Stapeln • Aus Stapel entfernen**.

TIPP: Ihr persönliches »Titelbild«

Das erste Foto, das Sie für einen Stapel auswählen, ist später das obere Bild. Sie können aber jede andere Aufnahme des Stapels dazu bestimmen. Öffnen Sie den Stapel, klicken Sie mit der rechten Maustaste auf das kleine Rechteck links oben in der gewünschten Miniatur. Schon ist es das »Titelbild«.

4 Sparen Sie Zeit: Lightroom erledigt das Stapeln automatisch für Sie; dabei orientiert sich das clevere Programm an den Zeitabständen zwischen den Aufnahmen. Dazu wählen Sie **Foto • Stapeln • Automatisch nach Aufnahmezeit stapeln** (hier abgebildet). Das Dialogfeld zeigt einen Regler und meldet, wie viele Stapel abhängig vom Zeitintervall entstehen. Ziehen Sie nach links, erwartet Lightroom geringe Zeitabstände; bei Ziehen nach rechts stapelt Lightroom auch Bilder, die mit größeren Intervallen entstanden. Nach dem Klick auf **Stapeln** ändert sich zunächst nicht viel, denn alle Stapel erscheinen geöffnet. Um den Bildschirm jetzt aufzuräumen, wählen Sie **Foto • Stapeln • Alle Stapel ausblenden**.

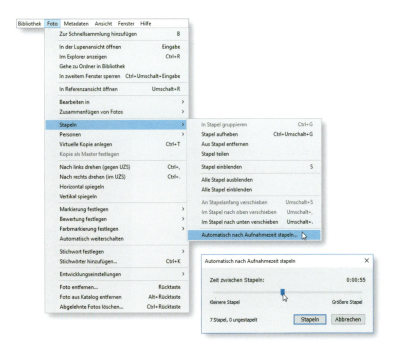

Finden Sie Ihre Bilder mit Stichwörtern

Profis wie Journalisten, Werbe- und Agenturfotografen müssen ihre Aufnahmen oft mit Stichwörtern (also Suchbegriffen) ausstatten. Für den Rest der Welt bedeutet das aber viel Zeitaufwand – und haben Sie Ihr Archiv gut organisiert, sind Stichwörter sogar Zeitverschwendung: Sie finden Ihre Motive jederzeit auch ohne Suchbegriffe (ich arbeite meist ohne Stichwörter). Ist Ihr Archiv aber ein Durcheinander, dann sind Stichwörter Ihre letzte Hoffnung. Solche Zeitgenossen (und alle Freunde des Verschlagwortens) lesen hier bitte weiter.

1 Eins vorab: Wir beginnen mit den absoluten Grundlagen, denn die fortgeschrittenen Stichwort-Techniken brauchen viele Anwender gar nicht. Falls Sie hauptberuflich fotografieren oder in einer Bildagentur arbeiten, dann kommen Sie um die Stichwortvergabe nicht herum. Zum Glück ist das in Lightroom völlig schmerzlos. Es gibt mehrere Verfahren für die Stichwortvergabe mit unterschiedlichen Vor- und Nachteilen. Wir beginnen mit dem Bedienfeld **Stichwörter festlegen** rechts im Programmfenster. Klicken Sie ein Bild an, dann zeigt dieses Bedienfeld alle Stichwörter, die schon im Foto vorhanden sind. Übrigens: »Stichwort zuweisen« kann man kürzer auch »taggen« nennen, also zum Beispiel: »Das Bild wurde mit dem Stichwort ›NFL‹ getaggt.«

2 Ich habe die Bilder hier schon beim Importieren mit acht eher allgemeinen Stichwörtern versehen, zum Beispiel »Tampa«, »Clemson« und »Raymond James Stadium«. Um neue Stichwörter einzugeben, klicken Sie in das Textfeld oberhalb der Zeile **Stichwortvorschläge**. Tippen Sie Ihr Stichwort ein, und wollen Sie mehrere Begriffe eingeben, trennen Sie diese per Komma. Dann drücken Sie die Taste ⏎. In Schritt 1 habe ich schon ein Bild ausgewählt, und ich füge hier das Stichwort »Endzone« hinzu. Ganz einfach!

3 Das Bedienfeld **Stichwörter festlegen** ist auch ideal, wenn ganze Bildreihen identische Stichwörter erhalten sollen. Ein Beispiel: Vielleicht entstanden 71 Fotos bei der Touchdown-Feier. Diese Bilder wählen Sie also aus (Sie klicken auf das erste und dann bei gedrückter ⇧-Taste auf das letzte Foto – so ist die ganze Serie ausgewählt). Im Bedienfeld **Stichwörter festlegen** tippen Sie dann Ihren Begriff ins Textfeld; hier nehme ich »Touchdown-Feier«. Die 71 ausgewählten Fotos erhalten nun dieses Stichwort. Will ich also mehrere Bilder gleichzeitig verschlagworten, erledige ich das im Bedienfeld **Stichwörter festlegen**.

TIPP: Die nützlichsten Stichwörter

Mit dieser Frage entscheide ich, welche Stichwörter ich eintippe: »Wenn ich Jahre später nach diesen Bildern suche, welche Stichwörter würde ich wohl in das Suchen-Feld eintippen?« Die passenden Begriffe verwende ich dann. Das funktioniert prima.

4 Vielleicht möchten Sie ein spezielles Stichwort nur zu einigen Fotos hinzufügen, zum Beispiel einen Spielernamen. Klicken Sie die Bilder bei gedrückter Strg/Cmd-Taste an, um sie auszuwählen, dann tippen Sie den Namen ins Bedienfeld **Stichwörter festlegen**. So ergänzen Sie die ausgewählten Bilder um dieses Stichwort wie gerade besprochen.

TIPP: Die praktischen Stichwortsätze

Arbeiten Sie öfter mit denselben Stichwörtern? Dann legen Sie einen Stichwortsatz an. Tippen Sie die Stichwörter zunächst ins Textfeld, und öffnen Sie das Dropdown-Menü neben **Stichwortsatz**. Dort wählen Sie **Aktuelle Einstellungen als neue Vorgabe speichern**. Die neue Vorgabe landet in der Liste mit bereits eingebauten Stichwortsätzen wie **Hochzeitsfotografie** oder **Porträtfotografie**.

Kapitel 2   System für ein glückliches Lightroom-Leben

5 Eins weiter unten, im Bedienfeld **Stichwortliste**, erscheinen alle Stichwörter, die Sie angelegt haben oder die beim Importieren schon vorhanden waren. An der Zahl rechts erkennen Sie, wie viele Bilder ein bestimmtes Stichwort enthalten. Halten Sie den Mauszeiger über ein aufgelistetes Stichwort, dann erscheint rechts außen ein weißer Pfeil. Klicken Sie darauf, um nur Bilder mit diesem Stichwort zu sehen (hier habe ich auf den Pfeil für »Deshaun Watson« geklickt; so zeigt Lightroom die einzigen zwei Aufnahmen dieses Spielers aus meinem Katalog).

> **TIPP: Stichwörter ziehen und löschen**
>
> Sie können Stichwörter aus dem **Stichwortliste**-Bedienfeld auf Ihre Fotos ziehen und umgekehrt – also auch Fotos auf Stichwörter ziehen. Um ein Stichwort aus dem Bild zu entfernen, löschen Sie es aus dem **Stichwörter**-Textfeld. Soll das Stichwort ganz verschwinden, also aus allen Fotos und aus dem Bedienfeld **Stichwortliste**, klicken Sie den Begriff in der Liste an und dann auf die Schaltfläche **–** (Minuszeichen) rechts neben der Bedienfeldüberschrift.

6 Ihre Stichwortliste wird schon bald sehr lang. Halten Sie die Sache übersichtlich, und legen Sie Stichwörter mit Unterstichwörtern an (zum Beispiel »College Football« als Hauptstichwort, als Unterstichwörter dann »Alabama«, »Clemson« usw.). So verkürzen Sie nicht nur die Stichwortliste, Sie können auch besser sortieren. Ein Beispiel: Klicken Sie auf das übergeordnete Stichwort »College Football«, sehen Sie jede Datei in Ihrem Katalog, die auch mit »Alabama«, »Clemson« etc. verschlagwortet ist. Klicken Sie dagegen auf »Alabama«, zeigt Lightroom nur Aufnahmen mit »Alabama«. Sie sparen also enorm Zeit. Ich zeige Ihnen das Verfahren im nächsten Schritt.

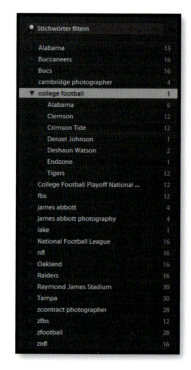

Bibliothek | Entwickeln | **Karte** | Buch | Diashow | Drucken | Web

7 Verwandeln Sie ein Stichwort in ein übergeordnetes Stichwort, indem Sie andere Stichwörter einfach darauf ziehen – fertig. Vielleicht stehen die geplanten untergeordneten Stichwörter aber noch nicht in der Liste, dann geht es so: Klicken Sie mit der rechten Maustaste auf das Stichwort, das übergeordnet sein soll, und dann auf **Stichwort-Tag innerhalb von ... erstellen**. Im nächsten Dialog legen Sie die untergeordneten Stichwörter an. Klicken Sie auf **Erstellen**, und die neuen Begriffe erscheinen unter dem übergeordneten Stichwort. Mit dem Dreieck links vom Hauptstichwort verbergen Sie bei Bedarf die untergeordneten Stichwörter.

> **TIPP: Stichwörter »aufsprühen«**
>
> Stichwörter können Sie übrigens auch mit Lightrooms Sprühdose einfach auf Ihre Bilder »sprühen«. Klicken Sie die Sprühdose unten in der Werkzeugleiste an und dann im Ausklappmenü rechts daneben auf **Stichwörter**. Tippen Sie das benötigte Stichwort ein, dann markieren Sie mit gedrückter Maustaste alle Fotos, die das Stichwort erhalten sollen. Lightroom zeigt eine Bestätigung für jedes so bearbeitete Foto.

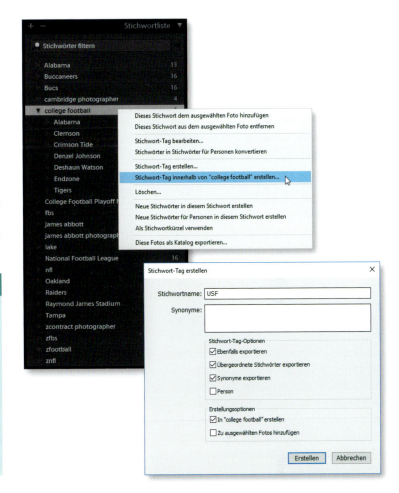

8 Zu den Bedienfeldern **Stichwörter festlegen** und **Stichwortliste** gibt es eine Alternative: Suchen Sie nach bereits verschlagworteten Fotos auch mit dem Bibliotheksfilter. Sie stöbern zum Beispiel nach Aufnahmen von einem bestimmten Spieler. Drücken Sie [Strg]/[Cmd]+[F], erscheint das Feld für die Textsuche oberhalb der Miniaturen. Sobald Sie den Spielernamen eintippen, zeigt Lightroom auch schon die passenden Bilder. Stichwörter sind schlicht und einfach Suchbegriffe. Verwenden Sie sehr allgemeine Stichwörter (wie »NCAA-Football), aber auch speziellere wie »Deshaun Watson«.

Kapitel 2 System für ein glückliches Lightroom-Leben

Personenfahndung per Gesichtserkennung

Per Gesichtserkennung will Lightroom Personen finden und verschlagworten. Das funktioniert gelegentlich, und mitunter ist es ein Witz. Schalten Sie die Gesichtserkennung mal ein. Lightroom zeigt dann eine Kartoffel: »Ist das Hans?« Ein Stück Seife: »Ist das Hans?« Schließlich einen Teller Rührei: »Ist das Hans?« Manchmal sehen Sie sogar Hans. Okay, so übel ist es nicht. Vielleicht verschlagworten Sie ja Ihre Familie damit und nutzen diese Stichwörter für Suchabfragen.

1 Lightrooms Gesichtserkennung wird zwar manchmal als »automatisch« bezeichnet, wirkt aber doch eher halbautomatisch, denn zunächst erledigen Sie einiges von Hand. Das Programm findet zwar Gesichter, kennt aber nicht die Namen. Die müssen Sie selbst eintragen, und Sie müssen nicht entdeckte oder falsch zugeordnete Gesichter bearbeiten. Wollen Sie einen üppigen Bildkatalog komplett per Gesichtserkennung verschlagworten, dann planen Sie ruhig einen Vormittag dafür ein. Gut, das wissen Sie jetzt also schon einmal. Beginnen Sie die Gesichtserkennung im Bibliothek-Modul, und klicken Sie auf die **Personen**-Schaltfläche in der Werkzeugleiste; alternativ wählen Sie **Personen** aus dem **Ansicht**-Menü oder drücken schlicht das [O].

2 Beim ersten Mal meldet Lightroom, dass es Ihren Katalog nun eine Weile nach Personenfotos durchsuchen wird (das passiert im Hintergrund, Sie können also weiterarbeiten). Lightroom gibt Ihnen die Wahl: Durchsuchen Sie auf der Stelle Ihren gesamten Katalog im Hintergrund, oder suchen Sie nur, nachdem Sie auf das **Personen**-Symbol geklickt haben. (Übrigens, während ich dies tippe, präsentiert mir Lightroom als Personen einen Laternenmast, einen Torbogen und ein Fahnenspalier – kein Witz!).

3 Lightroom wühlt also nach vermeintlichen Gesichtern. Sie erscheinen im Bereich **Unbenannte Personen**; das **?** unter den Miniaturen signalisiert, das Lightroom diese Leute nicht kennt (Sie haben das Programm ja noch nicht mit ihnen bekannt gemacht). Lightroom zeigt auch ein paar verschwommene Gesichter aus dem Hintergrund einiger Fotos. Die will ich nicht verschlagworten, also nehme ich diese Gesichter aus der Gesichtserkennung heraus. Dazu halten Sie den Mauszeiger über eine Miniatur, dann erscheint unter der Miniatur ein **x** (hier unter der letzten Miniatur in der zweiten Reihe). Per Klick auf das **x** verschwindet das Bild aus der **Personen**-Ansicht (das Bild bleibt in Lightroom erhalten, es fliegt nur aus der **Personen**-Liste).

4 Um ein Foto mit Namen zu verschlagworten, halten Sie den Mauszeiger über die Miniatur, bis der Zeiger als Textcursor erscheint. Klicken und tippen Sie, dann bestätigen Sie per ⏎-Taste. Haben Sie Bilder mit Namen verschlagwortet, wandern sie in den Bereich **Benannte Personen** ganz oben (wie hier zu sehen). Gibt es bei den **Unbenannten Personen** Gesichter, die Sie bereits benannt haben? Die ziehen Sie einfach nach oben auf die passende Miniatur bei **Benannte Personen**.

5 Ähnliche Gesichter packt Lightroom übersichtlich in gemeinsame Stapel. Achten Sie auf die letzte Miniatur in Reihe 1: Lightroom fand drei ähnliche Gesichter und verstaut sie in einen Stapel, zu erkennen an der **3** links oben in der Miniatur. Klicken Sie auf eine Stapelminiatur und drücken das ⟨S⟩; so öffnen Sie den Stapel (hier für den besagten Dreierstapel). Das ⟨S⟩ schließt den Stapel auch wieder. Um nur kurz in den Stapel hineinzuspähen, drücken und halten Sie die Taste ⟨S⟩. Der Stapel öffnet sich und schnappt beim Loslassen wieder zu. Erscheint der Stapel bei **Unbenannte Personen**, klicken sie auf das Fragezeichen unter der Miniatur, dann tippen Sie den Namen ein (hier für Moose Peterson, also tippe ich »Moose«). Nach ein paar Minuten zeigt Lightroom Ihnen selbständig Namen mit Fragezeichen wie »Julieanne?« Stimmt das, bestätigen Sie per Klick auf das Häkchen (wie hier unten zu sehen), die Miniatur wechselt dann zu **Benannte Personen**. Irrte Lightroom, klicken Sie auf das Symbol für »Nein«. Benennen Sie eine Person erstmals, braucht Lightroom ein oder zwei Minuten für weitere, eigenständige Treffer. Das Programm kennt Ihre Leute allmählich immer besser.

6 Damit hat Lightroom alle erkennbaren Gesichter zusammengetragen. Das Programm bildete zudem Stapel für Personen, die scheinbar auf mehreren Bildern auftauchen. Doch wir haben immer noch reihenweise **Unbenannte Personen**. Die verschlagworten Sie nun, oder Sie ziehen die Miniaturen nach oben auf die passenden Gesichter bei **Benannte Personen** (wie abgebildet). Dabei zeigt Lightroom am Mac ein grün unterlegtes Plussymbol, wenn Sie ein noch unbekanntes Gesicht einem Namen zuordnen – Sie sehen sofort, wen Sie wie verschlagworten. Diese Prozedur kostet Sie viel oder wenig Zeit, je nach gewählter Option in Schritt 2 (gesamter Katalog oder aktuelle Sammlung). Wie auch immer, ab hier müssen Sie selbst weiterarbeiten.

Bibliothek | Entwickeln | **Karte** | Buch | Diashow | Drucken | Web

7 Nach dem Doppelklick auf eine bereits verschlagwortete Miniatur in **Benannte Personen** landen Sie bei den Bestätigten – der Bereich für Porträts mit bereits bestätigten Namen. Darunter im Abteil **Ähnlich** präsentiert Lightroom Gesichter, die auch dazu passen könnten (halten Sie den Mauszeiger über eine Miniatur, sehen Sie immer wieder ein Fragezeichen). Wir versichern hier, dass es sich um Steve handelt, und klicken auf das Häkchen (wie abgebildet). Damit wechselt das Bild ebenfalls zu den Bestätigten. Auf dieser Basis tischt Lightroom nun weitere Köpfe auf, frei nach dem Motto: »Wie wär's mit diesen hier? Die sehen doch ganz ähnlich aus, oder?« Nun ja ... Nicht wirklich. Das ist nämlich Martin im Abschnitt **Ähnlich**. Macht aber nichts, denn ich kann zur **Personen**-Ansicht zurückschalten. Dazu klicke ich auf **Personen** oben links (hier markiert) und verschlagworte andere Bilder. Und wenn Sie doppelt auf ein Gesicht ohne Namen klicken? Dann landen Sie in der Lupenansicht. Dort erscheint das Gesicht eingerahmt, dazu kommt ein Textfeld mit Fragezeichen. Klicken Sie auf das Fragezeichen, und tippen Sie den Namen ein. Hat Lightroom ein Gesicht gar nicht gefunden, rahmen Sie es durch Ziehen ein. Zeigt Lightroom jedoch einen Personenrahmen, wo sich gar kein Mensch befindet, klicken Sie auf das kleine x.

8 Sind diese Personen-Stichwörter erst angewendet, funktionieren sie genauso wie übliche Stichwörter. Sie spüren damit wichtige Bilder blitzschnell auf. Zeigen Sie das **Stichwortliste**-Bedienfeld an. Wir suchen hier nach Fotos mit »Moose« und halten darum den Mauszeiger über den Begriff »Moose«. Rechts außen erscheint nun ein Pfeil, und wenn Sie auf den Pfeil klicken, zeigt Lightroom nur noch Bilder mit dem Stichwort »Moose«. Oder drücken Sie zum Suchen das gute alte ⌈Strg⌉ / ⌈Cmd⌉ + ⌈F⌉. Tippen Sie den gesuchten Namen ein, schon erscheint die Zielperson auf dem Bildschirm.

77

Kapitel 2 System für ein glückliches Lightroom-Leben

Wie Sie bereits importierte Fotos umbenennen

Haben Sie Ihre Bilder beim Import von der Speicherkarte noch nicht umbenannt? Dann benennen Sie die Dateien unbedingt jetzt mit neuen aussagekräftigen Namen. Das vereinfacht Suchvorgänge. Haben Sie außer Dateinamen wie »_DSC0035.jpg« keine Anhaltspunkte, suchen Sie womöglich sehr lange nach dem gewünschten Motiv. Lesen Sie also, wie Sie Ihre Bilder sinnvoll benennen und damit spätere Abfragen erleichtern:

1 Drücken Sie ⌈Strg⌉/⌈Cmd⌉+⌈A⌉, so dass alle Aufnahmen der Sammlung ausgewählt sind. Im Menü **Bibliothek** gehen Sie auf **Fotos umbenennen**, oder Sie drücken ⌈F2⌉ auf der Tastatur. So erscheint der Dialog **Fotos umbenennen**. Wählen Sie für das Umbenennen eine beliebige Vorgabe aus; ich nehme immer **Benutzerdefinierter Name – Sequenz**. Damit kann ich eine eigene Bezeichnung eintippen, danach folgt eine automatisch vergebene Nummer. Lightroom verwendet jede beliebige Startnummer, ich beginne mit der 1. Das war's schon.

2 Klicken Sie auf **OK**, und Lightroom benennt die Dateien ratzfatz um. Das ganze Verfahren kostet Sie nur ein paar Sekunden, aber es bringt einen großen Vorteil bei der Suche nach Fotos – nicht nur hier in Lightroom, sondern vor allem außerhalb von Lightroom in Ordnern, E-Mails usw. Der neue Name hilft auch Kunden, denen Sie Ihre Bilder zur Freigabe schicken.

Bibliothek | Entwickeln | **Karte** | Buch | Diashow | Drucken | Web

So finden Sie Ihre Fotos blitzschnell

Für unkomplizierte Fotorecherchen haben Sie Ihre Aufnahmen beim Importieren oder später sinnvoll benannt. Darum finden Sie die gewünschten Motive jederzeit blitzschnell. Aber suchen Sie nicht nur nach dem Dateinamen – fahnden Sie auch nach Kamerahersteller, Kameramodell, verwendetem Objektiv und vielen weiteren Kriterien.

1 Teilen Sie Lightroom zuerst mit, wo Sie überhaupt suchen möchten: Wollen Sie eine bestimmte Sammlung durchforsten, klicken Sie diese Sammlung im **Sammlungen**-Bedienfeld an. Oder möchten Sie den gesamten Fotokatalog durchsuchen? Dann klicken Sie im Filmstreifen links oben auf den Speicherpfad und dann auf **Alle Fotos**. Lightroom bietet auch andere Zusammenstellungen an: die **Schnellsammlung**, den **Vorherigen Import** und die zuletzt genutzten Ordner.

2 Wo Sie suchen, steht damit fest. Weiter geht's mit einem vertrauten Tastaturbefehl: `Strg`/`Cmd`+`F`. Lightroom präsentiert nun den Bibliotheksfilter oben über der Rasteransicht. Wahrscheinlich suchen Sie nach einem Begriff, also tippen Sie das Wort ins Suchfeld. Standardmäßig durchsucht Lightroom nun alle verfügbaren Informationen: Dateiname, Stichwörter, Bildunterschriften, eingebettete EXIF-Daten etc. Dann zeigt das Programm die zutreffenden Bilder an (hier habe ich nach »Bucs – Raiders« gesucht). Grenzen Sie Ihre Suche mit den zwei Ausklappmenüs links vom Textfeld ein. Durchsuchen Sie zum Beispiel nur Bildunterschriften oder nur Stichwörter. Die entsprechende Angabe machen Sie im ersten Ausklappmenü.

3 Oder suchen Sie nach einer Bildeigenschaft: Dazu klicken Sie im Bibliotheksfilter auf **Attribut**, dann zeigt Lightroom die entsprechenden Optionen. Weiter vorn in diesem Kapitel haben wir mit den **Attribut**-Optionen schon unsere **Markiert**-Bilder angezeigt (also die mit einer Flagge gekennzeichneten Bilder), Sie kennen die Funktion also schon einigermaßen. Ich wollte aber noch etwas erwähnen, zum Beispiel bei der Sternebewertung: Klicken Sie auf den vierten Stern, dann zeigt Lightroom Bilder mit vier oder mehr Sternen (also sowohl Vier- als auch Fünf-Sterne-Aufnahmen). Brauchen Sie nur die Vier-Sterne-Fotos, klicken Sie länger auf das Zeichen ≥ (größer gleich) direkt rechts neben **Bewertung**. Im Ausklappmenü wählen Sie die Option **Bewertung entspricht**. Der Bibliotheksfilter sucht jetzt auch gezielt nach schon bearbeiteten Aufnahmen; dazu nutzen Sie die **Bearbeitungen**-Symbole links von den Sternen.

4 Neben Text und Attributen können Sie auch nach eingebetteten Metadaten suchen (zum Beispiel nach Bildern mit einem bestimmten Objektiv, mit einem bestimmten ISO-Wert oder einer bestimmten Blende und nach einem Dutzend weiterer Merkmale). Dazu klicken Sie im Bibliotheksfilter auf **Metadaten**. Lightroom bietet jetzt Suchoptionen in mehreren Spalten an, zum Beispiel mit Kameraherstellern und -modellen, mit Objektiven oder Beschriftungen. Allerdings muss ich schon sagen: Finden Sie ein Foto nur noch auf der Basis des damals verwendeten Objektivs wieder, dann haben Sie sich mit Dateinamen echt zu wenig Mühe gegeben. So eine Suche kann nur Ihre letzte Hoffnung sein.

Bibliothek | Entwickeln | **Karte** | Buch | Diashow | Drucken | Web

Lightroom zeigt Ihre Bilder automatisch auf einer Karte an

Für diese Aufgabe braucht Ihre Kamera kein GPS – und wir besprechen gleich noch zwei einfache Wege, wie Sie Landkarten ganz ohne GPS mit Ihren Bildern bestücken. Sollten Ihre Fotos jedoch schon GPS-Daten enthalten, dann platziert Lightroom die Aufnahmen auf einer Weltkarte – ganz automatisch und ohne Ihr Zutun. Wow! Wer weiß, bald fliegen wir vielleicht auch zum Mond und fahren Elektroautos.

1 Haben Sie Bilder mit GPS-Informationen importiert? Klicken Sie eins der Fotos an, dann öffnen Sie das **Metadaten**-Bedienfeld rechts im Bibliothek-Modul. Weit unten im **EXIF**-Bereich sehen Sie das Feld **GPS** mit den genauen Geo-Koordinaten des Aufnahmeorts (hier eingekreist). Klicken Sie auf den kleinen Pfeil rechts vom GPS-Feld.

2 Nach dem Klick auf den kleinen Pfeil springt Lightroom ins Karte-Modul. Ein Pin auf einem farbigen Satellitenbild signalisiert den Aufnahmeort ganz präzise. Stark, oder? Und tatsächlich sehen Sie nicht nur dieses eine Bild – Lightroom packt gleich alle Ihre GPS-Fotos auf die Karte. Suchen Sie Ihre Aufnahmen also nicht nur nach Dateiname oder Stichwort, sondern auch nach Position. Halten Sie den Mauszeiger über den Pin, zeigt Lightroom eine erste Aufnahme von diesem Ort. Und per Doppelklick auf den Pin bleibt diese Vorschau dauerhaft stehen. Mit den kleinen Pfeilen nach rechts und links zeigen Sie weitere Bilder im Vorschaukasten (oder verwenden Sie dazu die Pfeiltasten ← und → auf Ihrer Tastatur).

Nutzen Sie die Karte auch ohne eingespeicherte GPS-Daten

Mit zwei Techniken platzieren Sie auf der Karte auch Schnappschüsse, die überhaupt keine GPS-Daten enthalten. Bei der ersten Methode landen die Fotos schon sehr nah am tatsächlichen Aufnahmeort. Und die clevere Technik 2 zeigt Ihre Bilder ganz genau dort, wo sie entstanden.

1 Die erste Technik ist ganz einfach: Suchen Sie den Ort auf der Karte. Entweder stöbern Sie allgemein nach einer Stadt, oder Sie nennen die genaue Stelle, zum Beispiel den Eiffelturm in Paris oder das Rockefeller-Center in New York. Tippen Sie den Suchbegriff in das Feld **Karte durchsuchen** rechts oben im Karte-Modul. Lightroom markiert die Stelle mit einem Pin. Hier habe ich nach Venedig gesucht.

Hinweis: Lightroom verwendet eine spezielle Version von Google Maps; das Karte-Modul funktioniert also nur bei bestehender Internetverbindung.

2 Unten im Filmstreifen wählen Sie jetzt Ihre Aufnahmen von diesem Ort aus, um sie direkt auf die Stecknadel zu ziehen. So erscheinen die Bilder nicht nur auf der Landkarte – Lightroom speichert die GPS-Informationen auch direkt in den Metadaten der Bilder (hier rot eingekreist). Es gibt noch eine etwas genauere Methode; hier besorgen Sie sich die ganz exakten GPS-Daten mit einem kleinen Trick, selbst wenn Ihre Kamera kein GPS aufzeichnet.

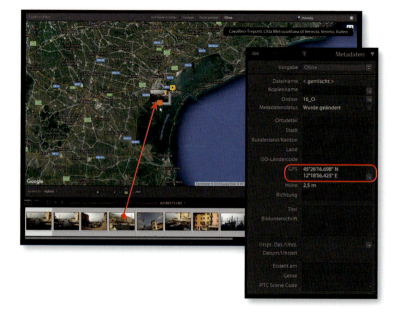

Bibliothek | Entwickeln | **Karte** | Buch | Diashow | Drucken | Web

3 Mit der zweiten Methode beginnen Sie direkt vor Ort: Fotografieren Sie per Kamera, aber nehmen Sie auch ein Bild mit dem Smartphone auf. Das hat GPS, und in den Einstellungen der Kamera-App achten Sie darauf, dass die GPS-Werte mit im Bild landen. Später in Lightroom importieren Sie die Bilder aus der Kamera sowie die Handyaufnahme.

> **TIPP: Speichern Sie Ihre wichtigen Orte**
>
> Speichern Sie Ihre Pins in Lightroom als bevorzugte Orte, so müssen Sie nicht jedes Mal neu suchen: Zuerst klicken Sie den Pin an, dann wählen Sie im Bedienfeld **Gespeicherte Positionen** links das Pluszeichen. Zuerst benennen Sie den Ort. Mit dem **Radius**-Regler definieren Sie dann, in welchem Umkreis benachbarte Bilder dieselbe GPS-Information erhalten sollen. Während Sie am Regler ziehen, zeigt Lightroom den Radius als weißen Kreis auf der Karte. Sie erkennen also, welche Regionen noch zur gespeicherten Position gehören. Mit der Option **Privat** entfernt Lightroom die Ortsangaben beim Exportieren der Bilder. Mit einem Klick auf **Erstellen** sichern Sie den Ort im Bedienfeld **Gespeicherte Positionen**.

4 Ziehen Sie das Handyfoto in dieselbe Sammlung wie die Dateien aus der Kamera. Klicken Sie das Handybild an, suchen Sie im **Metadaten**-Bedienfeld den **GPS**-Bereich, dort klicken Sie ganz rechts auf den kleinen Pfeil. Damit landen Sie im Karte-Modul, und ein Pin signalisiert den genauen Ort des Handyfotos. Im Filmstreifen wählen Sie nun die Bilder aus, die am selben Platz mit Ihrer großen Kamera entstanden sind. Ziehen Sie die Bilder direkt auf den Pin Ihrer Smartphone-Aufnahme. Damit erscheinen die Kameradateien auch auf der Karte; vor allem aber bettet Lightroom nun auch die GPS-Koordinaten in diese Bilder ein.

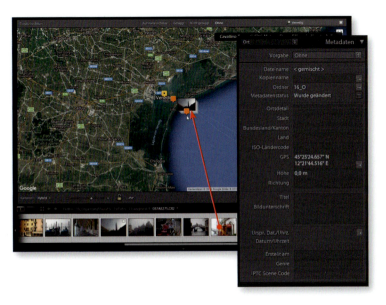

Sammlung aus Ortsangaben erstellen

Wir wissen jetzt, dass Lightroom alle Fotos mit GPS-Daten automatisch auf der Landkarte anordnet. Daraus können Sie ganz bequem Sammlungen erzeugen. Ein Beispiel: Im Karte-Modul platziert Lightroom eine ganze Bildreihe aus Paris über einem Paris-Pin. Daraus wird im Handumdrehen eine Sammlung mit sämtlichen Paris-Fotos. Und das ist so unverschämt einfach, weil Lightroom Ihnen jegliche Arbeit abnimmt.

1 Öffnen Sie das Karte-Modul (ich arbeite hier mit der **Satellit**-Ansicht, aber links im **Kartenstil**-Menü bietet Lightroom weitere Darstellungsarten). Diese Stecknadel hier steht für 70 Bilder aus Marrakesch. Die Bilder landeten automatisch auf der Karte, weil ich die GPS-Funktion meiner Kamera eingeschaltet hatte. Und so wird aus diesen Marrakesch-Aufnahmen eine Sammlung: Sie klicken mit der rechten Maustaste auf den Pin, im Kontextmenü wählen Sie dann **Sammlung erstellen** (wie hier gezeigt).

2 Damit erscheint der Dialog **Sammlung erstellen** (abgebildet). Tippen Sie eine Bezeichnung ein (ich verwende einen naheliegenden Begriff), und nutzen Sie alle bekannten Optionen für Sammlungen. Packen Sie die Sammlung zum Beispiel in einen vorhandenen Sammlungssatz (und wissen Sie, ich glaube, der Sammlungssatz »Reise« passt hier echt gut). Nach dem Klick auf **Erstellen** entsteht die neue Sammlung, auch zu sehen im **Sammlungen**-Bedienfeld. Sie enthält genau die Marrakesch-Motive, und alle diese Bilder hat Lightroom eigenständig für Sie zusammengetragen. Gar nicht so übel.

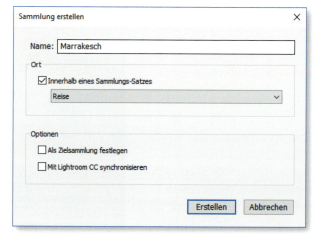

Bibliothek | Entwickeln | **Karte** | Buch | Diashow | Drucken | Web

Wie Sie fehlende Fotos finden

Manchmal laden Sie ein Bild ins Entwickeln-Modul und Lightroom meldet **Die Datei wurde nicht gefunden**. *In der Rasteransicht haben solche Miniaturen rechts oben ein kleines Ausrufezeichen. Das heißt, Lightroom findet die Originaldatei nicht. Sie haben das Bild also verschoben, und Lightroom kennt den neuen Speicherort nicht. Kein Problem: Zeigen Sie Lightroom einfach, wo die Aufnahme zu finden ist.*

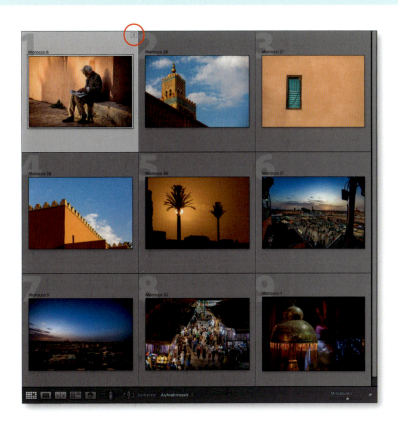

1 Eine Miniatur zeigt hier ein kleines Ausrufezeichen. Lightroom meldet so, dass es das hochaufgelöste Original nicht findet; Sie sehen nur eine kleinere Vorschau. Solche Bilder erscheinen im Entwickeln-Modul mit der gefürchteten Meldung **Die Datei wurde nicht gefunden**. Für dieses Problem gibt es zwei Gründe: 1. Sie haben das Originalbild verschoben, Lightroom findet es nicht mehr (kein Problem, natürlich dürfen wir unsere Fotos jederzeit frei umherbewegen, nicht wahr?!) oder 2. das Originalbild liegt auf einer externen Festplatte, und diese Platte ist momentan nicht am Computer angeschlossen, Lightroom kann das Bild also nicht finden. Beide Problemchen lassen sich schnell lösen; doch erst einmal finden wir heraus, warum Lightroom die Datei nun tatsächlich vermisst.

2 Wo war das vermisste Foto zuletzt? Das ermitteln Sie durch einen Klick auf das Ausrufezeichen. In einem Dialog meldet Lightroom die Originaldatei als vermisst (das wussten Sie schon). Unterhalb dieser angsteinflößenden Warnung sehen Sie den ursprünglichen Speicherort. Sie erkennen also, ob es eine tragbare Festplatte, eine Speicherkarte oder Ähnliches war oder ob das Bild von einer externen Platte stammt.

3 Klicken Sie auf **Suchen**, und im Dialog geben Sie den neuen Speicherort an. (Ich weiß schon, Sie sagen jetzt: »Ich habe doch gar nichts verschoben!« Aber mal ehrlich: Von alleine spaziert diese Datei doch nicht auf Ihrer Festplatte herum. Sie selbst haben das Bild verschoben – auch wenn Sie das vielleicht vergessen haben.) Haben Sie das Bild gefunden, klicken Sie es an, und gehen Sie dann auf **Auswählen**. Damit steht das Bild in Lightroom wieder zur Verfügung. Wurde ein ganzer Ordner verschoben, lassen Sie das Kontrollkästchen **Nach zugehörigen fehlenden Fotos suchen** auf jeden Fall eingeschaltet. So verknüpfen Sie sämtliche Bilder aus dem Ordner neu. Sie alle lassen sich dann wieder im Entwickeln-Modul bearbeiten.

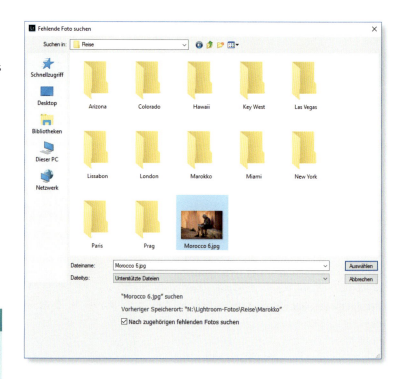

> **TIPP: Prüfen Sie alle Verknüpfungen**
>
> Stellen Sie sicher, dass alle Bilder immer mit den Originaldateien verknüpft sind – Sie bekommen das beunruhigende Ausrufezeichen dann gar nicht erst zu Gesicht. Dazu wechseln Sie ins Bibliothek-Modul und wählen **Bibliothek • Nach allen fehlenden Fotos suchen**. Alle nicht richtig verknüpften Bilder zeigt Lightroom nun in der Rasteransicht, Sie können die Aufnahmen also mit der Technik von diesen Seiten neu verbinden.

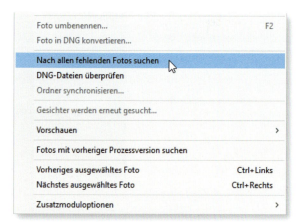

Hinweis: Falls Sie mit Ordnern arbeiten Sie nutzen Ordner statt Sammlungen? Fehlende Ordner zeigt das **Ordner**-Bedienfeld blassgrau mit Fragezeichen. Sie haben den Ordner wohl verschoben, oder er liegt auf einer nicht angeschlossenen externen Platte. Klicken Sie mit rechts auf den Namen des vermissten Ordners und auf **Fehlenden Ordner suchen**. Dann wählen Sie den neuen Speicherplatz aus. Finden Sie den Ordner nirgends, haben Sie ihn oder den Inhalt vielleicht versehentlich gelöscht (und genau darum lässt man besser ganz die Finger von Ordnern). Dann haben Sie hoffentlich ein aktuelles Backup.

Bibliothek | Entwickeln | **Karte** | Buch | Diashow | Drucken | Web

Wie Lightroom Ihre Bilder nach Datum sortiert

Ich hatte ja schon erwähnt, dass Sie Ihre Fotos nicht selbst nach Datum ordnen müssen: Lightroom erledigt das ohnehin automatisch für Sie. Das Programm verwendet dabei exakt Uhrzeit, Tag, Monat und Jahr der Aufnahme, denn diese Angaben sind bereits in den Bilddateien eingebettet. Lesen Sie hier, wie Sie Ihr komplettes Archiv nach Datum sortiert zeigen.

1 Im Bibliothek-Modul über den Miniaturen sehen Sie den Bibliotheksfilter (wenn nicht, drücken Sie die <kbd>\</kbd>-Taste). Diese Funktion orientiert sich an der aktuellen Bildzusammenstellung; arbeiten Sie also gerade in einer Sammlung, gelten die Angaben im Bibliotheksfilter nur für diese Sammlung. Klicken Sie also oben links im **Katalog**-Bedienfeld auf **Alle Fotos**. So sichten und sortieren Sie Ihr gesamtes Bildarchiv und nicht eine einzelne Sammlung. Vier Register bietet Lightroom oben an. Klicken Sie auf **Metadaten**, um vier Spalten mit Daten zu sehen: Die erste Spalte links zeigt Ihren Katalog nach Datum sortiert; Lightroom beginnt mit dem ersten Jahr, aus dem Sie Fotos importiert haben.

2 Sie möchten die Bilder eines bestimmten Jahres sehen? Klicken Sie auf den Pfeil nach rechts neben einer Jahreszahl; hier klicke ich auf 2016. Nun sehen Sie die Monate, in denen Sie fotografiert haben, und die Zahl der Bilder pro Monat. Per Klick auf den Pfeil links vom Monat zeigt Lightroom Ihre Motive aus diesem Monat sowie den Wochentag, an dem sie entstanden (nützlich zum Beispiel, wenn Sie speziell nach Bildern von einem Wochenende suchen). Klicken Sie einen Tag an, zeigt das Miniaturenraster unten die Bildausbeute dieses Tages.

3 Die drei rechten Spalten passen sich immer wieder an und präsentieren vertiefende Angaben zu den aktuellen Fotos. Hier habe ich den 16. Mai 2016 angeklickt. In Spalte 2 und 3 zeigt Lightroom jetzt, welche Kameras und welche Objektive ich an diesem Tag eingesetzt habe. Ich kann also nach Kamerahersteller, Kameramodell und Objektiv filtern. Das ist praktisch, wenn Sie nach Aufnahmen mit einem ganz speziellen Objektiv suchen (vielleicht wissen Sie noch, dass Sie mit einem Tilt-Shift-, Fisheye- oder Makroobjektiv fotografiert haben).

> **TIPP: Suche mit mehreren Kriterien**
>
> Kombinieren Sie die Kategorien oben im Bibliotheksfilter. Dazu klicken Sie Titel bei gedrückter [Strg]/[Cmd]-Taste an. [Strg]/[Cmd]-klicken Sie zum Beispiel auf **Text**, dann auf **Attribut** und noch auf **Metadaten**; so öffnen sich alle drei Bereiche. Suchen Sie nun zum Beispiel nach einem Querformat-Bild mit einem bestimmten Stichwort, mit **Markiert**-Fahne und roter Farbmarkierung, das mit einer Canon EOS 5D Mark IV und 24–70 mm-Objektiv entstand. Die Treffer sehen Sie gleich darunter. Per Ausklappmenü rechts außen speichert Lightroom solche Kriterien sogar als Suchvorgabe.

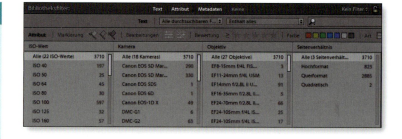

4 Standardmäßig zeigt die vierte Spalte die **Beschriftung**. Sie erkennen also, ob Sie Fotos mit Farben ausgezeichnet haben. Aber klicken Sie einmal direkt auf die Spaltenüberschrift **Beschriftung**. Nun bietet Lightroom eine lange Liste weiterer Suchkriterien, die Sie vielleicht nützlicher finden (vor allem, wenn Sie gar nicht mit Farbmarkierungen arbeiten). Tatsächlich können Sie alle vier Überschriften auf beliebige Kriterien umstellen.

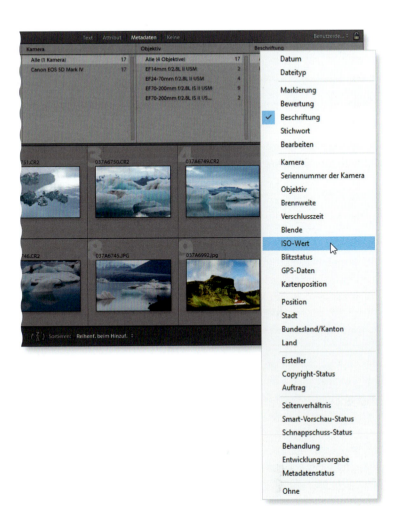

Sehr, sehr wichtig: eine Sicherungskopie für Ihren Katalog!

Sie korrigieren Ihre Fotos, Sie legen Sammlungen, Stichwörter und Copyright-Hinweise an. Lightroom speichert alle diese Änderungen in der Katalogdatei. Diese Datei ist also enorm wichtig. Sollte Lightroom aus irgendeinem Grund melden, dass die Katalogdatei beschädigt ist, müssten Sie wieder ganz von vorn anfangen – wenn Sie kein Backup haben. Gut zu wissen: Lightroom erzeugt Sicherungskopien des Katalogs und fordert Sie sogar zur Datensicherung auf. Sie müssen das aber erst in Gang setzen. Hier das Verfahren:

1 Beim Schließen zeigt Lightroom gelegentlich den Dialog **Katalog sichern**. Dabei können Sie den überaus wichtigen Katalog speichern (er speichert u. a. Korrekturen, manuelle Sortierungen, Metadaten, **Markiert**-Fahnen in seiner Datenbank). Oben im Ausklappmenü entscheiden Sie sogar, wie oft der Dialog auftauchen soll – von einmal täglich bis einmal pro Monat (fragen Sie sich bei der Entscheidung für ein Sicherungsintervall, wie viel Datenverlust Sie verschmerzen können, falls der Katalog einmal unlesbar wird und Sie ein Backup benötigen). Standardmäßig entsteht der Katalog in einem Ordner namens (Spannung ... raten Sie mal ...) »Backups«, der sich wiederum im Ordner »Lightroom« mit Ihrem normalen Katalog befindet.

Hinweis: Sie sichern Ihre Bilder zwar auf einer externen Festplatte. Doch damit Lightroom schneller läuft, sollten Sie den Katalog direkt auf dem Rechner speichern (das haben wir auf Seite 52 besprochen).

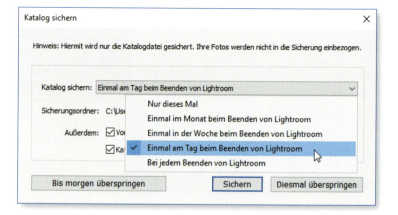

2 Wahlweise speichern Sie die Sicherung woanders, etwa auf der externen Platte oder in der Cloud. Sollte Ihr Computer abhandenkommen, bleibt Ihnen so immer noch ein Backup. Damit alles seine gute Ordnung hat, lasse ich auch die zwei Kontrollkästchen aktiviert.

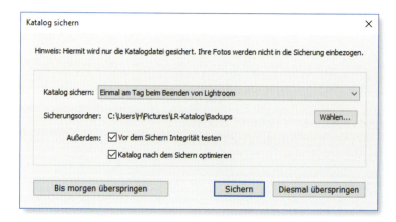

Bibliothek | Entwickeln | **Karte** | Buch | Diashow | Drucken | Web

3 Was aber tun im »Katastrophenfall«? Sie starten Lightroom und erhalten nur eine Warnung: **Der Lightroom-Katalog ist beschädigt und muss repariert werden, bevor er verwendet oder gesichert werden kann.** Zuerst einmal klicken Sie natürlich auf **Katalog reparieren** und schicken ein paar Gebete hinterher. Mit etwas Glück behebt Lightroom den Schaden und alles läuft wieder. Wenn Sie nun aber den Dialog rechts sehen und Lightroom kann den Katalog nicht instandsetzen? Dann tritt Plan B in Kraft.

> **TIPP: Hier ist die Sicherung überflüssig**
>
> Sichern Sie regelmäßig den gesamten Computer? (Ich erledige das mit Apples Time Capsule.) In diesem Fall muss Lightroom keine Sicherung anlegen, denn Sie haben schon ein Backup auf dem Sicherungslaufwerk.

4 Und Plan B heißt: Sie greifen auf Ihre neueste Katalogsicherung zurück. In der Fehlermeldung klicken Sie auf **Anderen Katalog wählen** und danach auf **Neuen Katalog erstellen**. Das geschieht nur, damit Sie an Lightrooms Menüs rankommen (die sehen Sie ohne Katalog nicht). Nennen Sie den neuen Katalog also ruhig »Für den Papierkorb«, denn er kommt gleich wieder weg. Sie starten also mit diesem leeren Katalog, dann wählen Sie **Datei • Katalog öffnen**. Im Dialog suchen Sie den Sicherungsordner (dort, wo Sie ihn in Schritt 2 angelegt haben). Sie sehen nun alle Ordner mit Sicherungen nach Datum sortiert. Klicken Sie doppelt auf den neuesten Ordner und dann auf die ».lrcat«-Datei (das ist Ihre Sicherung). Klicken Sie noch auf **Öffnen**, und Sie arbeiten wieder normal in Lightroom.

Hinweis: Gegebenenfalls legt Lightroom die Katalogsicherung im ZIP-Dateiformat an. Dann müssen Sie zunächst die ZIP-Datei im »Backups«-Verzeichnis entpacken, so dass eine ».lrcat«-Datei entsteht.

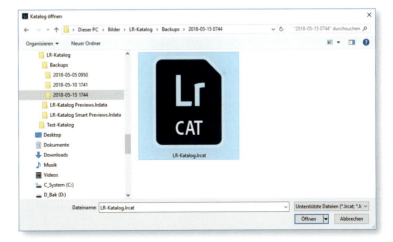

Foto: Scott Kelby | Belichtung: 1/125s | Brennweite: 67mm | Blende: f/8

Im Profi-Modus
Importieren und sortieren für Anspruchsvolle

3

Dieses Buch erscheint seit mehr als elf Jahren, aber erstmals gibt es ein eigenes Kapitel zum Profi-Modus. Mit seiner Hilfe können Sie neue Sphären der Lightroom-Dampfplauderei erreichen – mein Kapitel macht Sie zum allseits beneideten Star der Lightroom-Stars. Stellen Sie sich vor, was das für Sie heißen könnte: Ihr Fahrer bringt Sie zu einer Lightroom-Wohltätigkeitsgala, und Sie betreten den Saal über den roten Teppich (klar, bei Lightroom-Events liegen Neutralgrau-Teppiche aus, doch von RTL2 bis Bild Online heißt es trotzdem »roter Teppich«). TV-Reporter bitten um Ihr Wort: »Wer hat dieses zauberhafte Outfit designt?«, »Woher stammt Ihr apartes Perlencollier?«, und natürlich »Wie viel ›Klarheit‹ ist zu viel ›Klarheit‹ bei Landschaftsfotos?« Die üblichen Fragen halt. Sie parlieren beiläufig huldvoll, während Ihnen der vorbeischwebende Kellner einen Kelch Champagner reicht (Moët & Chandon). Sie strahlen förmlich in Ihrem Schiaparelli-Abendkleid, die handgefertigten Sergio-Rossi-Pumps glänzen diskret. Und dann blicken Sie aufrichtig in die Meute der Journalisten und sagen mit natürlicher Bescheidenheit: »Nun, heute geht es wirklich nicht um mich... Ganz einfach: Ich stelle mich gern in den Dienst der Charity, um etwas Geld für diese tapferen Kinder zu sammeln. Und natürlich auch, um Import und Workflow in Lightroom zu optimieren.« In diesem Moment wird der Raum förmlich implodieren. Kinder brechen in Tränen aus, Gäste sinken in Ohnmacht, die Ingwer-Soja-glasierten Häppchen krachen zu Boden. Sie, Sie ganz allein, lösten diese tektonische Verschiebung aus. Ein Quantensprung im obersten Lightroom-Olymp. Alle im Raum erkennen es. Und Sie denken an des Orakels wahren Spruch: Sie sind »Der Profi«!

Kapitel 3 Importieren und sortieren für Anspruchsvolle

Tethered Shooting: von der Kamera direkt zu Lightroom

Fotografieren per Tethering, also kabelgebunden, gehört zu meinen Lieblingsfunktionen: Sie fotografieren und zeichnen die Bilder direkt mit Lightroom auf. Die Vorteile: Erstens sehen Sie Ihre Bilder am Computer viel größer als auf dem winzigen Kameramonitor. Und zweitens: Sie müssen nach dem Fotografieren nicht mehr importieren – die Aufnahmen sind schon da. Aber Achtung: Haben Sie das einmal ausprobiert, wollen Sie nur noch so arbeiten!

1 Schließen Sie Ihre Kamera an den Computer an. Dazu nehmen Sie das kleine USB-Kabel, das zur Kamera gehört. Vielleicht steckt es noch in der Kameraverpackung, zusammen mit dem Handbuch und ein paar anderen obskuren Kabeln; suchen Sie also dort einmal. Verbinden Sie den Apparat mit dem Computer. Im Studio sowie *on location* verwende ich den Aufbau, den Sie hier sehen (gezeigt hat ihn mir der weltbekannte Fotograf Joe McNally). Ich nutze hier den Trägerarm Rock Solid 4-Head Tripod Cross Bar von Tether Tools mit der Plattform TetherTable Aero, dem Spannriemen Aero SecureStrap und einem TetherPro-USB-Kabel.

Scott Kelby und Brad Moore

2 In Lightroom wählen Sie **Datei • Tether-Aufnahme • Tether-Aufnahme starten**. Damit erscheint der Dialog, den Sie hier sehen. Sie tragen in etwa die Informationen wie beim Importieren ein (einen Sitzungsnamen, auf Wunsch spezielle Dateinamen). Sie bestimmen auch das Speicherverzeichnis auf der Festplatte ebenso wie Metadaten und Stichwörter, also ganz wie üblich. Es gibt jedoch eine Besonderheit: das Kontrollkästchen **Fotos nach Aufnahmen segmentieren** (hier markiert). Das wirkt sich beim Tethered Shooting sehr praktisch aus, wie wir gleich noch sehen.

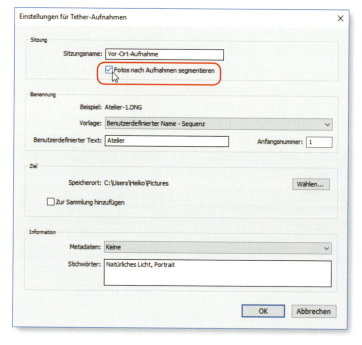

3 Die Funktion **Fotos nach Aufnahmen segmentieren** unterstützt Sie bei der Bildorganisation. Ein Beispiel: Sie fotografieren *on location* an zwei Orten, am Fenster und draußen. Diese Aufnahmen können Sie gleich auf unterschiedliche Ordner verteilen, indem Sie auf den Sitzungsnamen klicken (das wird nachher noch klarer). Probieren Sie es aus: Schalten Sie **Fotos nach Aufnahmen segmentieren** ein, und klicken Sie auf **OK**. Danach sehen Sie den Dialog **Ursprünglicher Name der Aufnahme**. Dort tippen Sie eine passende Bezeichnung ein.

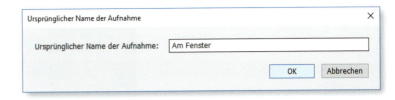

4 Nach dem Klick auf **OK** präsentiert Lightroom das Fenster für die Tether-Aufnahme. Erkennt Lightroom Ihre Kamera, erscheint der Kameraname links (falls Sie mehr als eine Kamera anschließen, klicken Sie auf den Kameranamen und wählen das Modell im Menü aus). Sollte Lightroom Ihre Kamera nicht erkennen, meldet es **Keine Kamera erkannt**. Prüfen Sie dann, ob Ihr USB-Kabel korrekt angeschlossen ist und ob Lightroom das verwendete Kameramodell unterstützt. Rechts vom Kameramodell meldet Lightroom die Kameraeinstellungen, zum Beispiel Belichtungszeit, Blende und ISO-Wert. Noch weiter rechts wenden Sie bei Bedarf eine Entwicklungsvorgabe an (mehr dazu in Kapitel 7, belassen Sie es hier vorerst bei **Ohne**).

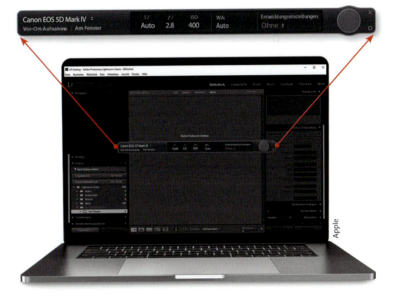

TIPP: Das Tether-Fenster verkleinern oder verbergen

Mit `Strg`/`Cmd`+`T` verbergen Sie den Tether-Dialog und zeigen ihn wieder an. Um den Dialog zu verkleinern, halten Sie länger `Alt` gedrückt. Das kleine **x** rechts oben, mit dem man ein Fenster schließt, erscheint jetzt als Minuszeichen. Per Klick darauf sehen Sie nur noch die Auslöse-Schaltfläche. Der nächste `Alt`-Klick rechts oben zeigt das Fenster wieder in voller Größe.

5 Der Schalter rechts im Tether-Fenster ist der Auslöseknopf. Klicken Sie hier, um ein Bild aufzunehmen – so als ob Sie direkt an der Kamera auf den Auslöser drücken (ganz schön clever). Wenn Sie nun fotografieren, sehen Sie die Aufnahme bald in Lightroom. Sie erscheint dort nicht so schnell wie auf einem Kameramonitor, weil die ganze Bilddatei erst per USB-Kabel von der Kamera zum Rechner wandert (oder Sie arbeiten drahtlos per Transmitter). JPEG-Aufnahmen belegen viel weniger Speicherplatz und erscheinen darum in Lightroom flotter als RAW-Dateien. Die Bilder hier habe ich per Tethering fotografiert. Sichten Sie die Aufnahmen in der Rasteransicht in der Bibliothek, erscheinen sie allerdings nicht viel größer als auf dem Kameramonitor.

Anmerkung: Canon- und Nikon-Kameras verhalten sich bei Tether-Aufnahmen unterschiedlich. Haben Sie während des Tethered Shootings eine Speicherkarte in der Canon-Kamera, dann landen die Bilder sowohl auf der Karte als auch auf dem Computer. Die Nikon hingegen legt die Fotos nur auf der Festplatte ab.

6 Der große Vorteil beim Tethering ist natürlich die richtig große Bilddarstellung. Belichtung, Schärfe und Gesamtwirkung lassen sich besser beurteilen. Kunden, die im Studio dabei sind, sehen neue Bilder auch viel lieber in Lightroom als auf Ihrem kleinen Kameramonitor. Klicken Sie also für die Lupenansicht doppelt auf eines der Bilder (wie hier zu sehen). So sehen Sie die neu gespeicherten Aufnahmen wirklich groß.

(*Hinweis:* Wollen Sie Tethered-Aufnahmen in der Rasteransicht machen, dann stellen Sie besonders große Miniaturen ein, und bei der **Sortierrichtung** wählen Sie **Z-A**, so dass die neuesten Aufnahmen immer ganz oben erscheinen.)

Bibliothek | Entwickeln | Karte | Buch | Diashow | Drucken | Web

7 Jetzt also zur Option **Fotos nach Aufnahmen segmentieren**. Sie beenden zum Beispiel die Serie am Fenster und fotografieren draußen weiter. Klicken Sie direkt auf den Ausdruck **Am Fenster** im Tether-Dialog, oder drücken Sie `Strg`/`Cmd`+`⇧`+`T`. Im Fenster **Name der Aufnahme** geben Sie nun eine neue Bezeichnung an, zum Beispiel »Draussen« wie hier, und fotografieren weiter. Diese Bilder landen nun in einem eigenen Unterordner, aber innerhalb meines Hauptordners »Vor-Ort-Aufnahmen«.

> **TIPP: Tastaturbefehl für das Tethering**
> Eine Tether-Aufnahme lösen Sie auch mit der Taste `F12` aus.

8 Bei Tether-Aufnahmen verwende ich nicht die Lupenansicht in der Bibliothek, sondern wechsle ins Entwickeln-Modul. Möchte ich schnell etwas verbessern, bin ich also schon im richtigen Programmbereich. Mein Bild soll ja so groß wie möglich auf dem Monitor erscheinen, darum verberge ich die Bedienfelder mit `⇧`+`↹`. Damit belegt die Aufnahme fast den ganzen Bildschirm. Dann folgt zweimal die Taste `L`, damit das Bild vor schwarzem Hintergrund erscheint, ohne jede Ablenkung (wie hier zu sehen, mehr dazu auf Seite 108). Möchte ich etwas bearbeiten, drücke ich das `L` und dann `⇧`+`↹`, um wieder die Bedienfelder zu sehen.

97

Wie Sie Ihre Bilder mit Layoutüberlagerungen direkt im Layout testen

Diese Funktion müssen Sie einmal ausprobieren, dann werden Sie sie sofort lieben. Prüfen Sie das Bild für ein spezielles Projekt direkt im geplanten Layout – zum Beispiel für Zeitschriftentitel, Broschüren, Magazinseiten, Hochzeitsbücher etc. Auch bei Tether-Aufnahmen sehen Sie Ihre Bilder sofort im Design der Gesamtseite. Das spart viel Zeit und Frust, und die Anwendung bereitet keine Mühe (Sie brauchen nur ein bisschen Photoshop vorab).

1 Die Seite, die in Lightroom als Überlagerung dienen soll, öffnen Sie zunächst in Photoshop. Denn Sie müssen die Datei mit transparentem Hintergrund speichern, so dass nur die Schrift und die Grafikelemente sichtbar sind. In unserem Titelbild hier erscheint der Hintergrund grau (sobald Sie natürlich ein Foto hineinziehen, wird das Grau überdeckt). Diese Datei bereiten wir nun passend für Lightroom vor, das heißt: 1. Alle Ebenen sollen erhalten bleiben, und 2. die graue Hintergrundfläche verschwindet.

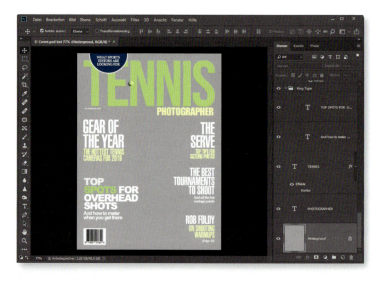

2 Die Vorbereitung für Lightroom ist zum Glück ganz einfach: Löschen Sie die Hintergrundebene (die graue Fläche); und ziehen Sie die Ebene auf das Papierkorb-Symbol unten im **Ebenen**-Bedienfeld. Jetzt wählen Sie nur noch **Datei • Speichern unter**, und im Ausklappmenü **Format** nehmen Sie **PNG**. Bei diesem Format bleiben Ebenen erhalten, und nach dem Löschen der grauen Hintergrundfläche wird der Hintergrund nun transparent (hier zu erkennen). Der Dialog **Speichern unter** meldet übrigens, dass das PNG-Format das Speichern als Kopie erfordert, aber das ist kein Problem.

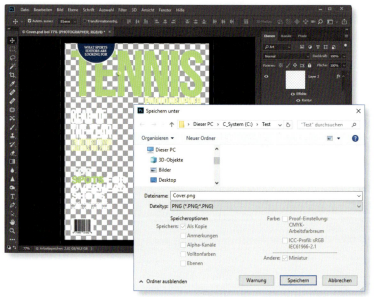

Bibliothek | Entwickeln | Karte | Buch | Diashow | Drucken | Web

3 Das war's auch schon in Photoshop. Wechseln Sie also zurück zu Lightroom, und zwar ins Bibliothek-Modul. Der nächste Befehl heißt **Ansicht • Lupenüberlagerung • Layoutbild auswählen** (wie hier zu sehen). Wählen Sie die PNG-Datei aus, die Sie gerade in Photoshop gesichert haben.

4 Wenn Sie auf **Layoutbild auswählen** geklickt haben, erscheint Ihr Seitendesign über jedem Bild, das Sie anzeigen (wie hier zu sehen). Sie wollen das Titelbild wieder ausblenden? Dann brauchen Sie wieder das Untermenü **Lupenüberlagerung**. Der Punkt **Layoutbild** hat dort ein Häkchen, das Layout ist also sichtbar. Wählen Sie also erneut **Layoutbild**, um die Seitengrafik zu verbergen. Und nehmen Sie diesen Befehl noch einmal, wenn Sie die Grafik wieder anzeigen wollen. Oder drücken Sie `Strg`/`Cmd`+`Alt`+`O`, um die Grafik abwechselnd anzuzeigen und auszublenden. Hätten Sie den grauen Hintergrund nicht vorab in Photoshop ausgeblendet, würden Sie hier nur Schlagzeilen auf grauer Fläche sehen, und Ihr Foto wäre unsichtbar. Darum müssen Sie die Hintergrundebene löschen und im PNG-Dateiformat speichern. Okay, weiter geht's, ich wollte Ihnen hier noch ein paar spannende Dinge zeigen.

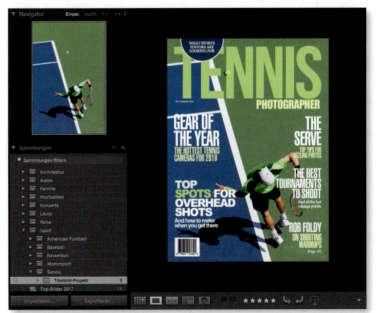

5 Sobald die Layoutüberlagerung erscheint, wechseln Sie mit den Pfeiltasten ← → zu anderen Fotos innerhalb der Seitengrafik. Hier probiere ich eine andere Aufnahme aus.

6 Im Bild in Schritt 5 verdeckt das Wort »Photographer« teilweise den Kopf der Tennisspielerin. Zum Glück kann man das Coverdesign verschieben. Testen Sie also die Wirkung mit einem leicht nach links und unten gerückten Titelbild. Dazu halten Sie die Strg/Cmd-Taste gedrückt, so dass der Cursor als Ziehhand erscheint (hier rot markiert). Ziehen Sie das Cover einfach in jede gewünschte Richtung. Es ist vielleicht ein bisschen seltsam, dass sich nicht das Foto bewegt, sondern die Grafik, aber man gewöhnt sich schnell daran.

Bibliothek | Entwickeln | Karte | Buch | Diashow | Drucken | Web

7 Sie können auch die **Deckkraft** der Layout-überlagerung anpassen (ich nehme hier wieder ein anderes Bild). Wenn Sie die `Strg`/`Cmd`-Taste gedrückt halten, sehen Sie zwei kleine Regler unten in der Layoutüberlagerung. Links steuern Sie die **Deckkraft**. Klicken und ziehen Sie einfach über dem Wort **Deckkraft** nach links, um den Wert zu senken (wie hier zu sehen, ich senke die Deckkraft auf 60 %). Und ziehen Sie nach rechts, wenn die Deckkraft wieder steigen soll.

8 Der andere Regler betrifft den Hintergrund, und er ist in meinen Augen nützlicher. In Schritt 7 ist die Umgebung des Seitenlayouts schwarz. Senken Sie den **Hintergrund**-Wert, und das Foto scheint durch die schwarze Umgebung hindurch. Sie sehen also die Bildbereiche rings um das Cover herum, die nicht mehr auf die Seite passen. So weiß ich, dass ich das Bild wenn nötig noch verschieben kann. Das ist praktisch, und es funktioniert wie bei der **Deckkraft**: Ziehen Sie bei gedrückter `Strg`/`Cmd`-Taste über dem Wort **Hintergrund**.

Kapitel 3 Importieren und sortieren für Anspruchsvolle

Erstellen Sie eigene Vorlagen für Dateinamen

Sie organisieren vermutlich tausende Fotos, darum benennen Sie Ihre Aufnahmen am besten gleich beim Importieren sinnvoll um – auch weil Digitalkameras immer wieder dieselben Dateinamen erzeugen. Viele Anwender setzen gern das Datum in den Dateinamen ein. Leider bietet Lightroom nur eine einzige Dateinamenvorlage mit Datum, und die behält auch noch den ursprünglichen Dateinamen bei. Zum Glück können Sie jedoch Ihre eigene, ganz persönliche Umbenennungsvorlage speichern. Und so geht's:

1 Beginnen Sie im Bibliothek-Modul, und klicken Sie unten links auf **Importieren** oder drücken Sie `Strg`/`Cmd`+`⇧`+`I`. Im Import-Fenster oben klicken Sie auf **Kopie**. Damit erscheint rechts das Bedienfeld **Dateiumbenennung**. Aktivieren Sie das Kontrollkästchen **Dateien umbenennen**, klicken Sie auf das Menü für die **Vorlage** und dann auf **Bearbeiten** (wie hier zu sehen). So erscheint der **Dateinamenvorlagen-Editor** (den Sie in Schritt 2 sehen).

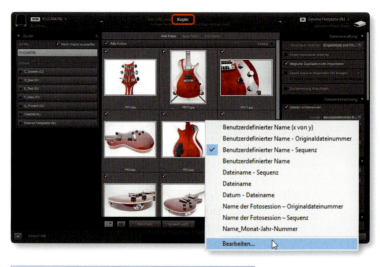

2 Im Ausklappmenü oben wählen Sie eine der mitgelieferten Namensvorlagen als Ausgangspunkt. Nehmen Sie zum Beispiel **Benutzerdefinierter Name – Sequenz**. Jetzt zeigt das Feld unter dem Menü zwei Begriffe in geschweiften Klammern. Der erste Begriff steht für den Text (um eigenen Text einzutippen, klicken Sie auf den blau unterlegten Platzhalter, um ihn auszuwählen, dann tippen Sie den gewünschten Namen). Der zweite Platzhalter steht für die automatische Nummerierung. Möchten Sie einen dieser Platzhalter entfernen, klicken Sie darauf und drücken die `Entf`-Taste (am Mac `←`). Ich möchte aber ganz bei null beginnen, lösche darum beide Begriffe, wähle neue Begriffe in den Ausklappmenüs und setze sie in die Namensvorlage ein (Sie müssen nicht auf **Einfügen** klicken, sofern Sie die Menüs verwenden).

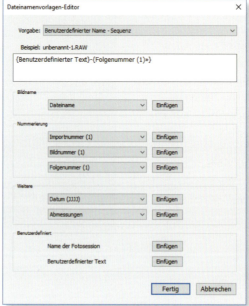

3 Lassen Sie uns nun eine gänzlich neue Namensvorlage erzeugen (Ich liefere natürlich nur einen Vorschlag. Legen Sie für Ihre Zwecke jede andere Vorlage an). Wir setzen hier zuerst den Platzhalter **Benutzerdefinierter Name** ein (später, wenn wir tatsächlich importieren, verwenden Sie an dieser Stelle beliebige passende Begriffe für Ihre Dateien). Klicken Sie also weit unten neben **Benutzerdefinierter Text** auf **Einfügen**, um den entsprechenden Platzhalter einzusetzen (wie hier zu sehen). Übrigens, ganz oben neben dem Wort **Beispiel** gibt Lightroom bereits eine Vorschau auf entstehende Dateinamen. Moment steht dort lediglich »unbenannt.RAW« (später bei der Umbenennung erscheint am Namensende natürlich die korrekte Endung wie JPG, CR2 oder NEF).

4 Setzen Sie den Aufnahmemonat ein (Lightroom holt sich den Termin aus den Metadaten, die die Kamera bei der Aufnahme in Ihre Fotos einbettet). Bei der jetzigen Konstellation stoßen jedoch eigener Text und Monatsname ohne Trennzeichen hart aufeinander. Bauen Sie darum Bindestrich oder Unterstrich ein. Drücken Sie zum Beispiel ⇧+- für einen Unterstrich. Damit setzen Sie den Monat vom vorherigen Namensteil visuell ab. Klicken Sie jetzt im Bereich **Weitere** auf das **Datum**-Menü, und wählen Sie **Datum (Mon.)**, wie hier zu sehen. So erscheint der Monat abgekürzt mit nur drei Buchstaben und nicht voll ausgeschrieben (die eingeklammerten Angaben signalisieren, wie Lightroom das Datum formatiert: **Datum (MM)** zeigt zum Beispiel eine zweistellige Zahl wie »06« und nicht »Jun«.)

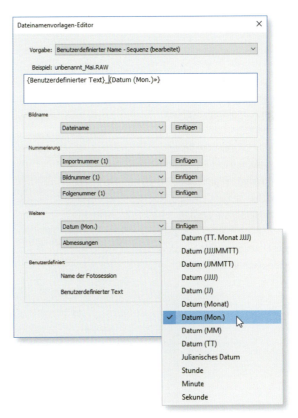

5 Bevor wir das Jahr einsetzen, noch ein Hinweis: Dies ist eine reine Übung, in der Regel setze ich das Datum nicht in den Dateinamen ein, denn Lightroom erkennt das Aufnahmedatum ohnehin. Nach Datum suchen können Sie im Bibliotheksfilter: Klicken Sie dort auf **Metadaten**, und wählen Sie **Datum** in der ersten Spalte (mehr auf Seite 87). Sie könnten Monat und Jahr wieder per Unterstrich trennen, aber mit einem Bindestrich sorgen wir für etwas Abwechslung. Jetzt also das Jahr: Hier nehme ich die vierstellige Angabe (wie abgebildet), sie erscheint nach dem Bindestrich. Unsere Beispieldatei oben heißt jetzt »unbenannt_Mai-2018.RAW«.

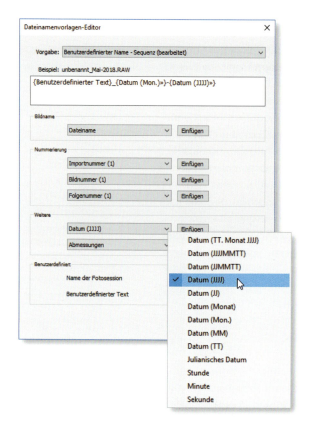

6 Bauen Sie einen weiteren Bindestrich ein, dann soll Lightroom die Aufnahmen noch automatisch durchnummerieren. Dafür nehmen Sie das dritte Ausklappmenü aus dem Bereich **Nummerierung**. Ich nutze hier den Platzhalter **Folgenummer (001)**. So entsteht am Ende des Dateinamens eine dreistellige Zahl. Ein Beispiel sehen Sie oberhalb des Namensfeldes. Die erste Beispieldatei heißt nun »unbenannt_Mai-2018-001.RAW«, die zweite Datei erhält die Nummer 002 usw. (zu erkennen oben im Dialogfeld).

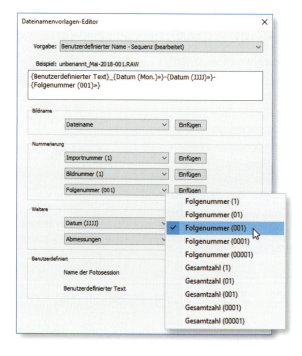

7 Gefällt Ihnen der Beispielname für die Dateien? Dann wählen Sie aus dem Menü **Vorgabe** des **Dateinamenvorlagen-Editors** die Option **Aktuelle Einstellungen als neue Vorgabe speichern**. Im nächsten Dialog tippen Sie einen passenden Namen für diese Vorgabe ein, so dass Sie Ihre neue Vorlage sofort erkennen. Ich nenne die Vorgabe »Name_Monat-Jahr-Nummer«. Klicken Sie auf **Erstellen** und danach auf **Fertig**. Wenn Sie jetzt im Import-Fenster die **Vorlagen** im Bedienfeld **Dateiumbenennung** öffnen, bietet Lightroom unter anderem Ihre eigene Namensvorgabe an (im nächsten Schritt zu sehen).

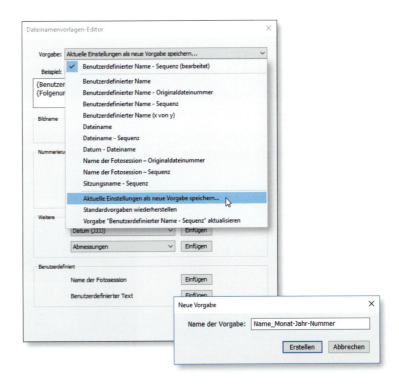

8 Bei anderen Bildreihen funktioniert das ebenso gut: Wählen Sie Ihre Vorgabe im Menü **Vorlage**, dann klicken Sie darunter in das Feld **Benutzerdefinierter Text**. Das ist genau der **Benutzerdefinierte Name** aus Schritt 3. Tippen Sie eine Beschreibung als Bestandteil des Dateinamens ein. Hier tippe ich »De'Anne« (alles in einem Wort, ohne Leerzeichen). Dieser eigene Text erscheint dann vor dem Unterstrich, der den Dateinamen in abgegrenzte Bereiche unterteilt, die einzelnen Namensteile gehen also nicht ineinander über. Unten im Bedienfeld **Dateiumbenennung** zeigt Lightroom bereits einen Beispielnamen. Richten Sie jetzt noch die Bedienfelder **Während des Importvorgangs anwenden** und **Ziel** ein, dann klicken Sie auf **Importieren**.

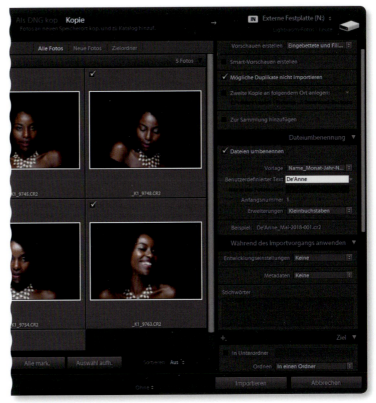

Kapitel 3 Importieren und sortieren für Anspruchsvolle

Erstellen Sie Ihre eigene Metadatenvorgabe mit Copyright-Hinweis

Ich hatte Ihnen schon eine eigene Metadatenvorgabe empfohlen. Damit betten Sie Ihre Copyright- und Kontaktdaten direkt beim Importieren bequem in jedes Foto ein. Hier zeige ich Ihnen nun endlich, wie das genau geht. Sie können wohlgemerkt mehrere Metadatenvorgaben erstellen – zum Beispiel eine Vorgabe mit voller Adresse samt Telefonnummer, eine andere Vorgabe mit knapperen Angaben und eine dritte Vorgabe für Agenturbilder.

1 Eine Metadatenvorgabe kann man direkt aus dem Import-Fenster heraus erstellen, rufen Sie dieses Fenster also mit ⌃Strg/⌘Cmd+⇧+I auf. Im Import-Dialog brauchen Sie das Bedienfeld **Während des Importvorgangs anwenden**. Dort klicken Sie im **Metadaten**-Ausklappmenü auf **Neu** (wie hier zu sehen).

2 Sie sehen jetzt den Dialog **Neue Metadaten-Vorgabe**, in dem erst einmal noch keine Felder ausgefüllt sind. Klicken Sie zuerst unten auf **Nichts markieren**, wie hier abgebildet. So erscheinen später in Lightroom keine leeren Felder, Sie sehen nur ausgefüllte Felder.

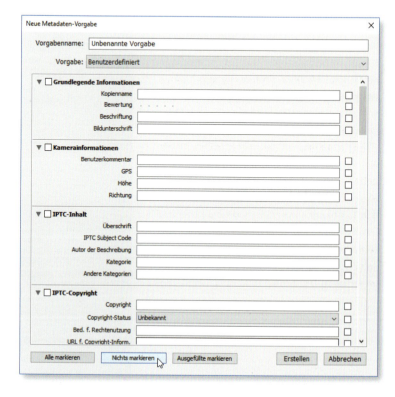

106

Bibliothek | Entwickeln | Karte | Buch | Diashow | Drucken | Web

3 Im Abschnitt **IPTC-Copyright** tragen Sie dann Ihre Informationen ein (wie hier zu sehen). Dann füllen Sie den Bereich **IPTC-Ersteller** aus (wenn jemand ein Foto von Ihrer Internetseite herunterlädt, sollte er Sie vielleicht kontaktieren können, um das Nutzungsrecht abzuklären). Vielleicht reicht es Ihnen aber schon, wenn Sie im vorherigen Abschnitt das Feld **URL für Copyright-Informationen** ausgefüllt haben. Wenn dem so ist, dann überspringen Sie den Bereich **IPTC-Ersteller** ganz (immerhin wollen Sie mit dieser Metadatenvorgabe auf Ihr Urheberrecht hinweisen und eine Kontaktaufnahme ermöglichen). Haben Sie alle Informationen beisammen, tippen Sie oben im Dialog einen Namen für die Vorgabe ein – ich nehme hier »Scott Copyright (vollständig)«. Dann klicken Sie auf **Erstellen**.

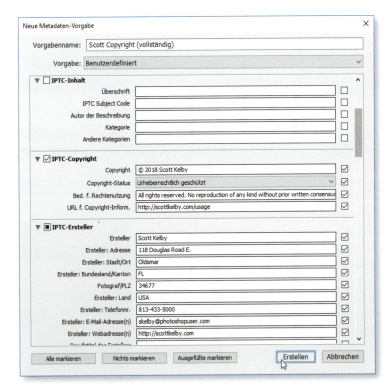

4 So leicht, wie man eine Metadatenvorgabe erstellt, so schnell ist sie auch wieder gelöscht. Sie nehmen wieder das Bedienfeld **Während des Importvorgangs anwenden**, und klicken dort im Ausklappmenü **Metadaten** auf **Vorgaben bearbeiten**. Lightroom präsentiert nun den Dialog **Metadatenvorgaben bearbeiten**, der so aussieht wie der Dialog **Neue Metadaten-Vorgabe**. Im Ausklappmenü **Vorgabe** oben klicken Sie auf die Vorgabe, die Sie löschen wollen. Nun erscheinen die Metadaten im Dialogfeld, und Sie gehen erneut ins **Vorgabe**-Ausklappmenü. Diesmal wählen Sie **Vorgabe "..." löschen**. Lightroom fragt noch, ob Sie sicher sind. Sobald Sie dann auf **Löschen** klicken, ist die Vorgabe endgültig weg.

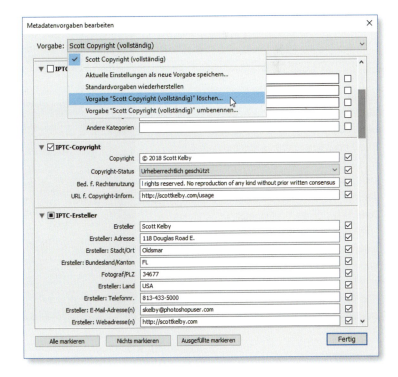

Kapitel 3 Importieren und sortieren für Anspruchsvolle

Fokus aufs Foto: »Gedämpfte Beleuchtung«, »Beleuchtung aus« und andere Darstellungsmodi

Eines der Dinge, die ich besonders an Lightroom mag: Die Programmoberfläche verschwindet auf Wunsch fast völlig, und Sie konzentrieren sich ganz auf das Foto. Darum gefällt mir der Tastaturbefehl ⇧+↹, der alle Bedienfelder versteckt. Es geht aber noch eine Nummer besser: Verbergen Sie den Rest der Oberfläche auch noch, oder schalten Sie wortwörtlich das Licht aus – mit Ausnahme Ihrer Fotos taucht alles ab. Und so geht's:

1 Mit der Taste ⟨L⟩ wechseln Sie zum Modus **Gedämpfte Beleuchtung**. Mit Ausnahme Ihrer Bilder in der mittleren Vorschau wird alles abgedunkelt (als ob Sie an einem Lampendimmer drehen). Alle Bedienfelder, der Anwendungsbereich und der Filmstreifen lassen sich aber weiterhin nutzen – Sie können die Bilder bearbeiten, als ob das »Licht« noch eingeschaltet wäre.

2 Drücken Sie erneut die Taste ⟨L⟩. Das ist der Modus **Beleuchtung aus**. So heben sich Ihre Bilder noch besser vom Hintergrund ab. Einzig und allein Ihre Fotos sind noch sichtbar – und sonst gar nichts. Wenn Sie erneut ⟨L⟩ drücken, sind Sie wieder im üblichen Modus **Beleuchtung**. Soll Ihr Foto möglichst groß erscheinen? Dann drücken Sie vor dem Wechsel zu **Beleuchtung aus** noch ⇧+↹; so verschwinden alle Bedienfelder auf allen vier Seiten, und Sie schaffen eine große Präsentationsfläche für Ihr Bild. Ohne ⇧+↹ sehen Sie das Foto kleiner, wie in Schritt 1, mit viel leerer schwarzer Fläche drumherum.

Bibliothek | Entwickeln | Karte | Buch | Diashow | Drucken | Web

TIPP: »Beleuchtung aus« fein steuern

Der Modus **Beleuchtung aus** lässt sich erstaunlich gut an Ihre Bedürfnisse anpassen. Wählen Sie unter Windows **Bearbeiten • Voreinstellungen** oder am Mac **Lightroom • Voreinstellungen**, und klicken Sie auf den Reiter **Benutzeroberfläche**. Dort finden Sie Ausklappmenüs, die den Grad der Abdunklung und die Farbe im Modus **Beleuchtung aus** ändern.

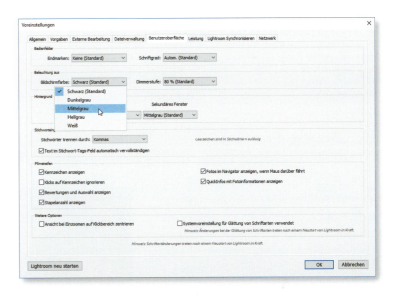

3 Auch das Miniaturenraster können Sie sich ohne Ablenkendes anzeigen lassen: Per ⇧+⇥ tauchen schon mal alle Bedienfelder unter. Nun folgt Strg/Cmd+⇧+F. Damit füllt Lightroom den Monitor aus, versteckt Titelleiste und Menüleiste oben am Bildschirm. Es geht sogar noch mehr: Mit dem T verbergen Sie die Werkzeugleiste. Und sollte oben die Filterleiste noch sichtbar sein – sie verschwindet per \-Taste. Damit erscheint Lightroom so wie hier im oberen Bild und zeigt Ihre Fotos auf einem durchgehend grauen Hintergrund. Sie möchten eine schwarze Umgebung und die Dateinamen verbergen? Drücken Sie zweimal das L. So sehen Sie die Rasteransicht im Modus **Beleuchtung aus** (wie hier im unteren Bild). Mit dem nächsten Druck auf das L schalten Sie das Licht wieder ein, und per Strg/Cmd+⇧+F kehren Sie zur normalen Darstellung zurück.

Hilfslinien und Raster nutzen

Wie Photoshop hat auch Lightroom verschiebbare Hilfslinien, die nicht mitgedruckt werden (aber sie sind eher besser als bei Photoshop). Zudem kommt Lightroom auch mit einem skalierbaren Raster; es hilft beim Anordnen von Dingen und beim präzisen Ausrichten von Bildbereiche). Diese Rasterüberlagerung lässt sich verschieben und vielseitig steuern – doch beginnen wir mit den Hilfslinien.

1 Wählen Sie **Ansicht • Lupenüberlagerung • Hilfslinien**, um die Hilfslinien anzuzeigen. Sie erhalten zwei weiße Hilfslinien in der Bildmitte. Um sie gemeinsam zu bewegen, halten Sie die Taste Strg/Cmd gedrückt und halten den Cursor über den Schnittpunkt der zwei Linien. Der Mauszeiger erscheint dort nicht mehr als Lupe, sondern als Verschiebehand (wie abgebildet); bewegen Sie die Linien nun beliebig. Wollen Sie nur eine Linie bearbeiten, ziehen Sie mit etwas Abstand vom Schnittpunkt, wieder bei gedrückter Strg/Cmd-Taste. Mit Strg/Cmd+Alt+O verschwinden die Hilfslinien wieder.

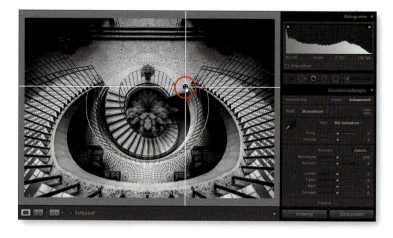

2 Etwa genauso funktioniert das Grundraster. Der Befehl heißt **Ansicht • Lupenüberlagerung • Raster**. Sie erhalten Gitterlinien über dem Bild, die nicht mitgedruckt werden. Damit prüfen Sie die Ausrichtung oder die Bildaufteilung. Halten Sie Strg/Cmd gedrückt, erscheint oben im Fenster eine Steuerungsleiste. Klicken Sie direkt auf das Wort **Deckkraft**, um die Sichtbarkeit zu ändern (hier habe ich die **Deckkraft** auf 100 % angehoben). Mit einem Klick genau auf das Wort **Größe** ändern Sie die Gitterweite – ziehen Sie für ein kleineres Raster nach links oder für ein weiteres Raster nach rechts. Mit Strg/Cmd+Alt+O blenden Sie die Rasterüberlagerung wieder aus.

Hinweis: Sie können Hilfslinien und Raster gleichzeitig anzeigen.

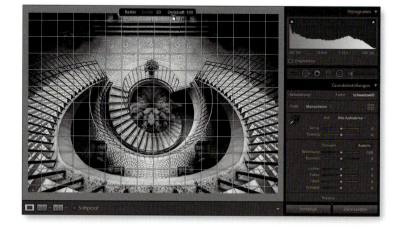

Bibliothek | Entwickeln | Karte | Buch | Diashow | Drucken | Web

So hilft Ihnen die Schnellsammlung

Sie erwarten einen möglichen Kunden und erfahren, dass er ein Autonarr ist. Sie haben zwar schon einige Sammlungen mit Autos, aber jetzt brauchen Sie nur schnell ein paar Top-Bilder als Beweis Ihres Könnens – eine Auswahl, die Sie später nicht mehr benötigen, etwas Vorübergehendes. Und genau dafür eignet sich die Schnellsammlung.

1 Eine vorübergehende Bildzusammenstellung braucht man aus vielen Gründen. Ich nutze die Schnellsammlung zum Beispiel, wenn ich eine schnelle Diashow plane – vor allem dann, wenn die Fotos aus unterschiedlichen Sammlungen kommen. Bleiben wir beim Beispiel von oben und durchstöbern wir unsere Sammlungen mit Autobildern nach besonders eindrucksvollen Aufnahmen für eine schnelle Diashow. Will ich ein Motiv in der Diashow haben, drücke ich einfach B, und schon wird es Teil der Schnellsammlung. (Lightroom bestätigt mit einer Meldung, dass die Aufnahme in der Sammlung ist.)

2 Jetzt wechsle ich zu einer anderen Autosammlung und wiederhole mein Verfahren – bei jedem passenden Bild drücke ich B, schon landet es in der Schnellsammlung. So durchforste ich ruckzuck zehn oder fünfzehn »Markiert«-Sammlungen und fülle meine Schnellsammlung. (Sie können Bilder auch so einer Schnellsammlung hinzufügen: Klicken Sie auf den kleinen Kreis, der rechts oben in einer Miniatur erscheint, sobald Sie den Mauszeiger darüber halten. Nach dem Klick erscheint der Kreis grau mit einer schwarzen Kontur.

Hinweis: Den grauen Kreis können Sie verbergen: Drücken Sie Strg/Cmd+J, klicken Sie anschließend auf das Register **Rasteransicht**, und wählen Sie das Kontrollkästchen **Schnellsammlungsmarker** ab.)

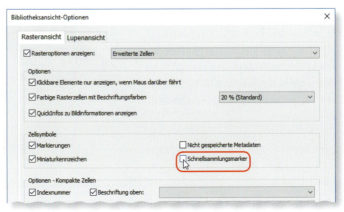

Kapitel 3 Importieren und sortieren für Anspruchsvolle

3 Und so zeigen Sie die Bilder aus Ihrer Schnellsammlung an: Links im Programmfenster öffnen Sie das **Katalog**-Bedienfeld und klicken auf **Schnellsammlung**. Mit der [Entf]-Taste (am Mac [←]) werfen Sie das Foto wieder aus der Schnellsammlung heraus – dabei löschen Sie die Aufnahme natürlich nicht, sie verliert nur ihren Platz in der Schnellsammlung. Sie können das Bild auch anklicken und erneut die Taste [B] drücken – auch so fliegt das Motiv aus Ihrer Schnellsammlung wieder heraus.

> **TIPP: Schnellsammlungen dauerhaft speichern**
>
> Vielleicht möchten Sie Ihre Schnellsammlung doch dauerhaft speichern. Dann klicken Sie im **Katalog**-Bedienfeld mit der rechten Maustaste auf **Schnellsammlung** und dann auf **Schnellsammlung speichern**. Im nächsten Dialog benennen Sie die Sammlung.

4 Die Bilder der verschiedenen Sammlungen sind jetzt alle auch in einer Schnellsammlung. Drücken Sie einfach [Strg]/[Cmd]+[↵], um eine schnelle Vollbild-Diashow zu starten. Dabei verwendet Lightroom die aktuelle Vorgabe aus dem Diashow-Modul. Mit der [Esc]-Taste beenden Sie die Diashow. Sie müssen die Schnellsammlung anschließend nicht unbedingt löschen. Wie hier im Tipp-Kasten erwähnt, lässt sich die Bildreihe auch dauerhaft als richtige Sammlung mit eigenem Namen speichern. Oder Sie klicken mit der rechten Maustaste auf **Schnellsammlung** und dann auf **Schnellsammlung löschen**. Anschließend können Sie die Schnellsammlung für Ihr nächstes Vorhaben einsetzen.

Scott Kelby / Apple

Bibliothek | Entwickeln | Karte | Buch | Diashow | Drucken | Web

Wie Sie Zielsammlungen nutzen – und deren großer Vorteil!

Gerade haben wir über Schnellsammlungen gesprochen und wie Sie dort unkompliziert ein paar Aufnahmen für eine Diashow zusammenstellen. Aber vielleicht finden Sie die Zielsammlungen noch nützlicher als Schnellsammlungen. Der Tastaturbefehl ist derselbe, aber das Foto landet nicht in der Schnellsammlung, sondern in einer schon bestehenden Sammlung. Was das bringt? Lesen Sie diese zwei Seiten, und Sie werden begeistert sein!

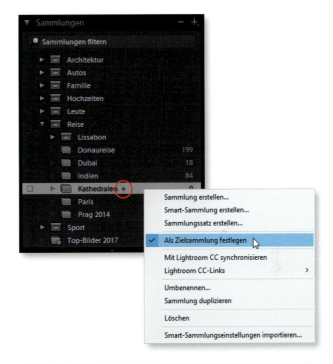

1 Sagen wir mal, Sie haben auf Reisen viele Kathedralen fotografiert (glauben Sie mir, mit einem Reiseführer verpassen Sie keine einzige Kathedrale der Umgebung). Eine Sammlung mit Ihren besten Fotos von Sakralbauten wäre da nicht schlecht, oder? Die haben Sie dann alle im Schnellzugriff. Klingt das gut? Also mir gefällt der Gedanke. Erzeugen Sie darum eine neue Sammlung namens »Kathedralen«. Klicken Sie dann mit der rechten Maustaste auf diese Bezeichnung, und im Menü wählen Sie **Als Zielsammlung festlegen**. Lightroom zeigt nun hinter dem Namen der Sammlung ein **+** (Pluszeichen). So wissen Sie: Das ist die Zielsammlung.

Hinweis: Smart-Sammlungen eignen sich nicht als Zielsammlung. Nur zur Info.

2 Neue Aufnahmen fügen Sie ganz einfach zu Ihrer Zielsammlung hinzu: Klicken Sie auf ein Foto, und drücken Sie B (derselbe Griff wie bei der Schnellsammlung). So landet das Foto in der Zielsammlung »Kathedrale«. Hier sehen Sie den Passauer Dom St. Stephan. Er befindet sich bereits in meiner »Donaureise«-Sammlung und soll jetzt auch in die Zielsammlung »Kathedralen« . Darum habe ich die Miniatur angeklickt und B gedrückt. Lightroom bestätigt das mit der Meldung **Der Zielsammlung »Kathedralen« hinzufügen**, es hat also geklappt. Die Bilder bleiben wohlgemerkt weiter in der Sammlung »Donaureise«. Sie erscheinen schlicht zusätzlich in der Zielsammlung »Kathedralen«.

3 Wenn ich jetzt auf die »Kathedralen«-Zielsammlung klicke, sehe ich den Dom St. Stephan ebenso wie Kathedralen aus anderen Sammlungen, denn jetzt habe ich alle Kathedralen an einem Platz. (Ich hatte Ihnen ja schon gesagt: Das hier ist wirklich praktisch.)

4 Sie brauchen öfter Zielsammlungen? Dieser Trick spart Zeit: Sobald Sie eine neue Sammlung erzeugen, bietet der Dialog **Sammlung erstellen** auch das Kontrollkästchen **Als Zielsammlung festlegen**. Damit machen Sie die aktuelle Sammlung zur Zielsammlung. Übrigens: Sie können immer nur jeweils eine Zielsammlung haben. Wenn Sie also eine neue Zielsammlung festlegen, gilt die frühere Zielsammlung nicht mehr als Ziel. Diese Sammlung bleibt Ihnen erhalten, sie wird also nicht gelöscht, aber die Taste B schickt keine Bilder mehr in diese Sammlung – die Bilder erscheinen vielmehr in der neu erzeugten Sammlung, die Sie als Zielsammlung definiert haben. Denken Sie auch daran: Wollen Sie mit der Taste B wieder eine übliche Schnellsammlung anlegen, müssen Sie die bisherige Zielsammlung abschalten. Dazu klicken Sie mit der rechten Maustaste auf die Zielsammlung und dann erneut auf **Als Zielsammlung festlegen**.

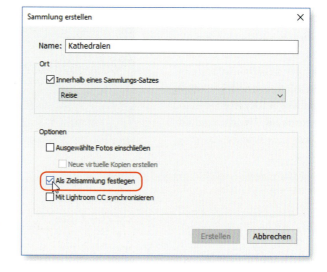

Bibliothek | Entwickeln | Karte | Buch | Diashow | Drucken | Web

Schreiben Sie Copyright, Bildtexte und andere Metadaten in Ihre Bilddateien

Ihre Digitalkamera schreibt alle möglichen Informationen direkt in die Datei, zum Beispiel Kamerahersteller und -modell, Objektiv und sogar Blitzverwendung. Lightroom durchsucht Ihre Bilder auf Basis dieser sogenannten EXIF-Angaben. Zusätzlich können Sie auch Ihre eigenen Informationen eintragen, etwa das Copyright oder Bildtexte für Mediendienste.

1 Rechts im Programmfenster sehen Sie das **Metadaten**-Bedienfeld. Dort zeigt Lightroom alle Informationen, die im Bild eingebettet sind (die sogenannten Metadaten). Standardmäßig präsentiert Lightroom ein paar Kamera-Angaben (also EXIF-Daten wie Kamerahersteller, Kameramodell, Objektiv usw.), dazu Bildgröße, Bewertung, Farbbeschriftung und mehr. Aber das ist nur ein kleiner Ausschnitt der vorhandenen Informationen. Um alle Daten der Kamera zu sehen, klicken Sie im Ausklappmenü links unter der Bedienfeldüberschrift auf **EXIF**. Wollen Sie sämtliche Metadaten sehen einschließlich der Eingabefelder für Bildunterschrift und Copyright, wählen Sie **EXIF und IPTC**.

TIPP: Mehr Informationen und eine schnelle Suche

In der Rasteransicht sehen Sie manchmal einen Pfeil rechts neben einem Metadatenfeld. Damit können Sie mehr Informationen anzeigen oder schnell suchen. Zeigen Sie zum Beispiel die EXIF-Metadaten an (also die Angaben aus Ihrer Kamera), und halten Sie den Mauszeiger über das Feld **ISO-Empfindl**. Lightroom sagt dann in einer Einblendmeldung, was Ihnen dieser Pfeil bringt (in unserem Beispiel zeigt der Pfeil alle Aufnahmen aus dem Katalog an, die mit dem ISO-Wert 400 entstanden sind).

115

Kapitel 3 Importieren und sortieren für Anspruchsvolle

2 Die EXIF-Angaben Ihrer Kamera lassen sich zwar nicht ändern, in einige Felder können Sie jedoch eigene Informationen eintragen. Tippen Sie zum Beispiel Bildtexte ein (vielleicht übertragen Sie Ihre Fotos ja zu einem Mediendienst). Klicken Sie also einmal ins Feld **Bildunterschrift** im IPTC-Bereich, und tippen Sie Ihren Text ein. Bestätigen Sie das mit der ↵-Taste. Sie können hier auch eine Sternebewertung oder Farbbeschriftung anbringen (das erledige ich jedoch selten an dieser Stelle).

Hinweis: Diese Metadaten werden in Lightrooms Datenbank gesichert. Sobald Sie die Fotos als JPEG-, PSD- oder TIFF-Dateien exportieren, schreibt Lightroom alle Metadaten (wie auch Kontrastkorrektur und Bildbearbeitung) direkt in die Datei. Bei RAW-Dateiformaten läuft es jedoch anders – mehr dazu gleich.

3 Vielleicht haben Sie schon eine Copyright-Metadatenvorgabe angelegt (siehe Seite 106), diese jedoch beim Importieren noch nicht angewendet. Dann wenden Sie die Informationen jetzt mit dem Ausklappmenü **Vorgabe** oben im Bedienfeld an. Hatten Sie jedoch keine Copyright-Vorgabe, tragen Sie die Angabe von Hand nach. Scrollen Sie im **Metadaten**-Bedienfeld nach unten bis zum Bereich **Copyright**, tippen Sie Ihre Daten ein, und verwenden Sie auch das Ausklappmenü **Copyright-Status** mit der Angabe **Urheberrechtlich geschützt**. Das können Sie auch für mehrere Bilder in einem Rutsch erledigen: Klicken Sie die Aufnahmen zunächst bei gedrückter Strg/Cmd-Taste an. Sobald Sie nun etwas ins **Metadaten**-Bedienfeld tippen, fügt Lightroom die Angaben allen gewählten Bildern hinzu.

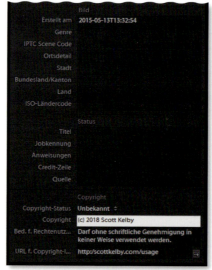

4 Vielleicht möchten Sie Ihre Original-RAW-Datei an Kunden oder Kollegen weitergeben oder in einem anderen Programm bearbeiten? Die Metadaten aus Lightroom sind dann nicht sichtbar (also Copyright, Stichwörter und sogar die Farbkorrektur), denn solche Informationen lassen sich nicht unmittelbar in eine RAW-Datei einbetten. Der Ausweg: Lightroom schreibt die Angaben in eine separate zweite Datei – die sogenannte XMP-Filialdatei. Diese XMP-Filialdateien erzeugt Lightroom nicht automatisch. Sie entstehen erst, wenn Sie vor einer Bildübergabe [Strg]/[Cmd]+[S] drücken. Sehen Sie jetzt einmal in den Ordner auf Ihrem Computer: Dort erscheint nun die RAW-Datei und daneben die separate XMP-Filialdatei. Diese hat den gleichen Namen, aber die Dateiendung ».xmp« (die zwei Dateien sind hier rot eingerahmt). Diese zwei Dateien müssen immer zusammenbleiben. Wenn Sie die RAW-Datei verschieben oder weitergeben, müssen Sie beide Dateien gemeinsam bewegen.

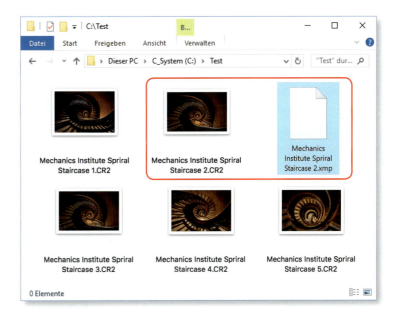

5 Oder haben Sie Ihre RAW-Dateien beim Import schon ins DNG-Dateiformat umgewandelt? Dann gilt: Wenn Sie [Strg]/[Cmd]+[S] drücken, bettet Lightroom die Information direkt in die betreffende DNG-Datei ein, es gibt keine getrennte XMP-Filialdatei (ein großer Vorteil von DNG, mehr dazu in Kapitel 1). Es gibt auch eine Lightroom-Voreinstellung, die jede Änderung aus Lightroom automatisch direkt in die Filialdatei schreibt: Unter Windows wählen Sie **Bearbeiten • Katalogeinstellungen**, am Mac **Lightroom • Katalogeinstellungen**. Dann wählen Sie den **Metadaten**-Reiter, hier abgebildet. Dabei wird Lightroom jedoch langsamer: Jede Bildänderung schreibt das Programm zunächst in die XMP-Information. Darum verzichte ich auf die Option **Änderungen automatisch in XMP speichern**.

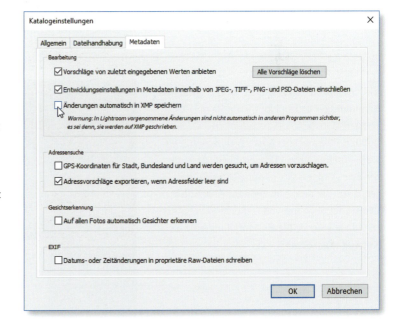

Kapitel 3 Importieren und sortieren für Anspruchsvolle

So zieht Ihr Katalog auf einen anderen Computer um

Wenn Sie vor Ort fotografieren, läuft Lightroom wohl auf einem Laptop. Später möchten Sie aber die Fotos samt Stichwörtern, Metadaten und Bearbeitungen auf Ihren großen (Studio-)Rechner übertragen. Das ist leichter, als Sie denken: Im Grunde wählen Sie nur eine Sammlung zum Exportieren aus. Dabei entsteht ein Ordner, den Sie am Computer zu Hause wieder importieren. Alles andere erledigt Lightroom für Sie, Sie klicken lediglich ein paar Optionen an.

1 Wir sind also *on location* oder im Urlaub. Unsere Fotos haben wir am Laptop importiert, in eine Sammlung gepackt und vielseitig bearbeitet – die ganz normale Bildkorrektur halt.

Scott Kelby / Apple

2 Wieder zu Hause, öffnen Sie am Laptop das **Sammlungen**-Bedienfeld; klicken Sie mit der rechten Maustaste auf die Sammlung, die Sie auf den Studiorechner übertragen wollen. (*Hinweis:* Arbeiten Sie mit Ordnern? Beim Exportieren eines Ordners gibt es nur einen einzigen Unterschied: Sie klicken im **Ordner**-Bedienfeld den Ordner des Shootings mit rechts an. Im Kontextmenü nehmen Sie **Diesen Sammlungssatz als Katalog exportieren**.)

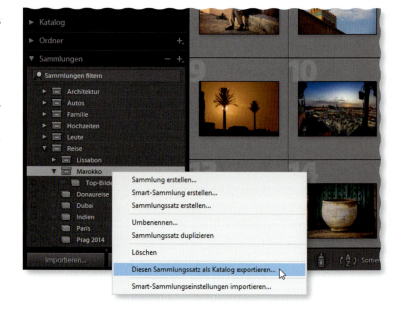

118

3 Im Dialog **Als Katalog exportieren** geben Sie dem exportierten Katalog einen Namen. Sie wollen diesen Katalog ja auf Ihren Desktop-Rechner bringen, also sollten Sie ihn auf USB-Stick oder externer Festplatte sichern – genug Speicherplatz für Katalogdatei, Vorschauen und Originale muss natürlich vorhanden sein (ein SanDisk-USB-Stick mit 16 GB kostet heute nur noch sieben Euro, das ist billiger als so manche Vorspeise beim Italiener um die Ecke). Legen Sie also den Namen fest, wählen Sie ein tragbares Laufwerk, und nutzen Sie die Option **Negativdateien exportieren**. Damit sichern Sie nicht nur Vorschauen und Metadaten – auch die Bilddateien selbst landen auf dem Ziellaufwerk. Nehmen Sie zudem die Option **Verfügbare Vorschaubilder einschließen**, dann müssen Sie später nicht warten, bis der Studiorechner die Vorschauen neu aufbaut. Wahlweise übertragen Sie auch Smart-Vorschauen.

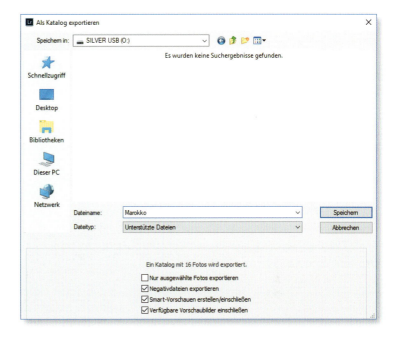

4 Wenn Sie auf **Speichern** klicken (am Mac **Katalog exportieren**), exportiert Lightroom den Katalog. Das geht meist schnell, aber mehr Bilder brauchen logischerweise auch mehr Zeit. Anschließend sehen Sie den Ordner auf Ihrem tragbaren Laufwerk. Dieser Ordner enthält drei oder vier Objekte (je nachdem, ob Sie Smart-Vorschauen mit exportieren): 1. einen Ordner mit den Bilddateien; 2. die Vorschau-Miniaturen mit der Endung »·Irdata«, 3. falls Sie Smart-Vorschauen verwenden eine separate Datei oder ein separater Ordner, 4. die »·lrcat«-Datei (Ihr eigentlicher Katalog, hier abgebildet).

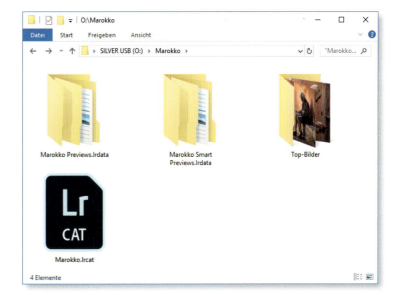

5 Zuhause wählen Sie in Lightroom **Datei • Aus anderem Katalog importieren**. Damit erscheint der hier abgebildete Dialog. Suchen Sie den neuen Ordner auf dem tragbaren Laufwerk, und innerhalb dieses Ordners klicken Sie auf die Datei mit der Endung »lrcat«, (das ist der neu zu importierende Katalog) und dann auf **Wählen**. Sie landen im Dialog **Aus … importieren**. Sie brauchen Vorschauen der Bilder? Klicken Sie links unten auf **Vorschauen anzeigen**. Der Dialog zeigt dann auf der rechten Seite Miniaturen (wie abgebildet). Sollten Sie ein Motiv nicht übertragen wollen, wählen Sie es mit dem Kontrollkästchen ab, das Lightroom jeweils in der linken oberen Ecke der Miniatur zeigt.

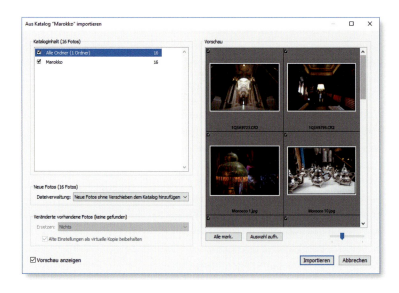

6 Bis jetzt importieren Sie nur Vorschauen und Miniaturen. Noch importieren wir aber nicht die Bilder auf den Datenträger Ihres Rechners (und ich hoffe, Sie verwenden dort eine externe Festplatte, wie in Kapitel 1 besprochen). Kümmern wir uns also um die eigentlichen Bilddateien: Links im Bereich **Neue Fotos** im Ausklappmenü **Dateiverwaltung** nehmen Sie **Fotos in einen neuen Ordner kopieren und importieren** (hier zu sehen). Nun zeigt Lightroom die **Wählen**-Schaltfläche, die Sie anklicken, um einen Zielordner festzulegen. In diesem Fall brauchen wir die externe Festplatte mit dem Haupt-Bilderordner und dem »Reise«-Ordner. Geben Sie dieses Verzeichnis an, klicken Sie auf **Ordner auswählen** und danach auf **Importieren**. So machen Sie Ihre exportierte Sammlung zu einem Teil des Lightroom-Katalogs auf Ihrem Desktoprechner – mit allen Bearbeitungen, Vorschauen und Metadaten. Zugleich werden die Fotos auf die externe Festplatte kopiert.

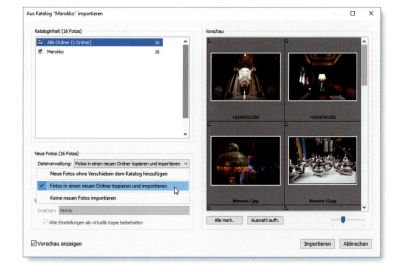

Bibliothek | Entwickeln | Karte | Buch | Diashow | Drucken | Web

Was Sie bei einer Katastrophe tun können

Sie werden mit dem Lightroom-Katalog kaum größere Probleme bekommen (das ist mir in vielen Jahren erst einmal passiert). Im Fall des Falles kann Lightroom die Störung praktischerweise oft selbst reparieren. Allerdings gibt vielleicht Ihr Rechner den Geist auf, oder er wird gestohlen – und das womöglich mit Ihrer einzigen Katalogdatei. Lesen Sie also, wie Sie sich vorab gegen Probleme schützen und was Sie im Katastrophenfall tun können.

1 Manchmal meldet Lightroom beim Start, dass die Katalogdatei beschädigt ist, aber repariert werden kann – klicken Sie auf **Katalog reparieren**, und alles kommt wieder in Ordnung. Das funktioniert meist gut. Manchmal ist die Katalogdatei aber so kaputt, dass Lightroom die abgebildete Meldung zeigt: Reparatur unmöglich. Dann bringen Sie die Sicherungskopie Ihrer Katalogdatei zum Einsatz (ja genau, darüber hatten wir in Kapitel 2 doch geredet).

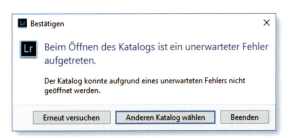

2 Sofern Sie eine Sicherungskopie angelegt hatten, laden Sie diese einfach in Lightroom, und alles ist wieder gut. (Ist die Sicherungskopie aber drei Wochen alt, dann fehlt die Arbeit der letzten drei Wochen. Darum sollten Sie öfter sichern, und Profis sollten täglich sichern.) Zum Glück kann man die Sicherungskopie ganz einfach in Lightroom als neue Katalogdatei laden. Sie brauchen das Laufwerk mit der Sicherungskopie (denn die Sicherung sollte auf einer getrennten Festplatte liegen, damit ein Plattencrash nicht auch noch den Reservekatalog ruiniert). Suchen Sie den Ordner mit den Katalogsicherungen. Diese sind nach Datum sortiert. Wählen Sie den neuesten Ordner. Dort sehen Sie Ihre Katalogsicherung.

Hinweis: Gegebenenfalls legt Lightroom die Katalogsicherung im ZIP-Dateiformat an. Dann müssen Sie zunächst die ZIP-Datei im »Backups«-Verzeichnis entpacken, so dass eine ».lrcat«-Datei entsteht.

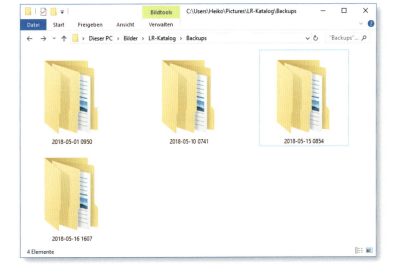

3 Jetzt suchen Sie nach dem beschädigten Lightroom-Katalog (der liegt bei mir im Lightroom-Ordner innerhalb meines Bilder-Ordners). Diese Datei ziehen Sie in den Papierkorb, um sie zu löschen. Die Sicherungsdatei Ihres Katalogs ziehen Sie nun in den Ordner, aus dem Sie soeben die beschädigte Datei gelöscht haben.

TIPP: Wie Sie den Katalog finden

Haben Sie vielleicht vergessen, wo Sie den Lightroom-Katalog speichern? Kein Problem – Lightroom sagt es Ihnen. Dazu wählen Sie unter Windows **Bearbeiten • Katalogeinstellungen**, am Mac **Lightroom • Katalogeinstellungen**. Im Register **Allgemein** im Bereich **Informationen** meldet Lightroom den **Speicherort**.

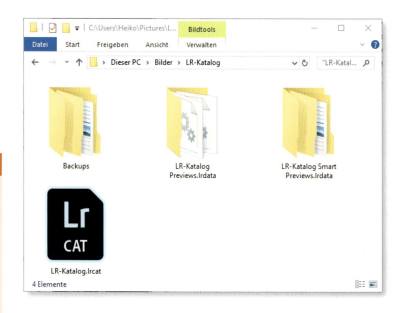

4 Jetzt laden Sie den Katalog nur noch in Lightroom mit dem Befehl **Datei • Katalog öffnen**. Suchen Sie den Ort auf Ihrem Computer, an den Sie die Sicherungskopie kopiert hatten. Klicken Sie auf die Sicherung, dann auf **OK**, und alles ist wieder gut (wie gesagt, hoffentlich ist Ihre Sicherungskopie nicht uralt. Lightroom zeigt ja nur den Stand der letzten Sicherung). Lightroom weiß übrigens auch, wo Sie Ihre Bilder speichern (wenn nicht, verknüpfen Sie die Fotos neu, so wie in Kapitel 2 besprochen).

TIPP: Ihr Computer ist im Eimer …

Vielleicht haben Sie es nicht mit einem beschädigten Katalog zu tun, sondern die Festplatte ist abgeraucht, der ganze Computer hat den Geist aufgegeben oder Ihr Laptop wurde geklaut. Gehen Sie auch dann so vor wie hier beschrieben. Mit dem Unterschied, dass Sie nicht erst den beschädigten Katalog löschen müssen, denn der ist ja schon weg. Ziehen Sie die Sicherung also in den neuen, leeren Lightroom-Ordner (der entsteht automatisch, wenn Sie Lightroom das erste Mal mit dem neuen Gerät starten).

Bibliothek | Entwickeln | Karte | Buch | Diashow | Drucken | Web

5 Manchmal sieht es so aus, als ob der Katalog noch okay sein könnte, aber Lightroom hängt oder zickt rum. Dann hilft oft ein schlichter Trick: Schließen Sie Lightroom, und starten Sie es neu. (Ich weiß, das klingt zu banal und irgendwie »Uäh!«, aber es löst erstaunlich viele Probleme.) Hilft das nicht weiter und Lightroom agiert immer noch merkwürdig, dann sind vielleicht Ihre Voreinstellungen kaputt (kann passieren) und müssen ersetzt werden. Dazu schließen Sie Lightroom und drücken beim Neustarten ⇧+Alt. Halten Sie die Tasten gedrückt, bis ein Dialog Sie fragt, ob Sie die Voreinstellungen zurücksetzen wollen. Klicken Sie auf **Ja** (Windows) oder **Voreinstellungen zurücksetzen** (Mac), produziert Lightroom fabrikneue Voreinstellungen; damit haben sich die Probleme oft erledigt.

6 Haben Sie Lightroom-Zusatzmodule installiert? Dann ist vielleicht eine dieser Zusatzfunktionen kaputt oder veraltet. Suchen Sie auf der Website des Anbieters nach neuen Versionen. Sind alle Zusatzmodule auf dem neuesten Stand, wählen Sie im **Datei**-Menü **Zusatzmodul-Manager**. Im Dialog klicken Sie ein Zusatzmodul an und dann rechts auf **Deaktivieren**. Testen Sie, ob sich das Problem erledigt hat. Schalten Sie nach und nach weitere Zusatzmodule ab, bis Sie den Störenfried entdecken. Haben Sie alles deaktiviert, aber Lightroom bockt immer noch, dann müssen Sie es neu installieren – entweder aus den Installationsdateien (falls Sie noch Lightroom 6 haben) oder aus der Creative-Cloud-App (Lightroom Classic CC). Deinstallieren Sie zuerst das vorhandene Lightroom (Ihre Kataloge bleiben erhalten), dann erst installieren Sie neu. Einer dieser Tipps hilft Ihnen aller Wahrscheinlichkeit nach weiter. Wenn nicht, sollten Sie Adobe anrufen, denn dann ist etwas richtig im Eimer ... (Sie haben jetzt immerhin schon die üblichen Abhilfen probiert, die Adobe Ihnen nahelegen wird, Sie können im Gespräch also schneller auf die wirkliche Lösung zusteuern).

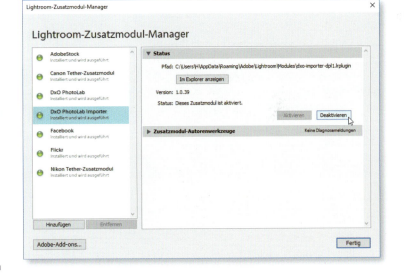

Foto: Scott Kelby | Belichtung: 1/100 s | Brennweite: 180 mm | Blende: f/7,1

Gut eingerichtet
Ihre persönliche Benutzeroberfläche

4

In diesem Kapitel richten Sie Lightroom auf Ihre persönlichen Bedürfnisse ein. Dabei sollten Sie auf der Lightroom-Lernkurve schon etwas fortgeschritten sein. Leider kontrolliert ja niemand wirklich, ob Sie schon in Kapitel hineinstibitzen, die Ihrer momentanen Gefühlswelt nicht guttun. Das fällt unter dieselbe, allumfassende Kategorie wie dieser Satz, den ich für meine 12-jährige Tochter gern parat halte: »Das ist noch nichts für dich.« Das ist der offizielle Nachfolger einer anderen Replik, die Eltern weltweit gern zum Einsatz brachten: »Weil ich das so sage.« Genau genommen ist dies eine reichlich lasche Antwort (das dachte ich jedenfalls damals, als ich den Satz von meinen Eltern hörte). Denn ein Grund existierte ja, nur sie rückten nicht damit heraus. Als Grund kam alles Mögliche in Frage: Sie hatten keinen Bock auf die Sache, sie waren zu faul, gemein, oder alles auf einmal. Aber sie ließen uns komplett ohne Begründung, und das frustrierte natürlich. Darum lieben wir Eltern (und Lightroom-Autoren) den Satz »Das ist leider noch nichts für dich«. Er besagt ja, dass durchaus ein Grund existiert; aber die Erklärung können wir nicht liefern, denn sie ist ebenfalls noch nichts für den Adressaten. Unsere lieben Kleinen vermuten dahinter garantiert etwas Unanständiges. Sie lächeln freudig und wissen: Ihre tiefbesorgten Eltern möchten sie von allem fernhalten, was ihrer Altersgruppe (oder ihrem Lightroom-Kenntnisstand) nicht angemessen ist. Seien Sie also versichert, liebe Leserin und lieber Leser – ich liebe Sie, und mit unanständigen Lightroom-Funktionen möchte ich Sie nicht konfrontieren. Riskieren Sie mal einen Blick in dieses Kapitel. Aber vielleicht verstehen Sie etwas nicht, oder es berührt Sie unangenehm. Dann empfehle ich Ihnen ein klärendes Gespräch mit Ihrer Mutter.

Kapitel 4 Ihre persönliche Benutzeroberfläche

Gestalten Sie die Lupenansicht nach Ihrem Geschmack

In der Lupenansicht, also in der vergrößerten Einzelbildanzeige, sehen Sie nicht nur das Foto. Blenden Sie bei Bedarf verschiedene Informationen über dem Bild ein – so viel oder so wenig, wie Sie möchten. Diese Angaben erscheinen links oben im Vorschaubereich. Sie werden viel Zeit in der Lupenansicht verbringen. Passen Sie die Lupenansicht also genau an Ihre persönlichen Bedürfnisse an.

1 In der Bibliothek in der Rasteransicht klicken Sie auf eine Miniatur und drücken dann `E` auf Ihrer Tastatur. So wechseln Sie zur Lupenansicht (in diesem Beispiel hier habe ich mit Ausnahme der rechten Bedienfeldleiste alles ausgeblendet, damit das Foto größer in der Lupenansicht erscheint).

2 Mit `Strg`/`Cmd`+`J` öffnen Sie die **Bibliotheksansicht-Optionen** und klicken auf das Register **Lupenansicht**. Oben im Dialog verwenden Sie das Kontrollkästchen **Informationen anzeigen**. Das Ausklappmenü rechts bietet zwei unterschiedliche Infoüberlagerungen an: **Lupeninformationen 1** zeigt den Dateinamen in größerer Schrift oben links im Vorschaubereich (hier abgebildet). Unter dem Dateinamen meldet Lightroom dann in kleinerer Schrift noch Aufnahmedatum und -zeit und die freigestellten Maße. **Lupeninformationen 2** präsentiert ebenfalls den Dateinamen, darunter jedoch Belichtungszeit, ISO-Wert, Brennweite und Blende.

Bibliothek | Entwickeln | Karte | Buch | Diashow | Drucken | Web

3 Zum Glück können Sie für jede Informationsüberlagerung selbst entscheiden, welche Angaben Lightroom präsentiert. Hier bei **Lupeninformationen 2** verzichte ich gerade auf den Dateinamen in größeren Buchstaben und nehme stattdessen **Allgemeine Fotoeinstellungen**. So zeigt Lightroom die Werte, die Sie auch rechts außen unter dem Histogramm sehen (Belichtungszeit, Blende, ISO- und Objektivwerte). Gestalten Sie beide Lupenüberlagerungen unabhängig voneinander nach Ihrem Geschmack. Denken Sie aber daran, dass das jeweils oberste Menü in jedem Bereich die erste Zeile mit der besonders großen Schrift einrichtet.

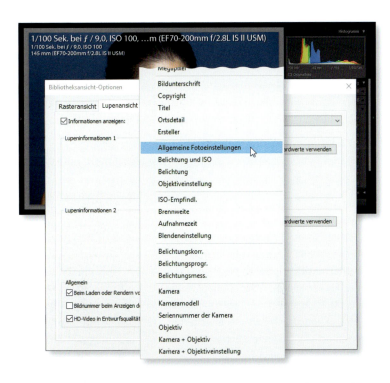

4 Wollen Sie wieder das ursprüngliche Informationsangebot sehen, klicken Sie einfach rechts auf **Standardwerte verwenden**, und die Lupeninformationen erscheinen wieder mit den üblichen Angaben. Mich persönlich lenken diese Informationen über meinen Fotos meistens zu sehr ab – aber nur meistens: In Einzelfällen ist die Einblendung auch sehr praktisch. Wenn Ihnen die Lupeninformation gelegentlich auch gefällt, habe ich diese Empfehlungen für Sie: Schalten Sie oben **Informationen anzeigen** ab, aber verwenden Sie die Option **Bei Änderungen am Foto kurz anzeigen**. Sofern Sie dann ein neues Bild aufrufen, zeigt Lightroom die Informationen etwa vier Sekunden lang, dann verschwinden sie. Oder machen Sie es so wie ich: Sie schalten beide Optionen ab, und wenn Sie die Lupenüberlagerung sehen wollen, schalten Sie sie einfach mit der Taste [I] der Reihe nach durch – Sie sehen **Lupeninformationen 1**, dann **Lupeninformationen 2**, dann verschwinden die Angaben. Unten bietet der Dialog neben ein paar Video-Optionen noch die Möglichkeit, bestimmte Lightroom-Meldungen abzuschalten, zum Beispiel **Daten werden geladen** oder **Stichwort hinzufügen**.

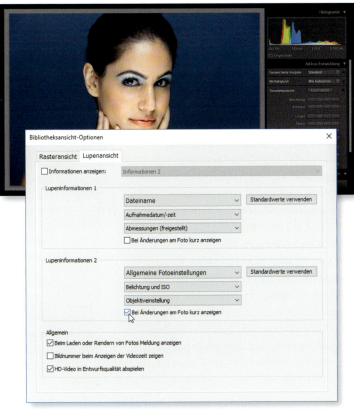

Kapitel 4 Ihre persönliche Benutzeroberfläche

Wie Sie die Rasteransicht optimal anpassen

Die kleinen Zellen rings um Ihre Fotominiaturen liefern wertvolle Informationen – oder sie lenken schrecklich ab (je nachdem, wie Sie die Textangaben und Symbole um Ihre Bilder herum finden). Zum Glück lässt sich das völlig an Ihre Bedürfnisse anpassen, nicht nur die Menge der Informationen, sondern auch, welche Angaben wo erscheinen (und in Kapitel 1 haben Sie schon gelernt, dass man die Zelleninformationen mit der Taste J *ein- und ausblenden kann). Wenn Lightroom Sie also schon mit einer Datenflut belästigt, dann soll das Programm wenigstens genau die von Ihnen gewünschten Angaben liefern.*

1 Mit der Taste G schalten Sie zur Rasteransicht in der Bibliothek, dann öffnen Sie die **Bibliotheksansicht-Optionen** per Strg/Cmd + J und klicken oben links auf das Register **Rasteransicht**. Im Ausklappmenü oben entscheiden Sie, ob Sie **Kompakte Zellen** oder **Erweiterte Zellen** einrichten. Die Ansicht **Erweiterte Zellen** zeigt mehr Informationen an.

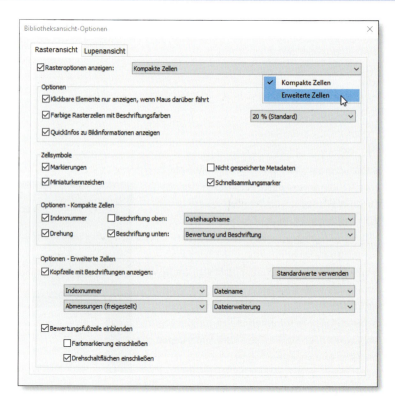

2 Beginnen wir oben im Bereich **Optionen**. Vielleicht zeigen Sie die **Markiert**-Fahne und Drehungssymbole an; mit **Klickbare Elemente nur anzeigen, wenn Maus darüber fährt** bleiben diese Symbole zunächst verborgen, bis Sie den Mauszeiger über die Zelle halten, und dann können Sie die Funktionen auch anklicken. Ohne diese Option erscheinen die Symbole dauerhaft. Falls Sie Farbmarkierungen verwenden, wird auch die Option **Farbige Rasterzellen mit Beschriftungsfarben** interessant. Damit erscheint der ganze Bereich um die Miniatur herum in der gewählten Farbe, und die Stärke der Einfärbung ändern Sie mit dem Prozentmenü. Und noch zur Option **QuickInfos zu Bildinformationen anzeigen**: Lightroom blendet gelb unterlegt Informationen ein, sobald Sie den Mauszeiger zum Beispiel über die **Markiert**-Fahne oder über ein Zellsymbol halten. Direkt über dem Foto sehen Sie dann ein paar EXIF-Angaben.

3 Der nächste Bereich, **Zellsymbole**, hat zwei Optionen für Einblendungen direkt innerhalb der Bildminiatur und zwei für Symbole in der Zelle um die Miniatur herum. Mit den Zellsymbolen in der rechten unteren Ecke einer Miniatur meldet Lightroom: 1. Das Bild hat Stichwörter, 2. das Bild hat GPS-Daten, 3. das Foto gehört zu einer Sammlung, 4. die Aufnahme wurde zugeschnitten, und 5. das Bild wurde in Lightroom bearbeitet (Farbe, Schärfe usw.). Tatsächlich dienen diese kleinen Symbole auch als nützliche Schaltflächen. Ein Beispiel: Wollen Sie ein Stichwort hinzufügen, klicken Sie auf das Zellsymbol für Stichwörter (es sieht wie ein Kofferanhänger aus). Sie landen im Bedienfeld **Stichwörter festlegen** und dort direkt im Textfeld für Stichwörter. Sie können also sofort einen Begriff eintippen. Direkt auf der Miniatur gibt es auch noch die Schaltfläche für die Schnellsammlung. Sie erscheint, wenn Sie den Mauszeiger über die Miniatur halten. Mit einem Klick auf das Symbol landet das Foto in der Schnellsammlung, das Symbol erscheint dann grau (ein erneuter Klick entfernt das Bild wieder aus der Sammlung).

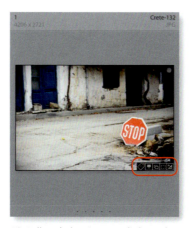

Die Zellsymbole zeigen von links nach rechts: Das Bild hat Stichwörter, es hat GPS-Informationen, es wurde einer Sammlung hinzugefügt, zugeschnitten und bearbeitet.

Der kleine Kreis in der Ecke rechts oben ist eine Schaltfläche – ein Klick, und das Foto landet in Ihrer Schnellsammlung.

4 Die anderen zwei Optionen pflastern nicht die Miniatur selbst zu – sie erzeugen Symbole in der Zelle um die Miniatur herum. Sie können die **Markiert**-Fahne oben links in jeder Zelle anzeigen. Klicken Sie auf die Fahne, ist das Foto als **Markiert** ausgewiesen (im linken Bild zu sehen). Vielleicht sehen Sie noch das Symbol für **Nicht gespeicherte Metadaten**, es erscheint rechts oben in der Zelle (in der Miniatur rechts). Lightroom zeigt das Symbol nur, wenn Sie die Metadaten bearbeitet und die Änderungen noch nicht in der Datei selbst gespeichert haben (das passiert je nach verwendeten Voreinstellungen manchmal). Per Klick auf das Symbol zeigt Lightroom einen Dialog, mit dem Sie die Änderungen direkt in die Datei schreiben können.

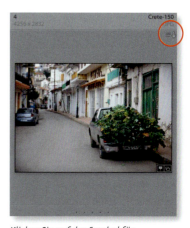

*Klicken Sie auf die Flagge, um das Bild als **Markiert** zu kennzeichnen.*

*Klicken Sie auf das Symbol für **Nicht gespeicherte Metadaten**, um die Änderungen zu sichern.*

5 Ganz unten zeigt der Dialog den Bereich für **Erweiterte Zellen**. Dort entscheiden Sie, welche Angaben Lightroom oben in jeder Zelle anzeigt. Standardmäßig meldet das Programm vier unterschiedliche Informationen: oben links die Indexnummer (die Nummer der Zelle; wenn Sie 63 Fotos importieren, hat die erste Zelle die Nummer 1, dann folgen 2, 3 und 4 bis zur Nummer 63) und darunter die Pixelmaße (für zugeschnittene Dateien meldet Lightroom die Werte nach dem Zuschneiden). Oben rechts erscheint der Dateiname und darunter der Dateityp (JPEG, RAW, TIFF usw.). Ändern Sie alle diese Infobereiche nach Ihren Vorstellungen. Klicken Sie einfach auf das entsprechende Ausklappmenü, und wählen Sie eine neue Angabe aus der langen Liste (zu sehen im nächsten Schritt). Sie müssen übrigens nicht alle vier Felder ausfüllen: Wählen Sie einfach **Ohne** im Ausklappmenü, falls eine Zone leer bleiben soll.

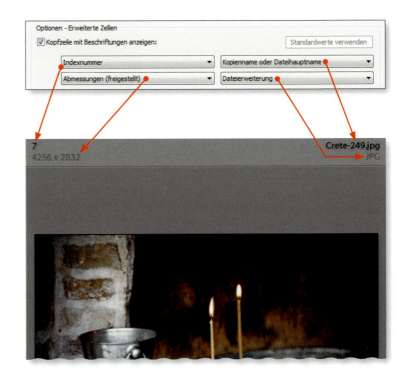

6 Sie können die Informationen in der Zelle zwar wie beschrieben über die **Bibliotheksansicht-Optionen** steuern, aber ändern Sie die Angaben einfach direkt in der Zelle selbst: Klicken Sie direkt auf eine Zelleninformation um das Foto herum. Lightroom bietet dann dieselbe Auswahl an wie zuvor im Dialogfeld. Wählen Sie einfach die gewünschte Beschriftung (ich nehme hier **ISO-Empfindl.** für den ISO-Wert), und ab jetzt präsentiert Lightroom diesen Wert an der gewählten Stelle (wie hier rechts abgebildet, Sie sehen, dass das Foto mit ISO 100 entstand).

Bibliothek | Entwickeln | Karte | Buch | Diashow | Drucken | Web

7 Unten im Bereich für **Erweiterte Zellen** gibt es noch das Kontrollkästchen **Bewertungsfußzeile einblenden**, das zunächst eingeschaltet ist. Damit erweitern Sie die Zelle um einen Abschnitt für die Sternebewertung. Mit den beiden Kontrollkästchen darunter zeigen Sie bei Bedarf klickbare Farbmarkierungen und Drehschaltflächen an; sie erscheinen, wenn Sie den Mauszeiger über die Zelle bewegen.

8 Den mittleren Bereich hatten wir zunächst übersprungen. Hier steuern Sie die **Kompakten Zellen**. Ich habe diesen Abschnitt übergangen, weil er fast genauso funktioniert wie bei den **Erweiterten Zellen** – allerdings haben Sie bei den **Kompakten Zellen** nur zwei Felder mit Anzeigen nach Wahl (bei den **Erweiterten Zellen** stehen vier Felder zur Verfügung): Die **Kompakten Zellen** zeigen zunächst den Dateinamen (links über der Fotominiatur) und die Sternebewertung (links unter der Miniatur). Ändern Sie diese Angaben mit den Angeboten in den Ausklappmenüs. Die anderen zwei Kontrollkästchen blenden die Indexnummer ein oder aus (das ist die große graue Zahl links in der Zelle), und Sie können wieder Drehschaltflächen unten in der Zelle anzeigen (sie erscheinen nur, wenn Sie den Mauszeiger über die Zelle bewegen). Und ein Letztes: Das Kontrollkästchen **Rasteroptionen anzeigen** oben im Dialog schaltet alle eingeblendeten Informationen auf einen Schlag ab.

Kapitel 4 Ihre persönliche Benutzeroberfläche

Arbeiten Sie schneller mit den Bedienfeldern

*Lightroom hat Bedienfelder ohne Ende, und bei der Suche nach der gewünschten Funktion verliert man leicht die Orientierung – speziell wenn Sie an nie genutzten Bedienfeldern vorbeiscrollen müssen. Darum empfehle ich in meinen Lightroom-Seminaren: 1. Verbergen Sie nicht verwendete Bedienfelder, 2. arbeiten Sie im **Solomodus**, bei dem Sie ein Bedienfeld öffnen und damit zugleich alle anderen schließen. So nutzen Sie diese etwas versteckten Funktionen:*

1 Zunächst klicken Sie in irgendeinem Bedienfeld auf die Bedienfeldüberschrift. Lightroom zeigt ein Menü mit allen Bedienfeldern auf dieser Seite des Programmfensters. Wollen Sie ein Bedienfeld verbergen, klicken Sie es einfach an, so dass es abgewählt ist. Hier zum Beispiel, in der rechten Bedienfeldseite des Entwickeln-Moduls, verberge ich das Bedienfeld **Kalibrierung**. Außerdem, wie oben erwähnt, empfehle ich den **Solomodus**, den Sie im selben Menü einschalten (wie abgebildet).

2 Vergleichen Sie die beiden Bedienfeldbereiche hier. Die Leiste links zeigt den normalen Zustand der Entwickeln-Bedienfelder. Ich möchte etwas im Bedienfeld **Teiltonung** ändern, aber die ganzen anderen Bedienfelder drumherum lenken mich ab, und ich muss erst an ihnen vorbeiscrollen, bis ich beim gewünschten Bedienfeld ankomme. Und jetzt sehen Sie sich einmal den Bedienfeldbereich rechts an. Dort ist der **Solomodus** aktiv – alle anderen Bedienfelder klappen weg, ich kann mich also ganz auf die **Teiltonung** konzentrieren. Brauche ich ein anderes Bedienfeld, klicke ich einfach auf dessen Titel, und dann klappt das Bedienfeld **Teiltonung** zusammen.

*Der rechte Bedienfeldbereich im normalen Modus (links) und im **Solomodus** (rechts)*

Bibliothek | Entwickeln | Karte | Buch | Diashow | Drucken | Web

So setzen Sie Lightroom mit zwei Monitoren ein

Lightroom lässt sich mit zwei Bildschirmen nutzen. Bearbeiten Sie das Foto auf einem Monitor, und zeigen Sie eine riesige Vollbilddarstellung auf dem anderen Bildschirm. Adobe hat hier aber noch weitere coole Funktionen eingebaut, die Sie nutzen können, sobald Sie alles eingerichtet haben – und hier erkläre ich das Verfahren:

1 Oben links im Filmstreifen zeigt Lightroom die Schaltflächen **1** für **Hauptfenster** und **2** für **Zweites Fenster** (hier rot eingekreist). Die Schaltfläche **1** steht für den Hauptbildschirm und die Schaltfläche **2** für das zweite Gerät. Ist kein zweiter Monitor angeschlossen, können Sie trotzdem auf die Schaltfläche **2** klicken – Sie sehen nun die für den zweiten Monitor geplante Anzeige in einem separaten Fenster (hier abgebildet).

2 Hängt jedoch ein zweiter Bildschirm am Rechner, können Sie auf die Schaltfläche **2** klicken, und das zweite Lightroom-Fenster erscheint auf dem zweiten Monitor im Vollbildmodus. Sie sehen Ihr Foto in der Lupenansicht. Das ist die übliche Darstellung: Benutzeroberfläche und alle Regler auf einem Monitor und das vergrößerte Bild auf dem anderen Bildschirm.

133

3 Entscheiden Sie selbst, was sich auf dem zweiten Monitor abspielt. Klicken Sie dazu einfach etwas länger auf die Schaltfläche **2**. Sie könnten auf dem zweiten Bildschirm zum Beispiel die **Übersicht** zeigen und gleichzeitig auf dem ersten Monitor in ein Einzelbild hineinzoomen (siehe Abbildung unten).

Übrigens: Nehmen Sie die ⇧-Taste dazu, dann steuern die Tastaturbefehle für Vergleichsansicht, Rasteransicht und Lupenansicht den zweiten Monitor (⇧+N schaltet also auf dem zweiten Monitor in die Übersicht usw.).

4 Neben der vergrößernden Lupenansicht bietet Lightroom noch mehr starke Optionen für den zweiten Monitor. Klicken Sie zum Beispiel auf die Schaltfläche **2**, und wählen Sie **Lupe – Live**. Dann bewegen Sie den Mauszeiger auf dem Hauptbildschirm über die Miniaturen in Rasteransicht oder Filmstreifen – der zweite Monitor zeigt sofort die Lupenansicht des Fotos unter dem Cursor. (Hier sehen Sie, dass ich auf dem Hauptmonitor das dritte Bild aktiviert habe. Aber in der Lupenansicht erscheint das vierte Foto, weil ich den Mauszeiger über das vierte Foto halte.)

Bibliothek | Entwickeln | Karte | Buch | Diashow | Drucken | Web

5 Für den zweiten Bildschirm bietet Lightroom auch die Vorgabe **Lupe – Gesperrt**. Klicken Sie diese Vorgabe an, bleibt die Anzeige im zweiten Bildschirm starr und unverändert, während Sie auf dem Hauptbildschirm beliebig arbeiten und die Anzeige umstellen. Den Modus verlassen Sie, indem Sie erneut auf **Lupe – Gesperrt** klicken.

6 Der zweite Monitor zeigt zunächst Lightrooms obere und untere Schaltflächenleiste an. Um sie auszublenden, klicken Sie auf die kleinen grauen Pfeile oben und unten. So erscheint nur noch das Foto. Klicken Sie die Pfeile mit der rechten Maustaste an, sehen Sie die Darstellungsoptionen für die Schaltflächenleisten.

Hier die Standardanzeige für den zweiten Monitor: Die Leisten oben und unten bleiben sichtbar.

Der zweite Bildschirm nun mit ausgeblendeten Leisten: Das Bild erscheint größer.

Kapitel 4   Ihre persönliche Benutzeroberfläche

TIPP: Vorschau für den zweiten Monitor

Im Menü über der Schaltfläche **2** gibt es den Befehl **Vorschau des zweiten Bildschirms anzeigen**. Damit produziert Lightroom auf Ihrem Hauptbildschirm ein kleines schwebendes Fenster mit dem Inhalt des zweiten Monitors (Abbildung unten). Das ist praktisch bei Präsentationen: Sie zeigen den Inhalt des zweiten Bildschirms per Beamer auf einer Leinwand hinter Ihnen und blicken dabei ins Publikum. Nutzen Sie die Option **Vorschau des zweiten Bildschirms** auch, wenn Kunden Ihre Fotos auf einem zweiten Monitor sehen (so bekommen die Kunden ablenkende Schaltflächen und Bedienfelder gar nicht erst zu Gesicht).

136

Bibliothek | Entwickeln | Karte | Buch | Diashow | Drucken | Web

Richten Sie den Filmstreifen ein

Genauso wie Sie Einblendungen in der Rasteransicht und Lupenansicht nach Ihrem Geschmack steuern, können Sie auch über die Informationen im Filmstreifen entscheiden. Das ist beim Filmstreifen sogar besonders wichtig, weil er nicht sehr hoch ist und schnell überladen wirkt. Ich zeige Ihnen zwar gleich, wie Sie alle Infozeilen ein- und ausblenden, meine Empfehlung lautet jedoch: Lassen Sie alles abgeschaltet. So vermeiden Sie Informationsüberfrachtung in einer ohnehin sehr komplexen Benutzeroberfläche. Aber für alle Fälle, so ändern Sie den Filmstreifen:

1 Mit einem Rechtsklick auf irgendein Foto unten im Filmstreifen sehen Sie das abgebildete Menü. Unten zeigt das Menü die vier **Ansichtsoptionen** für den Filmstreifen: **Bewertungen und Auswahl anzeigen** blendet kleine **Markiert**-Flaggen und Sternebewertungen zu jeder Miniatur im Filmstreifen ein. **Kennzeichen anzeigen** präsentiert verkleinerte Zellsymbole, die Sie schon aus der Rasteransicht kennen (die Symbole signalisieren, ob ein Foto in einer Sammlung steckt, korrigiert, zugeschnitten oder mit Stichwörtern bearbeitet wurde). Mit **Stapelanzahl anzeigen** erscheint ein Stapel-Symbol mit der Anzahl der Bilder im Stapel. **QuickInfos zu Bildinformationen anzeigen** erzeugt schließlich eine Einblendmeldung, sobald Sie den Mauszeiger über eine Miniatur im Filmstreifen halten. Lightroom zeigt diejenigen Informationen an, die Sie in den **Bibliotheksansicht-Optionen** für die **Lupeninformationen 1** gewählt haben. Nervt es Sie, wenn jeder Klick auf ein Filmstreifen-Symbol irgendeinen Vorgang startet? Dann wählen Sie hier noch **Klicks auf Kennzeichen ignorieren**.

2 Hier beim oberen Filmstreifen habe ich alle Optionen abgeschaltet, beim unteren Filmstreifen wird dagegen alles eingeblendet. Sie sehen **Markiert**-Fahnen, Sternebewertung und Zellensymbole (mit einer Warnung wegen ungesicherter Metadaten). Wählen Sie selbst: übersichtlich oder überfrachtet?

Kapitel 4 Ihre persönliche Benutzeroberfläche

Die ganz persönliche Note:
Ihr eigener Name im Programmfenster

Bei meiner ersten Begegnung mit dem Programm hat mich das wirklich beeindruckt: Sie können das Lightroom-Logo (oben links im Programmfenster) gegen Ihren eigenen Namen oder gegen ein anderes Logo austauschen. Ich muss schon sagen, bei Kundenpräsentationen bringt das einen individuellen Look – als ob Adobe sein Lightroom nur für Sie entworfen hätte. Diese sogenannte Erkennungstafel bietet sogar noch viel mehr als nur einen personalisierten Lightroom-Auftritt (aber wir besprechen zuerst die individuelle Programmaufmachung).

1 Beginnen wir mit einem genauen Blick auf die linke obere Lightroom-Ecke. Hier erscheint also das Programmlogo, das wir ab Schritt 2 ersetzen. Sie ersetzen das Lightroom-Logo wahlweise durch Text (und die Modul-Schaltflächen rechts oben passen sich dabei sogar an), oder Sie tauschen das Logo gegen eine Grafik Ihrer Wahl aus. Sie lernen beide Möglichkeiten kennen.

2 Öffnen Sie das **Bearbeiten**-Menü (am Mac das **Lightroom**-Menü), und wählen Sie **Einrichtung der Erkennungstafel**. Standardmäßig verwendet das Menü direkt rechts neben **Erkennungstafel** die Option **Lightroom Classic CC** (oder **Adobe ID**); das ändern Sie jetzt in **Personalisiert**. Um das Lightroom-Logo von Schritt 1 durch Ihren eigenen Namen zu ersetzen, tippen Sie Ihren Namen in das linke schwarze Textfeld. Statt Ihrem Namen können Sie auch etwas anderes eintippen (zum Beispiel einen Firmen- oder Studionamen). Wählen Sie den Text aus, dann legen Sie die Schriftart, den Stil (Fett, Kursiv, Standard usw.) und die Größe in den Ausklappmenüs unter dem Textfeld fest.

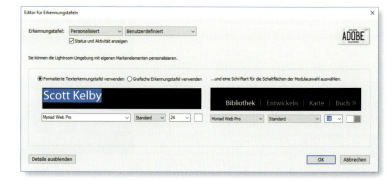

Bibliothek | Entwickeln | Karte | Buch | Diashow | Drucken | Web

3 Bearbeiten Sie bei Bedarf nur ein einzelnes Wort, zum Beispiel die Schriftgröße oder Farbe eines Wortes. Dazu wählen Sie das Wort zunächst aus. Die Farbe ändern Sie dann mit dem Farbfeld neben dem Schriftgröße-Menü (hier rot eingerahmt). So erscheint der übliche Farbwähler (Sie sehen hier den Windows-Farbwähler. Der Macintosh-Farbwähler unterscheidet sich davon etwas, aber das muss Sie nicht stören – oder egal, stören Sie sich ruhig daran!). Legen Sie die Farbe für den ausgewählten Text fest, dann schließen Sie den Farbwähler.

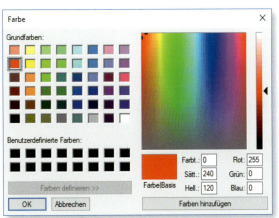

4 Sind Sie mit Ihrer personalisierten Erkennungstafel zufrieden? Dann speichern Sie den Entwurf am besten für späteren Gebrauch. Denn die Erkennungstafel ersetzt ja nicht nur das Lightroom-Logo – auch bei Diashows, Web-Galerien und beim Drucken bietet Lightroom vorhandene Erkennungstafeln per Ausklappmenü an (die Erkennungstafel ist also mehr als eine belanglose Dekoration). Zum Speichern öffnen Sie das rechte Ausklappmenü neben **Erkennungstafel** und wählen **Speichern unter**. Geben Sie Ihrer Erkennungstafel einen passenden Namen, klicken Sie auf **OK**, und das Ganze ist gespeichert. Ab jetzt erscheint dieser Entwurf im **Erkennungstafel**-Ausklappmenü – dieses praktische Menü liefert Ihren persönlichen Text samt Schriftart und Farbe mit einem Klick.

Kapitel 4 Ihre persönliche Benutzeroberfläche

5 Sobald Sie auf **OK** klicken, erscheint (wie hier zu sehen) Ihre persönliche Erkennungstafel anstelle des Lightroom-Logos, das vorher oben links zu sehen war.

6 Möchten Sie statt reinem Text eine Grafik verwenden, zum Beispiel Ihr Firmenlogo? Öffnen Sie wieder den **Editor für Erkennungstafeln**, und klicken Sie diesmal auf das Kontrollkästchen **Grafische Erkennungstafel verwenden**. Sie verzichten also auf die Option **Formatierte Texterkennungstafel verwenden**. Der nächste Klick geht auf **Datei suchen** (über der Schaltfläche **Details ein-/ausblenden** links unten), dann geben Sie Ihre Logodatei an. Stellen Sie Ihr Logo am besten vorab auf einen schwarzen Hintergrund, so dass es gut mit der Lightroom-Umgebung harmoniert. Alternativ erzeugen Sie in Photoshop einen transparenten Hintergrund und speichern im PNG-Dateiformat, so dass die Transparenz erhalten bleibt. Mit der Schaltfläche **Wählen** wird die Grafik zur aktuellen Erkennungstafel.

Hinweis: Die Grafik darf höchstens 57 Pixel hoch sein, damit sie oben und unten nicht angeschnitten wird.

Bibliothek | Entwickeln | Karte | Buch | Diashow | Drucken | Web

7 Der **OK**-Klick ersetzt nun das Lightroom-Logo (oder, je nachdem, Ihren persönlichen Erkennungstafeltext) durch die Grafikdatei mit Ihrem Logo. Gefällt Ihnen die Wirkung, dann denken Sie wieder daran, diese Erkennungstafel zu sichern. Das erledigen Sie im zweiten Ausklappmenü rechts neben **Erkennungstafel** mit dem Befehl **Speichern unter**.

8 Möchten Sie wieder das Original-Lightroom-Logo sehen, brauchen Sie noch einmal den **Editor für Erkennungstafeln**. Klicken Sie im Ausklappmenü oben links auf **Lightroom** (wie hier zu sehen). Und denken Sie dran: Später im Buch verwenden wir Ihre neuen Erkennungstafeln noch in einigen Modulen.

Foto: Scott Kelby | Belichtung: 1/1250 s | Brennweite: 200 mm | Blende: f/2,8

Bildbearbeitung
Entwickeln Sie Ihre Aufnahmen wie ein Profi

Gehören Sie zu den beneidenswerten Zeitgenossen, die erst mit Lightroom in die Bildbearbeitung eingestiegen sind? Sie wissen gar nicht, wie viel Glück Sie haben! Lightroom ist heute ein wirklich ausgereiftes, stabiles, ja hinreißendes Programm (manche bezeichnen so etwas ja inzwischen als App). Aber die gesamte Vor-Lightroom-Ära war eine dunkelgraue, nein pechrabenschwarze Zeit (und niemand redete von Apps). Wir arbeiteten damals mit Camera Raw (das war eigentlich nicht übel). Aber Camera Raw gehörte zu einem Programm namens Adobe Bridge (und das war ziemlich schlecht). Na gut … ich nehme das zurück, ich möchte schließlich nicht abwertend über Adobe Bridge reden. Wenn ich aber doch etwas dazu sagen sollen würde, dann schlicht und einfach: Bridge ist totaler Murks. Vergessen wir hierbei jedoch nicht: Alle Lehrbücher lagern jetzt auch im Nationalarchiv der US-Kongressbibliothek (sogar meins – also ist Respekt geboten!). Reden wir also bitte historisch präzise über »The Bridge«, und vermeiden wir Ungenauigkeiten unter allen Umständen.

Die gelehrten Bibliothekarinnen und Bibliothekare in der Kongressbibliothek goutieren möglicherweise grenzwertige Formulierungen wie »totaler Murks« nur eingeschränkt zustimmend. Genau darum fügen Sie für amtliche Zwecke in den folgenden Sätzen das richtige Wort ein – etwas Treffenderes, als es mir selbst hier geling. So geht's: Ich äußere ein profundes Bridge-Testurteil, und Sie bauen ein Wort ein, das unsere Meinung über Bridge noch besser wiedergibt als mein eigener Begriff. Sind Sie so weit? Na fein. Also: »Adobe Bridge ist ein dummes Stück Weißwurst.« Wägen Sie Ihre Antwort gut ab, spätere Generatoren danken es Ihnen – ups, blöde Autokorrektur, aber Sie wissen, was ich meine. Und hier unsere zweite Sentenz für die Nachwelt: »Adobe Bridge geht mir total am ›Aschenbecher‹ vorbei.« Haben Sie hier einen besseren Einfaltspinsel – au nein, schon wieder diese Autokorrektur! Wie schaltet man die eigentlich ab? Die Automatik bei Lightroom macht sowas nämlich nicht. Einen Moment bitte (oder zwei).

Mein Entwickeln-Spickzettel

*Hier kommt ein Überblick über die Regler in den **Grundeinstellungen** – keine offizielle Beschreibung, sondern einfach meine persönliche Anwendung. Übrigens finde ich die Bezeichnung **Grundeinstellungen** sehr treffend, denn hier erledigen Sie wirklich den Großteil der Korrekturen. Und gut zu wissen: Ziehen Sie einen Regler nach rechts, wird das Bild heller oder die Reglerwirkung nimmt zu; Ziehen nach links dunkelt Ihr Foto ab oder schwächt den Effekt.*

❶ **RAW-Profil zuweisen:**
Das **Profil**-Menü steuert die Gesamtwirkung des Bildes – flach und unkorrigiert oder gleich etwas farbsatter und kontrastreicher.

❷ **Automatische Korrektur:**
Sie wissen nicht recht, wo die Korrektur ansetzen soll? Klicken Sie einfach auf die verbesserte Schaltfläche **Autom.**. Lightroom versucht nun, ausgewogene Kontraste einzurichten. Das ist risikofrei: Unpassende Ergebnisse widerrufen Sie mit [Strg]/[Cmd]+[Z].

❸ **Aufhellen oder Abdunkeln:**
Diese drei Regler nutze ich gemeinsam. Erst ändere ich Weiß- und Schwarzpunkt und erweitere so den Tonwertumfang (auf Seite 160 erfahren Sie, wie Lightroom das automatisch erledigt). Wirkt das Bild anschließend zu hell oder dunkel, korrigiere ich die Gesamthelligkeit mit dem **Belichtung**-Regler – zum Abdunkeln ziehe ich nach links, zum Aufhellen nach rechts.

❹ **Problembehebung:**
Für Belichtungsprobleme zeichnen oft die Kamerasensoren verantwortlich. Einer dieser beiden Regler behebt solche Fehler meist: Den **Lichter**-Regler nutze ich, wenn helle Bildzonen zu hell gerieten (oder wenn der Himmel viel zu hell erscheint); der **Tiefen**-Regler öffnet Schattenpartien und enthüllt, was sich »in der Dunkelheit versteckt« hatte – klasse bei Hauptmotiven im Gegenlicht (Seite 167).

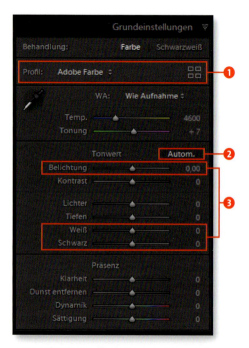

❺ Flaue Bilder aufpeppen:
Wirkt Ihr Bild matt und flau, ziehen Sie den **Kontrast**-Regler nach rechts. So hellen Sie Helles weiter auf, Dunkles wird dunkler, alles zusammen wirkt knackiger.

❻ Zeichnung verstärken:
Technisch gesehen steuert der **Klarheit**-Regler den Mitteltonkontrast. In der Praxis arbeitet der Regler Texturen und feine Details heraus, wenn Sie nach rechts ziehen. Er kann Ihr Foto jedoch ein wenig abdunkeln; nach Anheben der **Klarheit** müssen Sie also eventuell den **Belichtung**-Regler leicht nach rechts schieben.

❼ Nebel oder Dunst beseitigen:
Der Regler **Dunst entfernen** wirkt wahre Wunder, er kann Dunst oder Nebel reduzieren oder ganz wegblasen – ziehen Sie einfach nach rechts. Im Grunde ist es eine Art Kontrastregler; nutzen Sie die Funktion also auch bei nicht-diesigen Bildern für deutlich mehr Kontrast. Ziehen nach links macht das Foto diffuser.

❽ Farben richtig einstellen:
Die zwei Weißabgleich-Regler verbessern den Weißabgleich im Bild. Zum Beispiel ziehen Sie den **Temp.**-Regler nach rechts und entfernen so einen Blaustich; oder Sie ziehen nach links und beseitigen einen Gelbstich, indem Sie Blau verstärken. Nutzen Sie die Regler außerdem für kreative Verfremdung: Zeigen Sie gelbliche Sonnenuntergänge in hinreißendem Orange oder flauen Himmel tiefblau.

❾ Kräftigere Farben:
Um die Farben zu verstärken, ziehe ich den **Dynamik**-Regler nach rechts (mehr auf Seite 169). Den **Sättigung**-Regler erwähne ich wohlgemerkt nicht, den verwende ich seit Einführung der **Dynamik**-Funktion vor einigen Jahren nur noch, um Farben abzuschwächen oder ganz herauszunehmen. Nach rechts ziehe ich den **Sättigung**-Regler nie – iiiih!

Kapitel 5   Entwickeln Sie Ihre Aufnahmen wie ein Profi

Wenn Sie in RAW aufnehmen, müssen Sie hier loslegen

Im Frühjahr 2018 verbesserte Adobe die Verarbeitung von RAW-Dateien. Lesen Sie auf jeden Fall, was der Hersteller warum änderte. Zuerst besprechen wir hier, warum Lightroom so und nicht anders funktioniert, und dafür beginnen wir bei Ihrer Kamera. Falls Sie in JPEG aufnehmen, überspringen Sie diese fünf Seiten hier ganz (JPEG ist völlig in Ordnung; aber meine Tipps hier eignen sich nicht für JPEG-Dateien, darum möchte ich Sie nicht unnötig aufhalten).

1   *Hinweis:* Noch einmal, dies hier betrifft Sie nur, wenn Sie in RAW fotografieren. Wer die Kamera auf JPEG einstellt, überspringt diese fünf Seiten. Wenn Sie mit JPEG aufnehmen, bearbeitet die Kamera Ihre Datei schon intern mit Kontrast, Farbsättigung, Schärfe, Bildrauschen und mehr, so sieht Ihr JPEG auf Anhieb stark aus. Darum wirken frische JPEG-Dateien so viel besser als RAW-Aufnahmen, die gerade erst aus der Kamera kamen – denn die RAW-Bilder durchlaufen keinerlei Bearbeitung.

2   JPEGs sehen ohnehin besser aus, und dann können Sie direkt in der Kamera auch noch Bildstile auf JPEG-Dateien anwenden; damit beeindrucken die Ergebnisse dann noch mehr. Diese Bildstile oder Kameraprofile heißen oft nach Genres: Landschaftsfotografen wählen zum Beispiel den Bildstil »Landschaft«; er sorgt für kräftige Farben, betont Schärfe und Kontrast. Noch kräftiger geht der Bildstil »Lebhaft« zur Sache, er pusht die Farben noch deutlicher. Porträtfotografen schalten zum Stil »Porträt«: Farbsättigung und Kontrast werden hier zurückgefahren – vorteilhaft für Hauttöne.

Bibliothek | **Entwickeln** | Karte | Buch | Diashow | Drucken | Web

3 Geben Sie Ihrer Kamera das RAW-Format vor, sagen Sie quasi, »Verzichte auf das Scharfzeichnen und lass' auch die Finger von Kontrast, Sättigung und Rauschreduzierung – keine Veredelung in der Kamera bitte. Ich will allein das unberührte, naturbelassene RAW-Bild. Dann kann ich selber schärfen, Farbe und Kontrast nacharbeiten – in Lightroom, in Photoshop oder anderswo.« Auch die in Schritt 2 erwähnten Bildstile schalten Sie dabei ab. Fotografieren Sie in RAW und geben Sie einen Bildstil wie »Landschaft« oder »Motiv« vor, ignoriert die Kamera das einfach – denn Sie fotografieren in RAW, aber Bildstile funktionieren nur mit JPEGs. Gut zu wissen jedoch: Lightroom wendet diese Bildstile oder Kameraprofile wahlweise auch auf Ihre RAW-Dateien an. Ich habe sogar noch bessere Nachrichten für Sie (nicht sofort, aber im übernächsten Schritt).

4 Öffnen Sie ein RAW, zeigt Lightroom zunächst die JPEG-Version der Datei an. (Eine kleine JPEG-Variante wird in der RAW-Datei eingebettet. Diese JPEG-Vorschau sehen Sie auch auf dem Kameramonitor. Ergo: Selbst wenn Sie in RAW fotografieren, zeigt Ihnen die Kamera JPEG-Versionen mit mehr Kontrast, Farbe, Schärfe. Eine wichtige Sache.) Lightroom präsentiert also zunächst die JPEG-Variante und liest die RAW-Datei im Hintergrund (derweil zeigt das Programm die Meldung **Ladevorgang läuft**). Früher hat Lightroom die RAW-Datei mit einem elf Jahre alten Profil verarbeitet; es gab laut Adobe die Bildinformationen besonders präzise wieder. Das Profil erschien im Bedienfeld **Kamerakalibrierung** (neuerdings **Kalibrierung**) und hieß **Adobe Standard**. Ich nannte es lieber »Adobe Öde«, wegen des flauen Gesamteindrucks – auch wenn das Profil die Kamerafarben sehr akkurat reproduzierte.

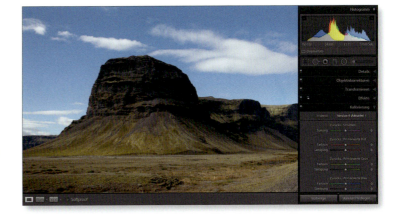

Kapitel 5 Entwickeln Sie Ihre Aufnahmen wie ein Profi

5 Seit mehr als elf Jahren predige ich also, dass die Bildbearbeitung nicht mit dem ollen **Adobe Standard** beginnen muss. Schließlich finden bzw. fanden Sie Alternativen im **Kalibrierung**-Bedienfeld (jedenfalls bis vor kurzem). Dort warteten zum Beispiel die Profile **Landschaft** oder **Lebhaft**, je nach Kameramodell. Damit ähnelt das RAW-Bild bereits der JPEG-Vorschau – mit der Extraportion Kontrast und Farbe. Eine prima Ausgangsbasis für weitere Feinjustage. Tja, und im Frühling 2018 ersetzte der Hersteller sein Profil **Adobe Standard** endlich durch **Adobe Farbe** (das neue Standardprofil für RAW-Dateien in Lightroom). Das ist so viel besser! Ihre RAW-Datei erscheint gefälliger, kontrastreicher und farbiger. Außerdem zeigt Adobe die **Profil**-Optionen jetzt oben im **Grundeinstellungen**-Bedienfeld (hier zu sehen). Und Sie müssen dafür nichts mehr tun – Lightroom verwendet das Profil **Adobe Farbe** automatisch. Und noch besser: Es gibt sogar weitere Auswahl, noch mehr unterschiedliche Ausgangspunkte für engagierte Bildbearbeiter.

6 Nehmen Sie im **Profil**-Ausklappmenü zum Beispiel **Adobe Landschaft**, das peppt Ihre Landschaften auf (ich finde es besser als die kameraeigenen Profile). Manche Motive profitieren noch deutlicher von **Adobe Kräftig**. Sie müssen es einfach selbst testen. Die **Adobe**-Profile erscheinen bereits als **Favoriten** im **Profil**-Menü; doch klicken Sie dort einmal auf **Durchsuchen** (hier abgebildet), finden Sie weitere Profile; alternativ klicken Sie direkt neben dem **Profil**-Menü auf das Symbol mit den vier Rechtecken – so oder so gelangen Sie in den **Profil-Browser** (zu sehen im nächsten Schritt).

Bibliothek | **Entwickeln** | Karte | Buch | Diashow | Drucken | Web

7 Der **Profil-Browser** zeigt die neuen RAW-Profile unter **Adobe Raw**. Die Miniaturen liefern eine Vorschau darauf, wie Ihr Foto mit dem jeweiligen Profil ausfällt. Besser noch: Halten Sie den Mauszeiger über ein Profil, zeigt Lightroom die Auswirkung bereits am großen Hauptbild. Absolut nützlich. Hier verwende ich **Adobe Kräftig**, und Sie erkennen ja, wie viel besser das Nachher-Bild jetzt schon aussieht (eine solche Vorher-Nachher-Darstellung erzeugen Sie jederzeit mit der Taste Y im Entwickeln-Modul; mehr dazu auf Seite 157). Unser Einstieg in jegliche Bildkorrektur wird so viel leichter!

8 Neben Adobes neuen und verbesserten RAW-Profilen gibt es weiterhin die alten Kamera-Profile aus früheren Lightroom-Fassungen. Die finden Sie unter **Kamera-Anpassung** – sie entsprechen den Bildstilen, die Sie beim Fotografieren mit JPEG-Dateien direkt in der Kamera anwenden (die Liste unterscheidet sich je nach Kameramodell). Lightroom zeigt die Profile für den Fall, dass Sie eine RAW-Datei bereits in einer früheren Programmversion bearbeitet haben und das ältere Profil nicht automatisch umgewandelt wurde. Sie sollten allerdings diese Profile im Bereich **Kamera-Anpassung** nicht auf frisch importierte Bilder anwenden, denn die neuen Profile sind viel besser. Lässt Ihr Bildbearbeitungsgeschmack jedoch zu wünschen übrig, dann wissen Sie jetzt, wo Sie suchen müssen.

9 Ändern Sie bei Bedarf die Miniaturengröße im **Profil-Browser**. Die normale Darstellung heißt **Raster**, hier links abgebildet. Größere Miniaturen liefert das Ausklappmenü rechts oben. In der mittleren Abbildung schalte ich zu **Groß**; damit erhalten Sie große Miniaturen über die volle Breite des Bedienfelds. Oder wechseln Sie zu **Liste** (ganz rechts), hier reiht Lightroom nur die Profilnamen ohne Bild auf. Möchten Sie die Miniaturen noch größer sehen, dehnen Sie die rechte Bedienfeldleiste aus: Klicken Sie auf den linken Rand der Bedienfeldleiste, und ziehen Sie nach links; an einem bestimmten Punkt geht es dann zwar nicht mehr weiter, aber die Bedienfelder lassen sich doch überraschend breit auseinanderziehen.

Standard-Darstellung: Raster   *Groß*   *Liste (nur Text)*

10 Sichern Sie wichtige Profile als **Favoriten**. Dazu halten Sie den Mauszeiger über die Profil-Miniatur und klicken auf den Stern, der in der rechten oberen Ecke der Miniatur erscheint (wie hier in der linken Abbildung). Solche Profile erscheinen dann im **Profil**-Ausklappmenü, und Sie müssen nicht mehr im **Profil-Browser** danach wühlen. Das Ausklappmenü erscheint auch dann noch, wenn der **Profil-Browser** selbst ausgeblendet ist, außerdem zeigt der Browser die **Favoriten**-Profile im Bereich **Favoriten**. (Hat ein Favorit ausgedient, entfernen Sie ihn aus der Favoriten-Liste durch einen weiteren Klick auf den Stern.) Die Profilsammlungen **Adobe Raw** und **Kamera-Anpassung** enthalten jeweils ein **Monochrom**-Profil; mehr dazu beim Thema Schwarzweißumwandlung in Kapitel 7. Unterhalb der **Kamera-Anpassung**-Profile zeigt Lightroom noch weitere Angebote, kreative Verfremdungen für bestimmte Looks (wie Vorgaben, nur besser). Auch darüber reden wir in Kapitel 7, ich finde diese Profile klasse. Wahlweise reihen Sie auch diese Profile bei Ihren **Favoriten** ein, dann finden Sie sie leichter.

Bibliothek | **Entwickeln** | Karte | Buch | Diashow | Drucken | Web

So gelingt der perfekte Weißabgleich

*Den Weißabgleich verbessere ich immer zuerst. Das hat zwei Gründe: Erstens ändert sich je nach Weißabgleich die Bildhelligkeit massiv (achten Sie einmal aufs Histogramm, während Sie den **Temperatur**-Regler in alle Richtungen ziehen; dann erkennen Sie die Auswirkungen des Weißabgleichs). Und zweitens kann ich Kontrast und Belichtung schwer beurteilen, wenn der Weißabgleich so daneben liegt, dass er mich richtig irritiert. Stimmt die Farbe, gelingt mir auch eine bessere Helligkeitskorrektur. Bei mir ist das zumindest so. Aber vielleicht auch bei Ihnen?*

1 Den Weißabgleich steuern Sie weit oben in den **Grundeinstellungen**, und das Foto erscheint zunächst mit dem Weißabgleich, den Ihre Kamera verwendet hat. Darum steht **Wie Aufnahme** neben **WA**. Sie sehen also den Weißabgleich »wie bei der Aufnahme«, hier viel zu blau (ich hatte zuvor mit Kunstlicht fotografiert und dann vergessen, den Weißabgleich der Kamera für die Tageslicht-Szene umzustellen). Den Weißabgleich ändern Sie nach drei unterschiedlichen Verfahren, die wir hier alle besprechen. Ich nutze aber zumeist die dritte Technik, denn die geht so schnell wie einfach. Trotzdem sollten Sie alle Methoden kennen; vielleicht entscheiden Sie sich je nach Motiv für eins der anderen Verfahren.

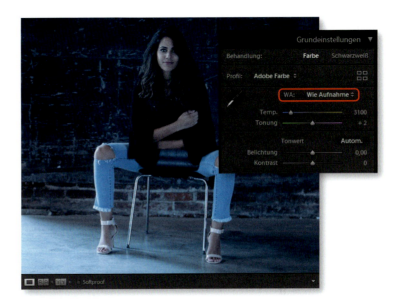

2 Als Erstes können Sie die mitgelieferten Weißabgleich-Vorgaben testen. Nehmen Sie im RAW-Dateiformat auf, klicken Sie etwas länger auf **Wie Aufnahme**; so erscheinen die Weißabgleich-Vorgaben (links abgebildet). Hier zeigt Lightroom die gleichen Weißabgleich-Varianten wie Ihre Kamera. Fotografieren Sie dagegen in JPEG, sehen Sie nur die Vorgabe **Automatisch** (rechts abgebildet), denn die Kamera hat den Weißabgleich Ihrer Wahl bereits ins Bild eingebettet. Sie können den Weißabgleich Ihrer JPEGs zwar immer noch ändern, aber Sie brauchen eine der zwei weiteren Methoden.

Hinweis: Die links abgebildete Liste sieht bei Ihnen vielleicht etwas anders aus, weil Sie eine andere Kamera haben. Das Angebot im Weißabgleichmenü hängt von der Kamera ab.

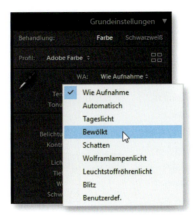 

Kapitel 5 Entwickeln Sie Ihre Aufnahmen wie ein Profi

3 In Schritt 1 wirkt alles reichlich bläulich, wir sollten also den Weißabgleich unbedingt justieren. (*Hinweis*: Mein Originalbild können Sie für eigene Tests gern unter *http://kelbyone.com/ books/LRClassic7* herunterladen.) Meist stelle ich das Weißabgleich-Menü auf **Automatisch** und gucke, was Lightroom so liefert. Sie sehen, das Bild wirkt viel besser; der Hautton ist deutlich wärmer, aber er wird per **Automatisch** schon zu gelblich. Testen Sie ruhig die drei nächsten Weißabgleich-Vorgaben. Ich sage Ihnen aber gleich: **Tageslicht** macht Ihr Bild ein bisschen wärmer, mit **Bewölkt** und **Schatten** wird es noch wärmer. Probieren Sie **Bewölkt** oder **Schatten** einfach mal aus, um die Veränderung zu sehen. Überspringen Sie getrost die nächsten zwei Vorgaben, **Wolframlampenlicht** und **Leuchtstoffröhrenlicht** – sie tauchen das Foto in bizarres Blau (tatsächlich hatten wir die Kamera irrtümlich auf **Wolframlampenlicht** eingestellt). Übrigens: Die letzte Vorgabe, **Benutzerdefiniert**, ist streng genommen keine Vorgabe. Das heißt lediglich, dass Sie den Weißabgleich von Hand einrichten statt per Vorgabe.

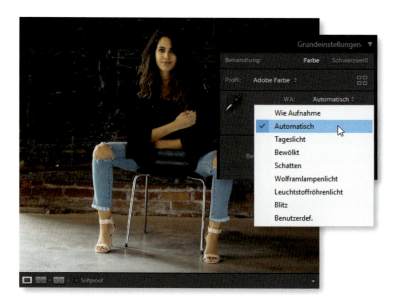

4 Sie spielen die Weißabgleich-Vorgaben durch, aber keine passt? Oder Sie arbeiten mit JPEGs und Ihre einzige Wahlmöglichkeit **Automatisch** gefällt Ihnen nicht? Dann brauchen Sie Methode 2: Sie beginnen mit einer Weißabgleich-Vorgabe, die Ihre Vorstellungen in etwa trifft (hier **Automatisch**); danach experimentieren Sie mit den Reglern **Temp.** (für Temperatur) und **Tonung**. Sehen Sie sich die Regler mal genauer an. Ich muss erst gar nichts erklären – in welche Richtung ziehen Sie den **Temperatur**-Regler wohl, falls Ihr Foto bläulicher erscheinen soll? Die Farbleisten hinter den Reglern sind sehr anschaulich! Hier erscheint mir die Haut zu gelb, also ziehe ich den Regler von Gelb weg und rüber in Richtung Blau. Dabei behalte ich das Foto im Blick. Ich musste nur eine kurze Strecke ziehen, schon sieht das Ganze wirklich gut aus.

Bibliothek | **Entwickeln** | Karte | Buch | Diashow | Drucken | Web

5 Methode 3 verwende ich beim Weißabgleich besonders oft. Ich nutze weder Vorgaben noch Regler, sondern das Werkzeug **Weißabgleichauswahl** (die riesige Pipette oben links im Weißabgleichbereich, auch mit der Taste W zu aktivieren). Die Bedienung ist denkbar einfach: Schnappen Sie sich das Werkzeug, und klicken Sie eine Bildstelle an, die hell- bis mittelgrau erscheinen soll. Klicken Sie aber nicht auf etwas Weißes, das nimmt man nur bei Videokameras. Finden Sie im Foto kein Grau, wählen Sie eine sehr gedämpfte, fast neutrale Farbe wie Elfenbein, Blassbraun oder Beige. Ein Klick – fertig! Eine nette Sache dabei: Gefällt Ihnen das Ergebnis nach dem ersten Klick noch nicht, dann klicken Sie schlicht an eine andere Stelle, bis die Szene gut aussieht. Probieren Sie es aus: Stellen Sie das Weißabgleichmenü noch einmal auf **Wie Aufnahme**, damit das Bild wieder zu bläulich erscheint. Dann holen Sie sich das Werkzeug **Weißabgleichauswahl** und klicken auf einen Bildbereich, der grau oder neutral aussehen sollte (hier eignen sich der Fußboden oder der hellere Teil des Hintergrunds).

6 Und was passiert bei einem Klick auf die falsche Stelle? Glauben Sie mir, das merken Sie schon. Ein falscher Klick kommt immer mal vor, aber kein Problem – klicken Sie einfach in einen anderen Bildbereich, und testen Sie auch Regionen, von denen Sie eigentlich keinen guten Weißabgleich erwarten. Sehen Sie dieses Farbraster, das immer der Pipette auf den Fersen folgt? Ich nenne es das »nutzlose Nervding«. Theoretisch findet man damit neutrale Farben: Sie sehen die Pixel unter dem Mauszeiger und dazu die RGB-Werte; sind alle drei Werte gleich, haben Sie allerneutralstes Neutralgrau (in einem Science-Fiction-Film soll das tatsächlich mal geklappt haben). Ich empfehle diese Funktion nur ein paar lästigen Unsympathen. Verbannen Sie das Nervding, und schalten Sie unter dem Bild die Option **Lupe anzeigen** aus (hier rot hervorgehoben).

Kapitel 5 Entwickeln Sie Ihre Aufnahmen wie ein Profi

7 Hier noch ein supernützlicher Tipp: Während Sie mit der **Weißabgleichauswahl** arbeiten, achten Sie auf das **Navigator**-Bedienfeld oben links. Halten Sie das Werkzeug über verschiedene Bildteile, liefert das Navigator-Fenster eine Sofort-Vorschau. Lightroom zeigt also permanent, wie der Weißabgleich ausfiele, wenn Sie an der aktuellen Zeigerposition klickten. Hier halte ich das Werkzeug über die Jeans, und die Vorschau im Navigator erscheint sehr gelblich. Das wäre also Ihr Ergebnis, wenn Sie jetzt klicken. Dieser Trick spart Ihnen viele Klicks und Zeit bei der Suche nach dem besten Weißabgleich: Sie bewegen das Werkzeug über das Bild und klicken, sobald die Vorschau im Navigator gut aussieht. Zum Schluss klicken Sie in der Leiste unten auf **Fertig**. Oder klicken Sie erneut in das runde Feld rechts, in dem Sie das Werkzeug **Weißabgleichauswahl** eingangs angeklickt hatten.

TIPP: Automatisch wieder abschalten

Unten links in der Werkzeugleiste gibt es die Option **Auto Dismiss**. Die hat Adobe zwar nicht übersetzt, aber sie ist praktisch: Sofern Sie die Option einschalten, klicken Sie einmal mit dem Werkzeug **Weißabgleichauswahl**, und gleich danach ist es wieder abgeschaltet und ruht im **Grundeinstellungen**-Bedienfeld.

8 Hier sehen Sie Vorlage und Ergebnis des Werkzeugs **Weißabgleichauswahl**.

TIPP: Kreativ mit Temperatur und Tonung

Hier suchen wir einen besonders genauen Weißabgleich, denn dieses Porträt braucht realistische Hauttöne. Manchmal aber soll der Weißabgleich nicht so akkurat wie möglich ausfallen, sondern vielmehr cool und eindrucksvoll – zum Beispiel bei Landschaften. Dann ziehe ich so lange an den Reglern **Temperatur** und **Tonung**, bis mir eine Bildwirkung gefällt.

Bibliothek | **Entwickeln** | Karte | Buch | Diashow | Drucken | Web

Den Weißabgleich direkt beim Tethered Shooting einstellen

Lightroom ermöglicht die enorm praktischen Tether-Aufnahmen, fotografieren Sie also direkt von der Kamera in den Computer. Und noch besser: Den passenden Weißabgleich wenden Sie dabei direkt automatisch an. Diese Funktion hat mich beim ersten Mal wirklich umgehauen. Sie müssen nur eine Graukarte ins Bild halten – oh, Sie werden diese Technik lieben!

1 Verbinden Sie Ihre Kamera per USB-Kabel mit dem Computer oder Laptop, dann wählen Sie in Lightroom **Datei • Tether-Aufnahme • Tether-Aufnahme starten** (wie hier zu sehen). Im Dialog **Einstellungen für Tether-Aufnahmen** steuern Sie nun, wie die Aufnahmen beim Importieren in Lightroom weiterbearbeitet werden (alles, was Sie zu diesem Dialog wissen müssen, steht in Kapitel 3).

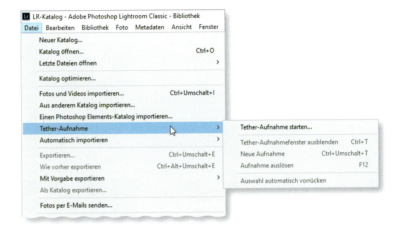

2 Stimmt der Beleuchtungsaufbau (oder wenn Sie mit Tageslicht arbeiten), dann stellen Sie Ihr Model in die Szene und drücken ihm eine Graukarte in die Hand. Graukarten bekommen Sie im Fotohandel, es gibt auch lichtechte und wasserfeste Ausführungen. Bei Sachaufnahmen stellen Sie die Graukarte einfach an oder neben das Objekt, so dass sie dasselbe Licht erhält. Machen Sie ein Testbild, bei dem die Graukarte deutlich sichtbar ist (wie hier).

Kapitel 5 Entwickeln Sie Ihre Aufnahmen wie ein Profi

3 Sobald das Foto mit der Graukarte in Lightroom auftaucht, schalten Sie oben im **Grundeinstellungen**-Bedienfeld des Entwickeln-Moduls das Weißabgleichwerkzeug ein und klicken einmal auf die Graukarte. Und das war's – Sie haben den Weißabgleich für dieses Bild korrekt eingerichtet. Mit dieser Einstellung bearbeiten wir nun die weiteren Fotos, sobald sie in Lightroom importiert werden.

4 Wechseln Sie wieder zum Fenster der Tether-Aufnahme (falls es verschwunden ist, drücken Sie Strg/Cmd+T). Rechts im Menü **Entwicklungseinstellungen** wählen Sie **Wie vorher**. Fertig – Sie können die Graukarte nun aus dem Bild nehmen (Ihr Model hat vielleicht auch keine Lust mehr, sie weiter vors Gesicht zu halten). Fotografieren Sie weiter. Sobald Lightroom neue Aufnahmen importiert, wendet es den Weißabgleich aus dem ersten Foto automatisch auf die späteren Bilder an. Sie müssen sich also nicht weiter um den Weißabgleich kümmern und sparen sich Aufwand bei der Nachbearbeitung. Sie sehen, wie nützlich eine Graukarte ist!

Bibliothek | **Entwickeln** | Karte | Buch | Diashow | Drucken | Web

Die praktische Vorher-/Nachher-Darstellung

Beim Weißabgleichprojekt gleich vorn in diesem Kapitel habe ich Ihnen zum Schluss eine Vorher-Nachher-Ansicht gezeigt, aber ich konnte Ihnen noch nicht sagen, wie Sie diese Darstellung aufrufen. Es gefällt mir, wie Lightroom alte und neue Bildfassungen nebeneinander präsentiert – so zeigen Sie Ihre Aufnahmen auf unterschiedlichste Arten, genau nach Ihren eigenen Wünschen. Hier lernen Sie das Verfahren kennen:

1 Sie arbeiten im Entwickeln-Modul und wollen noch einmal die ursprüngliche Bildwirkung vor der ersten Änderung sehen, also das Vorher-Bild? Drücken Sie einfach ⇧+V. Nun meldet Lightroom **Vorher** oben rechts im Bild. Diese Vorher-Darstellung verwende ich wohl am häufigsten. Das Nachher-Bild sehen Sie, indem Sie erneut ⇧+V drücken (Lightroom meldet jetzt nicht **Nachher**, sondern **Vorher** verschwindet einfach).

2 Zeigen Sie Vorher- und Nachher-Versionen auch nebeneinander (wie hier im oberen Bild). Dazu drücken Sie Y auf Ihrer Tastatur. Zurück zur normalen Darstellung geht's wieder mit dem Y. Für weitere Optionen brauchen Sie die Werkzeugleiste unten (falls noch erforderlich, sie erscheint mit der Taste T).

3 Für eine geteilte Darstellung klicken Sie unten auf den kleinen **Y**-Schalter (hier markiert): Die linke Vorschauhälfte zeigt das Original, rechts ist die aktuelle Korrektur. Klicken Sie erneut auf das **Y**, erscheinen die Vorher-Nachher-Fassungen nicht neben-, sondern übereinander. Der nächste Klick auf **Y** zeigt ein in obere und untere Hälfte geteiltes Bild. Und so wirken die Schaltflächen rechts vom **Y**-Schalter: Die erste Schaltfläche kopiert die Vorher-Einstellungen zu Nachher, die zweite setzt die Nachher-Werte als ursprüngliche Werte ein, und die dritte vertauscht Vorher und Nachher. Mit dem D kehren Sie zur Lupenansicht zurück.

Kapitel 5 Entwickeln Sie Ihre Aufnahmen wie ein Profi

Mit der Referenzansicht einen Bildlook übertragen

*Vielleicht haben Sie vor Monaten oder Jahren ein Bild bearbeitet, und dessen Look wollen Sie bei einem aktuellen Foto erneut hervorzaubern. Dann nutzen Sie die **Referenzansicht**, die zwei Bilder nebeneinander zeigt – links die Vorlage und rechts das aktuelle Motiv zur Bearbeitung. So bauen Sie auch die Anmutung eines Fotos aus dem Internet nach: Laden Sie es herunter, nutzen Sie es als Referenzbild und versuchen Sie, die Wirkung in Lightroom zu treffen.*

1 Mein Referenzbild hier zeigt Venedigs Canal Grande bei Sonnenuntergang. Den Look will ich übertragen auf ein neueres Foto der Kathedrale am Kanal, die auch schon klein im ersten Bild erscheint. Beide sollen gleich aussehen; aber ich kann die Einstellungen nicht einfach kopieren und einfügen, denn mein Sonnenuntergang ist eine flache JPEG-Datei ohne Ebenen aus Photoshop. Darum dient mir der Sonnenuntergang jetzt als Referenz, und die zweite Aufnahme bearbeite ich rechts als sogenanntes »aktives« Bild; ich sehe sofort alle Änderungen. Lightroom bietet diese Darstellung nach einem Klick auf das Symbol **Referenzansicht** unten in der Werkzeugleiste des Entwickeln-Moduls (die zweite Schaltfläche von rechts, hier markiert; oder drücken Sie ⇧+R). Das Referenzbild erscheint links, darüber steht das Wort **Referenz**. Das Bild zur Bearbeitung sehen Sie rechts mit der Überschrift **Aktiv**.

2 Bearbeiten Sie das aktive Bild, während Sie das **Referenz**-Motiv im Auge behalten. Hier zeige ich das aktive Foto deutlich wärmer, indem ich die Regler **Temperatur** und **Tonung** weit nach rechts ziehe. Der Wert **Belichtung** sinkt auf –0,75, **Lichter** auf –100, den **Kontrast** hebe ich leicht. Zwar treffe ich die Bildstimmung links nicht punktgenau, aber die Richtung stimmt – dank der Referenzansicht. (*Hinweis:* Hier nutze ich ein eigenes Foto, aber ich habe mit der Referenzansicht auch schon Bildstimmungen aus dem Internet »nachgebaut«.)

Die automatische Korrektur (endlich richtig gut)

*Endlich bringt diese Funktion wirklich was. Früher hieß es, die **Automatisch**-Schaltfläche heiße eigentlich **Zwei Blenden überbelichten**. Adobe brezelte die früher fast nutzlose Funktion inzwischen mit künstlicher Intelligenz auf (der Hersteller nennt diese lernende Technik »Sensei«, davor hieß sie »Skynet«). Inzwischen überzeugt die Automatik absolut, oder zumindest liefert sie eine gute Ausgangsbasis für die weitere Bearbeitung.*

1 Die Schaltfläche **Autom.** (Automatisch) liefert eine 1-Klick-Schnellkorrektur (oder zumindest einen guten Startpunkt). Je schlechter Ihre Vorlage aussieht, desto besser arbeitet die Funktion offenbar. Sie nutzt dabei künstliche Intelligenz und maschinelles Lernen. »Adobe Sensei« heißt das, und wow, ich bin beeindruckt! Hier sehen Sie eine völlig unterbelichtete, flache Original-RAW-Datei. Klicken Sie einmal auf **Autom.** (im **Grundeinstellungen**-Bedienfeld im Bereich **Tonwert**, direkt rechts neben dem Wort **Tonwert**). Lightroom analysiert Ihr Bild ratzfatz und korrigiert es so, wie es am besten scheint. Dabei ändert Lightroom nur diejenigen Regler, die das Bild wirklich aufbessern (also mit **Belichtung**, **Kontrast**, **Tiefen** und Co. im **Tonwert**-Bereich der **Grundeinstellungen**). Lightroom regelt auch **Dynamik** und **Sättigung**, lässt derzeit aber die Finger von der **Klarheit**.

2 Hier sehen Sie, wie sich das Bild nach einem einzigen Klick verbessert. Beachten Sie die geänderten Regler. Ich finde aber, manche Fotos wirken nach dem Automatisch-Klick ein bisschen seltsam: Mitunter hebt Lightroom die **Tiefen** zu weit und senkt den **Kontrast** zu stark. Also, kommt Ihnen das Ergebnis ein wenig komisch vor, dann senken Sie die **Tiefen** etwas, heben Sie den **Kontrast** ein wenig, und checken Sie die Bildwirkung erneut. Oder waren Sie mit der automatischen Korrektur gar nicht zufrieden? Kein Problem: Widerrufen Sie einfach mit Strg/Cmd+Z.

Kapitel 5 Entwickeln Sie Ihre Aufnahmen wie ein Profi

So nutzen Sie Weiß- und Schwarzpunkt

In grauen Vor-Lightroom-Zeiten feilten wir am Kontrast mit Photoshops **Tonwertkorrektur**: *Wir zogen das schwarze Dreieck nach innen, für sattere Tiefen ohne Detailverlust; dann wanderte das weiße Dreieck nach innen, bis die Lichter strahlten. Das nannte man »den Schwarz- und Weißpunkt setzen«. Heute erledigen wir diesen Job in Lightroom; mehr noch, Lightroom übernimmt die Aufgabe vollautomatisch – Sie müssen nur den Trick kennen.*

1 Hier ist das Original reichlich flau, wie Sie sehen. Die Technik mit der Erweiterung des Tonwertumfangs verwende ich bei fast jeder Aufnahme, und je schlechter die Vorlage, desto mehr beeindruckt das Ergebnis. Sie bewerkstelligen das auf zwei unterschiedlichen Wegen: Lightroom hellt Helles weiter auf, ohne dass die Lichter zu reinem Weiß ausfressen, und dunkelt zugleich Schattenpartien ab, ohne sie in undifferenziertem Schwarz zu beerdigen – das Ganze ohne Detailverlust; und, ja, das passiert automatisch. Die Alternative: Sie steuern alles selbst (ich korrigiere nie von Hand, ich überlasse Lightroom die Einstellungen).

2 Lesen Sie hier, wie Lightroom gleich zu Beginn der Bildbearbeitung Schwarz- und Weißpunkt regelt und den Tonwertumfang ausdehnt (bequemer geht's nicht): Klicken Sie bei gedrückter ⇧-Taste doppelt auf das Wort **Weiß** oder auf den **Weiß**-Schieberegler. So definieren Sie den Weißpunkt. Nun ein Doppelklick bei gedrückter ⇧-Taste auf das Wort **Schwarz** (hier abgebildet) oder auf den **Schwarz**-Regler – schon haben Sie Ihren Schwarzpunkt (eins kommt noch dazu, siehe übernächste Seite). Mehr ist nicht dabei, und ich nutze das tagtäglich. Ach übrigens, bewegt ein ⇧-Doppelklick den Regler nicht mehr, ist schon alles goldrichtig eingestellt.

Bibliothek | **Entwickeln** | Karte | Buch | Diashow | Drucken | Web

3 Sie möchten das Verfahren von Hand durchspielen? Dann achten Sie darauf, Lichter und Schatten nicht zu »beschneiden« (die Lichter sollen nicht völlig zu Reinweiß ausfressen und die Schatten nicht komplett zu Tiefschwarz absaufen, denn das bedeutet Detailverlust). Zum Glück zeigt Lightroom die sogenannte »Beschneidung« deutlich an: Dazu halten Sie die ⌈Alt⌉-Taste gedrückt, während Sie den Regler **Weiß** ziehen. Das Bild wird dann schwarz (wie hier). Ziehen Sie nach rechts, treten beschnittene Zonen hervor. Sehen Sie Rot, Grün oder Blau, beschneiden Sie nur diesen einen Farbkanal – kein großes Problem. Erscheinen aber reinweiße Stellen, sind alle drei Grundfarben beschnitten – das vermeiden Sie besser. Fahren Sie den **Weiß**-Wert also etwas zurück nach links, bis Lightroom keine weißen Zonen mehr zeigt. Entsprechend nutzen Sie den **Schwarz**-Regler: Ziehen Sie bei gedrückter ⌈Alt⌉-Taste nach links, bis erste schwarze Zonen auftreten, dann ziehen Sie leicht retour nach rechts (zu sehen hier unten, ich bewege den Regler schon zurück, so dass ich nur den Blaukanal beschneide; dieser kleine Verlust stört nicht).

4 Hier der Vorher-Nachher-Vergleich einer Tonwerterweiterung per Doppelklick auf **Weiß** und **Schwarz**. An diesem Bild ändern wir wohlgemerkt noch die Gesamthelligkeit (wir befassen uns mit dem Thema auf der nächsten Seite). Hier erscheint also nicht das Endergebnis – das waren nur zwei Doppelklicks auf zwei Wörter. Aber für ein paar Doppelklicks doch eine reife Leistung.

Kapitel 5   Entwickeln Sie Ihre Aufnahmen wie ein Profi

Wie Sie die Gesamthelligkeit steuern

Der **Belichtung**-Regler steuert die Gesamthelligkeit im Bild. Ziehen Sie einmal am **Belichtung**-Regler oder halten Sie schlicht den Mauszeiger darüber, dann achten Sie oben rechts aufs Histogramm: Lightroom unterlegt ein gutes Drittel in der Histogramm-Mitte hellgrau. Das heißt: Der **Belichtung**-Regler steuert ganz allein die Mitteltöne und darüber hinaus auch untere Lichter und hellere Schatten. Ziehen Sie den Regler ganz nach links, erscheint das ganze Foto fast schwarz; sitzt der Regler am rechten Anschlag, wird die Aufnahme weitgehend weiß.

1 Diese Vorlage ist eindeutig überbelichtet. Die Szene hat ja kaum Beleuchtung außer im Aufzug und per Oberlicht – dieser Raum in der Stadt der Künste und der Wissenschaften im spanischen Valencia wirkt eigentlich düster und futuristisch. Die Gesamthelligkeit steuere ich mit dem **Belichtung**-Regler im **Grundeinstellungen**-Bedienfeld – eine äußerst kraftvolle Funktion. Wie oben erwähnt: Der **Belichtung**-Regler deckt Mitteltöne ab, aber auch untere Lichter und hellere Schatten. Soll das Bild also insgesamt etwas heller oder dunkler werden, greife ich zur **Belichtung**.

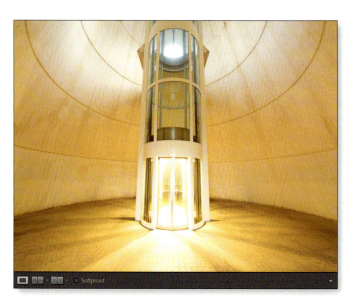

TIPP: Größere Arbeitsfläche

Wir nutzen hier nur Funktionen der rechten Bedienfeldleiste. Schließen Sie also die Bedienfeldleiste links; damit erscheint das Bild größer. Drücken Sie F7 oder klicken Sie auf das kleine, nach links weisende Dreieck am linken äußeren Programmfensterrand; so räumen Sie die linke Leiste aus dem Weg.

2 Das Bild soll insgesamt dunkler erscheinen? Ziehen Sie einfach den **Belichtung**-Regler nach links, bis Ihnen die Helligkeit gefällt. Hier habe ich nach links gezogen bis auf –1,35. Das Foto war also fast eineinhalb Blenden überbelichtet. Ich nutze den Regler in der Tat für Helligkeitskorrekturen, aber meist erhalten Sie bessere Ergebnisse, wenn Sie auch Schwarz- und Weißpunkt neu einstellen (nächste Seite).

Mein Power-Trio: Weiß, Schwarz und Belichtung

Bei der täglichen Arbeit steuere ich die Gesamthelligkeit mit einer Kombination der Regler **Weiß**, **Schwarz** und **Belichtung**. Das bringt viel bessere Ergebnisse. Zunächst setzt Lightroom automatisch Schwarz- und Weißpunkt (siehe Seite 160). So habe ich den Tonwertumfang bereits ausgedehnt; wirkt nun das Motiv etwas zu hell oder dunkel, dann helfe ich mit dem **Belichtung**-Regler nach – zum Aufhellen ziehe ich nach rechts und zum Abdunkeln nach links.

1 Ich nehme hier noch einmal das Bild von der vorherigen Seite und bearbeite es wieder wie zuvor: Das Motiv ist zu hell, darum habe ich den **Belichtung**-Wert nach Geschmack gesenkt (hier im **Nachher**-Bild zu sehen). Die Helligkeit stimmt nun im Prinzip, aber wir können das Bild noch besser herausarbeiten (und genau so tue ich es jeden Tag): Fangen Sie nicht mit der **Belichtung** an; erst einmal soll Lightroom die **Schwarz**- und **Weiß**-Werte justieren (wie auf Seite 160). So erweitern die Regler zunächst den Tonwertumfang, anschließend verfeinern wir nur noch per **Belichtung**. Die ändern wir nur leicht, um das Ergebnis heller oder dunkler zu zeigen. Nach meinem Dafürhalten werden die Bilder so viel besser.

2 Hier kam mein »Power-Trio« voll zum Einsatz: Erst ein Doppelklick auf **Weiß**, dann ein Doppelklick auf **Schwarz**. Anschließend habe ich mir die Gesamthelligkeit angesehen und wollte das Bild ein bisschen dunkler haben; darum habe ich den **Belichtung**-Regler leicht nach links gezogen. Hier auf einem gedruckten Bildschirmfoto ist der Unterschied nicht so riesig. Aber probieren Sie es einmal selbst, dann sehen Sie eine klare Verbesserung (testen Sie das Verfahren mit Ihren Aufnahmen, oder holen Sie sich mein Bild aus dem Internet). Übrigens, »Power Trio« nennt man eigentlich Bands mit Schlagzeug, Bass und nur einer Gitarre (keine zweite Rhythmusgitarre, kein Keyboard). Also Bands wie ZZ Top, Rush oder Motörhead.

Kapitel 5 Entwickeln Sie Ihre Aufnahmen wie ein Profi

Kontrast steigern (wichtig!)

Meine wöchentliche Fotografie-Sendung »The Grid« läuft schon seit sieben Jahren, und einmal monatlich besprechen wir anonym Bilder aus dem Publikum. Die Namen der Fotografen fallen dabei nicht, wir können also frei von der Leber weg kommentieren, ohne dass es peinlich wird. Und eine Kritik hören wir besonders oft: Die eingereichten Aufnahmen wirken flau und leblos. Was für eine Schande: denn diesen Mangel beheben Sie kinderleicht, mit einem einzigen Regler.

1 Dies ist unser flaues, flaches Bild. Gleich heben wir den Kontrast (dabei wird Helles heller und Dunkles dunkler). Zunächst singe ich aber ein Loblied auf den Kontrast: Heben Sie den Kontrast, dann steigern Sie erstens die Farbsättigung, Sie erweitern zweitens den Tonwertumfang, und drittens wirkt Ihr Bild schärfer und knackiger. Starke Leistung für einen einzigen Regler, aber er ist so gut (vielleicht der meistunterschätzte Regler in Lightroom). Haben Sie zuletzt mit einer sehr alten Lightroom-Version gearbeitet? Da richtete der **Kontrast**-Regler so wenig aus, dass man ihn gleich ignorierte und stattdessen die **Gradationskurve** bemühte. Adobe hat den **Kontrast**-Regler aber schon mit Lightroom 4 verbessert, und jetzt arbeitet er hervorragend.

2 Hier habe ich nur den **Kontrast**-Regler nach rechts bewegt, und was für ein Unterschied: Das Bild zeigt all die Verbesserungen aus meiner Beschreibung von oben: Frische Farben, schöner Tonwertumfang und insgesamt schärfer und peppiger. Dieser kleine Trick ist wirklich wichtig, speziell wenn Sie RAW fotografieren – denn alle Kontrastkorrekturen Ihrer Kameraelektronik bewirken dann nichts (sie funktionieren nur bei JPEG). Darum erscheinen neu importierte RAW-Dateien zunächst einmal etwas flau. Legen Sie den fehlenden Kontrast möglichst bald nach, und dafür brauchen Sie nur einen Regler. Übrigens ziehe ich diesen Regler nie nach links, um Kontrast zu senken – ich bewege nur nach rechts, für Kontraststeigerung.

Bibliothek | **Entwickeln** | Karte | Buch | Diashow | Drucken | Web

So bekommen Sie Überbelichtung in den Griff

Beim Fotografieren achten wir darauf, die Hochlichter nicht zu »beschneiden«, wie man sagt. Darum zeigen die meisten Kameras eine Lichterwarnung: Geraten die hellsten Bildstellen zu hell, sind sie regelrecht »abgeschnitten«, es gibt nur noch reines Weiß ohne Feinzeichnung, das absolute Nichts. Auf solchen Bildpartien landet beim Druck keinerlei Tinte. Doch wurde das Bild beim Fotografieren zu hell, kein Problem – Lightroom bringt die beschnittenen Lichter meist zurück.

1 Hier ist eine Wendeltreppe im wundervollen Tate-Britain-Museum in London. Die Treppe ist nicht nur einigermaßen weiß, ich habe beim Fotografieren auch noch überbelichtet. Dabei entsteht noch nicht zwingend eine Lichterbeschneidung (mehr zu diesem Begriff oben in der Einleitung). Aber Lightroom signalisiert jedenfalls, ob Beschneidung existiert. Achten Sie auf das Dreieck rechts oben im **Histogramm**-Bedienfeld, Lightrooms Hinweis auf die Lichterbeschneidung (hier markiert). Dieses Dreieck erscheint normalerweise dunkelgrau, und dann ist alles okay – keine Beschneidung vorhanden. Sehen Sie das Dreieck in Rot, Grün oder Blau, bedeutet das ein wenig Beschneidung in einem einzelnen Farbkanal; das stört nicht groß. Allerdings: Ein weiß gefülltes Dreieck (wie hier) signalisiert ein Problem, das Sie besser angehen, wenn Sie in der Bildpartie eigentlich feine Details sehen möchten.

2 Also, offenbar haben wir hier ein Problem, aber wo im Bild? Zeigen Sie dafür die Lichterbeschneidung an. Dazu klicken Sie rechts oben direkt auf das weiße Dreieck (oder drücken Sie das J auf Ihrer Tastatur). Alle Bildzonen mit Lichterbeschneidung erscheinen jetzt grellrot (wie hier zu sehen: Treppe und Geländer sind teils schlimm überbelichtet). Diese Bereiche haben keinerlei Details, nur blankes Weiß – wenn wir nichts daran ändern.

165

Kapitel 5   Entwickeln Sie Ihre Aufnahmen wie ein Profi

3 Rein technisch könnte man die **Belichtung** senken, bis die rote Signalfarbe verschwindet (hier zu sehen). Aber das ändert die Gesamthelligkeit, das Foto wirkt unterbelichtet und hier regelrecht trüb. Darum liebe ich den **Lichter**-Regler – er rührt nicht an der Gesamthelligkeit, sondern ändert nur die hellsten, beschnittene Stellen. Wir wollen ja nur die Lichterbeschneidung korrigieren und nicht das Gesamtfoto abdunkeln.

4 Bringen wir also den **Lichter**-Regler zum Einsatz! Ziehen Sie den Regler etwas nach links, bis die rote Warnfarbe verschwindet (wie hier zu sehen). Die Warnung ist wohlgemerkt noch eingeschaltet, aber wir haben den Regler nach links gezogen, die Beschneidung ist weg, und zuvor ausgefressene Details werden wieder sichtbar. Keine Überbelichtung mehr im Bild!

> **TIPP: Das hier ist super für Landschaften**
>
> Haben Sie mal wieder ein Landschafts- oder Reisefoto mit flauem Himmel, dann ziehen Sie den **Lichter**-Regler bis ganz links außen auf –100. Das wirkt Wunder bei Himmel und Wolken, Ihr Bild erscheint viel detailreicher. Diesen Trick verwende ich öfter.

Bibliothek | **Entwickeln** | Karte | Buch | Diashow | Drucken | Web

Hellen Sie dunkle Bildpartien auf

Warum fotografieren wir so oft gegen das Licht? Weil unsere Augen auch größte Kontraste mühelos verarbeiten – das Hauptmotiv steht komplett in der Sonne, doch die Augen passen sich an. Das menschliche Auge verkraftet einen viel höheren Kontrast als selbst der beste aktuelle Kamerasensor. Darum sieht das Bild noch gut aus, wenn Sie es durch den Sucher betrachten. Doch beim Auslösen strauchelt der Sensor, und wir erhalten ein Foto mit viel zu dunklen Zonen. Zum Glück hält Lightroom ein starkes Gegenmittel parat.

1 Hier ist unsere Vorlage, und Sie sehen, die Lichtquelle liegt hinter dem Hauptmotiv. Unsere Augen passen sich an derart kontrastreiche Szenen erstaunlich gut an. Aber wenn wir auf den Auslöser drücken, erhalten wir ein Foto mit abgeschattetem Hauptmotiv (wie hier zu sehen). So gut heutige Kameras auch sein mögen (und sie waren nie besser) – sie können es nicht mit dem Tonwertumfang aufnehmen, den unsere Augen erfassen. Grämen Sie sich also nicht wegen solcher Gegenlichtaufnahmen – vor allem, weil Sie gleich erfahren, wie einfach sich das beheben lässt!

2 Ziehen Sie einfach den **Tiefen**-Regler nach rechts. So bearbeiten Sie nur die Schattenbereiche Ihres Fotos. Sie sehen es: Der **Tiefen**-Regler öffnet die Schatten ganz wunderbar und arbeitet zuvor versteckte Details heraus.

Hinweis: Ziehen Sie diesen Regler weit nach rechts, wirkt das Bild manchmal etwas flach. In solchen Situationen heben Sie den **Kontrast** (ziehen Sie nach rechts), bis Ihr Bild wieder kontrastreicher erscheint. Sehr oft ist das nicht nötig, aber für den Fall der Fälle wissen Sie jetzt, wie Sie die Bildwirkung per **Kontrast**-Regler wieder ausgleichen.

Kapitel 5 Entwickeln Sie Ihre Aufnahmen wie ein Profi

Der »Klarheit«-Regler macht Ihre Bilder knackiger

*Also, die technische Erklärung lautet: Der **Klarheit**-Regler verstärkt den Mittelton-Kontrast. Aber das hilft uns nur begrenzt (oder höchstens Technik-Nerds). Darum hier meine Erklärung: Ich ziehe diesen Regler nach rechts, wenn ich Strukturen und Details im Bild betonen möchte. Ein hoher **Klarheit**-Wert wirkt fast wie eine Scharfzeichnung. Aber bitte übertreiben Sie's nicht mit diesem Regler – sonst entstehen Lichthöfe ums Hauptmotiv oder Wolken mit Schlagschatten.*

1 Welche Motive eignen sich für **Klarheit**? Eigentlich alles mit Holz von Kirchen bis zu alten Scheunen, aber auch Landschaften (denn sie sind meist voller Details), Stadtansichten (Architektur lebt mit **Klarheit** richtig auf so wie allgemein Glas und Stahl) und insgesamt jedes Motiv mit viel Struktur und Detailzeichnung (auch das zerfurchte Gesicht eines alten Mannes wirkt mit etwas **Klarheit** besser). Hier ist das Originalbild, und es bietet reichlich Feinzeichnung zum Nachbessern – von der Holzmaserung in den Bänken bis zu den Ornamenten überall in der Kapelle.

Hinweis: Ich verzichte auf **Klarheit** bei Fotos, in denen man Feinheiten und Strukturen nicht betonen will (bei Frauenporträts, Mutter mit Baby oder nur einem Neugeborenen).

2 Für mehr »Biss« und Mitteltonkontrast ziehen Sie den **Klarheit**-Regler deutlich nach rechts, hier ziehe ich bis zum Wert +74. Der Effekt kommt deutlich heraus: Achten Sie auch auf die verbesserte Zeichnung in Holz und Altar. Ziehen Sie die **Klarheit** allerdings zu weit nach rechts, erscheinen manchmal schwarze Flächen um Konturen herum. In diesem Fall nehmen Sie die **Klarheit** wieder etwas zurück.

Hinweis: Der **Klarheit**-Regler hat eine Nebenwirkung, er ändert eventuell auch die Gesamthelligkeit. Manchmal erscheint das Foto dunkler, dann wieder wirken einzelne Zonen zu hell. Das beheben Sie leicht mit der **Belichtung**, ich wollte Sie nur schon einmal warnen.

Wie Sie die Farben zum Strahlen bringen

*Fotos mit kraftvollen, lebendigen Farben wirken sehr ansprechend (darum verwendeten Landschaftsfotografen früher so gern den Velvia-Film mit seinen typischen gesättigten Farben). Lightroom hat nun zwar einen Regler **Sättigung**, aber der verstärkt alle Farben gleichmäßig und überzeugt nicht wirklich. Viel besser: Lightrooms **Dynamik**-Regler schafft fette Farben ohne Nebenwirkungen – die Funktion könnte auch »Smart-Sättigung« heißen.*

1 Der Bereich **Präsenz** (unten im **Grundeinstellungen**-Bedienfeld) liefert zwei Steuermöglichkeiten für die Farbsättigung. Der Regler **Sättigung** ist jedoch Schrott. Damit entferne ich nur Farben, nie verstärke ich sie – der **Sättigung**-Regler steigert alle Farben im Bild völlig gleichmäßig. Viel lieber nutze ich den **Dynamik**-Regler. Dieser Regler korrigiert blasse Farben besonders deutlich, beeinflusst stark gesättigte Farben aber viel weniger. Bei Personenfotos verstärkt die **Dynamik** Hauttöne kaum. Sie vermeiden also mit diesem Regler digitalen Sonnenbrand und andere bizarre Hautverfärbungen.

2 Die Tennisspielerin aus Schritt 1 ist ein gutes Beispiel. Sie trägt eine knallrote Schirmmütze und rote Sportkleidung. Doch das blaue Aufschlagfeld und der grüne Bereich dahinter wirken im harten Sonnenlicht zu blass. Ziehen Sie den **Dynamik**-Regler bis auf +67 (wie abgebildet), dann ändern sich die blauen und grünen Bereiche deutlich – sie leuchten farbkräftig auf. Die Sportlerin und ihr Outfit ändern sich dagegen kaum, denn diese Farben waren von Haus aus schon gut gesättigt. Achten Sie vor allem auf den Hautton – hier tat sich fast nichts, weil Lightroom Hauttöne so gut schützt. Das nenne ich wirklich »Smart-Sättigung«.

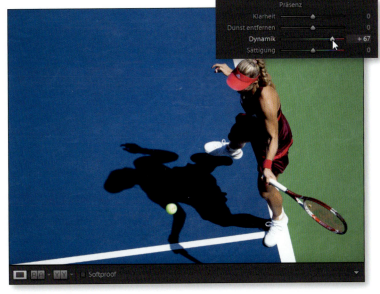

Pusten Sie den Dunst aus dem Bild!

*Der Regler **Dunst entfernen** ist so hinreißend, dass er eigene Fanclubs hat. Die Funktion haut Dunst und Nebel ungemein lässig aus Ihren Fotos. (Extratipp: Ziehen Sie den Regler nach links, bekommen Sie mehr Nebel oder Dunst; hätten Sie's gedacht?) **Dunst entfernen** ist eigentlich eine Art Kontrastregler – aber eine Variante, die jeden Schleier wegfegt. Gefällt mir! Und so funktioniert's:*

1 Unser Originalbild hier entstand in den Kanälen von Köln-Mülheim (ich wollte nur feststellen, ob Sie aufpassen). Es war ziemlich diesig, aber ich habe trotzdem fotografiert – denn ich wusste ja, dass Lightroom die Bilder per **Dunst entfernen** rettet.

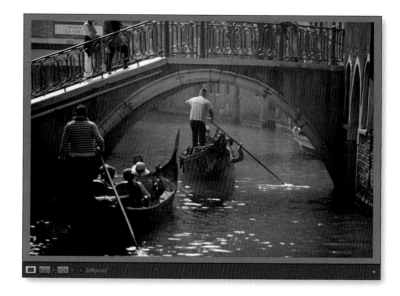

2 In den **Grundeinstellungen** im Bereich **Präsenz** finden Sie jetzt auch **Dunst entfernen** (der Regler wohnte früher im **Effekte**-Bedienfeld, aber das fand ich immer schon komisch; er gehört hierhin in die **Grundeinstellungen**, gemeinsam mit **Klarheit**, **Dynamik** und **Sättigung**, der Bedienfeld-Wechsel geht also voll in Ordnung). Ziehen Sie den Regler **Dunst entfernen** nach rechts, und der Dunst weht regelrecht davon (wie hier zu sehen).

3 In Schritt 2 habe ich ja den Wert **Dunst entfernen** kräftig angehoben, und tatsächlich wirkt das Bild viel klarer – aber auch etwas dunkler. Schließlich ist **Dunst entfernen** eine Art Kontrastregler, darum werden dunklere Bildstellen noch dunkler. Ziehen Sie diesen Regler also weit nach rechts, sollten Sie oft auch die **Belichtung** etwas anheben und zusätzlich die **Tiefen** ordentlich liften (das mache ich hier). Behalten Sie das am besten im Hinterkopf. Und: Hat Ihr Objektiv auch nur ein wenig Vignettierung (Randabschattung) ins Bild gebracht, dann verstärkt **Dunst entfernen** diese Bildstörung gnadenlos. Bearbeiten Sie also die Vignettierung zuerst (wir besprechen das in Kapitel 8).

4 Hier sehen Sie Vorlage und Ergebnis – Lightroom hat die Aufnahme massiv verbessert (aber wie gesagt, ich habe ja auch noch **Belichtung** und **Tiefen** angehoben, damit das Bild nicht zu dunkel erscheint). Denken Sie außerdem daran: Hohe Werte bei **Dunst entfernen** bringen manchmal einen leichten Blaustich ins Bild. Zum Gegensteuern fahren Sie die **Dynamik** leicht zurück auf einen negativen Wert.

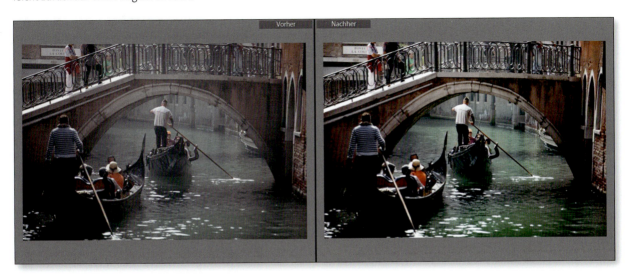

Kapitel 5 Entwickeln Sie Ihre Aufnahmen wie ein Profi

5 Mit diesem zweiten Bild hier besprechen wir noch ein anderes Problem und seine Lösung. Dieses Bild habe ich mit Reglern wie **Belichtung**, **Kontrast** und **Klarheit** bearbeitet, dann kam noch ordentlich **Dunst entfernen** dazu. Und in der Tat: Im Vorder- und Mittelgrund verschwindet der Dunst wie gewünscht. Doch die Brücke und der Bereich dahinter wirken immer noch diesig. Wenn ich nun **Dunst entfernen** weiter anhebe, wird alles blau und die Ecken dunkeln ab – eine heftige Verschlimmbesserung. Aber zum Glück können wir **Dunst entfernen** auch per **Korrekturpinsel** ins Bild malen. So bearbeite ich exakt nur die Regionen, die noch einen Nachschlag **Dunst entfernen** brauchen; den Himmel kann ich dabei aussparen und einen Blaustich ganz vermeiden.

6 Oben rechts über den Bedienfeldern klicken Sie auf den **Korrekturpinsel** (K) und heben **Dunst entfernen** deutlich an. (Sie wissen ja, bei diesem Pinsel wählen Sie einen Wert, dann malen Sie, dann erst legen Sie den wirklich passenden Wert endgültig fest. Denken Sie also hier zu Beginn noch nicht groß über den passenden Wert nach, denn Sie stellen ihn später neu ein.) Heben Sie eventuell noch **Belichtung** und/oder **Tiefen** an (so wie ich hier), weil **Dunst entfernen** bearbeitete Regionen oft abdunkelt. Jetzt übermalen Sie Brücke und umliegende Gebäude mit dem **Korrekturpinsel**, bis sie prächtig klar hervortreten. Auf der nächsten Seite sehen Sie das ursprüngliche Foto und mein Ergebnis – was für ein Unterschied (das Vorher-Foto auf der linken Seite zeigt noch nicht die Veränderungen durch **Belichtung** und **Kontrast**, ebenso wenig die Verbesserung per **Dunst entfernen** aus Schritt 5). Übrigens, nach dem ersten **Dunst entfernen** musste ich die **Dynamik** etwas zurückfahren, damit das Bild nicht bläulich erscheint. Zudem musste ich im Bereich **Weißabgleich** den **Temperatur**-Regler etwas in Richtung Gelb ziehen, um den Blaustich ganz loszuwerden.

Kapitel 5 Entwickeln Sie Ihre Aufnahmen wie ein Profi

Gleichen Sie die Bildstimmung automatisch an

Bei manchen Bildserien sind nur einzelne Fotos zu hell oder die Farbstimmung liegt daneben – so etwas behebt Lightroom praktisch vollautomatisch. Das hilft sehr, wenn Sie zum Beispiel eine Landschaft fotografieren und dann ändert sich die Lichtstimmung oder wenn Sie bei Porträtserien selbst an der Belichtung drehen. Also, allgemein immer dann, wenn eine komplette Bildreihe einheitliche Farben und Helligkeit haben soll.

1 Diese Serie entstand draußen bei Sonnenlicht. Das erste Bild geriet zu hell, das zweite zu dunkel, das dritte erscheint in etwa gut (jedenfalls für meinen Geschmack). Nummer 4 und 5 sind dann wieder unterbelichtet, und so geht es weiter. Die Belichtung schwankt wild in alle Richtungen. Eins zu hell, drei zu dunkel, eins in Ordnung. Klicken Sie auf das Bild mit der Stimmung, die Sie durchgehend sehen wollen (dies wird die »meist-ausgewählte« Datei). Dann wählen Sie bei gedrückter ⌈Strg⌉/⌈Cmd⌉-Taste die weiteren Fotos aus. Nun wechseln Sie mit der Taste ⌈D⌉ ins Entwickeln-Modul.

2 Wählen Sie jetzt im Menü **Einstellungen • Belichtungen angleichen** (wie hier). Das war's schon. Es gibt keine Einstellungen. Keinen Dialog. Kein Fenster. Lightroom macht einfach nur sein Ding. Springen Sie mit dem ⌈G⌉ wieder zurück in die Rasteransicht, und vergleichen Sie die Ergebnisbilder mit den Fotos aus Schritt 1 – alle zeigen nun eine einheitliche Belichtung. Das funktioniert meist hervorragend, darum ist der Befehl echt praktisch.

Bibliothek | **Entwickeln** | Karte | Buch | Diashow | Drucken | Web

Meine Bildbearbeitung – der Ablauf im Überblick

Die Basis-Techniken kennen Sie jetzt. Erfahren Sie also hier die beste Reihenfolge für all die Regler der **Grundeinstellungen** *(ja, ich nehme immer dieselben Regler in derselben Reihenfolge). Einiges besprechen wir erst noch, zum Beispiel Retusche; doch hier haben Sie schon mal die Grundlagen im Überblick – oft bearbeite ich ein Bild nur mit diesen Funktionen hier (abhängig vom Motiv). Jede weitere Verfremdung (z. B. Looks, Effekte) folgt erst nach diesen Schritten.*

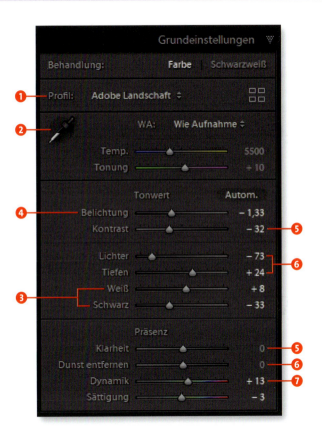

❶ **Ich wähle mein RAW-Profil.**
Adobe Farbe ist schon ganz gut, aber soll es etwas knackiger werden, steige ich mit **Adobe Landschaft** oder **Adobe Kräftig** ein.

❷ **Ich erledige den Weißabgleich.**
Farbstiche behebe ich meist mit dem Werkzeug **Weißabgleichauswahl**.

❸ **Ich lasse Lightroom Schwarz- und Weißpunkt bestimmen – automatisch.**
Ich erweitere den Tonwertumfang mit ⇧+Doppelklick auf das Wort **Weiß**, dann auf **Schwarz**.

❹ **Gesamthelligkeit nach Maß**
Nach Schwarz- und Weißpunkt wirkt das Bild vielleicht etwas zu hell oder zu dunkel. Ich bessere mit dem **Belichtung**-Regler nach.

❺ **Jetzt hebe ich Kontrast und Klarheit.**
Den **Kontrast** verstärke ich immer. Je nach Motiv betont **Klarheit** noch die Feinzeichnung.

❻ **Probleme bei Lichtern und Schatten**
Ich bessere Lichterbeschneidung und abgesoffene Schatten aus (ich ziehe die **Tiefen** nach rechts). Bei Nebel oder Dunst nutze ich an dieser Stelle den Regler **Dunst entfernen**.

❼ **Farben verstärken**
Die Änderungen bei **Schwarz** und **Weiß** sowie **Kontrast** liefern schon kräftige Farben. Will ich sie noch weiter steigern, erhöhe ich **Dynamik**.

Was bringt die Ad-hoc-Entwicklung in der Bibliothek?

*Das Bibliothek-Modul bietet eine Variante des **Grundeinstellungen**-Bedienfelds aus dem Entwickeln-Modul, und zwar die **Ad-hoc-Entwicklung**. Man kann hier schnell direkt im Bibliothek-Modul korrigieren, ohne ins Entwickeln-Modul zu wechseln. Allerdings: Die **Ad-hoc-Entwicklung** ist umständlich: Es gibt keine Regler, sondern nur Schaltflächen zum Anklicken. So findet man kaum die gewünschte Einstellung, und das nervt ziemlich – aber für kleine Jobs reicht's.*

1 Das Bedienfeld **Ad-hoc-Entwicklung** erscheint rechts im Bibliothek-Modul unter dem **Histogramm**. Zwar fehlt die Pipette für die **Weißabgleichauswahl**, doch ansonsten finden Sie in etwa die Funktionen des **Grundeinstellungen**-Bedienfelds im Bibliothek-Modul (also **Lichter**, **Tiefen**, **Klarheit** etc.) Falls Sie nicht alle Steuermöglichkeiten sehen, klicken Sie auf das Dreieck rechts neben **Automatisch** (links markiert). Halten Sie die Alt-Taste gedrückt, ändern sich die Regler **Klarheit** und **Dynamik** in **Schärfen** und **Sättigung** (wie rechts zu sehen; Hinweis: **Dunst entfernen** aus dem Bibliothek-Modul schaffte es bisher nicht in die **Ad-hoc-Entwicklung** – hoffentlich kommt das noch.) Klicken Sie auf die Schaltfläche mit einem Pfeil, ändert sich die Einstellung ein wenig. Klicken Sie auf den Doppelpfeil, ändert sich die Einstellung deutlicher. Ein Beispiel: Klicken Sie neben **Belichtung** auf den einzelnen Pfeil, steigt dieser Wert um eine Drittelblende. Ein Klick auf den **Belichtung**-Doppelpfeil hebt den Wert dagegen um eine ganze Blende.

2 Mit der **Ad-hoc-Entwicklung** erkenne ich zum Beispiel schnell, ob sich die Arbeit an einem Bild überhaupt lohnt, ohne aufwändig im Entwickeln-Modul zu korrigieren. Ein Beispiel: Die Sonnenuntergänge hier waren mir zu gelblich. Also habe ich sie ausgewählt und bei der **Temperatur** mehrfach auf den einzelnen Pfeil nach links geklickt. Für stärkere Änderungen könnte man auch auf den Doppelpfeil klicken.

Bibliothek | **Entwickeln** | Karte | Buch | Diashow | Drucken | Web

3 Vergleichen Sie per **Ad-hoc-Entwicklung** Änderungen an einem Bild mit weiteren ähnlichen Aufnahmen: Hier wählte ich nur das Bild oben links aus. Dann habe ich neben **Temperatur** auf den Doppelpfeil geklickt, um dieses Bild deutlich gelber zu machen. Es hebt sich von den anderen Fotos ab, bei denen ich das Blau verstärkt hatte; das erlaubt einen guten Vergleich.

> **TIPP: Noch feinere Abstufungen**
>
> Die Schaltflächen mit den Einzelpfeilen erlauben jetzt feinere Änderungen als bisher. Ein Beispiel: Per ⇧-Klick auf einen Einzelpfeil nach rechts steigt die **Belichtung** um eine Sechstelblende, nicht um eine Drittelblende (also nicht um +0,33, sondern um +0,17 pro ⇧-Klick).

4 Nutzen Sie die **Ad-hoc-Entwicklung** auch für relative Änderungen. Nehmen wir an, dass ich die Bilder schon im Entwickeln-Modul korrigiert habe. Ich brauche aber noch etwas mehr Kontrast. Beim ersten Motiv hatte ich den **Kontrast** auf 15 gehoben, beim zweiten auf +27, beim dritten auf +12, und Nummer 4 stieg auf +20. Würde ich jetzt das erste Foto auf +30 heben und **Synchronisieren** oder automatisches Synchronisieren nutzen, landen alle Fotos einheitlich beim **Kontrast**-Wert +30. Das will ich aber nicht, ich möchte vielmehr bei jedem Bild den individuell eingestellten Kontrast um +30 anheben (das erste Motiv landet dann bei +45, das zweite bei +57 usw.). Ich möchte den **Kontrast** relativ zum vorhandenen Wert ändern und nicht alles vereinheitlichen. Die **Ad-hoc-Entwicklung** kann das. Hier habe ich zwei Bilder gewählt und auf den **Kontrast**-Doppelpfeil geklickt, so dass der Wert um 20 ansteigt; dann folgten zwei Klicks auf den Einzelpfeil für einen weiteren Anstieg um +10, insgesamt also +30. Damit habe ich den **Kontrast**-Wert nicht einheitlich auf +30 gesetzt. Vielmehr gingen die vorhandenen, unterschiedlichen Werte parallel um +30 nach oben (wie abgebildet).

Bild oben links: ursprünglicher Kontrast

Bild oben rechts: ursprünglicher Kontrast

Ad-hoc-Entwicklung mit Kontrast +30 = +45

Ad-hoc-Entwicklung mit Kontrast +30 = +57

Foto: Scott Kelby | Belichtung: 1/125 s | Brennweite: 90 mm | Blende: f/8

Malen mit Licht
Der Korrekturpinsel und andere Werkzeuge

6

In diesem Kapitel geht es um den **Korrekturpinsel** und sonstige Gerätschaften. Aber Sie wissen so gut wie ich, dass wir eigentlich über Kameradrohnen reden wollen. Sofern Sie mit Drohnen fotografieren, passt das hervorragend, dann praktizieren Sie die Lichtmalerei mit Ihren fulminanten Drohnenfotos. Allerdings will ich mit den Drohnen hier nur ein allgemeineres Konzept erklären, halten wir uns also am Drohnengedöns nicht länger auf. Übrigens habe ich mir die DJI-Mavic-Air-Drohne geholt, hatte ich das schon erwähnt? Cooles Ding, und wenn Sie die Rotoren einklappen, passt die Drohne praktisch in eine Coladose. Also, darum komme ich auf Drohnen: Jeder Ort hat seine eigenen Drohnenvorschriften. Ich war zum Beispiel mit meinem Kumpel Dave im Mittleren Osten, aber dort am Flughafen galt plötzlich ein Drohnenverbot fürs ganze Land. Also beschlagnahmten sie Daves Mavic Pro. Zum Glück bekam er das Ding bei der Ausreise zurück, doch er musste eine »Lagerungsgebühr« blechen. Dieses Buch ist da anders: Abgabenfrei dürfen Sie von Kapitel zu Kapitel schweben. So großzügig zeigt sich die US-Luftfahrtbehörde FAA wiederum nicht: Sie müssen Ihre Drohne anmelden und dafür fünf Dollar Gebühr berappen. Das brachte mich auf eine Idee: Bevor Sie dieses Kapitel lesen, sollten Sie womöglich auch eine Meldegebühr entrichten, vielleicht drei Dollar oder so? Dann wären Sie mein amtlich gemeldeter Leser und erhielten überdies Informationen, die weit mehr als drei Dollar wert sind. Ich weiß schon, Sie denken jetzt: »Aber Scott, ich habe dieses Buch doch schon beim Kauf bezahlt!« Tja, meine Drohne habe ich auch beim Kauf bezahlt, trotzdem darf sie nur gegen eine Extragebühr aufsteigen. Ergo: Der Kauf eines Buches (oder einer Drohne) macht Sie zum Besitzer, aber noch nicht zum berechtigten Nutzer der Ware. Frei erfundene Gesetze erfordern nun einmal die Erhebung einer Meldegebühr; das erklärt auch, warum ich Jungsenator für Floridas 14. Kongresswahlbezirk wurde. #schickensiemirdiemeldegebühr

Kapitel 6   Der Korrekturpinsel und andere Werkzeuge

Bildzonen aufhellen und nachdunkeln

*Bisher änderten Korrekturen im Entwickeln-Modul immer das gesamte Foto. Ziehen Sie zum Beispiel am **Belichtung**-Regler, korrigieren Sie die Helligkeit der kompletten Bildfläche (Adobe nennt das »globale Korrektur«). Aber manchmal will man nur eine bestimmte Bildzone verbessern (eine »lokale Korrektur«). Dann setzen Sie Ihre Verbesserungen per **Korrekturpinsel** punktgenau ins Foto – Sie »malen mit Licht«. In der Dunkelkammer hieß das »Abwedeln« und »Nachbelichten« (also Aufhellen und Abdunkeln). Und es gibt noch mehr Möglichkeiten.*

1   Dies ist das Originalbild aus Marrakesch, Marokko. Einige Stellen oben sind schon zu hell, die Seitenbereiche und der Brunnen dagegen zu dunkel. Hier hat der **Korrekturpinsel** seinen großen Auftritt. Ich sorge erst einmal für eine brauchbare Gesamthelligkeit, dann geht's mit dem **Korrekturpinsel** an zu helle oder dunkle Bildpartien. Das läuft in drei Schritten ab, hier ist die Übersicht: 1. Sie ziehen einen Regler auf einen beliebigen Wert (heller oder dunkler); 2. Sie übermalen den Bereich, der Nachbesserung braucht, und 3. ziehen Sie den Regler jetzt genau auf den passenden Wert. Das klingt ein bisschen seltsam, wie »Korrigieren im Blindflug«. Aber die Sache funktioniert gut.

2   Klicken Sie über den **Grundeinstellungen** auf den **Korrekturpinsel**, oder drücken Sie einfach das K . Dabei öffnen sich die Regler, die Sie weitgehend schon aus den **Grundeinstellungen** kennen. Mit einem Doppelklick auf **Effekt** (hier hervorgehoben) setzen Sie zunächst alle Regler zurück. Nun hellen Sie die linke Seite so auf, dass die Aufnahme ausgewogen erscheint. Ziehen Sie den **Belichtung**-Regler etwas nach rechts (der genaue Wert spielt keine Rolle, den stellen wir erst nach der Retusche ein). Übermalen Sie den Raum links außen und die Fliesen im Durchgang, jedoch nicht den Bogen oben. Nun passen Sie die **Belichtung** an (hier nehme ich 1,49). Vergleichen Sie mein Zwischenergebnis mit der Vorlage aus Schritt 1.

Bibliothek | **Entwickeln** | Karte | Buch | Diashow | Drucken | Web

3 Bearbeiten wir jetzt den Bogengang oben links. Er sollte so hell werden wie das Gegenstück rechts. Ich zoome hier etwas ins Bild, so erkennen Sie die bearbeitete Zone besser. Die **Belichtung** steht ja noch bei 1,49 – male ich damit weiter, wird die Bildpartie viel zu hell. Wir brauchen also einen neuen Bereich mit geänderter **Belichtung**. Darum klicken Sie auf **Neu** (hier markiert). Jetzt können Sie die **Belichtung** auf 0,72 senken; dann übermalen Sie den oberen Bogen – und Sie steuern die Helligkeit dort nun, ohne die in Schritt 2 bearbeitete Fläche weiter zu verändern. Sie sehen oben auf dem Bogen auch einen Kreis mit einem schwarzen Punkt: Das ist der »Bearbeitungspunkt«, er steht für die korrigierte Bildzone. Im zuerst bearbeiteten Bildteil sehen Sie dagegen einen weißen Bearbeitungspunkt – es gibt also insgesamt zwei Bearbeitungspunkte. Um die zuerst korrigierte Zone noch nachzubessern, klicken Sie auf den weißen Bearbeitungspunkt. Er wird dann schwarz und signalisiert so, dass Sie diesen Punkt aktiviert haben. Sie erhalten wieder den ursprünglichen **Belichtung**-Wert.

> **TIPP: Pinselgröße bequem ändern**
>
> Senken Sie die Pinselgröße bequem mit der Taste ⌈.⌉ (Punkt). Das ⌈,⌉ (Komma) verkleinert dagegen die Werkzeugspitze.

4 Heben Sie den bearbeiteten Bereich hervor. Dazu halten Sie die Maus etwas länger über den Bearbeitungspunkt, dann deckt Lightroom die Korrekturzone rot ab (hier halte ich die Maus über den Punkt für den Raum links).

> **TIPP: Zeigen Sie das Rot dauerhaft an**
>
> Um die rote Farbe dauerhaft zu sehen, nutzen Sie unter dem Bild die Option **Überlagerung für ausgewählte Maske anzeigen**, oder tippen Sie einfach den Buchstaben ⌈O⌉.

5 Ich übermale dieses Gewölbe ganz präzise, ohne ungewollt andere Bereiche mitzuerwischen. Wie das? Hier hilft die fantastische Funktion **Automatisch maskieren** weit unten im Bedienfeld. Mit dieser Option erkennt Lightroom Motivränder und hält unpassende Details aus der Auswahl heraus. Wichtig zu wissen: Sehen Sie das kleine **+** (Pluszeichen) im Pinselcursor? Das **+** entscheidet, was übermalt wird. Was Sie mit dem **+** anklicken, wird verändert. Der äußere Rand des Pinselcursors darf dagegen auch in andere Bildbereiche hineingelangen (wie hier), dort passiert nichts – Hauptsache, das **+** in der Mitte geht nicht über die Mauerkante hinweg. Bleiben Sie mit dem **+** innerhalb des Bogens, so sparen Sie die Mauer aus der Auswahl aus.

> **TIPP: Schneller malen**
>
> Mit **Automatisch maskieren** malt der **Korrekturpinsel** deutlich langsamer, weil er laufend krampfhaft nach Umrissen sucht. Ich nutze die Option also nur, wenn ich wirklich entlang einer Motivgrenze arbeite, über die ich nicht hinausgehen will. Mit der Taste [A] schalten Sie die Funktion ein und aus.

6 Bearbeiten wir jetzt die Zone ganz oben mit den Fenstern. Weil wir einen neuen Bereich anlegen, klicken Sie wieder auf **Neu**. Per Doppelklick auf **Effekt** setzen Sie alle Regler auf null, dann ziehen Sie die **Belichtung** weit nach links; der **Korrekturpinsel** wird also deutlich abdunkeln. Nun übermalen Sie den Deckenbereich. Fertig? Regeln Sie jetzt die **Belichtung** endgültig, ich nehme hier – 0,67. Reizen Sie den **Korrekturpinsel** noch weiter aus – nutzen Sie mehrere Regler auf einmal! Die Fenster wirken zu hell, und die ganze Bildregion braucht mehr Kontrast. Ziehen Sie also die **Lichter** nach links, und liften Sie den **Kontrast**. Und so drehen Sie den Kontrast noch weiter auf: Steigern Sie **Weiß**, und ziehen Sie **Schwarz** nach links. So wirkt diese Bildzone schon ziemlich gut.

Bibliothek | **Entwickeln** | Karte | Buch | Diashow | Drucken | Web

7 Bis hierhin haben wir mit Licht (Helligkeit) und mit Kontrast gemalt, jetzt malen wir mit Farbe – ja, pinseln Sie einen neuen Weißabgleich ins Bild! Wir zaubern mehr Wärme in die Seitenräume, in den mittleren Durchgang und sogar in den obersten Bereich. Nutzen Sie dabei unbedingt **Automatisch maskieren**, so dass der Pinsel nicht danebengerät und den Brunnen mit übermalt. Klicken Sie also wieder auf **Neu**, setzen Sie alle Werte mit einem Doppelklick auf **Effekt** zurück, und ziehen Sie oben den **Temp.**-Regler weit nach rechts in Richtung Gelb. Hier male ich gerade über dem Gang im Bildzentrum; **Automatisch maskieren** ist aktiv, um den Brunnen generell auszuschließen. Klicken Sie noch einmal auf **Neu**, legen Sie ordentlich **Kontrast** und **Klarheit** drauf, und liften Sie auch die **Belichtung**; dann übermalen Sie die Türen. Sie werden detailreicher und plastischer.

8 Der Brunnen in der Mitte ist mir noch zu dunkel, das ändern wir jetzt. Den Ablauf kennen Sie ja inzwischen: Sie klicken auf **Neu**, klicken Sie doppelt auf **Effekt**, und heben Sie die **Belichtung**; anschließend übermalen Sie den Brunnen und justieren die **Belichtung** passend nach. Ich arbeite hier wieder mit **Automatisch maskieren**, aber das funktioniert nicht immer 100-prozentig perfekt – je nach Bildinhalt gerät der Pinsel doch etwas übers Ziel hinaus (hier zum Beispiel links vom Brunnen). Darum drücke und halte ich die Alt-Taste, so wechselt Lightroom vorübergehend zum Löschpinsel. Damit male ich ungewollt Erfasstes wieder aus der Auswahl heraus. Und Sie sehen es in der Abbildung: Das Pluszeichen **+** im Pinsel verwandelt sich beim Löschen in ein Minuszeichen **–**.

> **TIPP: Bearbeitungspunkte löschen**
> So entfernen Sie einen Bearbeitungspunkt: Klicken Sie ihn an, und drücken Sie die Entf-Taste (am Mac die ←-Taste).

Kapitel 6 Der Korrekturpinsel und andere Werkzeuge

9 Der Fußboden verträgt definitiv auch etwas Aufhellung. Sie wissen ja, wie das geht. Ja, genau, so sieht's besser aus. Klicken Sie nun auf den Bearbeitungspunkt für die Türen, die Sie vorhin übermalt haben. Sie finden den Punkt nicht auf Anhieb? Halten Sie den Mauszeiger über alle Punkte, bis die rote Maske dazu erscheint. Nun klicken Sie den Punkt für die Türen an. Das Bedienfeld zeigt dann wieder die verwendeten Reglerwerte. Mit diesen Einstellungen übermalen wir auch die Kacheln über der mittleren Tür (wie hier zu sehen).

> **TIPP: Schneller malen**
>
> Klicken Sie auf einen Bearbeitungspunkt, dann schalten Sie die rote Maskenüberlagerung mit dem Buchstaben [O] auf Ihrer Tastatur dauerhaft ein. Haben Sie eine Stelle übersehen und nicht übermalt, zeigt sie nun kein Rot. Malen Sie in dem Bereich, so dass er rot erscheint. Erscheint die Korrekturzone schließlich geschlossen rot, ist alles perfekt ausgewählt.

10 Diesen letzten Schritt können Sie überspringen. Viele Fotografen bauen jedoch »Lichtpunkte« in ihre Bilder ein, das wollte ich Ihnen auch zeigen. Sie produzieren damit eine scheinbar stark aufgehellte Stelle in hellen Bildzonen und sogar in Regionen ganz ohne hohe Lichter. Man denkt an eine direkte Lichtquelle, vielleicht ein Deckenfenster. Klicken Sie also auf **Neu**, setzen Sie die Regler zurück, heben Sie die **Belichtung** auf +1,00, und machen Sie die Werkzeugspitze richtig groß; **Automatisch maskieren** muss abgeschaltet sein. Dann klicken Sie einmal (oder mehrfach) in sehr helle Stellen oder einfach dorthin, wo Sie Lichtpunkte brauchen. Ich halte den Mauszeiger hier über den Bearbeitungspunkt; Sie erkennen also, welche Bildteile ich mit diesem Riesenpinsel geklickt habe. Das ist eher ein *Special Effect*, der aber – richtig angewendet – Ihr Bild aufwertet.

Bibliothek | **Entwickeln** | Karte | Buch | Diashow | Drucken | Web

11 Hier sehen Sie meine Lichtpunkte ohne die rote Maskenüberlagerung; vergleichen Sie dieses Ergebnis mit Schritt 9. Bevor wir das Projekt abschließen, hier noch zwei Tipps:

1. Beim normalen **Korrekturpinsel** wie auch beim Löschen-Pinsel regulieren Sie die Wirkung unten im Bedienfeld. Steuern Sie **Größe**, **Weiche Kante** (der weiche Übergang am Pinselrand, ich nehme meist 50) und **Fluss** (ob schon der erste Strich sofort 100 % Deckkraft hat oder ob er sich beim Malen erst allmählich aufbaut).

2. Wählen Sie zwischen der Standard-Pinselspitze **A** und der Reserve-Spitze **B**, jede richten Sie beliebig ein. Meine Pinselspitze **A** hat meist einen weichen Übergang, die Spitze **B** einen harten Rand (die **Weiche Kante** steht auf 0). Male ich zum Beispiel an einer Mauer entlang oder passt ein weicher Rand irgendwie nicht, schalte ich mit der Taste ⟨<⟩ zum Pinsel **B** um.

TIPP: Einfach ziehen!

Der Bearbeitungspunkt soll wandern? Klicken Sie den Punkt einfach an, und ziehen Sie ihn an die gewünschte Stelle.

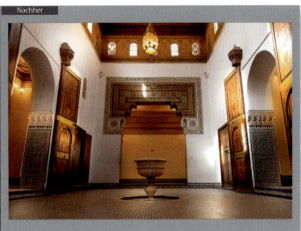

Kapitel 6 Der Korrekturpinsel und andere Werkzeuge

Und noch fünf Dinge, die Sie über den »Korrekturpinsel« wissen sollten

*Hier noch ein paar Tipps, wie Sie den **Korrekturpinsel** bequemer anwenden. Sind Sie damit erst einmal vertraut (und mit den weiteren Themen aus diesem Kapitel), dann werden Sie seltener zu Photoshop wechseln – denn man kann so vieles direkt in Lightroom erledigen.*

Nummer 1: Entscheiden Sie, wie Lightroom die Bearbeitungspunkte anzeigt. Klicken Sie unter dem Bild auf **Bearbeitungspunkte anzeigen** (wie hier zu sehen). **Auto** heißt, dass Lightroom die Punkte verbirgt, wenn Sie den Mauszeiger aus dem Bild herausbewegen. Mit **Immer** sehen Sie die Punkte dauerhaft, und **Nie** verbirgt die Punkte ständig. Mit der Option **Gewählt** zeigen Sie nur den momentan aktiven Punkt.

Nummer 2: Zeigen Sie Ihr Bild noch einmal ohne die Änderungen des **Korrekturpinsels**. Dazu klicken Sie auf den kleinen Schalter links unten im Bedienfeld (im Bild unten eingekreist).

Nummer 3: Drücken Sie ⓪, damit die rote Maskenüberlagerung dauerhaft sichtbar bleibt. So lassen sich noch nicht gewählte Bereiche leicht erkennen und übermalen.

Nummer 4: Klicken Sie auf das abwärts gerichtete kleine Dreieck rechts außen neben dem **Effekt**-Menü. Statt der Effektregler sehen Sie dann nur noch einen **Betrag**-Regler – ein einziger Regler steuert dann die Gesamtwirkung der Änderungen beim aktiven Bearbeitungspunkt.

Nummer 5: Unterhalb vom Kontrollkästchen **Automatisch maskieren** zeigt Lightroom den **Dichte**-Regler, der in etwa die **Airbrush**-Funktion von Photoshop nachahmt. Aber mal ehrlich: Beim Übermalen der Maske ist die Wirkung kaum zu erkennen, ich lasse den Regler immer auf 100 %.

Bibliothek | **Entwickeln** | Karte | Buch | Diashow | Drucken | Web

Weißabgleich, Schattenzeichnung und Bildrauschen lokal korrigieren

*Sie wollen Probleme in einzelnen Bildstellen beheben? Hier glänzt der **Korrekturpinsel**, denn Sie können die Probleme einfach wegmalen, zum Beispiel beim Weißabgleich, wenn vielleicht ein Bildteil in der Sonne, ein anderer im Schatten liegt. Oder eliminieren Sie Bildrauschen, das sich nur in den Tiefen zeigt, und lassen Sie das restliche Foto unverändert (so vermeiden Sie auch die typische Weichzeichnung einer Rauschreduzierung). Überaus praktisch!*

1 Malen wir zuerst einen Weißabgleich. Bei diesem Bild hier sitzt das Model in der Sonne, doch der Hintergrund liegt im Schatten. Ich hatte an der Kamera den automatischen Weißabgleich eingestellt, und darum hat der Hintergrund nun einen heftigen Blaustich (ganz normal, wenn ein Bildteil im Schatten liegt. Mir passiert das oft bei Sportszenen am späten Nachmittag: Teile des Spielfelds werden abgeschattet, andere erhalten volle Sonne). Wie gut, dass man einen neuen Weißabgleich in einzelne Bildstellen malen kann. Drücken Sie also [K] für den **Korrekturpinsel**.

2 Mit einem Doppelklick auf das Wort **Effekt** setzen Sie erst einmal alle Regler auf null zurück. Den **Temperatur**-Regler ziehen Sie deutlich nach rechts (in Richtung Gelb), dann übermalen Sie die Umgebung. Der gelbliche Weißabgleich neutralisiert jetzt das Blau im Hintergrund (wie abgebildet). Den allerersten Wert müssen Sie raten; ich habe mit einem **Temperatur**-Wert von +31 begonnen, doch das reichte noch nicht. Darum habe ich die **Temperatur** auf +73 gehoben – schon besser. Dieser örtliche Weißabgleich per **Korrekturpinsel** hilft enorm. Widmen wir uns als Nächstes dem Bildrauschen.

Kapitel 6   Der Korrekturpinsel und andere Werkzeuge

3   Dieses Bild hat starkes Gegenlicht aus dem Fenster. Links sehen Sie das Original, und dort erkennt man nichts mehr – eine reine Silhouette. Ich habe **Tiefen** und **Belichtung** stark hochgefahren (und die **Lichter** etwas gesenkt, um die Szene vorm Fenster zu betonen). Doch nun tritt das Bildrauschen krass hervor. Dieses Rauschen versteckt sich meist in den Schatten, und wenn Sie die Schatten stark aufhellen (wie hier), dann betonen Sie das Rauschen nur noch. Das Fenster gefällt mir jetzt, aber Fensterläden und Bereich darunter zeigen hässliche rote, grüne und blaue Flecken vom Bildrauschen. Da müssen wir noch was unternehmen.

4   Warum nehmen wir nicht einfach die übliche **Rauschreduzierung** aus dem **Details**-Bedienfeld? Die verändert das gesamte Bild gleichmäßig – und weil Lightroom bei der Rauschminderung auch eine Weichzeichnung anwendet, würde das Gesamtfoto weichgezeichnet. Per **Korrekturpinsel** senken wir dagegen das Rauschen nur in den oben erwähnten Bildpartien. Der ganze Bildrest ist heller und kaum verrauscht, er bleibt also unverändert bei voller Schärfe. So werden nur die wirklich betroffenen Zonen ein bisschen weichgezeichnet. Schalten Sie also zum **Korrekturpinsel**, und klicken Sie doppelt auf **Effekt**, um alle Regler auf null zu setzen. Ziehen Sie den **Rauschen**-Regler ganz nach rechts außen. Dann übermalen Sie die verrauschten Stellen, um die Störung zu unterdrücken. Beim Wert für das **Rauschen** suchen Sie den perfekten Mittelweg – nicht zu verrauscht und nicht zu weichgezeichnet. Und alle anderen Regler stehen ja auch bereit: Sie könnten zusätzlich ein bisschen abdunkeln, dabei wird das Bildrauschen weiter versteckt. Ich habe hier die **Schärfe** noch auf +26 angehoben.

188

Bibliothek | **Entwickeln** | Karte | Buch | Diashow | Drucken | Web

Wie Sie Porträts retuschieren

*Für präzise Retuschen wechsle ich meist zu Photoshop. Aber wenn Sie nur eine schnelle Fehlerretusche brauchen, leistet Lightroom ganz Erstaunliches mit dem **Korrekturpinsel** und der **Bereichsreparatur** im **Reparieren**-Modus. Hier verwenden wir nur diese beiden Funktionen:*

1 Dieses Bild retuschieren wir so: 1. größere Schönheitsflecken und Fältchen entfernen, 2. die Haut glätten, 3. das Augenweiß aufhellen, 4. mehr Kontrast und Schärfe in den Augen, 5. ein paar Lichter in den Haaren setzen. Wir sehen hier noch das Gesamtfoto, aber zum Retuschieren vergrößern Sie die Bilddarstellung am besten deutlich. Die Haut erschien mir übrigens etwas zu hell, darum habe ich hier die **Lichter** auf –15 gesenkt.

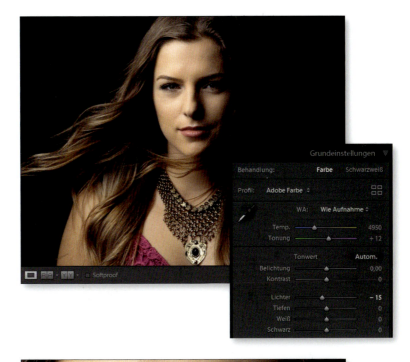

2 Hier habe ich auf **1:2** gezoomt, so erkennen wir alles am besten (wählen Sie diese Zoomstufe im Ausklappmenü des **Navigator**-Bedienfelds im linken Bedienfeldbereich). Klicken Sie über den rechten Bedienfeldern auf die **Bereichsreparatur**, oder drücken Sie Q. Mit diesem Werkzeug müssen Sie nur einmal klicken. Aber man will nicht mehr retuschieren als unbedingt nötig. Stellen Sie die **Größe** darum so ein, dass der Pinsel nur knapp größer erscheint als der Schönheitsfehler, den Sie im Visier haben. Halten Sie den Mauszeiger über den Fehler, und klicken Sie einfach einmal. Ein zweiter Kreis signalisiert jetzt, wo Lightroom Bildteile aufnimmt, um die Störung zu überdecken. Der erste Versuch gelingt nicht immer perfekt. Überdeckt Lightroom den Fehler mit einem unpassenden Hautbereich, klicken Sie auf den zweiten Kreis und ziehen ihn zu einer eher brauchbaren Stelle – so erhalten Sie eine bessere Retusche. Entfernen Sie jetzt also die weiteren kleinen Hautunreinheiten (wie gezeigt).

Kapitel 6 Der Korrekturpinsel und andere Werkzeuge

3 Entfernen wir jetzt einige Falten unter den Augen. Zoomen Sie noch weiter ins Bild (hier eine **1:1**-Darstellung), und verwenden Sie wieder die **Bereichsreparatur** (sie muss auf **Repar.** für Reparieren eingestellt sein). Malen Sie einen Strich über die Augenfalte auf der rechten Seite (wie abgebildet). Der übermalte Bereich erscheint weiß, so erkennen Sie die bearbeitete Bildzone.

4 Lightroom analysiert die Szene und sucht irgendwo im Bild einen Bereich, der die Falten korrigieren kann. Meist verwendet das Programm einen Bereich ganz aus der Nähe, aber hier wählt Lightroom eine Zone quer übers Nasenbein, das ergibt natürlich ein schlechtes Ergebnis. Den Bereich, den Lightroom für die Fehlerkorrektur nimmt, können Sie glücklicherweise ändern. Klicken Sie auf die zweite, dünnere Kontur, und ziehen Sie diese auf eine Gesichtspartie, die besser zum Augenbereich passt (hier ziehe ich den zweiten Umriss direkt unter das Auge selbst, direkt unter die Falten, zu sehen im Bild unten). Denken Sie auch an die Falten unter dem anderen Auge (das vergisst man leichter, als man denkt).

Hinweis: Wirkt eine vollständige Entfernung der Fältchen bei Ihrem Model unrealistisch (das ist vor allem bei etwas älteren Modellen der Fall), dann reduzieren Sie die Falten nur, statt sie ganz zu entfernen. Dazu senken Sie den **Deckkraft**-Wert. Die Retusche wirkt dann schwächer, und einige der ursprünglichen Falten kehren zurück.

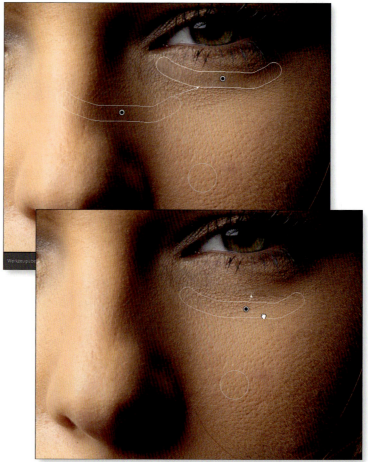

5 Die Flecken und Fältchen sind weg, auch ein paar Haare habe ich entfernt. Glätten wir jetzt die Haut. Wechseln Sie zum **Korrekturpinsel** (wieder in der Werkzeugleiste oben im rechten Bedienfeldbereich, oder drücken Sie einfach K). Im **Effekt**-Menü wählen Sie **Haut weichzeichnen**, dann übermalen Sie das Gesicht. Umgehen Sie jedoch Bereiche, die Sie nicht glätten wollen, zum Beispiel Wimpern, Augenbrauen, Lippen, Nasenlöcher, Haare, Gesichtskonturen usw. Lightroom glättet die Haut hier mit einem negativen Wert für die **Klarheit** (–100). Hier habe ich nur die für den Betrachter rechte Gesichtshälfte übermalt, damit Sie den Unterschied erkennen. Der Wert –100 glättet allerdings zu stark. Ich habe die **Klarheit** daher auf –55 angehoben, so dass ein paar Hautstrukturen erkennbar bleiben.

6 Nun zu den Augen: Zuerst hellen wir das Augenweiß auf. Klicken Sie auf die Schaltfläche **Neu** oben rechts im Bedienfeld. Ein Doppelklick auf **Effekt** setzt dann alle Regler auf null. Ziehen Sie den **Belichtung**-Regler etwas nach rechts (hier ziehe ich auf +0,50), und übermalen Sie das Augenweiß. Malen Sie versehentlich außerhalb des Bereichs, halten Sie einfach die Alt-Taste gedrückt. So wechseln Sie zum **Löschen**-Pinsel und entfernen ungewollt ausgewählte Stellen. Ebenso bearbeiten Sie das andere Auge. Dann stellen Sie den Wert **Belichtung** so ein, dass das Augenweiß natürlich wirkt. Jetzt die Iris: Klicken Sie auf **Neu**, heben Sie die **Belichtung** auf +1,36, und übermalen Sie die Iris in beiden Augen. Steigern Sie den **Kontrast** auf +33 und die **Schärfe** auf +22. So erscheint die Iris heller, schärfer und kontrastreicher.

7 Klicken Sie wieder auf die **Neu**-Schaltfläche, um die Lichter in den Haaren noch etwas zu betonen. Setzen Sie zuerst alle Regler auf null, dann ziehen Sie den **Belichtung**-Regler etwas nach rechts (hier zog ich auf +0,35). Malen Sie über den hellsten Stellen in den Haaren.

Zu guter Letzt: Ich werde oft danach gefragt, wie man Modelle schlanker zeigt. Unser Modell hier muss keinesfalls abnehmen, aber wenn Sie das Verfahren kennenlernen wollen: Öffnen Sie das **Transformieren**-Bedienfeld, und ziehen Sie den Regler **Seitenverhältnis** nach rechts (hier zu sehen). So stauchen Sie das Foto und machen Ihr Modell schlanker. Je weiter Sie nach rechts ziehen, desto stärker nimmt das Modell ab (hier habe ich auf +25 gezogen). Unten sehen Sie den Vorher-Nachher-Vergleich.

> **TIPP: Zu viele Bearbeitungspunkte?**
>
> Sie möchten nur den momentan gewählten Bearbeitungspunkt sehen? Öffnen Sie das Menü **Bearbeitungspunkte anzeigen** unter dem Bild, und klicken Sie auf **Gewählt**.

Das Ergebnisbild zeigt reinere und weichere Haut mit weniger Spitzlichtern. Die Augen erscheinen heller und kontrastreicher, wir haben die Lichter in den Haaren des Modells herausgearbeitet und ihr Gesicht etwas schlanker gemacht.

Bibliothek | **Entwickeln** | Karte | Buch | Diashow | Drucken | Web

Der »Verlaufsfilter« macht den Himmel schöner

*Der **Verlaufsfilter** (tatsächlich ein Werkzeug) imitiert die Wirkung eines traditionellen Grauverlaufsfilters (auch GND-Filter genannt; diese Glas- oder Plastikfilter sind oben dunkel und werden nach unten allmählich transparent). Landschaftsfotografen nutzen diese Filter, denn man kann entweder den Himmel oder den Vordergrund richtig belichten, aber nicht beides. Der digitale Verlaufsfilter bei Lightroom hat aber wesentliche Vorteile gegenüber einem echten Verlaufsfilter aus der Kameratasche.*

1 Zuerst klicken Sie auf den **Verlaufsfilter** oben in der Werkzeugleiste (das rechteckige Symbol links vom **Korrekturpinsel**, oder Sie drücken einfach M). Nach dem Klick blendet Lightroom Optionen ein, die den Optionen beim **Korrekturpinsel** ähneln. Hier imitieren wir die Wirkung eines traditionellen Grauverlaufsfilters und dunkeln den Himmel ab. Im **Effekt**-Menü schalten Sie auf die **Belichtung**, dann ziehen Sie den **Belichtung**-Regler bis auf −1,65 nach links, wie hier zu sehen. Es ist wie beim **Korrekturpinsel**: Wir raten schlicht, wie dunkel der Verlauf werden sollte. Aber wir können die Helligkeit später noch ändern.

2 Halten Sie die ⇧-Taste gedrückt, dann klicken Sie oben mittig ins Bild und ziehen senkrecht bis zur Bildmitte nach unten (bis zum Horizont). Die ⇧-Taste sorgt hier für einen exakt senkrechten Verlauf. Sie sehen, wie sich der Himmel abdunkelt, und das Bild erscheint schon ausgeglichener. Eventuell sollten Sie die Maustaste schon vor Erreichen des Horizonts loslassen, falls der korrekt belichtete Vordergrund ungewollt dunkler wird. Hier konnte ich bis unter den Horizont ziehen, es hängt einfach vom Motiv ab. Doch allein die Abdunklung macht den Himmel noch nicht wirklich ansehnlich, und hier zeigt sich Lightroom dem echten Filter überlegen – das Programm ändert mehr als nur die Helligkeit.

3 Oft reicht es schon, nur die **Belichtung** zu senken, hier aber brauchen wir noch mehr Nachhilfe: Ich verstärke das Blau, indem ich den **Temperatur**-Regler nach links Richtung Blau ziehe – wow, was für ein Unterschied! (Ein Vorher-Nachher-Vergleich erscheint unten.) Sie können auch den **Kontrast** verstärken und **Weiß** anheben, um die Wolken herauszuarbeiten. Sowas bringt der echte Filter nicht. Hier habe ich den Verlauf so tief heruntergezogen, dass der Berg schon mit abdunkelt (der Bearbeitungspunkt zeigt die Verlaufsmitte, durch Ziehen positionieren Sie den Verlauf neu). Auf der nächsten Seite sehen Sie, wie Sie solche Bereiche vom **Verlaufsfilter** aussparen (und die Technik danach ist sogar noch stärker). Hier noch zwei Tipps:

1. Sie löschen einen Verlauf, indem Sie auf den Bearbeitungspunkt klicken und die Entf -Taste drücken (am Mac die ←-Taste).

2. Ziehen Sie den Verlauf nicht bei gedrückter ⇧-Taste auf, können Sie ihn beim Aufziehen drehen.

4 Manchmal überdeckt der **Verlaufsfilter** Bildteile, die sich gar nicht ändern sollen. Hier zum Beispiel wollen wir den Himmel oben abdunkeln und farbsatter machen. Allerdings wird dabei auch Lissabons Belém-Turm dunkler und stärker gesättigt – ein unerwünschter Nebeneffekt. Zum Glück kann man die Filterwirkung über dem Turm quasi wegradieren. Während der **Verlaufsfilter** noch ausgewählt ist, achten Sie auf den **Maskieren**-Bereich rechts direkt unter den Werkzeugen. Dort klicken Sie auf **Pinsel** (wie gezeigt).

5 Scrollen Sie im Bedienfeld ganz nach unten, und klicken Sie unterhalb der Regler auf **Löschen**. Übermalen Sie nun den Turm. Dabei entfernen Sie die Abdunklung und die gesteigerte Sättigung in den übermalten Bereichen (wie abgebildet). Hier beim sogenannten Filterpinsel gelten die gleichen Regeln wie beim **Korrekturpinsel**: Mit der Taste 0 zeigen Sie die Maske beim Malen an, Sie können eine **Weiche Kante** einstellen etc. Hier haben wir die Maske verkleinert, aber der Pinsel kann die Maske auch erweitern. Wenn Sie nicht auf **Löschen** klicken, dehnt der Pinsel die Maske beim Übermalen aus. Und bestimmt möchten Sie sehen, wie Sie diese Aufgabe sogar ohne Pinsel erledigen – lesen Sie dazu auf der nächsten Seite weiter.

Kapitel 6 Der Korrekturpinsel und andere Werkzeuge

Knifflige Korrektur per Bereichsmaske

*Gerade haben Sie gelernt, wie der **Verlaufsfilter** den Himmel in farbsattem Tiefblau zeigt. Dabei haben Sie penibel Bildzonen aus der Maske wieder herausradiert, die Sie gar nicht dunkler oder blauer zeigen wollten. Und während Sie so an der Maske retuschierten, dachten Sie womöglich: »Da gibt's doch eine bessere Technik, oder nicht?« Ja, lieber Leser, es ist sogar noch besser – denn jetzt verrate ich Ihnen sogar zwei echt bärenstarke Verfahren: die Farbbereichsmaske und die Helligkeitsmaske.*

1   Hier ist unsere Vorlage, das Minarett der Koutoubia-Moschee in Marrakesch. Dieser Himmel fleht ja regelrecht um einen **Verlaufsfilter**. Schalten Sie das Werkzeug mit der Taste M ein, um den oberen Himmel abzudunkeln und in kräftigerem Blau zu zeigen; der Effekt soll nach unten hin abnehmen (das Prinzip haben wir ja schon im vorherigen Workshop besprochen).

2   Hier habe ich den **Verlaufsfilter** bereits von oben bis ganz nach unten gezogen. Das gibt dann einen tiefblauen Himmel in der oberen Bildhälfte. Für diese Bildwirkung musste ich die **Belichtung** natürlich deutlich senken. Ich habe auch die **Temperatur** etwas in Richtung Blau bewegt, so dass der Himmel deutlich kräftigere Farbe zeigt. Zudem habe ich **Weiß** und **Schwarz** nachgeregelt und **Kontrast** sowie **Sättigung** ordentlich gepusht. Damit stoßen wir auf ein Dilemma: Der **Verlaufsfilter** macht sich prächtig auf dem Himmel, aber er dunkelt auch das Bauwerk und die Wolken ab. Wie oben angedeutet, könnten wir nun zwar zum Pinsel greifen und diese Zonen sorgfältig übermalen; doch das ist Fummelarbeit. Zum Glück geht es auch viel besser und schneller.

Bibliothek | **Entwickeln** | Karte | Buch | Diashow | Drucken | Web

3 Bei noch aktivem **Verlaufsfilter** scrollen Sie rechts im Bedienfeld bis ganz nach unten, bis zum Punkt **Bereichsmaske**: **Aus**. Lightroom liefert zwei verschiedene Bereichsmasken: Per **Farbe** entscheiden Sie, welche Farben der **Verlaufsfilter** ändert, und per **Luminanz** schalten Sie den Bereichsfilter in bestimmten hellen oder dunklen Bildpartien wieder aus. Hier steigen wir mit der Farbbereichsmaske ein. Klicken Sie also direkt auf **Aus**, und nehmen Sie im Ausklappmenü **Farbe** (wie abgebildet).

4 Sobald Sie **Farbe** wählen, erscheint das Werkzeug **Farbbereichsauswahl** (eine Pipette) mit seinem **Stärke**-Regler (oben zu sehen). Das funktioniert verblüffend einfach: Schnappen Sie sich die Pipette, und klicken Sie eine Farbe an, die der **Verlaufsfilter** tatsächlich ändern soll. Hier ist es das Himmelsblau; klicken Sie also in eine blaue Stelle im Himmel. Einmal Klicken reicht vielleicht nicht in diesem Himmel mit unterschiedlichsten Blauschattierungen. Darum können Sie bei gedrückter ⇧-Taste weitere Pipetten in andere Bildstellen pflanzen. So verfeinern Sie den Einflussbereich des **Verlaufsfilters**. Bis zu vier Pipetten sind möglich (wie hier angewendet).

> **TIPP: Ziehen Sie über Farben**
> Das ist womöglich noch praktischer: Ziehen Sie mit der Pipette ein Rechteck auf. Sie erfassen dann alle Farben im ausgewählten Bereich.

Kapitel 6 Der Korrekturpinsel und andere Werkzeuge

5 Zeigen Sie die entstandene Farbbereichsmaske an. Dazu ziehen Sie bei gedrückter Alt-Taste minimal am **Stärke**-Regler (wie hier). Übrigens, bewegen Sie den **Stärke**-Regler nach links, schließen Sie mehr Farbtöne aus (hier die dunkleren Bereiche); ziehen Sie nach rechts, verändern Sie dagegen größere Bildzonen (ziehen Sie einmal bei gedrückter Alt-Taste am **Stärke**-Regler, Sie erkennen die Wirkung sofort). Der Vorher-Nachher-Vergleich macht die Sache sehr deutlich. Das Vorher-Bild links zeigt eine schlichte Verlaufsmaske: Die weißen Bereiche werden deutlich von allen Reglern verändert, und je dunkler das Grau, desto schwächer die Korrekturwirkung. In der schwarzen Zone ganz unten bewirkt der **Verlaufsfilter** gar nichts mehr. Weiß unterlegte Bereiche ändern sich also mit vollem Effekt, graue nur eingeschränkt und schwarze überhaupt nicht. Jetzt zur Maskenvorschau im Nachher-Bild: In schwarzen Bereichen ändert der **Verlaufsfilter** gar nichts (das Minarett wird also nicht dunkler oder blauer). Graue Bildpartien wie die Wolken korrigiert der **Verlaufsfilter** nur begrenzt. Die Korrektur wirkt sich also nur in den blauen Bereichen des Himmels voll aus. Starke Sache, oder?

So erscheint die Maske, wenn Sie den **Verlaufsfilter** *gleichmäßig über dem Bild anwenden.*

Nach einem Klick auf das Blau im Himmel schließt Lightroom andersfarbige Zonen von der Korrektur aus, so etwa das Gebäude und die Wolken.

6 Hier noch ein Vorher-Nachher-Vergleich ab dem Moment des ersten **Verlaufsfilters**. Beim Vorher-Bild haben wir den **Verlaufsfilter** gerade erst von oben nach unten gezogen. Beim Bild rechts haben wir bereits mit der Pipette in den blauen Himmel geklickt, so dass sich andersfarbige Stellen wie Minarett und Wolken nicht ändern. Das wirkt weit realistischer.

So wirkt der **Verlaufsfilter** *ohne Verfeinerung.*

Hier mit **Farbe**-*Bereichsmaske. Sie schützt Minarett und Wolken gegen Abdunklung durch den* **Verlaufsfilter**.

Bibliothek | **Entwickeln** | Karte | Buch | Diashow | Drucken | Web

7 Zwei Dinge: Erstens gibt es die Bereichsmaske nicht nur beim **Verlaufsfilter**, sondern auch bei **Radial-Filter** und **Korrekturpinsel**. Zweitens haben wir die **Luminanz**-Maske noch nicht getestet, das sollten wir also nachholen – und zwar mit dem **Korrekturpinsel**, damit der auch mal drankommt. Dafür laden wir ein Foto aus Lissabon, der Himmel wirkt zu blass. Doch mit dem **Korrekturpinsel** könnten wir kaum einen dunkleren Himmel zwischen die Palmwedel malen – viel zu frickelig. Holen Sie sich mit der Taste K den **Korrekturpinsel**, senken Sie die **Belichtung**, und ziehen Sie die **Temperatur** weit nach rechts in den blauen Bereich (ich gehe hier bis auf –36). Nun übermalen Sie den gesamten Himmel. Übermalen Sie getrost auch die Palme und die Gebäude – das ist kein Problem, und **Automatisch maskieren** brauchen Sie auch nicht. Malen Sie quer über alles hinweg.

8 Unten im Bedienfeld zum **Korrekturpinsel** öffnen Sie das Menü **Bereichsmaske** und schalten **Luminanz** ein. Das schließt Zonen mit einer bestimmten Helligkeit von der Veränderung aus. Auf der **Bereich**-Skala finden Sie zwei kleine Schieber: Ziehen Sie den linken Knopf nach rechts, schützen Sie dunklere Bildstellen gegen Veränderung durch den **Korrekturpinsel**, hier also Palme und Gebäude. Sehen Sie sich die entstehende Maske an, dazu ziehen Sie bei gedrückter Alt-Taste am **Bereich**-Regler (wie abgebildet). Ziehen Sie den rechten Knopf nach links, schützen Sie hellere Zonen gegen Bearbeitung, aber das brauchen wir hier nicht. Der **Glättung**-Regler steuert den Übergang zwischen geschützten und korrigierten Bildpartien. Ein sehr glatter Übergang entsteht, wenn Sie nach rechts ziehen. Bewegen Sie den Regler nach links, entstehen harte, abrupte Übergänge. Auf der nächsten Seite sehen Sie noch einmal Vorlage und Ergebnis. Die **Luminanz**-Maske hat die Palme perfekt wegmaskiert, und der Himmel drumherum wirkt sehr natürlich!

Kapitel 6 Der Korrekturpinsel und andere Werkzeuge

Vor dem Übermalen des Himmels

Nach dem Übermalen mit dem **Korrekturpinsel** *und der Anwendung einer* **Luminanz**-*Maske*

Bibliothek | **Entwickeln** | Karte | Buch | Diashow | Drucken | Web

Spotlicht und flexible Randabdunklung mit dem vielseitigen »Radial-Filter«

*Diese Funktion soll eigentlich abdunkelnde Vignetten rings um Hauptmotive legen, die sich nicht in der Bildmitte befinden (denn **Vignettieren nach Freistellen** im **Effekte**-Bedienfeld dunkelt von allen Seiten gleichmäßig ab). Schön und gut, aber ich nutze den **Radial-Filter** ganz anders: Ich erzeuge damit ein sanftes Spotlicht an beliebigen Bildstellen, und das in genau zehn Sekunden. Bärenstark!*

1 Der Betrachter registriert immer zuerst die hellsten Bildteile. Aber hier liefert der bedeckte Himmel leider sehr gleichmäßiges Licht, unser Model hebt sich nicht ab. Nehmen wir darum den **Radial-Filter**, um die Szene »neu auszuleuchten« und das Augenmerk mit einem unaufdringlichen Spotlicht auf die Hauptperson zu konzentrieren. Klicken Sie also auf den **Radial-Filter** (hier rot markiert), oder drücken Sie ⇧+M. Dieses Werkzeug erzeugt ein Oval oder einen Kreis, und Sie ändern den Bereich innerhalb oder außerhalb der Auswahl. Für das Spotlicht brauchen Sie zwei Einstellungen: Ziehen Sie den **Belichtung**-Regler erstens nach links bis auf –1,34, und achten Sie zweitens darauf, dass das **Umkehren** ganz unten abgeschaltet ist – damit dunkeln Sie außerhalb und nicht innerhalb des Ovals nach.

2 Ziehen Sie das Oval oder den Kreis über dem Hauptmotiv auf. Haben Sie die Zone nicht exakt getroffen, klicken Sie ins Oval und ziehen es an die gewünschte Stelle.

Hinweis: Soll der **Radial-Filter** exakt einen Kreis erzeugen, ziehen Sie mit gedrückter ⇧-Taste. Klicken Sie mit gedrückter Strg-Taste irgendwo doppelt ins Bild, entsteht das größtmögliche Oval (nutzen Sie diese Funktion, wenn der **Radial-Filter** fast das ganze Bild ändern soll, vielleicht für eine flächendeckende Vignette).

3 Dieses Spotlicht formen Sie nun nach Bedarf: Um die aufgehellte Zone zu vergrößern, ziehen Sie an einem der vier kleinen Anfasspunkte auf dem Oval nach außen. Hier drehe ich das Oval; dazu halten Sie den Mauszeiger knapp neben die Auswahl, so dass der Zeiger als Doppelpfeil erscheint; dann ziehen Sie in die gewünschte Richtung. Lightroom erzeugt einen weichen, gefälligen Übergang zwischen hellen und abgedunkelten Bildpartien, denn die Option **Weiche Kante** ist schon aktiv. Sie steht standardmäßig beim Wert 50. Soll der Übergang härter wirken, senken Sie unten im Bedienfeld einfach den Wert für **Weiche Kante**. Hier hebe ich den Wert letztlich bis auf 100.

> **TIPP: Auswahlen entfernen**
>
> Sie wollen ein Oval löschen? Klicken Sie darauf, und drücken Sie einfach die Taste `Entf` (am Mac die Taste `←`).

4 Ein weiteres, kleines Spotlicht soll nur das Gesicht zusätzlich aufhellen. Erzeugen Sie erst einmal ein Spotlicht mit den schon bestehenden Einstellungen: Klicken Sie mit der rechten Maustaste ins Oval und dann auf **Duplizieren** (wie hier). So entsteht über dem vorhandenen Oval ein weiteres. Außerhalb der Auswahl erscheint das Foto nun sehr dunkel, aber Sie ändern jetzt zwei Dinge:

1. Sie verkleinern das Duplikat deutlich (nur knapp größer als das Gesicht), dann klicken Sie auf den Bearbeitungspunkt und ziehen ihn übers Gesicht. Das wirkt noch seltsam: Nur das Gesicht ist jetzt beleuchtet, die Umgebung ziemlich düster.

2. Darum schalten Sie ganz unten im Bedienfeld das **Umkehren** ein (wie hier; nun ist ihr Gesicht sehr dunkel). Danach ziehen Sie den **Belichtung**-Regler nach rechts, um die Auswahl aufzuhellen statt abzudunkeln (ich gehe bis auf 0,42). Damit stimmt die Bildwirkung.

Bibliothek | **Entwickeln** | Karte | Buch | Diashow | Drucken | Web

5 Mit dem folgenden Trick entsteht ebenfalls noch ein kleines Spotlight. Nehmen wir an, wir brauchen noch eine umgekehrte Auswahl (das Auswahlinnere verändert sich also); damit wollen wir ein Spotlight auf das Basrelief hinter dem Model legen. Halten Sie Strg + Alt gedrückt, dann klicken und ziehen Sie über dem Bearbeitungspunkt des zweiten Ovals. So entsteht ein dritter Umriss (ein Duplikat von Oval 2). Ziehen Sie es nach links über das Bild, passen Sie die Form an, und heben Sie die **Belichtung** – aber nicht so stark, dass die Helligkeit schon vom Hauptmotiv ablenkt (hier nehme ich den Wert 0,76). Einen Vorher-Nachher-Vergleich sehen Sie unten. Übrigens, bei all diesen Regleränderungen hier entscheide ich einfach nach meinem persönlichen Eindruck – jedes Foto braucht andere Vorgaben. Das ist wirklich Geschmackssache – aber ich vertraue Ihrem Geschmack voll und ganz, denn Sie haben ja schon dieses Buch ausgewählt. ☺

TIPP: Schneller Wechsel zwischen innen und außen

Mit der Taste - (Minus) schalten Sie die Option **Umkehren** schnell an und aus. So verändern Sie wechselweise Bildteile innerhalb oder außerhalb der Auswahl.

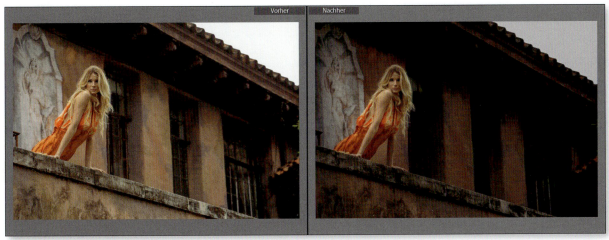

203

Foto: Scott Kelby | Belichtung: 1,6 s | Brennweite: 14 mm | Blende: f/11

Spezialeffekte
Bilder ... nun ja ... speziell aussehen lassen

7

Dies hier wissen nur wenige: Die Academy of Motion Picture Arts and Sciences (also die Oscar-Juroren) schufen den Special-Effects-Oscar einst gezielt als Auszeichnung für den kreativsten Umgang mit Lightrooms **Effekte**-Bedienfeld. Na gut, zu 100 Prozent stimmt das nicht. Wohl nicht mal zu einem Prozent ... Haben Sie sich dieses Bedienfeld mal angesehen?! Schlappe zwei Effekte gammeln dort herum (**Körnung** und **Vignettierung nach Freistellen**). Da fragt man sich doch glatt – sind das überhaupt Effekte? Sind unsere Ansprüche denn so weit gesunken, dass wir mit ein bisschen Extra-Bildrauschen schon das halbe Bedienfeld füllen dürfen? Ich hätte hier ja ein paar echte Klopper-Funktionen erwartet. Ich muss jedoch befürchten, dass die sonst so brillanten Adobe-Programmierer bei der Arbeit am **Effekte**-Bedienfeld nicht in allerbester Form waren. Vielleicht hat das mit dieser Theorie über rechte und linke Gehirnhälften zu tun, dachte ich zuerst. Aber ein Kumpel bei Adobe arbeitet eng mit dem Lightroom-Leuten zusammen und verriet mir etwas ganz anderes: Berufslobbyisten führen solche Entscheidungen herbei. Das läuft dann so ab: Kommen die Lightroom-Programmierer morgens zur Arbeit, schreien ihnen Leute in der Adobe-Lobby die besten Platzierungen für wichtige Funktionen zu. Und sie spendieren allerlei Gratisware, Monster-Energy-Drinks ebenso wie Actionfiguren aus Star Wars (dem Vernehmen nach motivierten eine Boba-Fett-Figur und ein Zweite-Wahl-Zwölf-Zoll-Wampa die Programmierer dazu, **Dunst entfernen** in die **Grundeinstellungen** zu packen). Ich sollte mich mal mit einer Original-Jawa-Figur samt Umhang dazustellen. Womöglich könnte ich einen Adobianer davon überzeugen, die **Belichtung** im **Teiltonung**-Bedienfeld zu vergraben. Nur so 'ne Idee.

Kapitel 7 Bilder ... nun ja ... speziell aussehen lassen

Neue Bildlooks mit kreativen Profilen

Vorn in Kapitel 5 haben wir Kameraprofile auf RAW-Dateien angewendet. Im selben Menü wie die RAW-Profile versteckte Adobe aber auch einen Schwung kreativer Profile für »Special Effects«. Und die eignen sich nicht nur für RAW-Dateien – sie funktionieren auch mit JPEG, TIFF usw. Doch während Vorgaben die Regler im Entwickeln-Modul in »vorgegebene« Werte ändern, pfuschen die Profile nicht an den Reglern herum – sie machen ihr ganz eigenes Ding, wie Effektfilter. Anschließend bearbeiten Sie Ihr Bild also nach Belieben weiter.

1 Hier ist unsere Vorlage (und wie gesagt, diese kreativen Profile funktionieren nicht nur mit RAW-Dateien, sondern auch mit JPEGs, TIFFs oder PSDs). Im Entwickeln-Modul im **Grundeinstellungen**-Bedienfeld öffnen Sie oben das **Profil**-Menü und wählen **Durchsuchen** (wie hier zu sehen); oder klicken Sie auf das Symbol mit den vier Rechtecken. Sie landen im **Profil-Browser** mit seinen langen Miniatur-Reihen (zu sehen in Schritt 2). Vier Sammlungen enthalten kreative Profile: **Künstlerisch**, **Modern**, **Nostalgie** und **S/W**, also Schwarzweiß (mehr dazu in diesem Kapitel ab Seite 218). Übrigens, Tech-Talk: Diese Profile basieren auf *Color Lookup Tables* (kurz: CLT; kleines Info-Byte für unsere Nerds).

2 Zwei wichtige Dinge sollten Sie über den **Profil-Browser** wissen:
1. Jede Miniatur zeigt den Look direkt mit Ihrem aktuellen Foto. Und besser noch:
2. Halten Sie den Mauszeiger über die Miniatur, sehen Sie die Wirkung des Profils direkt am großen Bild im Hauptfenster.
Sie beurteilen den Look also schon, bevor Sie ihn anwenden (auch wenn in Lightroom ohnehin nichts in Stein gemeißelt ist: Klicken Sie ein Profil an, das Ihnen anschließend nicht gefällt, widerrufen Sie einfach mit Strg/Cmd+Z). Hier habe ich das Profil **Künstlerisch 08** angewendet.

Bibliothek | **Entwickeln** | Karte | Buch | Diashow | Drucken | Web

3 Noch ein anderer Effekt: Scrollen Sie abwärts zu den **Modern**-Profilen, und klicken Sie eins an. Ich nehme hier **Modern 05** mit seinem attraktiv entsättigten Look (von allen Profilen gefällt mir dieses mit am besten). Oben im Browser erscheinen hier auch noch zwei **Künstlerisch**-Profile (diese Profile-Liste wandert beim Scrollen rauf und runter, aber die Steuermöglichkeiten oben bleiben immer sichtbar – vor allem die wichtige **Schließen**-Schaltfläche; darauf klicken Sie, wenn Sie die Profile nicht mehr anzeigen wollen). Fügen Sie bei Bedarf eins oder mehrere der kreativen Profile zu Ihrer Favoritenliste ganz oben hinzu: Dazu halten Sie den Mauszeiger über eine Miniatur und klicken auf den Stern in der rechten oberen Ecke.

4 Mein Profil aus Schritt 3 gefällt mir ja, aber es zieht doch zu viel Sättigung aus dem Bild. Zum Glück gibt's für die kreativen Profile oben im Bedienfeld einen **Stärke**-Regler (den bieten Vorgaben nicht). Diesen Regler ziehe ich einfach nach links, um die Profilwirkung zu dämpfen und das Ergebnis auf meinen Geschmack abzustimmen (hier ziehe ich auf 59 zurück; vergleichen Sie das einmal mit der vollen **Stärke** in Schritt 3). Das geht bei allen Kreativprofilen. Und die Intensität lässt sich nicht nur zurückschrauben, sondern auch noch steigern – ziehen Sie den Regler einfach nach rechts (bei den RAW-Profilen finden Sie jedoch keinen **Stärke**-Regler).

207

Kapitel 7 Bilder ... nun ja ... speziell aussehen lassen

Experimentieren Sie ohne Risiko – mit virtuellen Kopien

Angenommen, Sie haben ein Brautfoto mit einer Vignette verziert. Vielleicht wollen Sie das auch in Schwarzweiß sehen, außerdem farbig getönt, in einer Hochkontrastvariante und einmal anders zugeschnitten. Sie müssen die hochaufgelöste Bilddatei zum Glück nicht für jede Bildvariante duplizieren, denn das schluckt Festplatte und Arbeitsspeicher ohne Ende. Verwenden Sie stattdessen virtuelle Kopien – sie verbrauchen keinen Speicherplatz und erlauben Ihnen, nach Belieben zu experimentieren.

1 So entsteht die virtuelle Kopie: Klicken Sie das Bild mit der rechten Maustaste an, und wählen Sie **Virtuelle Kopie anlegen**, oder Sie drücken [Strg]/[Cmd]+[T]. Diese virtuellen Kopien sehen so aus und funktionieren so wie Ihr Originalbild, und sie lassen sich genauso wie das Original bearbeiten. Es gibt nur diesen Unterschied: Die virtuelle Kopie ist keine echte Datei, sondern nur »Mathematik«, also braucht sie kaum Speicherplatz. Erzeugen Sie so viele virtuelle Kopien, wie Sie mögen, und experimentieren Sie nach Herzenslust – die Festplatte wird nicht belastet.

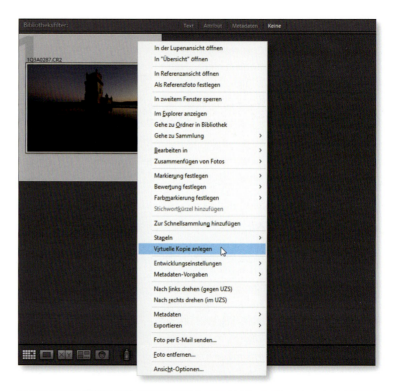

2 Eine virtuelle Kopie erkennen Sie immer an der eingeknickten Ecke links unten in der Fotominiatur – sowohl in der Rasteransicht als auch im Filmstreifen. Also: Verändern Sie diese virtuelle Kopie nach Belieben im Entwickeln-Modul (hier steigerte ich **Belichtung**, **Kontrast**, **Tiefen**, **Klarheit** und **Dynamik**). Zurück in der Rasteransicht sehen Sie das Original und die bearbeitete virtuelle Kopie (wie hier).

Bibliothek | **Entwickeln** | Karte | Buch | Diashow | Drucken | Web

3 Experimentieren Sie nach Lust und Laune mit den verschiedenen virtuellen Kopien – und Original und Festplattenplatz bleiben unverändert. Klicken Sie also auf die erste virtuelle Kopie, und erzeugen Sie mit `Strg`/`Cmd`+`T` eine weitere virtuelle Kopie (ja, legen Sie virtuelle Kopien Ihrer virtuellen Kopien an). Wechseln Sie ins Entwickeln-Modul, und bearbeiten Sie Ihr Bild. (Hier habe ich den Weißabgleich geändert, Blau und Magenta verstärkt, um das Zwielicht zu betonen. Außerdem habe ich **Belichtung**, **Kontrast**, **Tiefen**, **Klarheit** und **Dynamik** gesteigert.) Erzeugen Sie weitere Kopien für andere Versuche (ich habe hier zusätzliche Kopien angelegt und weitere Bildlooks getestet).

Hinweis: Auch für virtuelle Kopien bietet Lightroom die Schaltfläche **Zurücksetzen** unter der rechten Bedienfeldleiste an. Damit erscheint die Kopie wieder unverändert so wie das Original. Sie müssen auch nicht jedes Mal in die Rasteransicht wechseln, um neue virtuelle Kopien anzulegen – der Tastaturbefehl funktioniert auch im Entwickeln-Modul.

4 Wollen Sie alle Versionen nebeneinander sehen, kehren Sie zur Rasteransicht zurück und wählen das Original mit allen virtuellen Kopien aus. Mit der Taste `N` wechseln Sie dann in den **Übersicht**-Modus (hier abgebildet). Gelungene Kopien behalten Sie, und löschen Sie Versionen, die Ihnen nicht gefallen.

Hinweis: Sie löschen eine virtuelle Kopie mit der `Entf`-Taste (am Mac `←`-Taste), und im nächsten Dialog klicken Sie auf **Entfernen**. Vielleicht wollen Sie die virtuelle Kopie in Photoshop bearbeiten oder als JPEG- oder TIFF-Datei exportieren. Dann erzeugt Lightroom eine echte Kopie mit den Einstellungen der virtuellen Version.

Kapitel 7 Bilder ... nun ja ... speziell aussehen lassen

Steuern Sie einzelne Farben im HSL-Bedienfeld

*Manchmal will man nur eine einzelne Farbe bearbeiten. Zum Beispiel sollen nur die Rottöne kräftiger wirken, oder der Himmel soll blauer erscheinen, oder Sie wollen eine Farbe komplett ändern. Für diese Aufgaben gibt es das **HSL**-Bedienfeld (HSL steht für Hue, Saturation, Luminance, also Farbton, Sättigung, Helligkeit). Ich nutze dieses enorm praktische Bedienfeld ziemlich oft. Zum Glück gibt es dort auch ein Zielkorrekturwerkzeug, darum ist die Anwendung ein Kinderspiel. Und so funktioniert's:*

1 Wollen Sie eine Bildpartie mit einer bestimmten Farbe ändern, öffnen Sie das **HSL**-Bedienfeld im rechten Bedienfeldbereich (die Wörter **HSL**/**Farbe** oben im Bedienfeld sind übrigens direkt auch Schaltflächen. Klicken Sie darauf, um die Regler für das entsprechende Bedienfeld zu zeigen). Klicken Sie auf **HSL** (denn hier werden wir uns erst einmal aufhalten). Nun zeigt das Bedienfeld die vier Schaltflächen **Farbton**, **Sättigung**, **Luminanz** und **Alle**. Mit dem **Farbton**-Bedienfeld verschieben Sie den Farbton per Regler. Testen Sie das einmal: Ziehen Sie den **Rot**-Regler ganz nach links und den **Orange**-Regler bis auf –71. So erscheint das rote Dach magentafarben.

2 Ziehen Sie den **Rot**-Regler ganz nach rechts, und belassen Sie den **Orange**-Wert bei –71, dann verfärbt sich das rote Dach in Richtung Orange. So nutzen Sie also den **Farbton**-Bereich im **HSL**-Bedienfeld. Was aber, wenn das Orange noch kräftiger aussehen soll, Sie aber schon alle Regler auf den Extremwert gezogen haben? Na, dann klicken Sie zuerst einmal oben im Bedienfeld auf **Sättigung**.

Bibliothek | **Entwickeln** | Karte | Buch | Diashow | Drucken | Web

3 Die acht Regler beeinflussen jetzt die Farbsättigung. Ziehen Sie den **Orange**-Regler weit nach rechts und den **Rot**-Regler nicht ganz so weit in dieselbe Richtung. So erscheint das Orange viel kräftiger. Wissen Sie genau, welchen Farbton Sie verändern wollen, dann nutzen Sie die Regler. Aber wenn Sie nicht genau wissen, welcher Regler den gewünschten Farbton trifft, nehmen Sie das Zielkorrekturwerkzeug. Soll zum Beispiel ein blauer Himmel kräftiger erscheinen, klicken Sie in den Himmel und ziehen nach oben, damit er blauer wird. Ziehen Sie nach unten, so entsättigt dies das Blau. Und dabei ändert sich nicht nur der **Blau**-, sondern auch der **Aquamarin**-Regler. Vielleicht hätten Sie den Aquamarinanteil in dieser Bildzone gar nicht bemerkt, und genau darum ist das Zielkorrekturwerkzeug so praktisch. In der Praxis verwende ich beim **HSL**-Bedienfeld eigentlich immer das Zielkorrekturwerkzeug!

4 Die Helligkeit der Farben ändern Sie nach einem Klick auf **Luminanz** oben im Bedienfeld. Wollen Sie das Orange im Dach aufhellen, aktivieren Sie das Zielkorrekturwerkzeug und ziehen über dem Bildteil nach oben, die Farbe wird dann heller (Sie heben die **Luminanz** für **Rot** und **Orange**). Zwei Sachen zum Schluss: Klicken Sie oben im Bedienfeld auf **Alle**, sehen Sie alle Regler der drei Bedienfelder in einer langen Liste, die man durchscrollen kann. Das **Farbe**-Bedienfeld stellt jeweils drei Regler für eine Farbe zusammen, so ähnlich wie bei **Farbton/Sättigung** in Photoshop. Aber die Regler funktionieren unabhängig von der Anordnung immer gleich. Hier noch der Vorher-Nachher-Vergleich nach Umfärben und Aufhellen des Dachs.

Kapitel 7 Bilder ... nun ja ... speziell aussehen lassen

Der Vignetteneffekt: Dunkeln Sie den Rand ab

*Mit der **Vignettierung** dunkeln Sie die Bildränder ab und lenken die Aufmerksamkeit auf die Bildmitte. Man muss das mögen, oder man regt sich darüber auf (ich jedenfalls mag den Effekt). Hier erzeugen wir eine einfache Randabdunklung. Sie können das Foto sogar zuschneiden, und die Abdunklung bleibt erhalten. Sie lernen auch die weiteren Optionen kennen.*

1 Für den Vignetteneffekt suchen Sie das **Objektivkorrekturen**-Bedienfeld im Bedienfeldbereich rechts. (Warum erscheint der Effekt bei den **Objektivkorrekturen**? Manche Objektive dunkeln die Bildecken ab, auch wenn man das gar nicht will. Das ist dann ein Problem, das man mit dem **Objektivkorrekturen**-Bedienfeld behebt, indem man die Bildecken aufhellt. Etwas Randabdunklung will man also nicht, aber eine sehr deutliche Randabdunklung ist schick! Hey, diese Regel stammt nicht von mir – ich gebe das hier nur weiter.) Hier sehen Sie das Originalfoto ohne jede Randabdunklung (übrigens, wie man die ungewollte Vignettierung korrigiert, besprechen wir in Kapitel 8 – dem Kapitel zu den Problemfotos).

2 Wenden wir den Vignetteneffekt zuerst auf das Gesamtbild an. Klicken Sie also oben im Bedienfeld auf **Manuell**, dann ziehen Sie unterhalb von **Vignettierung** den **Betrag**-Regler ganz nach links. Dieser Regler steuert den Grad der Abdunklung über den Bildrändern (je weiter Sie nach links ziehen, desto dunkler werden die Ränder). Der **Mittelpunkt**-Regler entscheidet darüber, wie weit die dunklen Ränder bis zur Bildmitte reichen dürfen. Ziehen Sie den Regler deutlich nach links (wie hier), so dass ein attraktiver, unauffälliger Spotlicht-Effekt entsteht. Die Ränder erscheinen dunkel, das Hauptmotiv ist angenehm ausgeleuchtet, und die Aufmerksamkeit richtet sich automatisch auf die gewünschte Bildzone.

3 Das funktioniert so lange gut, bis Sie das Bild zuschneiden wollen. Beim Zuschneiden fällt zunächst nämlich auch die Randabdunklung weg. Adobe hat dieses Problem mit der Funktion **Vignette nach Freistellen** aus der Welt geschafft. Damit bleibt der Rand auch nach dem Zuschneiden dunkel. Hier schneide ich mein Foto deutlich an, und ein Großteil meiner Vignettierung von vorhin wird entfernt. Scrollen Sie also nach unten zum **Effekte**-Bedienfeld, und dort ganz oben erscheint **Vignette nach Freistellen**. Setzen Sie aber bei den **Objektivkorrekturen** erst noch den **Betrag** für die **Vignettierung** auf null, damit sich die zwei Vignettierungen nicht addieren.

4 Reden wir zuerst über das Ausklappmenü **Stil** mit seinen drei Angeboten: **Lichterpriorität**, **Farbpriorität** und **Farbüberlagerung**. Wirklich gut sieht nur die **Lichterpriorität** aus, also verwende ich nur diese Option. Sie erinnert mehr an die übliche Vignettierung. Die Ränder dunkeln ab, aber die Farbe ändert sich leicht. Ein stärker gesättigter Bildrand ist für mich völlig in Ordnung. Die Option heißt so, weil die Lichter möglichst erhalten bleiben sollen. Helle Bereiche am Bildrand sollen also möglichst hell bleiben. Ich dunkle die Ränder hier doch ziemlich stark ab – so stark mag ich das sonst nicht, aber ich wollte die Wirkung beim zugeschnittenen Bild deutlich machen. Die **Farbpriorität** schützt vor allem Farbtöne am Rand. Darum werden die Ränder bei gleichbleibender Farbsättigung ein bisschen dunkler. So dunkel (oder so attraktiv) wie die **Lichterpriorität** ist das nicht. **Farbüberlagerung** ist ein altes Verfahren aus Lightroom 2, es übertüncht die Ränder einfach mit Dunkelgrau (igitt!).

5 Die nächsten beiden Regler verfeinern die realistische Wirkung der Abdunklung. Der **Rundheit**-Regler steuert die Rundung der Vignette. So erkennen Sie die Wirkung dieses Reglers am besten: Lassen Sie die **Rundheit** bei 0, aber ziehen Sie den Regler **Weiche Kante** (mehr dazu gleich) ganz nach links. Damit entsteht ein hart abgegrenztes Oval. So würden Sie diesen Effekt natürlich nicht verwenden (das hoffe ich jedenfalls), aber Sie erkennen die Wirkung des Reglers. Tja, und per **Rundheit**-Regler steuern Sie, wie rund das Oval aussieht (ziehen Sie den Regler nach links und rechts, dann erkennen Sie es sofort). Okay, bringen Sie den Regler wieder auf null zurück, Sie haben jetzt genug gespielt. ☺

6 Der Regler **Weiche Kante** steuert den weichen Übergang am Rand des Ovals. Ziehen Sie den Regler nach rechts, wirkt die Vignettierung weicher und natürlicher. Hier habe ich die **Weiche Kante** auf den Wert 57 gezogen. Sie erkennen, wie der Übergang im Vergleich zum letzten Bild weicher erscheint. Je weiter Sie ziehen, desto weicher der Übergang. Der **Lichter**-Regler ganz unten schützt helle Stellen in den Randzonen, die Sie gerade abdunkeln. Je weiter Sie nach rechts ziehen, desto deutlicher schützen Sie helle Bildstellen. Diesen **Lichter**-Regler bietet Lightroom nur an, wenn Sie mit den Stilen **Lichterpriorität** oder **Farbpriorität** arbeiten (aber **Farbpriorität** nehmen Sie nicht, denn das sieht ziemlich öde aus, stimmt's?). Jetzt wissen Sie's also: So entsteht eine Vignettierung, die den Blick des Betrachters durch gleichmäßige Randabdunklung auf die Bildmitte lenkt.

Bibliothek | **Entwickeln** | Karte | Buch | Diashow | Drucken | Web

Gestalten Sie den coolen Hochkontrast-Look

Vor ein paar Jahren kam dieser Photoshop-Effekt auf, den man jetzt überall sieht – auf Websiten, Magazintiteln, bei Promiporträts und Plattencovern. Mit Lightroom bauen Sie diesen Effekt weitgehend nach. Vorab muss ich aber sagen: Das hier ist einer der Effekte, den Sie lieben (und zu oft anwenden) oder den Sie über alle Maßen hassen. Etwas dazwischen gibt es nicht.

1 Eine Einschränkung vorab: Der Effekt wirkt nicht bei jedem Foto gut. Bei Fotos mit vielen Details und Strukturen sieht er am besten aus, also bei Stadtszenen, Landschaften, Industrie und Menschen (speziell Männern) – Motive, die etwas rau und grobkörnig erscheinen sollen. Für sanfte oder glamouröse Szenen nehmen Sie den Effekt also besser nicht. Hier habe ich eine Aufnahme voller Details und Strukturen. Sie schreit geradezu nach diesem Effekt!

2 Die folgenden vier Regler im **Grundeinstellungen**-Bedienfeld des Entwickeln-Moduls ziehen Sie bis zum Anschlag: Ziehen Sie den **Kontrast**-Regler auf +100, den **Lichter**-Regler auf –100, den **Tiefen**-Regler ziehen Sie auf +100 (man erkennt mehr Details in dunklen Bildzonen), und den **Klarheit**-Regler ganz nach rechts auf +100. Da haben Sie schon den Hochkontrast-Look, aber wir sind noch nicht ganz fertig.

3 Abhängig von Ihrer Aufnahme sollten Sie den **Belichtung**-Regler jetzt noch leicht nach rechts ziehen, falls das Gesamtbild zu dunkel erscheint (das passiert, wenn der **Kontrast** bei +100 steht). Sieht das Foto etwas flau aus (weil Sie die **Tiefen** auf +100 gehoben haben), müssen Sie den **Schwarz**-Regler eventuell nach links ziehen, um wieder sattere Farben und einen ausgewogenen Gesamteindruck zu erhalten. Hier habe ich die **Belichtung** auf −0,20 und **Schwarz** auf −23 gesenkt. Nach diesen möglichen Verfeinerungen entsättigen Sie das Bild leicht. Dazu ziehen Sie den **Dynamik**-Regler nach links (hier ziehe ich auf −25). Diese abgeschwächte Sättigung ist typisch für den Look. Es erinnert an ein HDR-Ergebnis auf Basis eines einzelnen Bildes.

4 Zum Schluss fügen Sie noch eine Vignettierung hinzu, um den Bildrand abzudunkeln und den Blick auf das Hauptmotiv zu lenken. Öffnen Sie das **Objektivkorrekturen**-Bedienfeld, klicken Sie oben auf **Manuell**, und ziehen Sie unterhalb von **Vignettierung** den Regler **Betrag** nach links (so dass die Ränder deutlich abdunkeln). Bewegen Sie auch den **Mittelpunkt**-Regler weit nach links (dieser Regler steuert, wie weit die Abdunklung in die Bildmitte hineinreicht. Je weiter Sie nach links ziehen, desto weiter geht die Abdunklung nach innen). Nun erscheint das Gesamtbild jedoch etwas zu dunkel. Ich wechsle also wieder ins **Grundeinstellungen**-Bedienfeld und hebe die **Belichtung** etwas an (auf +0,10). So erhalte ich wieder die ursprüngliche Helligkeit vor der Vignettierung. Auf der nächsten Seite sehen Sie ein paar Vorher-Nachher-Vergleiche, damit Sie eine bessere Vorstellung davon erhalten, wie der Effekt bei verschiedenen Bildern wirkt. Und vergessen Sie bloß nicht, die Einstellung als Vorgabe zu speichern (mehr auf Seite 224), dann müssen Sie die Regler nicht jedes Mal von Hand einrichten.

Bibliothek | **Entwickeln** | Karte | Buch | Diashow | Drucken | Web

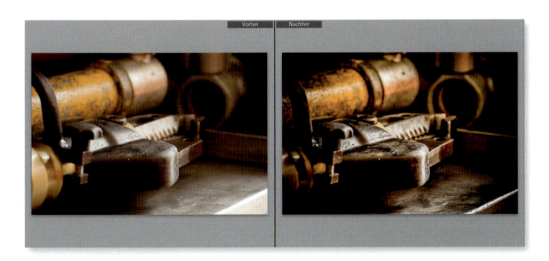

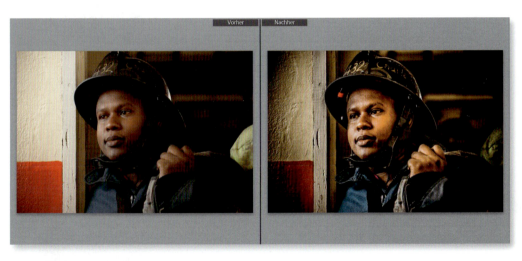

Kapitel 7 Bilder ... nun ja ... speziell aussehen lassen

So entstehen ausdrucksvolle Schwarzweißbilder

Auf zwei unterschiedliche Arten wandelt Lightroom Farbaufnahmen in Schwarzweiß um. Ich beginne mit der Technik, die das Programm schon immer draufhat. Die neuere Technik gefällt mir allerdings weit besser: Sie haben eine Live-Vorschau, außerdem bietet Lightroom mehr Variationsmöglichkeiten und liefert bessere Ergebnisse – die Sie dann mit den Techniken aus den Kapiteln 5 und 6 veredeln können.

1 Hier ist unsere Vorlage aus dem kanadischen Banff. Ich denke, sie eignet sich gut für eine Schwarzweißumsetzung (denn egal, wie raffiniert Sie die Sache angehen, nicht jedes Motiv sieht in Schwarzweiß gut aus). Bevor wir loslegen, achten Sie einmal rechts auf die Bedienfelder – dort gibt es auch das Bedienfeld **HSL / Farbe**. Behalten Sie das im Auge. Oben im **Grundeinstellungen**-Bedienfeld, rechts neben **Behandlung**, klicken Sie jetzt auf **Schwarzweiß** (wie abgebildet).

2 Suchen Sie noch einmal nach dem Bedienfeld **HSL / Farbe** – das heißt jetzt **S/W** (wie hier zu sehen), und Lightroom hat das Profil **Adobe Monochrom** angewendet. Unten im Bedienfeld habe ich auf **Autom.** (Automatisch) geklickt. Dabei versucht sich Lightroom an einer automatischen Graustufenabstimmung. Die reißt mich aber nie vom Hocker, darum erledige ich den Job lieber von Hand. Die Regler im Bedienfeld steuern die Graustufenumsetzung der ursprünglichen Bildfarben. Ziehen Sie zum Beispiel **Blau** in alle Richtungen, und Sie erkennen die Veränderungen im Himmel. Die Regler zeigen Bildregionen heller oder dunkler; experimentieren Sie ein wenig, dann durchschauen Sie die Auswirkung auf Ihr Schwarzweiß-Ergebnis.

Bibliothek | **Entwickeln** | Karte | Buch | Diashow | Drucken | Web

3 Hier habe ich erstmal oben im Bedienfeld auf **Schwarzweißmischung** geklickt, um das automatische Ergebnis aufzuheben. Anschließend habe ich mit den Reglern gespielt und mir die Auswirkungen aufs Bild angesehen. **Rot** und **Magenta** haben gar nichts verändert, die anderen Regler schon. Also habe ich sie über die gesamte Skala bewegt, und wenn die Einstellung gut aussah, habe ich es dabei belassen. So entsteht noch kein starkes Schwarzweiß, aber Sie sollten diese Möglichkeit kennen; später arbeiten Sie hier einzelne Bereiche Ihres Fotos nach. Ich würde also mit dieser Funktion nicht in die Schwarzweißumsetzung einsteigen, sondern nur vorhandene Bilder damit verfeinern (nachdem Sie die bessere Umsetzungsmethode genutzt haben). Soll dann eine Bildregion zum Beispiel heller werden, kehren Sie in dieses Bedienfeld zurück, falls Sie keine schnellere und bequemere Korrekturmöglichkeit finden.

4 Also, klicken Sie rechts unter den Bedienfeldern auf **Zurücksetzen**, und lassen Sie uns das zweite Verfahren testen. Oben im **Grundeinstellungen**-Bedienfeld öffnen Sie das **Profil**-Menü und klicken auf **Durchsuchen** (wie abgebildet). Wir wechseln jetzt mit einem Profil zu Schwarzweiß; dabei bietet Lightroom viele Auswahl- und Steuermöglichkeiten für die endgültige Bildwirkung.

Kapitel 7 Bilder ... nun ja ... speziell aussehen lassen

5 Der Klick auf **Durchsuchen** bringt Sie in den **Profil-Browser** (hier zu sehen), dort scrollen Sie zu den **S/W**-Profilen. Starke Sache hier: Diese Profile sind keine üblichen Vorgaben, sie verändern keine Regler. Wenden Sie ein Profil an, lässt sich das Ergebnis immer noch mit allen Reglern beliebig verändern. Nutzen Sie auch die Live-Vorschau für jedes **S/W**-Profil: Sobald Sie den Mauszeiger über eine Profilminiatur halten, sehen Sie die Auswirkung auf dem Bild im Arbeitsbereich. Hier habe ich also den Mauszeiger über verschiedene Miniaturen gehalten und die Vorschau am großen Bild geprüft. **S/W 07** gefiel mir am besten. Das habe ich dann angeklickt, hier sehen Sie das Ergebnis.

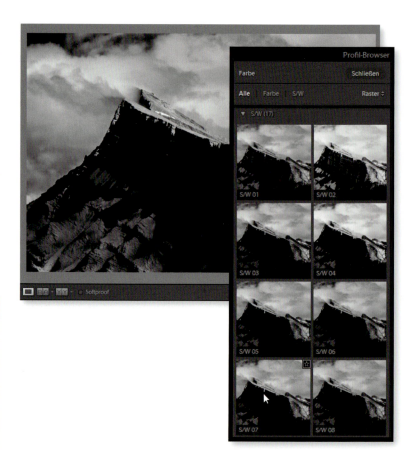

> **TIPP: Welche Bilder für Schwarzweiß?**
>
> Welches Bild könnte gut in Schwarzweiß aussehen? Drücken Sie einfach das ⌵, schon erscheint das ausgewählte Motiv in Graustufen, und Sie erkennen dessen Potenzial. Wenn es nicht überzeugt, drücken Sie einfach erneut das ⌵, schon haben Sie wieder Ihre Farbvorlage.

6 Abgesehen davon, dass diese Profile nichts an den Reglern ändern, gefällt mir noch etwas anderes: Sie können die Intensität fein abstimmen. Sie haben auf ein Profilbild geklickt und es wirkt zu aufdringlich? Dann ziehen Sie oben im Bedienfeld den **Stärke**-Regler nach links, so dämpfen Sie die Wirkung. Gefällt Ihnen das Profil aber, lässt sich der Effekt auch noch betonen, und genau das habe ich hier gemacht – ich habe die **Stärke** auf 152 gehoben.

Bibliothek | **Entwickeln** | Karte | Buch | Diashow | Drucken | Web

7 Die Schwarzweißprofile ändern ja keine Regler, ich kann also jetzt noch mit allen Werten spielen. Hier habe ich **Kontrast** nachgelegt, die Lichter etwas zurückgefahren, **Tiefen** und **Weiß** angehoben. Die Bergspitze kam mir danach immer noch zu dunkel vor, darum habe ich den **Korrekturpinsel** mit der Taste K eingeschaltet. Dann habe ich die **Belichtung** auf +0,71 gehoben und über diese zu dunkle Bildregion gemalt. Statt des **Korrekturpinsels** könnten Sie auch das **S/W**-Bedienfeld bemühen und mit einzelnen Farbreglern spielen (wie in Schritt 3). Und wie immer bei Schwarzweiß, zum Schluss habe ich so richtig die Schärfe krachen lassen: Im **Details**-Bedienfeld hob ich den **Betrag** auf 90 und den **Radius** auf 1,1.

> **TIPP: Darf's noch etwas Filmkorn sein?**
>
> Das Schwarzweiß-Ergebnis soll noch mehr nach dem guten alten Silberfilm aussehen? Dann öffnen Sie das **Effekte**-Bedienfeld. Unterhalb von **Körnung** heben Sie den **Betrag** und erzeugen eine Art Filmkorn. Je weiter Sie nach rechts ziehen, desto körniger wirkt Ihr Foto.

Die automatische Umwandlung in Schwarzweiß

*S/W-Profil angewendet, dessen **Stärke** angehoben, weiter bearbeitet mit **Korrekturpinsel**, **Grundeinstellungen**- und **Details**-Bedienfeld*

Kapitel 7   Bilder … nun ja … speziell aussehen lassen

So erhalten Sie starke Duotonbilder

Diese Technik ist einfach und effektiv. Gelernt habe ich den Trick vor Jahren von meinem Kumpel Terry White, dem Adobe Worldwide Evangelist. Terry hatte das Verfahren von einem anderen Fotografen, der für Adobe arbeitet, und ich gebe es an Sie weiter. Duoton habe ich ja schon auf viele Arten angewendet, aber das hier ist die einfachste und – verrückt – auch die beste.

1   Duoton und Teiltonung erzeugen Sie eigentlich im Bedienfeld **Teiltonung**. Doch wandeln Sie die Aufnahme zunächst in Schwarzweiß um (man kann die Teiltonung zwar auch über ein Farbfoto legen, aber … pfui!). Öffnen Sie also den **Profil-Browser** per Klick auf die vier Rechtecke oben im **Grundeinstellungen**-Bedienfeld. Scrollen Sie herunter bis zu den **S/W**-Profilen (mehr dazu auf Seite 218). Klicken Sie ein Profil an, das Ihnen als Ausgangspunkt gefällt, hier **S/W 01**. Oben rechts im Browser klicken Sie auf **Schließen**.

2   Der Trick für gutes Duoton ist schlicht: Bringen Sie die Färbung nur in die Schatten, während die Lichter unverändert bleiben. Öffnen Sie also im rechten Bedienfeldbereich die **Teiltonung**, und erhöhen Sie die **Sättigung** für die **Schatten** vorerst auf 25. So erkennen Sie die Tonung bereits (die Färbung erscheint, sobald Sie am Regler ziehen; zunächst produziert Lightroom einen Rotton). Stellen Sie den **Farbton** für die **Schatten** auf 35, um in etwa die typische Duotonwirkung zu erhalten (ich nehme meist einen Wert zwischen 32 und 41). Und weil Sie schon in der Gegend sind, senken Sie doch die **Sättigung** auf 20, wie hier zu sehen). Das war's.

TIPP: Einstellungen zurücksetzen

Wollen Sie von vorn beginnen, halten Sie Alt gedrückt. Das Wort **Schatten** im **Teiltonung**-Bedienfeld ändert sich nun in **Zurücks.: Schatten**. Klicken Sie darauf, um die Standardeinstellungen wiederherzustellen.

Bibliothek | **Entwickeln** | Karte | Buch | Diashow | Drucken | Web

Mattierter Look in zwei Schritten

*Ein Abzug auf scheinbar besonders mattem Fotopapier – dieser Effekt wurden in den letzten Jahren immer beliebter, und zum Glück lässt er sich leicht nachbauen: Sie ziehen nur einmal in der **Gradationskurve**. (Die haben Sie noch nie benutzt? Kein Problem, meine Technik hier ist wirklich einsteigerfreundlich.)*

1 Öffnen Sie im Entwickeln-Modul das **Gradationskurve**-Bedienfeld. (Sieht Ihre Kurve nicht so aus wie hier und zeigt stattdessen Regler unter dem Diagramm? Dann klicken Sie unten rechts im Bedienfeld auf das kleine Kurvensymbol, dann erhalten Sie eine Darstellung wie hier.) Sie erzeugen jetzt auf der Diagonalen zwei Anfasspunkte durch schlichtes Klicken auf die Linie. Ein erstes Mal klicken Sie dort in die Linie, wo sie etwa ein Viertel von der linken unteren Ecke entfernt ist (Sie erkennen ja den Punkt, den ich dort schon angelegt habe). Der zweite Punkt hat den gleichen Abstand von der oberen rechten Ecke (dort befindet sich gerade der Cursor in der Abbildung). Vielleicht setzen Sie aus Versehen einen unpassenden Punkt in die Linie; diesen Punkt klicken Sie einfach mit der rechten Maustaste an und wählen **Kontrollpunkt löschen**. Diese zwei Kontrollpunkte nageln den größeren Teil der Kurve fest. So ändern wir jetzt tiefe Schatten und hohe Lichter, ohne die anderen Helligkeitswerte zu verpfuschen. Das war auch schon der schwierigere Teil, der Rest wird kinderleicht.

2 Klicken Sie auf den Punkt in der linken unteren Ecke und ziehen Sie senkrecht nach oben, direkt am linken Rand des Diagramms entlang. Umgekehrt verfahren Sie mit dem Punkt aus der rechten oberen Ecke – ziehen Sie ihn am rechten Rand entlang etwas nach unten (wie hier zu sehen). Das war's auch schon – Sie haben Ihren mattierten Look und sind auf Instagram der Boss!

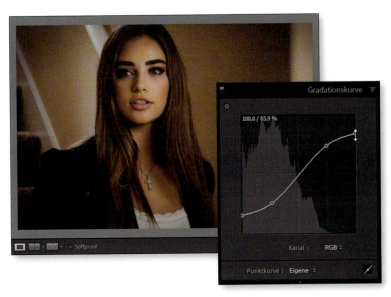

Kapitel 7 Bilder ... nun ja ... speziell aussehen lassen

Nutzen Sie Ein-Klick-Vorgaben (und machen Sie eigene!)

Zu Lightroom gehören zahlreiche Entwicklungsvorgaben, die Sie mit einem einzigen Klick auf beliebige Fotos anwenden. Es gibt 15 Vorgabensammlungen, zu finden im linken Bedienfeldbereich im **Vorgaben**-Bedienfeld. 14 Vorgabensammlungen stammen von Lightroom-Hersteller Adobe, und die weitere Sammlung **Benutzervorgaben** oder **User Presets** ist noch leer, denn hier verstauen Sie Ihre eigenen Vorgaben. Vorgaben sparen enorm Zeit, Sie sollten sich also ein paar Minuten damit beschäftigen (und lernen Sie, wie Sie Ihre eigenen Vorgaben anlegen).

1 Wir sehen uns zuerst an, wie man die mitgelieferten Vorgaben nutzt. Dann erzeugen wir eigene Vorgaben und wenden sie in zwei unterschiedlichen Situationen an. Blicken wir zuerst auf die mitgelieferten Vorgaben im **Vorgaben**-Bedienfeld (im linken Bedienfeldbereich). Lightroom hat bereits 14 eingebaute Vorgabensammlungen (sowie die **Benutzervorgaben** oder **User Presets**, wo Sie Ihre eigenen Vorgaben ablegen). Sie erkennen, dass Adobe die eingebauten Vorgaben nach unterschiedlichen Aufgaben benannt hat (zum Beispiel finden Sie innerhalb der Sammlung **Klassisch – Effekte** die Vorgabe **Körnung** in den Varianten **Schwer**, **Leicht** und **Mittel**).

> **TIPP: Wie Sie Vorgaben umbenennen**
>
> Vorgaben, die Sie selbst angelegt haben, also **Benutzervorgaben**, benennen Sie leicht um: Klicken Sie mit der rechten Maustaste auf die Vorgabe und dann auf **Umbenennen**.

2 Sie müssen die Vorgaben nicht erst anwenden, um ihre Wirkung zu erkennen. Halten Sie einfach den Mauszeiger über eine Vorgabe im **Vorgaben**-Bedienfeld. Jetzt erscheint eine Vorschau im **Navigator**-Bedienfeld über dem **Vorgaben**-Bedienfeld und vor allem auch im Hauptfenster (ich halte hier in der Sammlung **Klassisch – Farbvorgaben** den Mauszeiger über die **Crossentwicklung 3**. Ich erkenne bereits, wie mein Foto mit dieser Vorgabe aussehen würde).

224

3 Sie wollen die Vorgabe wirklich anwenden? Klicken Sie einfach darauf. Hier habe ich auf **Klassisch – S/W-Filter** und dann auf **Grünfilter** geklickt. So entsteht diese Schwarzweißwirkung. Ich könnte die Arbeit eigentlich schon abschließen, doch das Schöne ist: Bei Bedarf verfeinern Sie die Änderung immer noch, nehmen Sie einfach die Regler im **Grundeinstellungen**-Bedienfeld, und legen Sie los!

4 Ein Beispiel: Hier habe ich den **Kontrast** auf +44 geliftet und die **Lichter** habe ich auf –96 gesenkt, etwas weiter, als von der Vorgabe vorgesehen. Die **Tiefen** habe ich auf +10 gehoben, um die Zeichnung in dunklen Haarpartien zu verstärken. Die **Klarheit** ging auf +16 zurück, um dem Bild etwas Härte zu nehmen. Haben Sie erst eine Vorgabe angewendet, können Sie weitere Vorgaben anklicken. Die neue Vorgabe wird zu den vorhandenen Veränderungen addiert, sofern die neue Vorgabe nicht dieselben Regler wie die alte Vorgabe verwendet. Nutzen Sie zum Beispiel eine Vorgabe, die **Belichtung**, **Weißabgleich** und **Lichter** ändert, aber keine Vignettierung (Randabdunklung) erzeugt. Dann können Sie eine Vorgabe mit Vignettierung folgen lassen – Lightroom fügt den Effekt zu den bestehenden Änderungen hinzu. Verwendet allerdings die zweite Vorgabe auch **Belichtung**, **Weißabgleich** oder **Lichter**, schaltet Lightroom einfach zur neuen Reglerstellung um. So verschwindet die Wirkung der ersten Vorgabe vielleicht. Oben habe ich ja zum Beispiel die **Grünfilter**-Vorgabe genutzt und die Regler noch feinjustiert; danach habe ich hier noch unter **Klassisch – Effekte** auf **Vignette 1** geklickt, um den Rand abzudunkeln. Weil die **Grünfilter**-Vorgabe keine solche Randabdunklung enthält, wird die zweite Vorgabe addiert.

Kapitel 7 Bilder … nun ja … speziell aussehen lassen

5 Sie können natürlich jede mitgelieferte Vorgabe als Basis für eine eigene Vorgabe verwenden, aber wir erzeugen hier eine ganz neue Vorgabe und beginnen bei null. Klicken Sie zunächst unter dem rechten Bedienfeldbereich auf **Zurücksetzen**, so dass Ihr Foto wieder wie zu Anfang aussieht. Wir erzeugen nun einen Look, der an den beliebten Instagram-Filter Clarendon erinnert: Im **Profil**-Ausklappmenü nehmen Sie **Adobe Porträt**. Heben Sie die **Belichtung** auf +0,62, um alles aufzuhellen, fahren Sie die **Lichter** auf −37 herunter, und heben Sie die **Tiefen** auf +11, um Details in den Schatten herauszuholen. Der **Weiß**-Wert geht auf +69, **Schwarz** auf −58, und ein **Dynamik**-Wert von +7 macht die Farben etwas kräftiger. So viel zum **Grundeinstellungen**-Bedienfeld.

6 Weiter geht's im Bedienfeld **Teiltonung**. Im Bereich **Lichter** setzen Sie den **Farbton** auf 59 (also bernsteinfarben) und die **Sättigung** auf 11, also blasse Farben. Im Abschnitt **Schatten** brauchen Sie den **Farbton** 177 (grünlich) mit **Sättigung** 10. Per **Balance** regeln Sie, ob **Lichter**- oder **Schatten**-Töne überwiegen. Der Wert −83 sorgt hier für ein Übergewicht der grünlichen **Schatten**-Farbe. Damit steht unser Effekt à la Instagram Clarendon. Das speichern wir jetzt als Vorgabe, die sich mit einem Klick auf andere Bilder anwenden lässt.

Bibliothek | **Entwickeln** | Karte | Buch | Diashow | Drucken | Web

7 Im **Vorgaben**-Bedienfeld klicken Sie auf das **+** (Pluszeichen) rechts neben der Bedienfeldüberschrift und nehmen **Vorgabe erstellen**. So landen Sie im Dialog **Neue Entwicklungs-Vorgabe** (hier zu sehen). Tippen Sie eine Bezeichnung ein (ich schreibe »Insta-Clarendon«). Klicken Sie unten auf **Nichts auswählen**, um alle Kontrollkästchen abzuschalten. Dann schalten Sie die Kontrollkästchen für die soeben verwendeten Funktionen wieder ein (hier zu sehen). Mit einem Klick auf **Erstellen** speichern Sie die Bearbeitung als Vorgabe. Sie erscheint dann im **Vorgaben**-Bedienfeld unter **Benutzervorgaben** oder **User Presets**.

Hinweis: Um eine Benutzervorgabe zu löschen, klicken Sie einfach darauf und dann auf das Minuszeichen, das links neben dem **+** neben der Bedienfeldüberschrift erscheint.

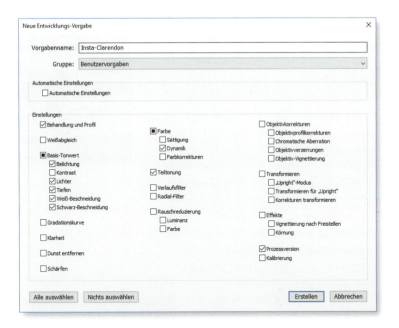

8 Klicken Sie jetzt ein anderes Bild im Filmstreifen an, dann halten Sie den Mauszeiger über Ihre neue Vorgabe (wie hier). **Navigator**-Bedienfeld und Arbeitsfläche präsentieren bereits eine Vorschau auf die Vorgabe. Sie wissen also blitzschnell, wie Ihr Foto mit dieser Vorgabe aussieht, noch bevor Sie die Vorgabe tatsächlich nutzen. Klicken Sie auf die Vorgabe, um sie anzuwenden.

TIPP: Benutzervorgaben aktualisieren

Sie bearbeiten eine Benutzervorgabe und wollen sie mit den neuen Werten überschreiben. Dazu klicken Sie die Vorgabe mit der rechten Maustaste an und wählen die Option **Mit den aktuellen Einstellungen aktualisieren**.

Kapitel 7 Bilder ... nun ja ... speziell aussehen lassen

9 Sie können mitgelieferte und eigene Vorgaben sogar direkt aus dem Import-Fenster heraus für ganze Bildserien einsetzen. Die Bilder erscheinen also in Lightroom auf Anhieb bearbeitet. Das erledigen Sie im **Importieren**-Fenster. Im Bedienfeld **Während des Importvorgangs anwenden** im Ausklappmenü **Entwicklungseinstellungen** bietet Lightroom alle Vorgaben an (wie hier zu sehen, ich nehme die frisch gespeicherte Vorgabe **Insta-Clarendon**). Lightroom wendet die Vorgabe dann auf jedes importierte Bild an. Und das Bedienfeld **Ad-hoc-Entwicklung** in der Bibliothek zeigt ganz oben das Menü **Gespeicherte Vorgabe**, auch hier können Sie Vorgaben anwenden (mehr zur **Ad-hoc-Entwicklung** in Kapitel 5).

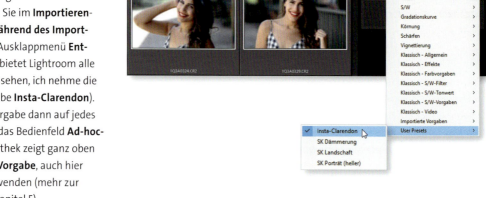

TIPP: Wie Sie Vorgaben importieren

Kostenlose Entwicklungsvorgaben können Sie von vielen Websites herunterladen – zum Beispiel von der Seite zu diesem Buch und von meiner Seite *lightroomkillertips.com*. Sind die Dateien heruntergeladen? Im **Vorgaben**-Bedienfeld klicken Sie nun mit der rechten Maustaste auf das **+** und wählen **Vorgabe(n) wird/werden importiert**. Alternative: Klicken Sie mit der rechten Maustaste auf **Benutzervorgaben** oder **User Presets**, und nehmen Sie **Importieren** (wie hier zu sehen). Suchen Sie die Vorgabe(n) aus dem Internet, und klicken Sie auf die Schaltfläche **Öffnen** (am Mac **Importieren**). Schon erscheint die Vorgabe unter **Benutzervorgaben** beziehungsweise **User Presets**.

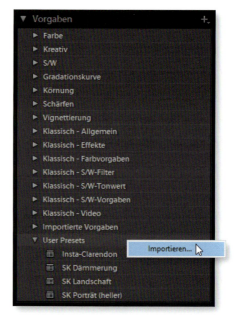

Bibliothek | **Entwickeln** | Karte | Buch | Diashow | Drucken | Web

Gegenlichteffekt verstärken

Der Gegenlichteffekt ist schwer in Mode, und mit Lightroom gelingt er zum Glück ganz leicht. Es gibt sogar zwei unterschiedliche Verfahren. Ich beginne mit meiner Lieblingstechnik und verrate dann die zweite Technik noch in einem Tipp – Sie nehmen die gleichen Einstellungen, aber ein anderes Werkzeug.

1 Dies ist unsere Vorlage. Wenn Sie sich das Haar und die Sonne ansehen, dann wissen Sie schon, auf welcher Seite Sie das Gegenlicht anlegen müssen.

2 In der Werkzeugleiste oben rechts über den Bedienfeldern schnappen Sie sich den **Radial-Filter** (hier eingekreist; Sie können auch einfach ⇧+M drücken). Klicken Sie nicht gleich ins Bild. Ziehen Sie zunächst den **Temperatur**-Regler weit nach rechts, zum Beispiel wie hier auf 78. Jetzt fahren Sie die **Belichtung** hoch (wir lassen schließlich die Sonne scheinen); hier habe ich nach rechts bis auf +1,51 gezogen, also etwa eineinhalb Blenden »länger belichtet«). Ziehen Sie den Kreis über der linken Schulter des Models auf (wie hier gezeigt). Achten Sie auf die Abbildung – ich habe die Auswahl bewusst auch über eine Gesichtshälfte gezogen. Das Häkchen vor **Umkehren** muss übrigens aktiviert sein.

3 Dazu kommt jetzt etwas **Klarheit** mit Minuswert, so erhalten Ihre digitalen Sonnenstrahlen einen weichen Schimmer. Ziehen Sie den **Klarheit**-Regler also weit nach links (hier gehe ich auf –78). Das Ganze wirkt noch ein bisschen dunkel, darum heben wir die **Belichtung** auf 2,93; so hellt die Region auf. Verschieben Sie die Lichtquelle noch ein wenig: Klicken Sie auf den kleinen schwarzen Bearbeitungspunkt, und ziehen Sie etwas nach links oben (wie hier gezeigt).

4 Damit der Effekt realistisch wirkt, passen Sie das übrige Bild an die sehr warmen Farben der neuen Sonnenstrahlen an. Das erledigen Sie im **Grundeinstellungen**-Bedienfeld: Ziehen Sie den **Temp.**-Regler etwas nach rechts, bis sich das neue Streulicht gut einfügt. Zum guten Schluss nehmen Sie den **Kontrast** leicht zurück (negative Werte für den Kontrast verwende ich äußerst selten, aber hier mit dem kräftigen Gegenlicht wird das Bild insgesamt glaubhafter). Unten sehen Sie einen Vorher-Nachher-Vergleich.

> **TIPP: So geht's auch**
>
> Einen vergleichbaren Effekt liefert auch der **Korrekturpinsel** (Tastaturbefehl K), wenn Sie eine sehr große Werkzeugspitze vorgeben. Verwenden Sie die gleichen Einstellungen wie beim **Radial-Filter** – ein oder zwei Klicks reichen für den Effekt.

Bibliothek | **Entwickeln** | Karte | Buch | Diashow | Drucken | Web

Cross-Entwicklung für Fashion-Fotos

*Schwer angesagt bei Modefotos ist derzeit ein Look à la Cross-Entwicklung. Dafür gibt es mehrere Verfahren. Wir sehen uns zuerst die einfache Technik an. Dann folgt noch ein Blick auf die Haute Couture der Cross-Entwicklung, dabei nutzen wir die **Gradationskurve**.*

1 Für die Cross-Entwicklung nimmt man normalerweise Farbbilder und das **Teiltonung**-Bedienfeld, wie beim Duoton-Look von Seite 222. Anders als bei Duoton verwenden wir hier aber eine Farbe für die Lichter und eine weitere Farbe für die Schatten.

> **TIPP: Tonungsfarbe schnell erkennen**
>
> Lassen Sie sich die Farbe, mit der Sie tonen, klar und deutlich anzeigen: Ziehen Sie bei gedrückter Alt-Taste am **Farbton**-Regler. So zeigt Lightroom die Tonung vorübergehend mit 100 Prozent **Sättigung**.

2 Hier setze ich den **Farbton** der **Lichter** auf 57 und den **Farbton** der **Schatten** auf 232. Die **Sättigung** der **Schatten** stelle ich dann auf 56, die **Sättigung** der Lichter auf 51 (etwas höher als üblich, für kräftigere Farben). Das war's schon (ich sagte ja, es geht schnell). Übrigens, der **Abgleich**-Regler zwischen **Lichter**- und **Schatten**-Bereich mischt die Farben nach Bedarf: Ziehen nach rechts betont die **Lichter**-Farbe, Ziehen nach links legt den Schwerpunkt auf die **Schatten**-Farbe. Wählen Sie Farben auch aus den Farbfeldern rechts neben den Wörtern **Lichter** und **Schatten**. Lightroom zeigt dann einen Farbwähler, der im oberen Teil direkt einige typische Teiltonungsfarben anbietet. Sie schließen diesen Farbwähler dann mit einem Klick auf das kleine **x** links oben.

Kapitel 7 Bilder ... nun ja ... speziell aussehen lassen

3 Und hier die zweite Technik für digitale Cross-Entwicklung: Sie bearbeiten separat die Kanäle **Rot**, **Grün** und **Blau** im Bedienfeld **Gradationskurve** (in der rechten Bedienfeldleiste). Klicken Sie auf das **Kanal**-Ausklappmenü, und wählen Sie eine Einzelfarbe aus (in unserem Beispiel **Rot**). Sie sehen hier unsere Bildvorlage, und für die geplante Entwicklung bleibt der **Rot**-Kanal unverändert. Wählen Sie also **Grün** im **Kanal**-Menü (bei den Abbildungen das mittlere Diagramm). Etwa ein Viertel der Strecke vom unteren Ende der Diagonale klicken Sie einen Punkt in die Linie; diesen Punkt ziehen Sie schräg nach oben, um Grün in den Schatten zu verstärken. Den nächsten Punkt setzen Sie ins obere Viertel der Linie und ziehen ein wenig nach unten. Danach schalten Sie zum **Blau**-Kanal und ziehen den linken unteren Eckpunkt am linken Rand entlang senkrecht ein Stückchen nach oben (wie gezeigt); das bringt mehr Blau in die dunkleren Mitteltöne. Den oberen rechten Eckpunkt ziehen Sie am rechten Rand entlang abwärts (wie hier zu sehen), so kommt etwas Gelb ins Spiel. Im oberen Viertel klicken Sie einen Punkt in die Linie und ziehen leicht nach unten – das erzeugt weitere Gelbtöne in den Lichtern. Klicken Sie schließlich ins untere Viertel, und ziehen Sie diesen Punkt ein wenig hoch.

 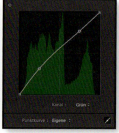 

4 Sie haben jetzt Blau, Grün und Gelb nachgelegt. Zeigt das Bild für Ihren Geschmack zu viel oder zu wenig Kontrast, wechseln Sie in die **Grundeinstellungen** und passen Ihr Ergebnis mit dem **Kontrast**-Regler an.

Bibliothek | **Entwickeln** | Karte | Buch | Diashow | Drucken | Web

So montieren Sie Panoramen in Lightroom

*Der **Panorama**-Befehl kombiniert Bildserien zu einem sehr breiten (oder sehr hohen) Foto. Kaum ein Programm macht das besser als Lightroom: Es arbeitet nicht nur flott und vielseitig – die neue Panoramadatei behält sogar das RAW-Dateiformat. Bitte was?! Irre, das stimmt (na ja, jedenfalls dann, wenn Sie den **Panorama**-Befehl zuvor mit RAW-Dateien füttern).*

1 Im Bibliothek-Modul wählen Sie zuerst die Einzelbilder aus. Dann öffnen Sie das Untermenü **Foto • Zusammenfügen von Fotos** und nehmen **Panorama** (wie hier zu sehen). Oder Sie drücken einfach [Strg]/[Cmd]+[M].

TIPP: Etwas Überschneidung muss sein

Achten Sie auf mindestens 20 Prozent Überlappung zwischen den Einzelbildern, wenn Sie eine Panoramaserie fotografieren. Dann erkennt Lightroom schnell, welche Bilder wie zusammengehören, und Sie vermeiden Lücken. Na ja, Lücken gäbe es gar nicht wirklich – Lightroom präsentiert vielmehr vor dem Stitchen eine Warnung.

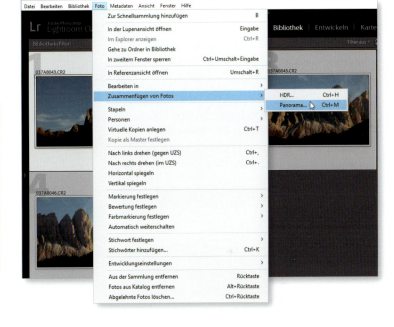

2 Damit landen Sie im Dialog **Vorschau für Zusammenfügen zu Panorama** (hier zu sehen). Sie haben drei Optionen für die **Projektion**, aber Lightroom sucht sich schon mal die Projektion aus, die am besten passen könnte. Ich persönlich nehme immer die Option **Kugelförmig**, sie eignet sich laut Adobe am besten für sehr breite Panoramen. Für Panoramen mit Gebäuden empfiehlt Adobe die Option **Perspektivisch**, hier sollen gerade Linien gerade bleiben. **Zylindrisch** ist eine Art Mittelding zwischen den beiden, denn es soll sich für sehr breite Panoramen eignen und trotzdem fast perfekte Geraden zeigen. Wie dem auch sei, ich nehme trotzdem immer **Kugelförmig**.

Kapitel 7   Bilder … nun ja … speziell aussehen lassen

3   Sehen Sie sich noch einmal die Vorschau in Schritt 2 an – all diese weiße Fläche um das Panorama herum. Das könnten Sie natürlich später in Lightroom wegsäbeln, aber der Panoramadialog erledigt das Problem auch jetzt schon mit zwei verschiedenen, sehr nützlichen Optionen. Zum einen können Sie die weißen Ränder um Ihr Bild automatisch wegschneiden. Aktivieren Sie einfach das Kontrollkästchen **Automatisches Freistellen** (wie hier zu sehen); Lightroom schneidet dann so knapp zu, dass alle weißen Ränder verschwinden. Der Nachteil allerdings: Ihr Panorama verliert an Breite und Höhe. Je nach Motiv stört das nicht; die Funktion könnte aber auch Berge oder Gebäude anschneiden. Das erkennen Sie zum Glück schon in der Vorschau: Falls Lightroom Ihr Hauptmotiv zu stark kappt, schalten Sie die Option aus. Es gibt eine bessere Lösung.

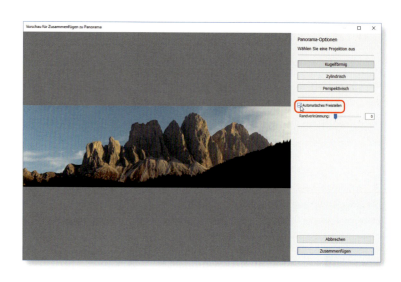

TIPP: Flexible Größe

Vergrößern Sie den Panoramadialog nach Belieben. Dazu ziehen Sie einfach an den Ecken. Weil Panoramen meist sehr breit ausfallen, ziehe ich den Panoramadialog bei mir so weit wie möglich in die Breite.

4   Und hier singe ich das Hohelied der **Randverkrümmung**. Die nutze ich wirklich bei jedem Panorama. Ziehen Sie den Regler ganz nach rechts – es wirkt wie Zauberei: Lightroom biegt Ihr Panorama irgendwie zurecht und füllt dabei die weißen Lücken. Das Ergebnis wirkt aber nicht etwa »hingebogen«, es sieht vielmehr super aus! Ich frage mich nur, warum das ein Regler und kein Kontrollkästchen ist. Denn ich verarbeite wirklich viele Panoramen, und bei weniger als 100 Prozent habe ich den Regler noch nie losgelassen (ziehen Sie mal auf 90 oder 80 Prozent zurück, dann verstehen Sie mich). Wie auch immer, eine unglaubliche Funktion, die ich immer wieder nutze (ein paar Vergleiche sehen Sie auf der nächsten Seite).

Bibliothek | **Entwickeln** | Karte | Buch | Diashow | Drucken | Web

5 Hier ein interessanter Vergleich: Das Bild oben zeigt das unveränderte Panorama; in der Mitte hat die Option **Automatisches Freistellen** die weißen Ränder gekappt; unten sehen Sie das gleiche Panorama, diesmal habe ich den Regler **Randverkrümmung** auf 100 Prozent gezogen. Es gibt hier keine beste Lösung – entscheiden Sie sich nach Belieben. Lassen Sie die weißen Ränder wahlweise auch stehen, um sie in Lightroom wegzuschneiden oder um sie in Photoshop inhaltsbasiert zu füllen. Es liegt ganz bei Ihnen.

> **TIPP: Objektivprofil gesucht**
>
> Manchmal sehen Sie ein Warnsymbol und die Meldung: »Objektivprofil kann nicht automatisch angepasst werden.« Lightroom baut dann trotzdem ein Panorama, aber es wird nicht so gut. Hier die Abhilfe: Klicken Sie auf **Abbrechen** und achten Sie darauf, dass Ihre Panoramaserie noch ausgewählt ist. Dann wechseln Sie im Entwickeln-Modul ins Bedienfeld **Objektivkorrekturen**. Dort im **Profil**-Register nehmen Sie **Profilkorrekturen aktivieren**. In den Menüs nennen Sie jetzt Hersteller und Typ Ihres Objektivs, **Automatisch synchronisieren** muss eingeschaltet sein. Danach erzeugen Sie das Panorama erneut, und dieses Mal sollte alles passen.

6 Nach dem Klick auf **Zusammenfügen** berechnet Lightroom das endgültige Panorama (das Programm rechnet im Hintergrund, aber Sie sehen den Statusbalken oben links). Schließlich erscheint das Ergebnis als neue DNG-Datei in derselben Sammlung wie die Einzelbilder (jedenfalls dann, wenn Sie in einer Sammlung angefangen haben, wenn nicht, landet das neue Panorama im selben Ordner). Bearbeiten Sie Ihr neues Pano jetzt wie jedes normale Foto.

Gut zu wissen: Als Ergebnis erzeugt Lightroom eine neue DNG-Datei.

Kapitel 7 Bilder … nun ja … speziell aussehen lassen

Lichtstrahlen ins Bild malen

Lightroom bietet zwei Pinsel, die Sie auf unterschiedliche Größen einstellen können, um dann zwischen diesen Werkzeugen hin und her zu wechseln. Das machen wir uns hier zunutze. Dabei erzeugen wir einen Übergang zwischen einem kleinen und einem großen Pinsel, und die **Weiche Kante** *verhindert unschön harte Konturen. Das geht ruckzuck, und auf dem richtigen Bild wirkt es echt super.*

1 Hier ist die RAW-Original-Datei, in die wir Lichtstrahlen hineinmalen. Oh, Sie denken jetzt »Scott … das ist aber ein echt lasches Bild.« Na ja, ich muss Ihnen wohl recht geben, aber ein Gutes hat die Aufnahme doch: Die Sonne lugt durch die Baumwipfel hindurch. Mit der Laschheit haben Sie jedoch recht, und darum befördern wir die Szene im nächsten Schritt von lasch zu nicht mehr ganz so lasch.

2 Erstmal heizen wir dem Bild etwas ein (rein farblich). Ziehen Sie also in den **Grundeinstellungen** den **Temp.**-Regler weit in Richtung Gelb – ein guter Anfang. Hellen wir die Sache ein bisschen auf, eine Viertelblende oder so, heben Sie die **Belichtung** auf +0,25 und den **Kontrast** auf +56. Deckeln Sie die allzu helle Sonne mit einem **Lichter**-Wert von –60 (die gemalten Sonnenstrahlen hellen das später wieder auf). Die **Tiefen** ziehen Sie bis auf +100, damit die Bäume nicht mehr so düster erscheinen. Ich habe sogar das **Weiß** bis ganz auf –100 abgesenkt, weil die Sonne da oben wirklich hell durchs Geäst bricht. Ziehen Sie die **Klarheit** auf +24 und schließlich die **Dynamik** auf +27, so dass die Farben auftrumpfen. Na gut, immer noch kein Top-Foto, aber es sieht doch schon besser aus.

236

3 Um die Sonnenstrahlen zu malen, schalten Sie in der Werkzeugleiste über den rechten Bedienfeldern zum **Korrekturpinsel** (K). Ziehen Sie den **Temperatur**-Regler bis auf 77, damit sehr gelbliche Striche entstehen, und heben Sie die **Belichtung** auf +2,00. Unten im Bedienfeld sehen Sie die zwei **Pinsel A** und **B**. Klicken Sie auf **A**, und heben Sie die **Weiche Kante** auf 100, Sie malen also mit einem weichen Übergang. Setzen Sie den **Fluss** auf 100; damit entsteht ein sehr gleichmäßiger Effekt. Die **Größe** dieses Pinsels regeln Sie auf 0,1 zurück – absolut winzig. Mit diesem Pinsel klicken Sie einmal genau auf die Sonne. Die Werkzeugspitze ist so mikroskopisch klein, dass Sie keine Veränderung sehen. Aber dort, wo Sie geklickt haben, zeigt Lightroom einen schwarzen Bearbeitungspunkt (hier rot eingekreist).

4 Jetzt klicken Sie auf den Pinsel **B**. **Weiche Kante** und **Fluss** erhalten wieder den Wert 100, aber als **Größe** nehmen Sie diesmal zum Beispiel 18. Sie haben ja schon einmal auf die Sonne geklickt. Jetzt halten Sie die Werkzeugspitze **B** über den unteren Bildrand links und klicken bei gedrückter ⇧-Taste einmal mit diesem größeren Umriss (die ⇧-Taste erzeugt eine gerade Linie zwischen Ihrem ersten Klick auf die Sonne und dem Klick am Bildrand). Die Gerade beginnt ganz schmal und verbreitert sich nach unten immer weiter, bis der Durchmesser des zweiten Pinsels erreicht ist. So entstehen Sonnenstrahlen. Aber auf der nächsten Seite bringen wir noch ordentlich mehr Tempo in die Produktion ganzer Strahlenbündel.

Kapitel 7 Bilder ... nun ja ... speziell aussehen lassen

5 Zaubern wir also weitere Sonnenstrahlen ins Bild. Aber wir wollen ja nicht jedes Mal unten rechts im Bedienfeld auf **A** und **B** klicken, bloß um die **Pinsel** zu wechseln – und ein Tastaturbefehl erleichtert uns die Sache enorm. Hier das Procedere: Während Pinsel **A** ausgewählt ist, klicken Sie einmal auf die Sonne (aber neben den Bearbeitungspunkt); dann wechseln Sie mit der Taste < zum Pinsel **B**, halten die ⇧-Taste gedrückt und klicken unten ins Bild – rechts vom ersten Lichtstrahl. Jeder Druck auf dieses Kleiner-als-Zeichen schaltet zwischen den Werkzeugspitzen **A** und **B** hin und her. Drücken Sie also wieder das <, so sind Sie zurück bei Pinsel **A**; dann klicken Sie einmal auf die Sonne, schalten mit dem < zu Pinsel **B** und klicken bei gedrückter ⇧-Taste am unteren Bildrand. Das nächste Kleiner-als-Zeichen bringt sie dann wieder zum Pinsel **A**, und das Spiel beginnt von vorn. Jedes Mal lassen Sie den Sonnenstrahl etwas weiter rechts ankommen, bis das Ergebnis aussieht wie hier.

6 Alle diese Sonnenstrahlen steuern Sie mit einem einzigen Bearbeitungspunkt; der entstand schon mit Ihrem allerersten Klick auf die Sonne. Das ist praktisch, denn die Stärke dieser Strahlen wollen Sie eventuell noch zurücknehmen; sie fügen sich dann besser ins Gesamtbild und wirken realistischer. Dazu nehmen Sie einfach den **Belichtung**-Regler (wir sind ja praktischerweise noch im Bedienfeld zum **Korrekturpinsel**). Wir hatten mit dem Wert 2,0 begonnen, also zwei Blenden heller; ziehen Sie den Regler etwas nach links, bis die Sonnenstrahlen besser ins große Ganze passen (hier ging ich bis auf 1,33 zurück, zeige die Sonnenstrahlen also nun zwei Drittelblenden dunkler).

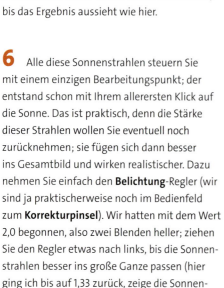

238

Bibliothek | **Entwickeln** | Karte | Buch | Diashow | Drucken | Web

7 Diesen Schritt hier können Sie auch überspringen, aber manchmal macht er das Gesamtbild noch stimmiger – erzeugen Sie leichten Dunst rings um die Sonnenstrahlen. Die Technik: Klicken Sie rechts oben im Bedienfeld auf **Neu**, dann klicken Sie doppelt auf **Effekt**, um alle Regler des **Korrekturpinsels** auf null zu setzen. Unten den Regler **Dunst entfernen** ziehen Sie nur ein wenig nach links (ich gehe hier auf −5). Malen Sie mit einem großen Pinsel über den Bereich der Strahlen (wie hier gezeigt). Wie gesagt, zwingend ist das nicht, doch Sie sollten den Trick auf jeden Fall kennen.

> **TIPP: Noch weichere Strahlen**
>
> Sollen die Sonnenstrahlen noch weicher erscheinen? Ziehen Sie den **Klarheit**-Regler des **Korrekturpinsels** nur ein wenig nach links, schon wirkt das Licht sanfter.

8 Hier sind noch ein paar Ergebnisse mit derselben Technik, aber anderen Lichtfarben (die variieren Sie über den Weißabgleich). In der Schlucht links oben habe ich den **Temp.**-Regler auf Blau zubewegt, damit das Licht etwas weißlicher, aber nicht komplett weiß wird. Im Bild rechts oben wanderte der **Temp.**-Regler weiter nach links, die Sonnenstrahlen erscheinen also weniger gelblich, und die **Belichtung** habe ich ein gutes Stück gesenkt. Bei dem Konzertfoto hatte Pinsel **A** die **Größe** 20 und Pinsel **B** 35, außerdem änderte ich den Weißabgleich des Lichtstrahls.

Kapitel 7 Bilder … nun ja … speziell aussehen lassen

So entstehen HDR-Bilder in Lightroom

Lightroom verrechnet die Einzelbilder einer Belichtungsserie zu einem einzigen 32-Bit-HDR-Foto. Keine Sorge: Dabei entsteht nicht dieser wilde »Harry-Potter-auf-Drogen«-Look. Lightrooms HDR-Ergebnisse erinnern eher an ganz normale Fotos. Doch der Tonwertumfang ist viel größer: Sie können zum Beispiel die Schatten massiv aufhellen, ohne dass gleich jede Menge Bildrauschen entsteht. Außerdem erzeugt Lightroom das HDR-Ergebnis als DNG-Datei, die Sie wie jede andere RAW-Datei bearbeiten (aber mit mehr Farbtiefe und Korrekturspielraum).

1 Wählen Sie Ihre Belichtungsserie in Lightroom aus. Hier habe ich drei Aufnahmen: normal belichtet, zwei Blenden *unterbelichtet* und zwei Blenden *überbelichtet*. Adobe sagt allerdings, Lightroom braucht nur zwei Aufnahmen – die zwei Blenden überbelichtete und die zwei Blenden unterbelichtete Version. Darum nehmen wir hier auch nur diese beiden Dateien. Dann wählen Sie **Foto • Zusammenfügen von Fotos • HDR**, oder Sie drücken `Strg`/`Cmd`+`H`.

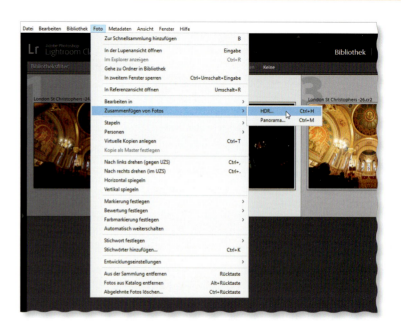

2 Sie landen im Dialog **Vorschau für Zusammenfügen von HDR** wie abgebildet. (*Hinweis:* Ändern Sie die Größe des Dialogfelds, indem Sie an den Rändern des Dialogs ziehen.) Oben die Option **Automatische Einstellungen** ist standardmäßig eingeschaltet (dasselbe wie **Automatisch** in den **Grundeinstellungen**; dort verwende ich es kaum, aber hier bei HDR-Bildern wirkt es gut, darum lasse ich es an). Je nach Bild sehen Sie vielleicht mehr Feinzeichnung und hellere Schatten, aber der Unterschied ist nie gewaltig (um HDR à la Lightroom wirklich auszunutzen, muss man das Ergebnis noch im Entwickeln-Modul herausarbeiten).

> **TIPP: Schneller zum HDR-Ergebnis**
>
> Überspringen Sie den HDR-Dialog, und verrechnen Sie Ihre Bilder einfach im Hintergrund mit den letzten Einstellungen zu HDR: Wählen Sie **Foto • Zusammenfügen von Fotos • HDR** bei gedrückter `⇧`-Taste.

240

Bibliothek | **Entwickeln** | Karte | Buch | Diashow | Drucken | Web

3 Die Option **Automatisch ausrichten** überspringen wir momentan, mehr dazu auf der nächsten Seite. Klicken Sie jetzt schon auf **Zusammenfügen**. Lightroom erzeugt das neue HDR-Bild neben den Einzelbildern direkt in der Sammlung, in der Sie ursprünglich begonnen haben (wie hier zu sehen). Falls Sie mit Ordnern arbeiten, müssen Sie eventuell bis zum Ordner-Ende scrollen, um die neue HDR-DNG-Datei zu finden. Übrigens, schon hier in den Miniaturen sieht man ja, wie Lightroom das Beste aus beiden Einzelbildern zu einem Ergebnis mit mehr Tonwerttiefe kombiniert hat.

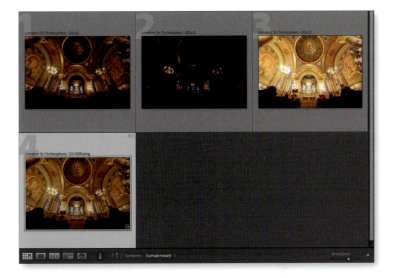

4 Bearbeiten Sie Ihr HDR-Bild nun wie jede andere RAW-Datei (ja, Lightrooms HDR-Ergebnis ist eine RAW-Datei). Wir hatten ja **Automatische Einstellungen** verwendet; wundern Sie sich also nicht, wenn einige Regler schon verschoben sind. Hier habe ich **Kontrast** und **Klarheit** angehoben (wie abgebildet). Die **Dynamik** habe ich leicht zurückgefahren, weil ich die Farben zu kräftig fand (ich wollte eher einen Goldton als knackiges Gelb). Wie auch immer, bearbeiten Sie die HDR-Datei nach Lust und Laune wie jede andere RAW-Aufnahme – und auf der nächsten Seite lernen Sie dazu noch einen der großen HDR-Vorteile kennen.

241

5 Hier das große Geheimnis von Lightrooms HDR-Technik: Die Ergebnisbilder bieten einen erweiterten Tonwertumfang, und Sie können die Schattentöne ganz massiv anheben, ohne dass Ihr Motiv in Bildrauschen versinkt. Sehen Sie sich mal das reguläre Einzelbild hier auf der linken Seite an. Ich helle die Schatten auf und kann mich vor Rauschen nicht mehr retten – es verhagelt mir geradezu meine Aufnahme. Und jetzt zur HDR-Version rechts. Wo sehen Sie noch Rauschen? Genau! Es gibt keinen besseren Grund für HDR-Bilder als diesen fantastischen Tonwertumfang. Ich bin hingerissen!

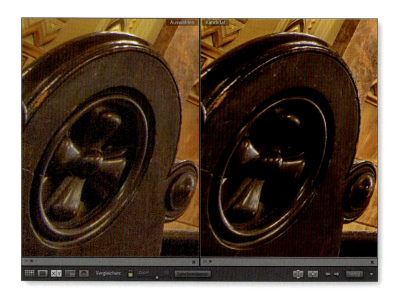

6 Um über die Option **Automatisch ausrichten** zu reden, wechseln wir das Bild. Die Option hilft vor allem bei Belichtungsserien, die Sie aus der Hand fotografieren. Sind die Bilder nicht ganz deckungsgleich, wird das von Lightroom korrigiert. Sehen Sie sich das Kamel auf der linken Seite an (ich weiß – nur ein Buckel, technisch also ein Dromedar). Dort erscheint eine wunderliche Kontur fast wie von einem zweiten Tier, weil ich die Serie aus der Hand fotografiert habe. Verwenden Sie **Automatisch ausrichten**, sorgt Lightroom eigenständig für deckungsgleiche Bilder; das klappt meist richtig gut. Fotografieren Sie Ihre HDR-Reihen jedoch per Stativ, muss Lightroom nichts ausrichten. Dann schalten Sie die Option aus, und das Programm arbeitet schneller. **Automatisch ausrichten** unterscheidet sich von der **Geistereffektbeseitigung**, indem es Bewegungen der Kamera beim Fotografieren ausgleicht. Die **Geistereffektbeseitigung** hilft dagegen, wenn sich etwas im Motiv selbst bewegt (zum Beispiel latscht jemand durch Ihr Motiv und sieht dann im Ergebnis wie ein halbdurchsichtiger Geist aus; aber das wirkt leider nicht cool, sondern einfach nur wie ein Fehler).

7 Die **Geistereffektbeseitigung** ist standardmäßig abgeschaltet (nutzen Sie die Funktion nur, wenn der Geistereffekt sichtbar im Bild erscheint). Um die Korrektur anzuwenden, klicken Sie entweder auf **Niedrig** (für schwache Geistereffektbeseitigung), auf **Mittel** (mittlere Korrektur) oder auf **Hoch** (wenn Sie viele Wischer im Bild sehen). Lightroom macht hier einen prima Job: Es nimmt eine nicht entstellte Szene aus einem Einzelbild und pflanzt sie nahtlos ins Gesamtergebnis, so dass der Wischeffekt verschwindet. Ich verwende immer zuerst die Einstellung **Niedrig**. Nur wenn ich dann noch Geistereffekte erkenne, wechsle ich zu **Mittel** oder **Hoch**. Möchten Sie die Bildstellen sehen, in denen Lightroom Geistereffekte wegzaubert? Dazu nehmen Sie die Option **Überlagerung für Geistereffektbeseitigung anzeigen**. Lightroom baut ein paar Sekunden lang eine neue Vorschau auf, dann werden die Zonen mit Geistereffekt-Korrektur rot überlagert (wie hier zu sehen, ich habe mit **Mittel** korrigiert).

8 Blicken wir noch einmal auf unser erstes Motiv. Hier oben sehen Sie ein normal belichtetes Einzelbild. Die Bänke erscheinen enorm dunkel, und Sie haben ja schon gesehen, was dort beim Anheben der Schatten passiert. Darunter das HDR-Ergebnis – ganz ohne Rauschen, und mit einem wunderschönen Tonwertverlauf.

> **TIPP: Erweiterter Tonwertumfang genauer betrachtet**
>
> Möchten Sie genauer sehen, wie Lightroom den Tonwertumfang bei HDR erweitert? Ziehen Sie den **Belichtung**-Regler einmal ganz nach rechts. Und Sie werden bemerken, die Skala endet nicht bei +5,00. Vielmehr geht sie jetzt bis +10,00, und nach links wandert der Regler nun bis –10,00 – das reicht von tiefem Schwarz bis zu Reinweiß.

Kapitel 7 Bilder ... nun ja ... speziell aussehen lassen

Lassen Sie Straßen und Pflastersteine nass glänzen

Seit einer Weile nutze ich diesen Trick, mit dem Straßen in meinen Reisefotos feucht glänzen. Was mir dabei gefällt: Es ist so einfach (nur zwei Regler) und trotzdem so wirkungsvoll. Der Effekt eignet sich ideal für Pflastersteine, aber auch für ganz normalen Asphalt.

1 Verbessern Sie das Bild zunächst ganz herkömmlich im **Grundeinstellungen**-Bedienfeld. Hier habe ich bei gedrückter ⇧-Taste doppelt auf die Regler **Weiß** und **Schwarz** geklickt und so automatisch Weiß- und Schwarzpunkt gesetzt. Ich habe auch die **Tiefen** etwas gesenkt, um die Strukturen der Brücke herauszuholen. Das alles hat noch nichts mit dem gleich folgenden Effekt zu tun, aber ich dachte, Sie wollen vielleicht wissen, wie ich das Bild vorab aufbereitet habe.

2 Klicken Sie auf den **Korrekturpinsel** (Taste K) oben in der Werkzeugleiste. Mit einem Doppelklick auf das Wort **Effekt** stellen Sie alle Regler auf 0. Nun ändern Sie genau zwei Regler: Ziehen Sie den **Kontrast**-Regler auf 100, und heben Sie den Wert für **Klarheit** ebenfalls auf 100. Das ist der ganze Trick. Nun malen Sie über Flächen, die nass aussehen sollen – hier male ich über die Straße im Vordergrund. Die Straße wirkt jetzt tatsächlich wie nach einem Regenguss, dabei entstehen sogar scheinbar realistische Reflexionen.

Bibliothek | **Entwickeln** | Karte | Buch | Diashow | Drucken | Web

3 Sollte die Straße noch nicht nass genug erscheinen, klicken Sie oben im **Korrekturpinsel**-Bedienfeld auf **Neu** und übermalen denselben Bereich noch einmal. Diesmal beginnen Sie aber in einem anderen Teil der Straße, so stapeln Sie eine zweite Lage des Effekts über die erste. Und sollte die Straße nach so viel **Klarheit** zu hell aussehen, senken Sie für jeden Bearbeitungspunkt entweder die **Belichtung** oder die **Lichter** ein wenig, bis alles gleichmäßig hell erscheint. Hier habe ich die **Lichter** auf –16 gesenkt. Ich hatte versuchsweise auch die **Belichtung** heruntergeschraubt, aber die Änderung nur bei **Lichter** gefiel mir besser.

4 Auf Pflastersteinen sieht die Technik besonders gut aus, aber sie eignet sich auch für übliche Asphaltstraßen. Hier sehen Sie ein Beispiel dafür mit einem Vorher-Nachher-Vergleich. So viel also zu künstlich nassen Straßen.

Foto: Scott Kelby | Belichtung: 1/25s | Brennweite: 70mm | Blende: f/2,8

Problemfotos
Korrigieren Sie typische Bildfehler

Ja. Problemfotos. Wir alle können ein Lied davon singen, und wir erzeugen sie gelegentlich selbst. Aber öfter noch sind unsere Kameras daran schuld, und wir haben dann den Schaden. Ich habe zum Glück einen Rat für Sie. Den sollten Sie allerdings genauestens befolgen. Sie können die Situation dann nicht nur besser bewältigen; auch Ihre und Ihrer Freunde Einstellung zu diesem Problem wird sich wandeln. Gefragt ist natürlich ein unvoreingenommenes Wesen, denn wir denken hier komplett *out of the box*. Lassen Sie mich also ausreden, und ziehen Sie keine voreiligen Schlüsse, bei denen Sie meinen guten Rat in Bausch und Bogen verwerfen – das wäre unser aller Unglück. Die Sache ist die: Sie müssen ein regelrechter Bildpsychiater werden, dann – und nur dann – werden Sie die Probleme in den Griff bekommen. Hören Sie auf zu kichern, dies ist eine ernsthafte Angelegenheit! Analysieren Sie jede Aufnahme sorgfältig, und reden Sie mit ihr über alles; so legen Sie die tieferen Schichten des Problems frei. Zuerst aber suchen Sie online eine wirklich kleine Couch – gerade groß genug für eine Speicherkarte. (Es gibt sie auf eBay, Etsy und manchmal sogar bei Amazon. Geliefert wird allerdings aus Japan; die Versandkosten sind dann zwar kaum höher, aber Sie müssen vier bis sechs Wochen warten.) Ich weiß, Sie denken jetzt: »Oh wie leicht, ich hole mir einfach die dreistöckige Barbie-Traumvilla bei Amazon.« Bitte glauben Sie mir, so einfach geht das nun wieder auch nicht. (Ich habe es ausprobiert. Die Sitzflächen sind aus Plastik, die Speicherkarte flutscht auf den Boden, und der therapeutische Dialog fällt in sich zusammen.) Sie brauchen zumindest ein Puppenhaus wie die Majestätische Villa von KidKraft. Dort verbauen sie echtes Holz (und nicht diesen Plastikschrott, den Mattel als Couch verhökert). Haben Sie Speicherkarte und Couch miteinander vertraut gemacht, beginnen Sie die Sitzung so: »Wenn Sie mögen, erzählen Sie mir ein wenig von Ihrem Sensor.«

Kapitel 8   Korrigieren Sie typische Bildfehler

Reparieren Sie Gegenlichtszenen

Wir fotografieren wohl so viel im Gegenlicht, weil unser Auge die immensen Kontraste sofort ausgleicht und korrigiert – das Hauptmotiv wirkt dann gar nicht mehr dunkel. Aber der Kamerasensor fängt nur einen Bruchteil der Kontraste ein, die Ihr Auge aufnimmt. Zum Glück haben wir schon in Kapitel 5 gesehen, wie der **Tiefen**-Regler solche Probleme locker behebt. Aber damit allein ist es noch nicht getan.

1 Hier unser Gegenlicht-Porträt (die Sonne steht links hinter ihrem Rücken). Beim Fotografieren fiel mir der Helligkeitsunterschied nicht auf, alles wirkte passend. Und ebenso gut sah es auch durch den Kamerasucher aus. Aber dann lieferte mir der Kamerasensor dieses Ergebnis – mein Model fast als Silhouette. Das lässt sich aber noch regeln.

TIPP: Achten Sie auf das Rauschen

Bildrauschen versteckt sich meist in den Tiefen. Starkes Aufhellen der Schatten verstärkt darum vorhandenes Rauschen. Achten Sie darauf, wenn Sie den **Tiefen**-Regler nach rechts ziehen. So dämmen Sie diese Störung bei Bedarf ein: Schnappen Sie sich den **Korrekturpinsel** ([K]), ziehen Sie den **Rauschen**-Regler nach rechts, und malen Sie über den Schatten.

2 Im Entwickeln-Modul im **Grundeinstellungen**-Bedienfeld ziehen Sie den **Tiefen**-Regler nach rechts, bis das Gesicht zur Umgebungshelligkeit passt (hier habe ich auf +80 gezogen). Ziehen Sie nicht zu weit, das wirkt unnatürlich. Und achten Sie auf ein Weiteres: Wenn Sie die **Tiefen** zu stark anheben, wirkt das Bild eventuell flau (so wie unsere Vorlage auch). Das korrigieren wir aber mit einem einzigen Handgriff.

Bibliothek | **Entwickeln** | Karte | Buch | Diashow | Drucken | Web

3 Die Wischiwaschi-Bildstimmung aus Schritt 2 putzt der **Kontrast**-Regler meist wieder weg. Hier hebe ich den **Kontrast** auf +46, das Bild wirkt wieder klar. Das hilft oft, aber wer weiß: Sollte Ihnen das Ergebnis nicht gefallen, fahren Sie den **Kontrast** wieder auf 0 zurück, dann pumpen Sie ein paar dunkelste Tieftöne ins Bild – ziehen Sie den **Schwarz**-Regler nur leicht nach links. Eine dieser beiden Techniken verhindert in aller Regel, dass Ihr Bild nach einer Schatten-Aufhellung zu blass erscheint.

4 Hier habe ich die Taste Y für den Vorher-Nachher-Vergleich gedrückt. Sie erkennen, wie gut unser Verfahren funktioniert – wir haben die **Tiefen** angehoben und dann **Kontrast** zurückgeholt.

Kapitel 8 Korrigieren Sie typische Bildfehler

Bildrauschen reduzieren

Fotografieren Sie mit hohen ISO-Werten oder bei wenig Licht, dann enthält Ihr Foto vielleicht Bildrauschen – entweder Helligkeitsrauschen (eine erkennbare Körnung im Gesamtbild, vor allem in den Schatten) oder Farbrauschen (diese unschönen roten, grünen und blauen Punkte). Beide Probleme kann Lightroom korrigieren. Das Programm bearbeitet Ihre Bilder im 16-Bit-RAW-Modus (während die meisten Plugins erst nur 8-Bit-Bilder verarbeiten können).

1 Dieses Bild entstand bei ISO 800, war dabei aber deutlich unterbelichtet – also musste ich die Schatten massiv anheben, und dann kriecht das Rauschen echt aus allen Löchern. Um es zu entfernen, gehen Sie im Entwickeln-Modul ins **Details**-Bedienfeld und wählen die **Rauschreduzierung**. Falls Sie dort die kleine 1:1-Vorschau mit dem Dreieck ausblenden, zeigt Lightroom ein Warnsymbol – ein Hinweis, dass Sie die Auswirkung dieser Korrektur nur realistisch in der Zoomstufe **1:1** bewerten können (unten in Schritt 2 habe ich sogar auf **3:1** gezoomt, da wird das Rauschen auf den Bodenfliesen und an der Wand sehr deutlich).

2 Ich senke meist zuerst das besonders störende Farbrauschen (bei RAW-Aufnahmen wendet Lightroom automatisch ein wenig Rauschreduzierung an). Ziehen Sie den **Farbe**-Regler langsam von 0 nach rechts. Sobald die Farbe verschwindet, ziehen Sie nicht weiter, denn besser wird's nicht mehr. Hier reicht der Wert 24. Ist dabei Feinzeichnung untergegangen? Dann ziehen Sie den **Details**-Regler nach rechts, um Farben an Motivkonturen zu schützen. Halten Sie den Wert niedrig, vermeiden Sie Farbflecken, aber die Farben könnten »auslaufen« (»überstrahlen«). Diese Flecken wiederum soll der Regler **Glättung** dämpfen, von dem ich aber generell die Finger lasse: Diese Funktion hat noch jede Aufnahme unschön verwischt.

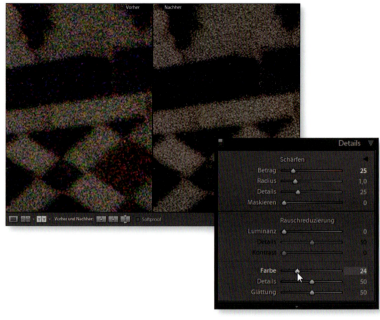

250

Bibliothek | **Entwickeln** | Karte | Buch | Diashow | Drucken | Web

3 Das Farbrauschen ist erledigt, doch jetzt könnte Ihr Bild körnig aussehen. Dieses Rauschen heißt auch Luminanzrauschen (Helligkeitsrauschen). Ziehen Sie also den **Luminanz**-Regler nach rechts, bis das Rauschen weitgehend verschwindet (wie hier mit dem Wert 38). Wow, Lightroom macht hier einen tollen Job, aber es gibt noch zwei weitere Steuerungsmöglichkeiten. Die Zwickmühle dabei: Ihr Bild erscheint entweder glatt und rauschfrei oder scharf und detailreich – aber kaum beides zugleich. Der **Details**-Regler repariert deutlich weichgezeichnete Bilder. Wurde Ihr Foto also zu weich, ziehen Sie **Details** nach rechts – allerdings könnte nun mehr Rauschen hervortreten. Soll die Szene besonders rauschfrei herauskommen, ziehen Sie die **Details** nach links – Sie verlieren aber etwas Detailzeichnung zugunsten einer ebenmäßigeren Anmutung (eins geht eben nicht ohne das andere). Ist Ihnen dabei Kontrast abhanden gekommen? Ziehen Sie den **Kontrast**-Regler nach rechts, allerdings produziert das vielleicht größere Flecken. Sie müssen halt immer abwägen und selbst entscheiden, welche Reglerstellungen Ihr Bild verbessern oder schlechter aussehen lassen.

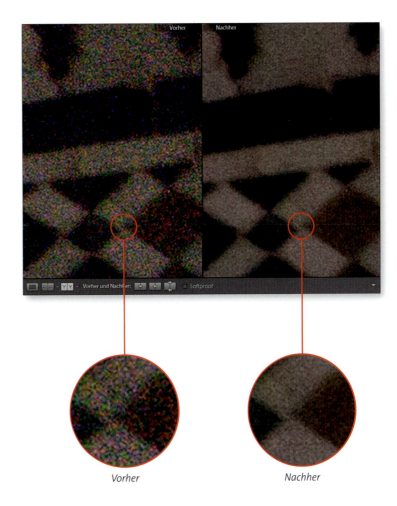

Vorher *Nachher*

Kapitel 8 Korrigieren Sie typische Bildfehler

4 Manchmal sieht man das Rauschen nur in einzelnen Bildregionen, etwa im Himmel oder in aufgehellten Schattenzonen. Dann »malen« Sie Ihre Rauschreduzierung gezielt mit dem **Korrekturpinsel** ([K]). Im Bedienfeld zum **Korrekturpinsel** sehen Sie das **Rauschen**. Diesen Regler ziehen Sie leicht nach rechts, anschließend übermalen Sie die betroffene Bildpartie; in diesem Bereich geht das Rauschen zurück. Also supertoll wirkt das nicht (vielleicht hatten Sie das erhofft), und die übermalte Zone erscheint weichgezeichnet. Aber bei manchen Aufnahmen gefällt mir die Technik, und sie ändert nicht das Gesamtbild, sondern nur gezielt ausgewählte Bereiche – anders als die **Rauschreduzierung** aus dem **Details**-Bedienfeld. Sie können ja die **Rauschreduzierung** aus den **Details** zuerst verwenden, danach erst übermalen Sie besonders arg verrauschte Stellen mit dem **Korrekturpinsel**.

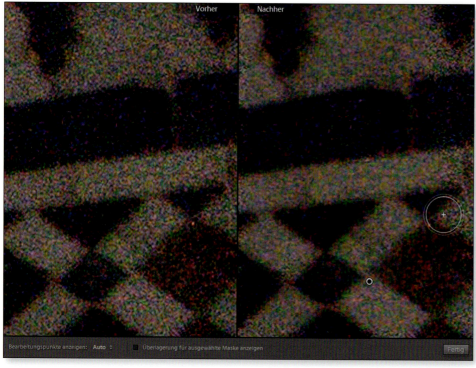

Bibliothek | **Entwickeln** | Karte | Buch | Diashow | Drucken | Web

Kommando zurück – Widerrufen ohne Ende

*Lightroom notiert sich alle Änderungen, die Sie auf ein Bild anwenden. Die Korrekturen erscheinen als chronologische Liste im **Protokoll**-Bedienfeld des Entwickeln-Moduls. Wollen Sie also eine Bearbeitung widerrufen und zu einer früheren Bildwirkung zurückkehren, erledigen Sie das mit nur einem Klick. Leider annulliert Lightroom nicht nur einen einzelnen Befehl, während der Rest unverändert bleibt. Aber Sie können zu einem früheren Schritt zurückkehren und Ihre Aufnahme von da aus neu bearbeiten. Und so funktioniert's:*

1 Bevor wir uns das **Protokoll**-Bedienfeld vornehmen, wollte ich für alle Fälle noch dies erwähnen: Sie können alles mit dem Tastaturbefehl Strg/Cmd+Z rückgängig machen. Bei jedem Tastendruck widerrufen Sie einen weiteren Schritt, bis Sie die allererste Änderung an diesem Bild erreicht haben. Also brauchen Sie das **Protokoll**-Bedienfeld womöglich gar nicht. Benötigen Sie eine Liste aller Bearbeitungen eines bestimmten Bildes, öffnen Sie das **Protokoll**-Bedienfeld links im Programmfenster (hier abgebildet). Die neuesten Eingriffe erscheinen oben. (*Hinweis:* Lightroom führt für jedes Foto eine eigene Liste.)

2 Halten Sie den Mauszeiger über einen Bildzustand im **Protokoll**-Bedienfeld, dann zeigt das **Navigator**-Bedienfeld ganz oben links das Aussehen des Bildes zu diesem Zeitpunkt. Hier halte ich den Mauszeiger über eine frühere Bildfassung, als ich auf Schwarzweiß umgestellt hatte. Später habe ich jedoch meine Meinung geändert und dem Bild wieder Farbe verliehen.

Kapitel 8 Korrigieren Sie typische Bildfehler

3 Sie wollen tatsächlich zu dieser früheren Bildfassung zurückkehren? Dann halten Sie den Mauszeiger nicht nur über diesen Bildzustand, sondern klicken darauf – Ihr Foto springt zu diesem Aussehen zurück. Übrigens: Falls Sie per Tastaturbefehl und nicht mit dem **Protokoll** zurückschalten, zeigt Lightroom die widerrufene Änderung groß über dem Foto an. Das ist praktisch: Sie sehen, was Sie widerrufen, ohne dass das **Protokoll** laufend geöffnet sein muss.

> **TIPP: Lightrooms langes Gedächtnis**
>
> Photoshops **Protokoll** widerruft ohne Ändern der **Voreinstellungen** nur 20 Schritte, und schließen Sie das Bild, ist alles weg. Lightroom merkt sich jedoch unbegrenzt viele Änderungen. Sie bleiben auch dann erhalten, wenn Sie andere Bilder bearbeiten oder das Programm schließen. Selbst wenn Sie das Foto erst ein Jahr später wieder öffnen, können Sie immer noch alles widerrufen.

4 Die aktuelle Bildfassung gefällt Ihnen, und Sie wollen diese Variante gelegentlich blitzschnell anzeigen? Klicken Sie im **Schnappschüsse**-Bedienfeld (direkt über dem **Protokoll**-Bedienfeld) auf das **+** rechts neben der Bedienfeldüberschrift. Das bringt Sie zum Dialog **Neuer Schnappschuss** (hier zu sehen), dort tippen Sie eine passende Bezeichnung ein (ich schreibe »Duoton mit Vignette«, dann weiß ich, was mich beim Klick auf dieses Objekt erwartet – eine Duotonversion mit Randabdunklung). Nach dem Klick auf **Erstellen** erscheint dieser Zwischenstand dauerhaft im **Schnappschüsse**-Bedienfeld (wie abgebildet). Sie müssen übrigens nicht auf eine ältere Bildfassung klicken, um einen Schnappschuss zu speichern. Klicken Sie einfach mit der rechten Maustaste auf irgendeinen Eintrag im **Protokoll**-Bedienfeld, und wählen Sie **Schnappschuss erstellen** im Kontextmenü. Wirklich praktisch!

254

Bibliothek | **Entwickeln** | Karte | Buch | Diashow | Drucken | Web

Schneiden Sie Ihr Bild richtig zu

Ich fand das Zuschneiden in Lightroom erst einmal merkwürdig und umständlich – wohl weil ich so an das Freistellungswerkzeug der älteren Photoshop-Versionen gewöhnt war. Doch dann machte ich mich mit der Freistellungsfunktion von Lightroom vertraut und denke inzwischen, es gibt vielleicht nichts Besseres. Lightroom verwirrt Sie hier vielleicht zunächst auch, aber gehen Sie einmal unbefangen an die Sache heran – sie wird Ihnen am Ende sehr gefallen. Und bei Nichtgefallen: In Schritt 6 lesen Sie, wie man mehr nach der Art von Photoshop zuschneidet.

1 Hier ist das Originalbild: Ich stand weit von den Spielern entfernt und konnte sie auch mit meinem 400er-Tele nicht bildfüllend aufnehmen. Das müssen wir noch zuschneiden, denn mein Bild handelt nicht vom leeren Rasen – sondern von einer dramatischen Ballannahme. Wechseln Sie zum Entwickeln-Modul, und klicken Sie in der Werkzeugleiste über den **Grundeinstellungen** auf die **Freistellungsüberlagerung** (hier rot eingekreist). Nun zeigt Lightroom die passenden Einstellungsmöglichkeiten direkt unter den Werkzeugen. Lightroom legt auch Orientierungslinien nach der Drittelregel über das Bild. Sie sollen bei der Gestaltung des Bildes helfen, außerdem erscheinen Anfasspunkte in den vier Ecken. Das Seitenverhältnis können Sie flexibel lassen oder fixieren, dann hat die zugeschnittene Version dieselben Proportionen wie das Original. Dazu klicken Sie auf das Vorhängeschloss oben rechts im Bedienfeld (hier markiert).

2 Um das Bild zuzuschneiden, ziehen Sie einen Eckanfasser nach innen. So verkleinern Sie die **Freistellungsüberlagerung**. Hier habe ich auf den rechten unteren Eckanfasser geklickt und diagonal nach innen gezogen. Aber der Bildausschnitt ist immer noch zu weit.

3 Rahmen wir die Szene also sauber ein. (Sie haben das Bild ja heruntergeladen, oder? Die Webadresse steht in der Einleitung zum Buch.) Klicken Sie auf den oberen linken Eckanfasser, und ziehen Sie schräg nach innen, bis ein schöner, knapper Bildausschnitt entsteht (wie hier). Wollen Sie das Bild innerhalb des Ausschnitts neu anordnen, klicken und ziehen Sie einfach in der **Freistellungsüberlagerung**. Der Mauszeiger erscheint dann als Verschiebehand (hier abgebildet), und jetzt können Sie das Bild innerhalb der Auswahl passend bewegen.

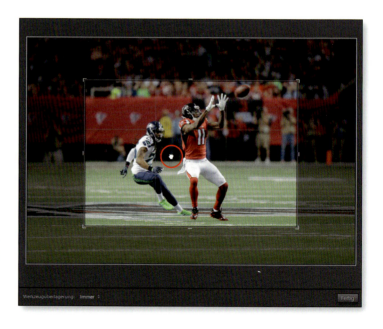

> **TIPP: So verschwindet die Überlagerung**
>
> Sollen die Orientierungslinien mit der Drittelregel verschwinden? Dazu drücken Sie `Strg`/`Cmd`+`⇧`+`H`. Die Alternative: Die Linien erscheinen nur in dem Moment, in dem Sie den Freistellungsausschnitt tatsächlich ändern. Dazu stellen Sie das Menü **Werkzeugüberlagerung** unter dem Bild auf **Auto**. Und neben der Drittelregel bietet Lightroom auch noch andere Überlagerungen an – mit der Taste `O` schalten Sie nacheinander durch diese Darstellungen.

4 Gefällt Ihnen der Bildausschnitt? Dann bestätigen Sie ihn mit der Taste `R`. So verschwindet die **Freistellungsüberlagerung**, und Sie sehen nur noch die zugeschnittene Bildfassung. Aber es gibt noch zwei weitere Möglichkeiten zum Zuschneiden, die wir noch nicht besprochen haben.

Bibliothek | **Entwickeln** | Karte | Buch | Diashow | Drucken | Web

5 Brauchen Sie ein bestimmtes Seitenverhältnis? Das steuern Sie mit dem **Seitenverhältnis**-Menü in den Optionen zum Freistellungswerkzeug. Klicken Sie unter dem rechten Bedienfeldbereich auf **Zurücksetzen**, so dass Sie wieder das ursprüngliche Bild ohne Anschnitt haben. Dann klicken Sie erneut auf **Freistellungsüberlagerung**. Klicken Sie auf das Menü **Seitenverhältnis** oben rechts in den Optionen; Lightroom präsentiert eine Reihe von wählbaren Seitenverhältnissen, dort nehmen Sie **8,5 × 11**. Dabei springen die linke und rechte Seite der **Freistellungsüberlagerung** nach innen, so dass das Seitenverhältnis eines Bildes in 8,5 × 11 Zoll entsteht. Ändern Sie jetzt ruhig die Größe der Auswahl, Sie werden immer das Seitenverhältnis **8,5 × 11** erhalten.

6 Sie möchten so freistellen wie Photoshop? Schalten Sie die **Freistellungsüberlagerung** ein, und klicken Sie auf das **Freistellungsrahmen-Werkzeug** (hier eingekreist). Das verlässt nun seinen Stammplatz im Bedienfeld, und Sie können einen Freistellungsrahmen beliebig aufziehen und bewegen. Stören Sie sich nicht daran, dass der ursprüngliche Freistellungsrahmen an seinem Platz verharrt, während Sie die neue Auswahl aufziehen, wie hier zu sehen – so funktioniert das. Haben Sie den Rahmen erst aufgezogen, läuft alles wie vorher (ändern Sie die Größe durch Ziehen an den Eckanfassern, und verschieben Sie den Ausschnitt durch Klicken und Ziehen innerhalb der Auswahl). Bestätigen Sie Ihr Ergebnis mit der Taste R. Wie schneidet man also nun richtig zu? So, wie es Ihnen am besten passt.

> **TIPP: Freistellung widerrufen**
>
> Sie möchten wieder das komplette, ursprüngliche Bild ohne Zuschnitt sehen? Klicken Sie einfach unten in den Optionen zur **Freistellungsüberlagerung** auf **Zurücksetzen**.

Kapitel 8 Korrigieren Sie typische Bildfehler

Tolle Sache: Freistellen mit »Beleuchtung aus«

*Schneiden Sie ein Foto mit der **Freistellungsüberlagerung** aus dem Entwickeln-Modul zu, zeigt Lightroom den zu entfernenden Außenbereich automatisch dunkler an. So haben Sie eine bessere Vorschau auf den späteren Bildausschnitt. Das ist schon ganz okay. Aber vielleicht wollen Sie das ultimative Freistellungserlebnis, bei dem Sie den endgültigen Bildzuschnitt wirklich perfekt erkennen – dann nutzen Sie beim Zuschneiden den Modus **Beleuchtung aus**. Sie werden nie mehr etwas anderes wollen!*

1 Damit Sie dieses Verfahren wirklich schätzen, sehen wir uns erst die normale Darstellung beim Zuschneiden an – reihenweise Bedienfelder und ablenkendes Klein-Klein. Der zu entfernende Rand wird etwas abgedunkelt, bleibt aber sichtbar. Testen wir jetzt das Freistellen ohne Beleuchtung: Klicken Sie zuerst auf die **Freistellungsüberlagerung**, um mit dem Freistellen zu beginnen. Mit ⇧+Tab verbergen Sie dann alle Bedienfelder.

2 Für den Modus **Beleuchtung aus** drücken Sie jetzt zweimal L. Sämtliche störenden Programmelemente verschwinden, und Ihr Bild erscheint zentriert vor schwarzem Hintergrund, aber die **Freistellungsüberlagerung** ist noch da. Ziehen Sie einen Eckanfasser nach innen, und dann ziehen Sie außerhalb der Auswahl, um den Rahmen zu drehen. Noch während Sie am Rahmen ziehen, sehen Sie schon das fertig zugeschnittene Ergebnis und sonst gar nichts. Das ist das ultimative Freistellungserlebnis! (Hier, mit einem starren Monitorbild, kann ich es nicht so gut rüberbringen, Sie müssen es einfach selbst einmal ausprobieren – Sie werden das herkömmliche Verfahren nie wieder verwenden!)

Bibliothek | **Entwickeln** | Karte | Buch | Diashow | Drucken | Web

Korrigieren Sie einen schiefen Horizont

Der Horizont steht schief? Lightroom korrigiert ihn mit vier verschiedenen Verfahren. Eine Technik ist sehr genau, eine automatisch, und bei den anderen zwei Methoden arbeiten Sie eher nach Augenmaß, aber manchmal geht es nicht anders.

1 Das Bild hier zeigt einen schiefen Horizont (hat das mit dem Wein in Venedig zu tun? Nur eine Vermutung). Methode 1 geht so: Schalten Sie die **Freistellungsüberlagerung** in der Werkzeugleiste des Entwickeln-Moduls ein, rechts unter dem Histogramm (Tastaturbefehl R). In den Optionen zum Werkzeug schalten Sie zum **Gerade-ausrichten-Werkzeug** (das wie eine Wasserwaage aussieht). Ziehen Sie das Werkzeug von links nach rechts an einer Bildkontur entlang, die eigentlich waagerecht erscheinen sollte (wie hier, ich ziehe am Kanal entlang, der rote Pfeil zeigt Ihnen die Richtung). Das funktioniert prima, und Sie könnten sogar vertikal ziehen, hier zum Beispiel am Turm entlang. Es gibt jedoch einen Haken: Ihr Bild muss etwas Waagerechtes zeigen – einen Horizont, eine Mauer, einen Fensterrahmen oder Ähnliches.

2 Die zweite Methode probiere ich oft zuerst, denn sie kostet nur einen Klick und ist vollautomatisch. Klicken Sie zunächst unter der rechten Bedienfeldleiste auf **Zurücksetzen**, dann klicken Sie erneut auf die **Freistellungsüberlagerung**. Nutzen Sie über dem **Winkel**-Regler die **Auto**-Schaltfläche – eine Horizontautomatik. Lightroom versucht, den Horizont selbständig zu korrigieren, und bei klar erkennbaren Horizontlinien oder anderen Geraden funktioniert das sehr ordentlich. Das Programm arbeitet aber nicht zu Ende: Es dreht nur den Freistellungsrahmen wie erforderlich. Gefällt Ihnen das, klicken Sie unten rechts unter dem Bild auf **Fertig**.

259

3 Die dritte Methode ähnelt sehr der zweiten – beide Male rückt Lightroom den Horizont per Ein-Klick-Automatik zurecht. Öffnen Sie in den Bedienfeldern rechts das **Transformieren**-Bedienfeld. Oben im Bereich **Upright** klicken Sie auf die Schaltfläche **Ebene** (wie abgebildet), schon dreht sich das Bild perfekt waagerecht. Ehrlich gesagt ist der **Auto**-Button in den Freistellungsoptionen nur eine andere Verkörperung dieser **Ebene**-Schaltfläche im Bereich **Upright**. Erzählen wollte ich Ihnen das aber trotzdem: Vielleicht arbeiten Sie ja schon im **Transformieren**-Bedienfeld; dann müssen Sie nicht mehr extra zur **Freistellungsüberlagerung** wechseln, wenn Sie das Bild noch geraderichten wollen.

4 Klicken Sie unter der rechten Bedienfeldleiste auf **Zurücksetzen**, damit Sie wieder das schiefe Bild vor sich haben. Sie könnten wieder zur **Freistellungsüberlagerung** schalten und außen neben dem Freistellungsrahmen ziehen (auf dem grauen Hintergrund). Ihr Mauszeiger erscheint dann als Doppelpfeil. Durch senkrechtes Klicken und Ziehen drehen Sie Ihr Bild nun, bis es gerade aussieht. Etwas anderes gefällt mir aber besser: Nehmen Sie im **Transformieren**-Bedienfeld den **Drehen**-Regler. Bei diesem Motiv ziehen wir den Regler für eine Drehung gegen den Uhrzeigersinn nach links. Hier habe ich die Maustaste losgelassen, als das Bild korrekt wirkte. Dabei entstehen zwar diese weißen, dreieckigen Lücken ums Bild herum. Die schneidet Lightroom jedoch automatisch weg, wenn Sie **Zuschnitt beschränken** einschalten (hier zu sehen). Damit sehen Sie keine Lücken mehr.

Bibliothek | **Entwickeln** | Karte | Buch | Diashow | Drucken | Web

Auf den Punkt genau retuschieren

*Der Name passt: Die **Bereichsreparatur** repariert kleine Schönheitsfehler bis hin zu Strommasten oder Limoflaschen, die noch aus Ihrem Strandfoto rausmüssen. Doch verwechseln Sie das Werkzeug nicht mit Photoshops genialem **Reparaturpinsel**. Damit habe ich gearbeitet. Wir wurden Freunde. Und zur **Bereichsreparatur** sage ich: Ein **Reparaturpinsel** bist *DU* nicht. (Aber etwas Besseres haben wir nicht, machen wir uns also besser mit dem Ding vertraut.)*

1 Dieses Bild hier wollen wir retuschieren. Es entstand in einem Museum mit hübschen, exotischen Oldtimern. Allerdings reflektieren die Deckenstrahler auf dem Chassis, und wir möchten zumindest die auffälligsten weißen Punkte wegretuschieren. Schalten Sie zur **Bereichsreparatur** (hier eingekreist), oder drücken Sie einfach das Q. Zeigen Sie die Werkzeugspitze etwas größer als die Störung, der Sie zu Leibe rücken (Sie ändern die Pinselgröße bequem mit den Tasten . und ,, Punkt und Komma).

2 Zoomen Sie ins Bild, um die Störungen größer zu sehen. Klicken Sie einen Lichtfleck einmal an, schon verschwindet er (wie hier, ich habe einmal auf einen Fleck links geklickt). Dabei zeigt Lightroom zwei Kreise: Der etwas dünnere Kreis umrahmt den Bildteil, den Sie angeklickt haben; der kräftigere Kreis zeigt den Bereich, aus dem Lightroom Bildpunkte über die Störung kopiert. (*Hinweis:* Ging etwas schief? Diese Reparatur verschwindet ganz einfach mit der Entf-Taste; am Mac: ←-Taste.) Meist findet Lightroom eine Kopierquelle nah an der Störung. Aber aus Gründen, die ich wohl nie verstehen werde, überdeckt Lightroom die Fehler gelegentlich mit Pixeln aus weit entfernten Regionen (es holt sich zum Beispiel etwas aus den Fenstern). Und wenn das passiert (und es wird passieren), steuern Sie mit zwei Maßnahmen dagegen.

Kapitel 8 Korrigieren Sie typische Bildfehler

3 Methode 1: Klicken Sie mit der rechten Maustaste auf einen der beiden Bearbeitungspunkte und dann auf **Neue Quelle auswählen**, notfalls mehrmals. Bei jedem Versuch findet Lightroom eine andere Kopierquelle, und beim zweiten oder dritten Mal ist das Ergebnis meist brauchbar. Das ist die Automatik, Lightroom sucht den Kopierbereich für Sie. Beim zweiten Verfahren entscheiden Sie selbst: Sie klicken in die Kopierquelle und ziehen den Kreis in eine andere Bildregion (hier ziehe ich den Kreis nach unten rechts). Ein dünner weißer Pfeil zeigt dabei von der Kopierquelle zur Störung. Sobald Sie den Kreis mit dem Kopierbereich an der neuen Bildstelle loslassen, korrigiert Lightroom die zugeordnete Bildstörung neu.

Hinweis: Wirken Teile der Korrektur halb durchsichtig? Dann ziehen Sie rechts oben im Bedienfeld zur **Bereichsreparatur** den Regler **Weiche Kante** nach links; so wird der Pinselumriss härter. Das hilft manchmal. Damit kennen Sie zwei Nachhilfemöglichkeiten, wenn die erste Bereichsreparatur versagt: Sie suchen neue Kopierquellen automatisch nach Rechtsklick auf einen Punkt per **Neue Quelle auswählen** oder von Hand durch Ziehen des deutlicher eingerahmten Kreises.

4 Sie können auch ganze Linien oder mehrere Lichtpunkte gleichzeitig übermalen – ziehen Sie das Werkzeug einfach bei gedrückter Maustaste über die komplette Störung. Den übermalten Bereich zeigt Lightroom zur Orientierung vorübergehend weiß (wie hier zu sehen). Lassen Sie die Maustaste los, und warten Sie kurz – schon hat Lightroom eine Kopierquelle gefunden und den Fehler retuschiert. Wieder hebt das Programm den kopierten Bereich mit einem weißen Umriss hervor. Überzeugt Sie das erste Reparaturergebnis also noch nicht, dann bessern Sie mit einer der beiden Methoden aus Schritt 3 nach, bis die Korrektur realistischer daherkommt.

Bibliothek | **Entwickeln** | Karte | Buch | Diashow | Drucken | Web

5 So läuft das, und die ganze Angelegenheit braucht wirklich ihre Zeit (wie so ein Rentner an der Salatbar, der von allen 50 Schüsseln ein Gäbelchen voll auf seinen Teller häufen muss. Aber ich schweife ab). Sie arbeiten sich durchs Bild und klicken kleinere Störungen einfach einmal an; dabei ist der Pinsel knapp größer als der Fleck, der wegmuss. Über größere Flecken oder Ansammlungen ziehen Sie das Werkzeug bei gedrückter Maustaste. Dann prangen kurzum massenhaft Kreise und Linien auf Ihrem Foto. Denn solange die **Bereichsreparatur** noch aktiv ist, können Sie jede einzelne Retusche per Klick auf ihren Bearbeitungspunkt neu aktivieren und vergrößern, verfeinern oder löschen.

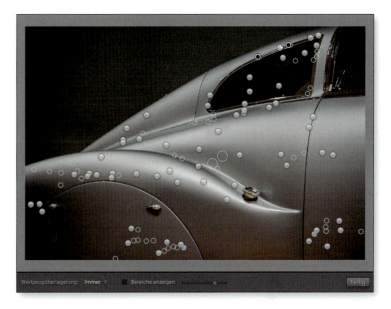

6 Hier ein Vorher-Nachher-Vergleich, die meisten Stellen habe ich wegbekommen (okay, nicht jede einzelne, denn … also … wirklich Spaß macht das ja nicht, und ich muss auch noch dieses Buch schreiben und überhaupt … die dicken Dinger sind jedenfalls jetzt alle weg).

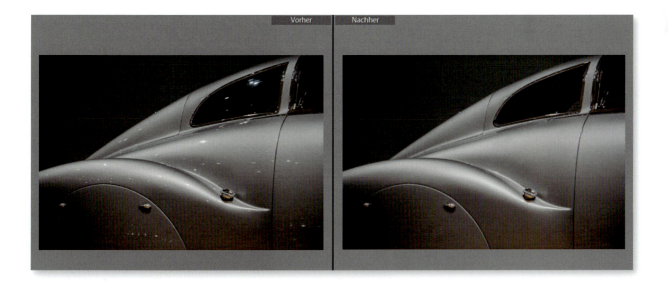

Kapitel 8   Korrigieren Sie typische Bildfehler

So spüren Sie Staub und Flecken kinderleicht auf

Sie drucken ein Bild schön groß, und auf dem Papier sehen Sie plötzlich Staub, der auf dem Sensor abgelagert war, und andere Flecken und Partikel – es gibt nichts Schlimmeres. Diese Störungen finden sich gerne im blauen oder grauen Himmel von Landschafts- oder Reisefotos. Und wenn Sie im Studio einen Endloshintergrund verwenden, ist es genauso schwierig (vielleicht schwieriger). Oder besser gesagt, es war einmal schwierig – denn seit Lightroom 5 spüren Sie Flecken und Staub mühelos auf, und Sie tilgen die Störungen blitzschnell!

1 Dieses Bild vom Lake Tahoe in Nevada zeigt einige deutlich erkennbare Flecken und Staubpunkte im Himmel – ich finde ungefähr acht Flecken. Aber die Stäubchen, die man bei dieser Größe oder bei diesem Himmel nicht erkennt, die sind viel schlimmer! Klar, irgendwann entdeckt man diese Bildstörungen – zum Beispiel wenn Sie auf teures Papier ausgedruckt haben oder wenn der Kunde fragt: »Gehören die zum Bild?«

2 Um all die kleinen Störungen aufzuspüren, schalten Sie zur **Bereichsreparatur** im rechten Bedienfeldbereich (hier rot eingekreist, Tastaturbefehl Q). Unten in der Werkzeugleiste, direkt unter dem Hauptbild, befindet sich das Kontrollkästchen **Bereiche anzeigen**. Schalten Sie diese Funktion ein, zeigt Lightroom Ihr Bild als Schwarzweißgrafik, Sie erkennen weitere Flecken nun blitzschnell.

3 Ich habe etwas ins Bild hineingezoomt, damit die Staubpunkte besser herauskommen. Die Störungen treten aber auch deshalb so klar hervor, weil ich den Betrag für **Bereiche anzeigen** erhöht habe (ziehen Sie den Regler **Bereiche anzeigen** nach rechts; falls sich irgendwo noch Flecken, Partikel, Staub und Co. verbergen, werden sie nun sofort sichtbar). Ich ziehe den Regler so weit, dass die Störungen gut herauskommen, aber nicht bis zu dem Punkt, an dem Lightroom nur noch eine Art Schnee oder Rauschen präsentiert.

TIPP: Perfekte Pinselgröße

Halten Sie bei der Retusche mit der **Bereichsreparatur** Strg/Cmd+Alt gedrückt, klicken Sie links oberhalb des Fehlers, und ziehen Sie die Maus circa in einem 45-Grad-Winkel an die rechte untere Ecke der Störung. So entsteht genau die richtige Werkzeuggröße für diesen Fleck.

4 Jetzt sind die Störungen so leicht auffindbar, dass Sie einfach jeden Fleck direkt mit dem **Bereichsreparatur**-Pinsel anklicken können, um den Fleck zu entfernen (wie hier). Ändern Sie den Werkzeugdurchmesser mit dem **Größe**-Regler oder mit den Tasten . und , so, dass das Werkzeug die Störung komplett einschließt. Sind Sie fertig, schalten Sie **Bereiche anzeigen** ab. Prüfen Sie genau, ob Lightroom alle Fehler korrekt behoben hat. Wurde eine Störung nicht gut retuschiert, aktivieren Sie diesen Kreis einfach mit einem Klick. Dann klicken Sie in den Kreis der Kopierquelle und ziehen ihn in eine besser passende Bildpartie (hier ist **Bereiche anzeigen** noch eingeschaltet, und ich bewege die Kopierquelle).

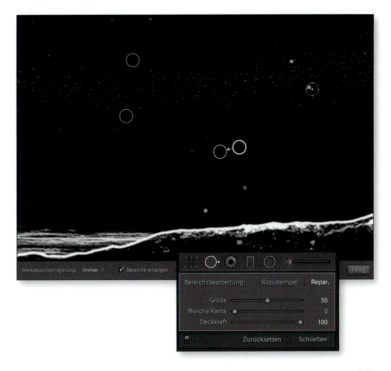

Kapitel 8 Korrigieren Sie typische Bildfehler

5 Die nervigen Flecken entstehen oft durch Staub auf dem Kamerasensor. Jedes Bild aus dieser Aufnahmeserie zeigt die Flecken dann exakt an derselben Stelle. In dieser Situation korrigieren Sie ein Bild vollständig, und dann achten Sie darauf, dass es noch im Filmstreifen ausgewählt ist. Nun markieren Sie alle betroffenen Aufnahmen aus dieser Serie. Anschließend klicken Sie unter dem rechten Bedienfeldbereich auf **Synchronisieren**. So erscheint der Dialog **Einstellungen synchronisieren**. Klicken Sie zuerst auf **Nichts auswählen**, so dass keine einzige Änderung von Ihrem Bild übertragen würde. Dann aktivieren Sie (wie hier zu sehen) die Kontrollkästchen für **Prozessversion** und **Bereichsreparatur**, und schließlich klicken Sie auf **Synchronisieren**.

6 Die Änderungen im ersten Foto überträgt Lightroom jetzt auf alle ausgewählten Bilder – alle auf einmal (hier ist das schon passiert). Um die Änderungen deutlicher zu sehen, schalten Sie wieder die **Bereichsreparatur** ein. Sie sollten die korrigierten Fotos auch kurz checken, denn je nach Motiv wirken diese Korrekturen eventuell auffälliger als beim ersten Bild, das Sie bearbeitet haben. Entdecken Sie noch eine misslungene Fleckenretusche, klicken Sie den Kreis an und drücken die Entf-Taste (← am Mac). So verschwindet die Korrektur, und Sie können diese Bildstelle nun von Hand mit der **Bereichsreparatur** bearbeiten.

> **TIPP: Kopierstempel oder Reparieren?**
>
> Bei der **Bereichsreparatur** gibt es die zwei Varianten **Kopierstempel** und **Reparieren**. Den **Kopierstempel** nehmen Sie nur dann, wenn die Fehlerstelle neben einer wichtigen Motivkante im Bild oder am Bildrand selbst liegt. In diesen Situationen verschmiert **Reparieren** das Bild.

Bibliothek | **Entwickeln** | Karte | Buch | Diashow | Drucken | Web

Korrigieren Sie rotgeblitzte Augen

Zeigen Ihre Fotos rotgeblitzte Augen? Das passiert leicht bei Kompaktkameras, weil der Blitz so nah am Objektiv sitzt. Lightroom behebt das Problem mühelos. Sie müssen also nicht erst Photoshop starten, um ein Bild von Nachbars Jüngstem zu retuschieren, der gerade auf dem Spielplatz durch eine dunkle Röhre kriecht – und natürlich aus rotgeblitzten Augen blinzelt.

1 Im Entwickeln-Modul klicken Sie auf die **Rote-Augen-Korrektur**, in der Werkzeugleiste direkt unter dem Histogramm (das Symbol erinnert an ein Auge, hier hervorgehoben). Klicken Sie mitten in ein rotes Auge, und ziehen Sie schräg abwärts. Sobald Sie die Maustaste loslassen, erscheint das Auge nicht mehr rot. Ist noch etwas Rot sichtbar, dehnen Sie die Reichweite des Effekts aus. Dazu brauchen Sie die Optionen zum Werkzeug (sie erscheinen im Bedienfeld, nachdem Sie die Maustaste losgelassen haben). Ziehen Sie den Regler **Pupillengröße** nach rechts. Oder klicken und ziehen Sie am Rand der Auswahl selbst; dabei können Sie den Umriss auch umformen. Ziehen Sie innerhalb des Kreises, um ihn zu bewegen.

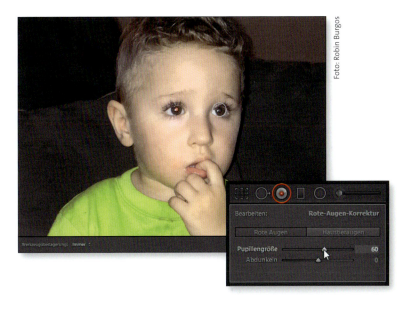

2 Das andere Auge bearbeiten Sie genauso (das erste Auge bleibt ausgewählt, aber »weniger ausgewählt« als Ihre zweite Auswahl – falls Sie wissen, was ich meine). Sie klicken, ziehen die Auswahl auf und geben die Maustaste frei – schon ist auch dieses Auge korrigiert. Erscheint das Ergebnis eventuell zu grau, zeigen Sie das Auge dunkler. Dazu ziehen Sie den **Abdunkeln**-Regler nach rechts (wie hier zu sehen). Das Schöne dabei: Die Auswirkungen der Regler **Pupillengröße** und **Abdunkeln** sehen Sie sofort im Bild – Sie müssen nicht erst am Regler ziehen und dann die Augen neu auswählen. Ist etwas schiefgelaufen, und Sie wollen von vorn anfangen? Klicken Sie auf **Zurücksetzen** unten rechts in den Optionen zum Werkzeug.

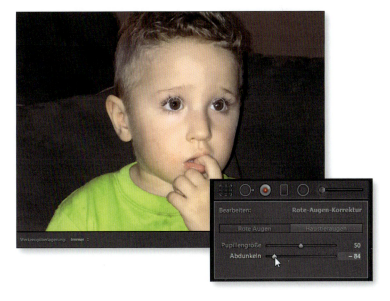

Kapitel 8 Korrigieren Sie typische Bildfehler

So beheben Sie Objektivverzerrungen automatisch

Mitunter kippen Gebäude scheinbar nach hinten, oder der obere Teil wirkt größer als der untere. Manchmal wölbt sich eine Tür oder sogar das ganze Bild bizarr hervor. Solche Probleme gibt es öfter, vor allem bei Weitwinkelobjektiven. Fehler wie diese beheben Sie leicht mit ein oder zwei (vielleicht drei, selten vier, noch seltener fünf, ich brauchte auch schon mal sechs) Klicks.

1 Dieses Foto hat gleich mehrere Probleme, so wölbt es sich nach außen und ist rechts gestaucht. Einiges lässt sich womöglich leicht beheben, indem wir einfach in den **Objektivkorrekturen** die **Profilkorrekturen aktivieren** (wir erledigen das im nächsten Schritt). Lightroom durchsucht nun seine Datenbank nach bekannten Korrekturen für typische Objektivprobleme und behebt den Fehler – nicht nur die Wölbung, sondern auch Vignettierung (Randabschattung). Findet Lightroom keine Objektivinformationen, helfen Sie ein bisschen nach und wählen unter dem **Profil**-Reiter Objektivhersteller und -modell aus. Lightroom besorgt dann den Rest. Ihr Objektiv steht nicht in der Liste? Dann geben Sie ein ähnliches an.

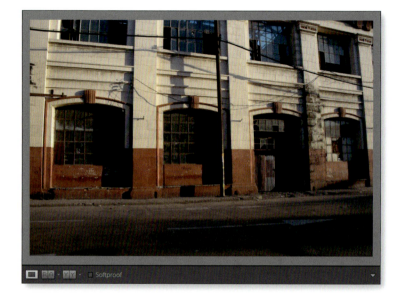

2 Öffnen Sie also im Entwickeln-Modul das Bedienfeld **Objektivkorrekturen**, und klicken Sie wie gesagt auf **Profilkorrekturen aktivieren**. Dann wendet Lightroom das richtige Objektivprofil an (wenn es eins findet). Das Gebäude wirkt nun zwar rechts immer noch gequetscht, aber die Wölbung ist weg (die Säulen erscheinen gerade und nicht länger gebogen). Selbst wenn sich dabei gar nichts verbessert, ist diese Option wichtig, damit die weiteren Korrekturen optimal laufen. Testen Sie auch die zwei **Stärke**-Regler hier; sie verfeinern die Profilkorrektur. Die Regler ändern Ihr Bild eher subtil, doch sie helfen definitiv – ziehen Sie einfach mal daran, um ein Gefühl für ihre Wirkungsweise zu bekommen.

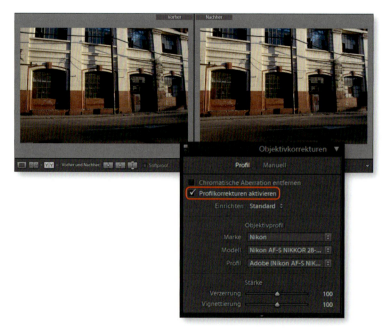

3 Dieser Schritt ist wichtig, und Lightroom liefert bessere Ergebnisse, weil Sie in Schritt 2 das Objektivprofil eingeschaltet haben. Wir blicken jetzt auf die **Upright**-Korrekturfunktion. Gebäude, die scheinbar nach hinten kippen, stehen mit diesen Schaltflächen wieder aufrecht (eben *upright*!) im Bild. Sie finden den **Upright**-Bereich oben im **Transformieren**-Bedienfeld auf der rechten Bedienfeldseite. Sechs Schaltflächen hat dieser Bereich, doch in 99,99 Prozent aller Fälle klicke ich schlicht auf **Auto** (wie hier zu sehen). Dieser Button liefert das natürlichste, stimmigste Gesamtergebnis (die anderen Schaltflächen korrigieren teils zu stark, und selbst wenn die senkrechten Linien danach perfekt dastehen, hapert es beim Gesamteindruck). Klicken Sie also auf **Auto**. Wie Sie sehen, biegt Lightroom das Bild ganz vernünftig hin (die rechte Seite ist nicht mehr so gestaucht, aber immer noch leicht nach unten eingedrückt).

4 Bei diesem Motiv bringt die **Voll**-Schaltfläche perfekt gerade Linien auch ganz rechts außen, sie laufen nicht mehr nach unten. Dabei entstehen allerdings deutliche weiße Lücken unten und oben links. Sie können natürlich die Option **Zuschnitt beschränken** nutzen; dann schneidet Lightroom solche weißen Stellen automatisch komplett weg. Unser Bild hier erinnert dann allerdings mehr an ein langes, schmales Panorama. Überlegen Sie sich also lieber einen »Plan B« (oh, so könnte man ein Restaurant für Gourmet-Hamburger in Hartford, Connecticut, nennen; ist natürlich reine Spekulation. Probieren Sie dort einmal die Mini-Cheeseburger – sie sind ein Gedicht!).

Kapitel 8 Korrigieren Sie typische Bildfehler

5 Plan B ist das Werkzeug **Freistellungs-überlagerung** (R). Damit schneiden Sie nur einen Teil der weißen Zonen weg, so wie abgebildet (die abgedunkelten Partien außerhalb der Auswahl werden gekappt). In Schritt 6 können wir den Anschnitt vielleicht noch weiter begrenzen, aber momentan schneiden wir das Bild so zu wie gezeigt. Übrigens hatten wir ja einige der **Upright**-Schalter noch nicht besprochen: **Vertikal** stellt senkrechte Linien im Bild gerade, aber dabei erhalten Sie oft riesige weiße Löcher am Bildrand, viel schlimmer als hier. Ohne Feingefühl für die Gesamtwirkung denkt diese Schaltfläche immer nur an das Eine – darum verwende ich wohl keine **Upright**-Schaltfläche seltener. Per Klick auf **Ebene** korrigiert Lightroom schiefe Horizonte, und das zumeist sehr respektabel. Falls Sie also keine weiteren Korrekturen brauchen, nehmen Sie diesen Button (und zur Schaltfläche **Mit Hilfslinien** kommen wir im nächsten Workshop). Aber wir haben noch etwas zu erledigen – was geschieht mit den weißen Ecken am linken Bildrand?

6 Noch immer wirkt der Bau etwas verschoben und nicht perfekt plan; inzwischen erscheint die linke Seite eingedrückt. Das beheben Sie unten mit den **Transformieren**-Reglern. Ziehen Sie den **Horizontal**-Regler ein wenig nach links, bis das Haus völlig gerade dasteht (wie hier). Und Sie sehen es, die weißen Ecken schrumpfen dabei. Der **Horizontal**-Regler steuert den Winkel des Motivs in der Waagerechten (ziehen Sie ein paarmal in alle Richtungen, dann erkennen Sie das Konzept). Per **Vertikal**-Regler korrigieren Sie stürzende Linien von Hand (also Gebäude, die nach hinten zu kippen scheinen). Manchmal nutzt man einen dieser Regler und anschließend wirkt das Bild zu schmal oder zu breit; das normalisieren Sie mit dem Regler **Seitenverhältnis**.

Bibliothek | **Entwickeln** | Karte | Buch | Diashow | Drucken | Web

7 Verdrängen Sie den letzten Rest der weißen Ecken – ziehen Sie den **Skalieren**-Regler nach rechts, bis die Ecken wegtauchen. Vergrößern Sie das Bild aber nicht zu arg, sonst leidet die Qualität: Ihr Foto erscheint womöglich verpixelt oder verwischt. Halten Sie den Wert darum so niedrig wie möglich.

8 Hier sehen Sie den Vorher-Nachher-Vergleich, und das meiste erledigte Lightroom automatisch: Wir haben (a) die Profilkorrektur eingeschaltet, (b) im Bereich **Upright** auf **Voll** geklickt (seltenes Ereignis, meist nehme ich ja **Auto**), (c) das Gebäude per **Horizontal**-Regler etwas flacher gemacht, und (d) zuletzt vergrößerte der **Skalieren**-Regler das Foto, bis die weißen Ecken verschwanden. Für unser ziemlich verkorkstes Ausgangsbild ist das ein vertretbarer Aufwand.

Kapitel 8 Korrigieren Sie typische Bildfehler

Objektivverzerrungen manuell korrigieren

*Manchmal beseitigt die **Auto**-Schaltfläche bei den **Upright**-Funktionen Verzerrungen oder stürzende Linien nicht ganz. Dann wird es Zeit für »Do it yourself« – nutzen Sie die Funktion **Mit Hilfslinien**: Sie ziehen Linien an Wänden oder anderen geraden Objekten auf, alles Weitere übernimmt Lightroom. Bis zu vier Linien sind möglich, die Sie zudem jederzeit neu anordnen können. Lightroom aktualisiert Ihre Perspektivkorrektur immer wieder neu.*

1   Dieses Foto zeigt gewaltig »stürzende Linien«, schuld sind mein Superweitwinkelobjektiv und eine ungünstige Kamerahaltung (psst, nicht weitersagen). Die **Auto**-Schaltfläche aus der letzten Übung biegt so etwas manchmal nicht gerade. Dann zeigen Sie Lightroom mit ein paar Klicks, welche Objekte senkrecht stehen sollen. Rechts in den Bedienfeldern öffnen Sie **Transformieren** und klicken oben auf **Mit Hilfslinien**. Über dem Bild erscheint der Mauszeiger jetzt als Fadenkreuz. Ziehen Sie über einem Motivdetail, das Sie exakt senkrecht sehen möchten (hier zog ich an der Säule rechts außen entlang). Noch haben wir nur eine Hilfslinie, am Bild tut sich nichts, aber das ändern wir gleich. Ziehen Sie die Hilfslinie übrigens jederzeit in neue Bildregionen (wie hier).

2   Ziehen Sie eine weitere Hilfslinie an einem Objekt auf, das senkrecht stehen soll. Diesmal platziere ich die Linie an der Säule links, und nun werden die Wände gerade. Unten sehen Sie zwar dreieckige weiße Lücken, aber darum kümmern wir uns später noch. Genießen Sie für den Moment einfach einmal diese perfekt vertikalen Wände. Ahhhh ... so schön senkrecht. Allerdings, Decke und Fußboden lassen noch zu wünschen übrig. Aber wir haben ja noch zwei Hilfslinien frei, die wir uns jetzt zunutze machen.

Bibliothek | **Entwickeln** | Karte | Buch | Diashow | Drucken | Web

3 Ziehen Sie jetzt waagerechte Linien an der Decke oder am Boden entlang. Hier habe ich eine Hilfslinie an die Decke gepflanzt, direkt über den Säulen; die andere Linie kam auf den Boden unter die Säulen (wie gezeigt). Sobald Sie die dritte Hilfslinie einsetzen, korrigiert Lightroom auch schon die Bilddarstellung, und bei der vierten Hilfslinie erleben Sie die nächste Verfeinerung. Wie praktisch: Sie beurteilen die Wirkung sofort. Gefällt Ihnen die Anpassung nicht, widerrufen Sie mit [Strg]/[Cmd]+[Z]; die letzte Hilfslinie verschwindet, und Sie setzen an anderer Stelle neu an. Und wieder zeigt Lightroom das Bild bei jedem Klick mit aktualisierter Korrektur.

4 Was passiert mit den dreieckigen weißen Löchern in den Ecken? Sie haben zwei Möglichkeiten zur Auswahl:

1. Sie wechseln zu Photoshop (mehr dazu in Kapitel 10) und nutzen den **Zauberstab** ([⇧]+[W], dabei die [⇧]-Taste nicht loslassen); damit wählen Sie die weißen Stellen aus. Dann folgt **Auswahl • Auswahl verändern • Erweitern** mit vier Pixel Ausdehnung. Sie klicken auf OK und nehmen **Bearbeiten • Fläche füllen** mit der Option **Inhaltsbasiert**. Photoshop füllt die Lücken dann per Automatikretusche (und macht hier seine Sache ziemlich gut).

2. Sie schneiden die Lücken mit Lightrooms **Freistellungsüberlagerung** weg (Tastaturbefehl [R]), und das genau habe ich hier auch gemacht. Entriegeln Sie auf jeden Fall das Vorhängeschloss für fixierte Seitenverhältnisse oben rechts in den Werkzeugoptionen, so dass Sie die Auswahl beliebig frei aufziehen können; dann drücken Sie die Taste [↵] und bestätigen so den Bildausschnitt. Auf der nächsten Seite sehen Sie den Vorher-Nachher-Vergleich und die eindrucksvolle Bildverbesserung.

273

Kapitel 8 Korrigieren Sie typische Bildfehler

Bibliothek | **Entwickeln** | Karte | Buch | Diashow | Drucken | Web

Korrigieren Sie die Randabdunklung

*Vignettiert Ihr Objektiv, dann erscheinen die Bildecken dunkler als der Rest der Aufnahme. Bei Weitwinkelobjektiven fällt das Problem meist deutlicher auf, aber es gibt auch andere Ursachen für den Fehler. Diese abgedunkelten Ecken gelten ja nun als Problem. Verwechseln Sie das aber nicht mit der **Vignette nach Freistellen**, die rund ums Bild läuft und nicht allein die Ecken abdunkelt. Sie lenkt Aufmerksamkeit auf das Hauptmotiv (mehr dazu in Kapitel 7).*

1 Unser Bild hier zeigt abgedunkelte, abgeschattete Ecken. Das ist die Art ungewollter Vignettierung, die ich oben angesprochen habe. Das Phänomen gilt als Objektivfehler, denn es wird vom Objektiv bei der Aufnahme verursacht. Das passiert bei teuren und billigen Objektiven (bei den billigen Objektiven fällt es aber oft stärker auf)

2 Unsere erste Abwehrmaßnahme: Im Entwickeln-Modul im rechten Bedienfeldbereich scrollen Sie nach unten bis zum **Objektivkorrekturen**-Bedienfeld, und dort klicken Sie oben auf **Profil** und dann auf **Profilkorrekturen aktivieren** (hier zu sehen). Lightroom versucht nun, die Randabdunklung automatisch wegzurechnen. Dabei orientiert sich das Programm am verwendeten Objektiv (die Informationen dazu entnimmt Lightroom den EXIF-Daten im Bild). Lightroom macht das hier auch ganz ordentlich – die Abdunklung ist fast, aber noch nicht vollständig weg (da helfen wir gleich noch nach). Findet Lightroom keine Objektivinformationen, zeigen die Menüs unter **Objektivprofil** das Wort **Ohne** oder gar nichts. Dann geben Sie Objektivhersteller und Typ selber an.

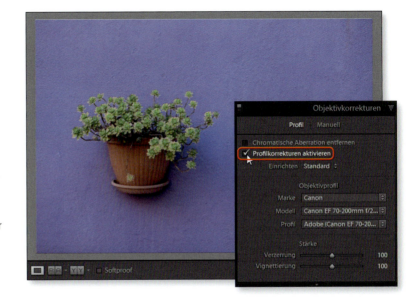

275

3 Manchmal muss man das automatische Ergebnis der Objektivprofilkorrektur ein bisschen nachbessern, so wie hier auch. Dann nutzen Sie den Bereich **Stärke** mit dem Regler **Vignettierung** unten im Bedienfeld. Ich musste diesen Regler bis auf 200 ziehen, um die Vignettierung halbwegs wegzubekommen – aber ein Rest bleibt doch. Das fuchst Sie so sehr wie mich auch?! Dann fahren wir jetzt großes Geschütz auf und korrigieren von Hand.

4 Klicken Sie oben im Bedienfeld auf das Register **Manuell**. Dort erscheint unten ein Bereich zur **Vignettierung** mit zwei Reglern: Der erste steuert, wie stark Sie den Bildrand aufhellen. Der zweite Regler entscheidet, wie weit im Bildinneren die Aufhellung beginnt. Unser Bild zeigt die Randabdunklung weitgehend nur in den Ecken, der Effekt breitet sich kaum zur Bildmitte aus. Ziehen Sie den **Betrag**-Regler also langsam nach rechts, und behalten Sie dabei die Bildecken im Auge. Während Sie ziehen, hellen sich die Ecken auf. Erscheinen die Bildecken so hell wie das restliche Bild (wie hier), ziehen Sie nicht mehr weiter. Hier verbleibt noch etwas Vignettierung in den Ecken, aber die Aufhellung per **Betrag**-Regler wirkt sich schon über die Ecken hinaus aus. Damit Sie aber wirklich nur die Ecken bearbeiten, ziehen Sie den **Mittelpunkt**-Regler nach rechts, bis Lightroom nur noch die äußersten Ecken aufhellt (so wie hier). Das Vorher-Nachher-Bild auf der nächsten Seite macht noch einmal deutlich, wie viel Vignettierung tatsächlich im Bild steckte und um wie viel besser es jetzt aussieht.

Bibliothek | **Entwickeln** | Karte | Buch | Diashow | Drucken | Web

Kapitel 8 Korrigieren Sie typische Bildfehler

Verbessern Sie die Bildschärfe

*Seine **Schärfen**-Funktion versteckt Lightroom im **Details**-Bedienfeld. Was Sie dort sehen, hängt vom Dateiformat ab: Nehmen Sie JPEG auf, werden die Bilder bereits in der Kamera geschärft, darum zeigt das **Details**-Bedienfeld den **Betrag** null. Bei RAW-Dateien dagegen schärft die Kamera nichts, deshalb wendet Lightroom bereits etwas Aufnahmescharfzeichnung an – doch so wenig, dass man es kaum merkt, wir müssen also noch Schärfe nachlegen.*

1 Zum Scharfzeichnen öffnen Sie im Entwickeln-Modul das **Details**-Bedienfeld. Sofern Sie mit dem voreingestellten Profil **Adobe Color** arbeiten, wendet Lightroom bei RAW-Dateien sofort unter **Schärfen** einen **Betrag** von 40 an, denn RAW-Dateien werden von der Kamera nicht geschärft. So eine Scharfstellung mit **Betrag** 40 ist natürlich recht schwach, zumindest haben wir aber mal einen Ausgangspunkt. Bei JPEG-Dateien schärft die Kamera selbst, darum senkt Lightroom standardmäßig den **Betrag** auf 0 (wie in der unteren kleinen Abbildung) und schärft gar nicht.

2 Oben zeigt das Bedienfeld ein Bilddetail stark hochgezoomt (sehen Sie diese Vorschau nicht, klicken Sie auf das nach links zeigende schwarze Dreieck oben im Bedienfeld). Über diesem Vorschaufenster erscheint der Mauszeiger als Verschiebehand, ziehen Sie also neue Bildstellen in die Vorschau. Wenn Sie auf das kleine Symbol oben links im Bedienfeld klicken (hier rot eingekreist), können Sie den Cursor über das Hauptbild in der Mitte halten, und der Bereich unter dem Mauszeiger erscheint vergrößert im Vorschaufenster (wollen Sie eine Bildstelle im Vorschaufenster fixieren, klicken Sie im Hauptbild darauf). Mit dem nächsten Klick auf das Symbol schalten Sie die Funktion wieder ab. Wollen Sie stärker in die Vorschau hineinzoomen, reicht ein Rechtsklick ins Vorschaufenster. Dann wählen Sie **2:1** im Kontextmenü (hier zu sehen).

Bibliothek | **Entwickeln** | Karte | Buch | Diashow | Drucken | Web

3 Fürs Protokoll, ich verwende das kleine Vorschaufensterchen seit Jahren nicht mehr – es ist praktisch nutzlos. Ich verberge die Vorschau also mit einem Klick auf das nach unten gerichtete Dreieck oben im **Details**-Bedienfeld. Und nur zur Information, wenn Sie diese Vorschau auch wegklappen, zeigt Lightroom links oben ein Warnsymbol (hier markiert). Es weist darauf hin, dass Sie das Scharfzeichnen in hohen Zoomstufen wie 100 Prozent viel besser beurteilen können. Und, netter Trick: Klicken Sie auf dieses Warnzeichen, zoomt Lightroom auch schon auf 1:1 (hier zu sehen).

4 Der **Betrag**-Regler arbeitet so wie zu vermuten: Er steuert den Grad der Scharfzeichnung. Hier habe ich den **Betrag** auf 130 angehoben, damit Sie die Auswirkung gut erkennen (sonst nehme ich meist nur 50 bis 70). Der **Radius**-Regler entscheidet, um wie viele Pixel sich die Scharfzeichnung um eine Kontur herum ausdehnen darf. Ich selbst bleibe hier meist beim Wert 1. Aber soll die Schärfe richtig krachen, gehe ich auf 1,1 oder 1,2. Den **Detail**-Regler bewege ich nie. Standardmäßig ist der Wert 25 eingestellt. Das soll Lichthöfe (auch »Halos« genannt) unterdrücken. Aber wenn Sie den Wert heben, breiten sich die Lichthöfe doch wieder aus – sie erscheinen auffälliger als zuvor.

279

Kapitel 8 Korrigieren Sie typische Bildfehler

5 Besonders faszinierend finde ich den **Maskieren**-Regler. Damit steuern Sie, wo das Bild überhaupt scharfgestellt wird. Schwirig ist die Scharfzeichnung nämlich zum Beispiel bei vermeintlich weichen Motiven wie Kinderhaut oder Haut in einem Frauenporträt, denn das Schärfen betont Oberflächenstrukturen, und genau das braucht man bei Hautpartien nicht. Andere Bildstellen will man jedoch schärfen, zum Beispiel Augen, Haare, Augenbrauen, Lippen, Kleidung usw. Der **Maskieren**-Regler hilft Ihnen hier – er schützt die Hautpartien gegen Scharfzeichnen, so dass Lightroom nur noch detailreiche Zonen schärft. Um diese Funktion zu testen, wechseln wir zu einem Porträtfoto.

> **TIPP: Scharfzeichnung abstellen**
>
> Die Scharfzeichnung aus dem **Details**-Bedienfeld können Sie vorübergehend abschalten. Klicken Sie dazu einfach auf den kleinen Schalter links neben der Bedienfeldüberschrift **Details**.

6 Halten Sie die ⟨Alt⟩-Taste gedrückt, dann ziehen Sie am **Maskieren**-Regler. Ihr Bild erscheint zunächst komplett weiß (wie hier). Diese weiße Fläche signalisiert Ihnen: Das gesamte Foto – ohne jede Ausnahme – wird quer über die Bildfläche scharfgestellt.

Bibliothek | **Entwickeln** | Karte | Buch | Diashow | Drucken | Web

7 Ziehen Sie den **Maskieren**-Regler bei weiter gedrückter Alt-Taste nach rechts. Immer mehr Bildbereiche erscheinen nun schwarz. Diese schwarzen Zonen erhalten nun keine Scharfzeichnung mehr – und genau das wollen wir ja auch. Zunächst sehen Sie nur kleine schwarze Punkte. Aber ziehen Sie den **Maskieren**-Regler weiter nach rechts, zeigt Lightroom weitere homogene Bildbereiche in Schwarz. Sie erkennen das hier, ich habe den **Maskieren**-Wert auf 70 angehoben. Die Hautpartien sind damit weitgehend schwarz abgedeckt, werden also nicht scharfgezeichnet. Aber Lightroom schärft dennoch detailreiche, konturierte Zonen wie Augen, Lippen, Haare, Nasenöffnung und den Gesichtsumriss (das sind die weiß gekennzeichneten Bildzonen). Lightroom schützt die Hautpartien also automatisch für Sie – das finde ich ganz schön clever.

8 Sobald Sie die Alt-Taste loslassen, zeigt Lightroom das geschärfte Bild. Sie erkennen, dass die Motivdetails schön scharfgestellt herauskommen, aber die Haut erscheint völlig unverändert – wie nie scharfgestellt (tatsächlich konnte ich nach dem **Maskieren** den **Betrag** anheben). Nur zur Erinnerung: Den **Maskieren**-Regler nehme ich nur bei eher weichen Motiven, wenn die Oberflächenstruktur unauffällig bleiben soll.

> **TIPP: Schärfen und Smart-Vorschau**
>
> Bearbeiten Sie eine niedrig aufgelöste Smart-Vorschau mit Scharfzeichnung oder Rauschreduzierung, dann mag eine bestimmte Effektstärke im Bild genau richtig wirken. Schließen Sie aber die Festplatte wieder an, überträgt Lightroom die Änderung auf das hochaufgelöste Original, und die Scharfzeichnung (oder Rauschminderung) wirkt nun deutlich schwächer. Ändern Sie Schärfe und Bildrauschen also besser erst, wenn Lightroom auf die Originaldatei zugreifen kann.

Korrigieren Sie chromatische Aberrationen (auch bekannt als »diese hässlichen Farbsäume«)

*Haben Sie in Ihren Bildern auch schon diese lila oder grün leuchtenden, fransigen Ränder um Motivkanten herum gesehen? Wenn nicht, achten Sie mal darauf. Diese sogenannte »chromatische Aberration« gibt es immer wieder – verursacht vom Objektiv. Hohe **Kontrast**- oder **Klarheit**-Werte verschärfen das Problem noch. Trotzdem können Sie diese Regler weiter nutzen, denn Lightroom unterdrückt die Farbränder sehr effektiv.*

1 Hier ist meine Vorlage, und in der Zoomstufe **Einpassen** fallen die fiesen Farbsäume nicht weiter auf. Aber in der **1:1**-Zoomstufe habe ich sie schon deutlich gesehen. Im nächsten Schritt zoome ich sogar mit **8:1** auf das Gebäude links, und da springen einem die störenden Farbränder förmlich ins Gesicht.

2 Achten Sie zunächst auf den senkrechten schwarzen Balken rechts: Das sieht ja aus, als hätte jemand dessen linke Seite mit einem gelblich-grünlichen Filzstift nachgezogen. Auf der rechten Seite des Balkens denkt man an einen verblassten lilafarbenen Filzer, und die Diagonale links im Bild zeigt noch eine blaue Farbspur.

Bibliothek | **Entwickeln** | Karte | Buch | Diashow | Drucken | Web

3 Weg damit! Öffnen Sie zuerst das **Objektivkorrekturen**-Bedienfeld, klicken Sie oben auf **Profil**, und dann aktivieren Sie **Chromatische Aberration entfernen** (wie gezeigt). Dieses Kontrollkästchen allein erledigt das Problem oft schon – wie bei diesem Bild, Sie erkennen es auch unten im Vorher-Nachher: Lightroom hat all die gelb-grünen, purpurfarbenen und blauen Ränder sauber getilgt. Nur mit einem einzigen Klick – schön einfach, oder? Was aber, wenn dieser eine Klick nicht alle Farbsäume wegbringt? Na, dann geht's natürlich weiter mit Schritt 4, oder was dachten Sie?

4 Klicken Sie oben im Bedienfeld auf **Manuell** (gleich rechts neben **Profil**). Unter **Rand entfernen** ziehen Sie den oberen **Intensität**-Regler ein wenig nach rechts, um lilafarbene Farbsäume zu löschen. Ziehen Sie nur so weit, bis die störenden Konturen verschwinden. Funktioniert das so noch nicht ganz, helfen Sie nach: Definieren Sie das unerwünschte Lila genauer, indem Sie die zwei Regler für **Lila Farbton** verschieben. Genauso gehen Sie mit den zwei unteren Reglern **Intensität** und **Grün Farbton** vor, bis Sie keine Farbspuren mehr sehen. Wissen Sie nicht recht, wo Sie ziehen sollen, oder ändert sich nicht viel, dann lassen Sie Lightroom für sich arbeiten. Klicken Sie auf die Pipette namens **Farbsaum-Farbauswahl** (hier hervorgehoben) und dann im Bild genau auf eine störende Farbkante. Lightroom ändert die Regler jetzt so wie erforderlich, um die Farbsäume zu entfernen.

283

Kapitel 8 Korrigieren Sie typische Bildfehler

Eine einfache Kamerakalibrierung

Manche Kameras prägen ihre Fotos scheinbar mit einer ganz eigenen Bildstimmung. Vielleicht ist das bei Ihrem Gerät auch so, und dann erscheinen alle Aufnahmen vielleicht ein bisschen rötlich oder in den Tiefen zu grün etc. Selbst wenn Ihre Kamera akkurate Farben abliefert, möchten Sie vielleicht doch steuern, wie Lightroom die Farben der RAW-Dateien umsetzt. Eine vollständige, genaue Kamerakalibrierung ist reichlich komplex und sprengt das Spektrum dieses Buches. Ich möchte Ihnen aber zeigen, was das Bedienfeld **Kalibrierung** *leistet – Sie erhalten auf diese Weise eine solide Basis für eigene Schritte.*

1 Vorab: Bitte denken Sie nicht, dass eine Kamerakalibrierung zwingend erforderlich ist. Vermutlich machen die meisten Leute nicht mal eine ganz einfache Kalibrierung, weil sie kein ernsthaftes Problem mit den Farben sehen (das ist gut so, aber es gibt immer auch Ausnahmen). Hier also eine schnelle Übung zu den Grundlagen des Bedienfeldes **Kalibrierung**: Zeigen Sie ein Bild im Entwickeln-Modul, und öffnen Sie das Bedienfeld **Kalibrierung** ganz unten in der rechten Bedienfeldleiste, wie hier zu sehen (Adobe glaubt wohl auch nicht, dass Sie dieses Bedienfeld oft nutzen, sonst würde es wohl weiter oben erscheinen, oder?).

2 Der oberste Regler justiert Farbstiche, die Ihre Kamera möglicherweise in den Tiefen erzeugt. Entsteht überhaupt ein Farbstich, ist es meist Grün oder Magenta. Achten Sie auf den Farbverlauf des **Tonung**-Reglers. Der Farbverlauf signalisiert schon, wie Sie ziehen müssen. Hier ziehe ich den **Tonung**-Regler von Magenta weg, also in Richtung Grün. So reduziere ich einen möglichen Rotstich in den Tiefen, aber in diesem speziellen Foto ist das so subtil, dass es gar nicht zu erkennen ist.

3 Vielleicht liegt das Problem nicht in den Tiefen. Dann verwenden Sie die **Primärwerte**-Regler für **Rot**, **Grün** und **Blau** und ändern jeweils **Farbton** und **Sättigung** (Lightroom zeigt die Regler geordnet nach Farben an). Angenommen, Ihre Kamera produziert generell einen leichten Rotstich. Dann ziehen Sie den **Farbton**-Regler für **Rot** von Rot weg. Wollen Sie die Rotsättigung im gesamten Bild zurückfahren, ziehen Sie den **Sättigung**-Regler für **Rot** nach links, bis das Bild neutral erscheint (Grautöne sollten also wirklich grau aussehen und nicht rötlich-grau).

4 Sind Sie zufrieden mit den Änderungen, testen Sie das Ergebnis auch an einigen weiteren Fotos, bis Sie den Eindruck haben, dass die aktuelle **Kalibrierung**-Einstellung den Farbstich Ihrer Kamera neutralisiert. Ab jetzt sparen Sie viel Zeit, indem Sie diese Korrektur automatisch auf alle Aufnahmen dieser speziellen Kamera anwenden. Lightroom erkennt Fotos aus diesem Gerät und verbessert sie gleich entsprechend. Wie cool ist das denn? So geht's: Alle anderen Regler müssen in Neutralstellung sein, sonst verewigen Sie diese Werte mit in den Standardeinstellungen für Ihre Kamera. Dann wählen Sie **Entwickeln • Standardeinstellungen festlegen** (hier gezeigt). Lightroom zeigt einen Dialog wie hier und fragt, ob Sie die Standardeinstellungen für die aktuell verwendete Kamera aktualisieren möchten (Lightroom meldet Hersteller, Modell und eventuell Dateiformat im Dialog). Sie wollen das? Dann klicken Sie auf **Auf aktuelle Einstellungen aktualisieren**. Und wenn Sie irgendwann zu Adobes Standardwerten zurückkehren möchten, nehmen Sie wieder diesen Befehl mit diesem Dialog. Das ist das ganze Verfahren.

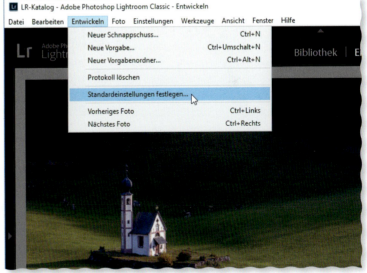

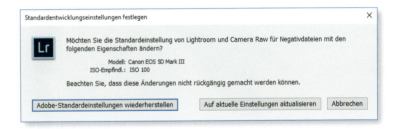

Foto: Scott Kelby | Belichtung: 1/125 s | Brennweite: 175 mm | Blende: f/8

Bilder exportieren
Speichern Sie JPEGs, TIFFs (und mehr)

»Brauchen wir wirklich ein ganzes Kapitel über das Exportieren von JPEG-Dateien?« Sie persönlich womöglich nicht. Aber mein Verlag will es. O-Ton: »Wir haben für diese Seiten einen Vorschuss gezahlt.« Setzen Sie sich ganz entspannt hin, denn ich enthülle jetzt ein paar Geheimnisse aus dem Verlagswesen, die Sie nie hören wollten und die Ihnen zu Lebzeiten wohl auch nichts nützen werden, so wahr mir Gott helfe … Wie auch immer, der Papierpreis geht ja fast ins Uferlose (das Zeug wächst schließlich nicht auf Bäumen). Unterschreibt also der Autor einen Buchvertrag, dann riskiert sein Verleger einen Anstieg der Papierkosten zwischen Unterschrift und Erscheinen des Bandes – oft ein Jahr oder mehr später. Als Absicherung gegen immer höhere Kosten laden die Buchmacher ihre Autoren in die Verlage ein (in meinem Fall nach San Francisco). Wir knusperten eine Kleinigkeit und nippten am Kaffee, dann ging's zu Neiman Marcus am Union Square, einem absoluten Nobelladen. Wir sahen uns ein wenig um, dann nötigten mich die Verleger plötzlich zum Ladendiebstahl. Ich protestierte natürlich, aber sie bedrängten mich immer weiter und sagten: »Kein Problem, das tun alle hier.« Also nahm ich zuerst einen Gürtel und dann noch eine kleine Flasche Parfum; die Verlagsheinis gaben aber keine Ruhe und meinten, erfolgreiche Autoren müssten noch viel mehr riskieren. Da lastete eine Menge Druck auf mir; plötzlich hatte ich einen Zobelfellmantel von Maurizio Braschi unterm Hemd und sprintete wie Usain Bolt zum Ausgang. Tja, mein Verleger hat die ganze Sache offenbar gefilmt. Und wenn jetzt noch vor Manuskriptabgabe die Papierpreise steigen, will er das Video der Polizei übergeben. Ha, Glück für mich: Zum Erstverkaufstag sank der Papierpreis um 1,4 Prozent. Hier ins Exportieren-Kapitel habe ich irgendwelche Songtexte von Bruce Springsteen eingefügt (die gibt's im Internet). Und auf eBay brachte mir der Zobelfellmantel genug für die Busfahrt nach Hause ein. Insgesamt ein erfolgreicher Trip. Übrigens, wussten Sie, dass ich einen neuen Gürtel habe? Und dass diese Zeilen (natürlich) frei erfunden sind?

Wie Sie im JPEG-Dateiformat speichern

Lightroom hat (anders als Photoshop) keinen Speichern-Befehl. Darum höre ich diese Frage besonders oft: »Wie speichert man ein Foto als JPEG?« Tja, in Lightroom speichert man nicht als JPEG, man exportiert als JPEG (oder als TIFF, als DNG oder Photoshop PSD). Das Verfahren ist einfach, und Lightroom bietet noch ein paar Automatiken an, die Sie direkt nach dem Exportieren nutzen können.

1 Wählen Sie zuerst diejenigen Bilder aus, die Sie als JPEG exportieren möchten (oder als TIFF, PSD oder DNG). Das erledigen Sie in der Rasteransicht der Bibliothek oder im Filmstreifen eines beliebigen Programm-Moduls. Klicken Sie einfach bei gedrückter [Strg]/[Cmd]-Taste auf die benötigten Fotos (wie hier zu sehen).

2 Sofern Sie schon im Bibliothek-Modul arbeiten, klicken Sie unter den linken Bedienfeldern auf **Exportieren** (hier rot markiert). Sie arbeiten in einem anderen Modul und haben Fotos im Filmstreifen ausgewählt? Dann drücken Sie [Strg]/[Cmd]+[⇧]+[E]. Welchen Weg Sie auch verwenden, Lightroom zeigt jetzt den Exportieren-Dialog (zu sehen im nächsten Schritt).

Bibliothek | Entwickeln | Karte | Buch | Diashow | Drucken | Web

3 Links im Exportieren-Dialog zeigt Adobe einige Exportvorgaben. Damit müssen Sie nicht jedes Mal alle Optionen im Dialogfeld anklicken. Lightroom kommt mit einigen Vorgaben, aber besonders interessant ist die Möglichkeit, eigene Vorgaben anzulegen (sie erscheinen im Bereich **Benutzervorgaben**). Immerhin bieten die eingebauten Vorgaben von Lightroom einen guten Ausgangspunkt für eigene Vorgaben, klicken Sie also zunächst auf **JPEGs in voller Größe brennen**. Damit wählt Lightroom Einstellungen, mit denen man seine Fotos als JPEG speichern und auf CD oder DVD brennen kann. Wir legen aber noch genauer fest, wohin und wie Lightroom die Dateien exportiert. Dann sichern wir die Einstellung als eigene Vorgabe, damit man nicht jedes Mal alles neu einrichten muss. Wollen Sie die Bilder jedoch nicht auf eine Disc brennen, sondern schlicht in einem Ordner auf der Festplatte sichern, öffnen Sie oben im Dialogfeld das Ausklappmenü **Exportieren auf** und wählen dann **Festplatte**.

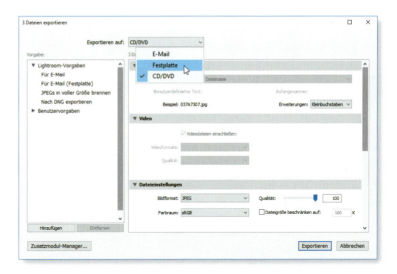

4 Beginnen wir oben im Dialog im Bereich **Speicherort für Export**: Hier sagen Sie Lightroom, wo die Bilder gesichert werden sollen. Klicken Sie auf das Ausklappmenü **Exportieren in**, bietet Lightroom einige mögliche Speicherorte an. Die Angabe **Ordner später wählen** lohnt sich, wenn Sie Vorgaben anlegen. Dann entscheiden Sie erst später beim konkreten Export über den Ordner.

Sie brauchen einen Ordner, der noch nicht in der Liste erscheint? Dann wählen Sie den Punkt **Spezieller Ordner**. Anschließend klicken Sie auf **Wählen** und geben den Ordner an. Sie können die Bilder dort auch in einen neuen Unterordner legen, das habe ich in der unteren Abbildung so eingerichtet. Also: Meine Bilder landen auf dem Desktop in einem Ordner namens »Dreifaltigkeitskirche«. Gehen Sie von RAW-Dateien aus, und wollen Sie die exportierten JPEG-Varianten später in Lightroom sehen, nutzen Sie die Option **Diesem Katalog hinzufügen**.

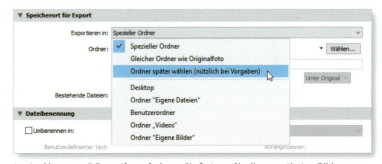

*Im Ausklappmenü **Exportieren in** legen Sie fest, wo Sie die exportierten Bilder speichern.*

*Nutzen Sie die Option **In Unterordner ablegen**, um Ihre Bilder in einem eigenen Unterordner zu sichern.*

5 Der folgende Abschnitt, **Dateibenennung**, funktioniert so wie das Benennen, das Sie schon im Importieren-Kapitel kennengelernt haben. Wollen Sie die Dateien nicht umbenennen, sondern die aktuellen Namen beibehalten, verzichten Sie auf die Option **Umbenennen in**. Oder Sie schalten das Kontrollkästchen ein und wählen **Dateiname** im Ausklappmenü. Wollen Sie die Datei umbenennen, wählen Sie eine der mitgelieferten Vorlagen. Haben Sie eigene Umbenennungsvorgaben angelegt (wie in Kapitel 3 besprochen), erscheinen diese ebenfalls in der Liste. Für dieses Beispiel wählte ich **Benutzerdefinierter Name – Sequenz** (Lightroom hängt also automatisch fortlaufende Nummern ab der 1 an den gewählten Namen). Die Aufnahmen habe ich schlicht »Dreifaltigkeitskirche« genannt, ich erhalte also Dateinamen wie »Dreifaltigkeitskirche-1«, »Dreifaltigkeitskirche-2« usw. In einem weiteren Menü entscheiden Sie, ob die Dateinamenerweiterung komplett in Großbuchstaben (.JPG) oder Kleinbuchstaben (.jpg) erscheint.

6 Angenommen, Sie exportieren eine ganze Fotosammlung, und diese Sammlung enthält auch ein paar Videos. Wollen Sie diese Videos mitexportieren, nutzen Sie das Kontrollkästchen vor **Videodateien einschließen**. Darunter steuern Sie das Videodateiformat (**H.264** ist stark komprimiert und für Mobilgeräte gedacht, **DPX** eignet sich vor allem für Effekte). Dann entscheiden Sie über die Videoqualität: **Max** wahrt die Originalqualität so gut wie möglich. **Hoch** ist immer noch gut, aber eventuell mit einer niedrigeren Bitrate, und **Mittel** eignet sich fürs Internet oder für hochwertige Tablet-Computer. Für alle weiteren Mobilgeräte wählen Sie **Niedrig**. Den Unterschied zwischen den verschiedenen Angeboten erkennen Sie rechts neben dem Wort **Ziel**: Achten Sie auf die Größe und Bitrate. Haben Sie keine Videos für den Export ausgewählt, erscheint dieser Bereich ausgegraut.

Bibliothek | Entwickeln | Karte | Buch | Diashow | Drucken | Web

7 Das Dateiformat steuern Sie im Bereich **Dateieinstellungen** im Ausklappmenü **Bildformat** (nachdem wir die Vorgabe **JPEGs in voller Größe brennen** gewählt haben, ist JPEG voreingestellt, aber Sie können noch zu TIFF, PSD oder DNG wechseln. Falls Sie mit RAW-Dateien arbeiten, exportieren Sie mit der Vorgabe **Original** die ursprüngliche RAW-Version). Passend zum JPEG-Format zeigt Lightroom einen **Qualität**-Schieberegler (höhere Qualität führt auch zu höheren Dateigrößen). Ich stelle die **Qualität** generell auf 80. Das ist ein guter Kompromiss aus Bildqualität und Datenmenge. Gehen die Bilder an einen Empfänger ohne Photoshop, stelle ich den **Farbraum sRGB** ein. Exportieren Sie in die Formate PSD, TIFF oder DNG, zeigt Lightroom die entsprechenden Optionen (Sie entscheiden unter anderem über **Farbraum**, **Bittiefe** und **Komprimierung**).

8 Lightroom geht zunächst davon aus, dass Sie alle Bilder in der Original-Pixelgröße exportieren möchten. Im Bereich **Bildgröße** können Sie die Aufnahmen jedoch mit der Option **In Bildschirm einpassen** verkleinern. Tippen Sie Breite, Höhe und Auflösung zum Beispiel in Zentimeterwerten ein. Sie können auch die Pixelzahl vorgeben: Nennen Sie im Ausklappmenü etwa längere oder kürzere Seite oder die Megapixel oder einen Prozentwert

*Sie können den Bereich **Bildgröße** komplett überspringen, falls Sie Ihre Fotos nicht kleiner als die Originale speichern wollen.*

Kapitel 9 Speichern Sie JPEGs, TIFFs (und mehr)

9 Möchten Sie die Aufnahmen ins Internet stellen oder in einem anderen Programm drucken? Dann nutzen Sie im Bereich **Ausgabeschärfe** die Option **Schärfen für**. So zeichnet Lightroom die Bilder genau passend scharf, zum Beispiel für die Online-Darstellung (mit der Option **Bildschirm**) oder für den Druck (geben Sie das verwendete Papier an, also **Glanzpapier** oder **Mattes Papier**). Wenn ich mit dem Tintenstrahler drucke, nutze ich im **Stärke**-Menü meist **Hoch**. Das wirkt am Monitor schon übertrieben, aber auf Papier sieht es genau richtig aus (fürs Web nehme ich **Standard**).

Wenden Sie eine Scharfzeichnung für die geplante Ausgabe an, entweder für den Monitor (Diashow oder Web) oder für den Druck.

10 Im Bereich **Metadaten** geben Sie zunächst an, welche Metadaten Sie exportieren möchten: alle, alle außer Kameradaten und Camera Raw-Daten (so verschwinden alle Belichtungsinformationen, die Seriennummer der Kamera und andere Angaben, die Ihre Kunden nicht unbedingt erfahren sollten), nur Copyright und Kontaktinformationen (wenn Sie schon das Copyright mitliefern, wollen Sie vielleicht auch eine Kontaktmöglichkeit angeben) oder nur Ihr Copyright. Verwenden Sie **Alle Metadaten**, **Alle außer Camera Raw-Informationen** oder **Alle außer Kamera- und Camera Raw-Informationen**, verschwinden die Stichwörter für Personen wahlweise immer noch mit der Option **Personen-Info entfernen**. GPS-Daten tilgen Sie bei Bedarf per **Positionsinformationen entfernen**.

Im nächsten Abschnitt können Sie ein sichtbares Wasserzeichen in jedes exportierte Bild einblenden (wir besprechen das detailliert im nächsten Projekt). Dazu aktivieren Sie das **Wasserzeichen**-Kontrollkästchen, dann wählen Sie ein **Einf(aches) Copyright-Wasserzeichen** oder ein gespeichertes Wasserzeichen aus dem Ausklappmenü.

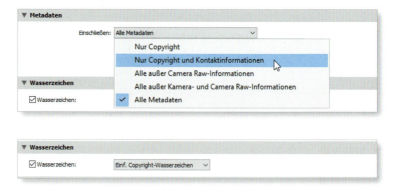

11 Im letzten Abschnitt, **Nachbearbeitung**, entscheiden Sie im Menü **Nach Export**, was im Anschluss an den Export aus Lightroom passiert. **Keine Aktion** heißt, die Fotos werden schlicht am geplanten Ort gespeichert. Mit der Vorgabe **In Adobe Photoshop … öffnen** erscheinen die Bilder nach dem Export automatisch in Photoshop. Sie können die Bilder auch mit anderen Programmen oder Lightroom-Plugins öffnen. Die Option **Jetzt zum Ordner »Export Actions« wechseln** öffnet den Ordner, in dem Lightroom Ihre Export-Aktionen sichert. Soll Photoshop zum Beispiel eine Stapelverarbeitung starten, könnten Sie dort ein Droplet erzeugen und es in diesem Ordner ablegen. Das Droplet erscheint dann im Menü **Nach Export**. Wählen Sie es aus, öffnet sich Photoshop und bearbeitet automatisch alle Dateien, die Sie aus Lightroom exportieren.

Hinweis: Wie Sie eine Stapelverarbeitung in Photoshop einrichten, zeige ich Ihnen in Kapitel 11.

12 Jetzt haben Sie alles so weit eingerichtet, und Sie sollten das Ganze auch als eigene Vorgabe speichern. Wollen Sie dann wieder JPEGs exportieren, müssen Sie die Optionen nicht noch einmal anklicken. Ich schlage Ihnen aber ein paar Änderungen vor, mit denen die Vorgabe noch effektiver wird. Zum Beispiel: Wenn Sie später andere Fotos exportieren, landen sie wieder im Ordner »Dreifaltigkeitskirche«. Wählen Sie im Bereich **Speicherort für Export** lieber die Einstellung **Ordner später wählen**. Wir hatten das auch schon in Schritt 4 angesprochen.

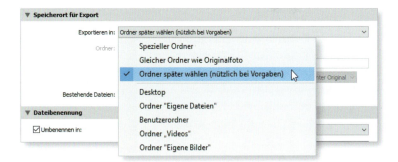

Kapitel 9 Speichern Sie JPEGs, TIFFs (und mehr)

13 Sollen Ihre exportierten JPEGs generell in einem speziellen Ordner ankommen, dann klicken Sie im Bereich **Speicherort für Export** auf **Wählen** und dann auf den gewünschten Ordner. Aber was passiert, wenn Sie ein Bild in diesen Ordner exportieren und dort gibt es schon eine Aufnahme mit demselben Namen (vielleicht aus einem früheren Export)? Soll Lightroom die vorhandene Datei mit der neuen Datei überschreiben, oder möchten Sie die neue Datei anders benennen, so dass die ältere Datei nicht gelöscht wird? Dieses Problem regeln Sie im Menü **Bestehende Dateien** (hier abgebildet). Ich verwende **Einen neuen Namen für die exportierte Datei wählen**, denn dann überschreibe ich nicht ungewollt Bilder, die ich noch brauche. Lightroom bietet auch die Option **Überspringen**. Sieht das Programm dann eine Datei mit dem vorgesehenen Namen, wird die neue Datei gar nicht exportiert – sie wird schlicht ausgelassen.

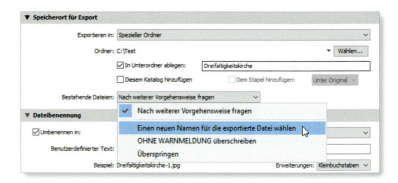

TIPP: Exportvorgaben und Dateinamen

Wenn Sie mit einer Vorgabe exportieren, sollten Sie unbedingt neue eigene Dateinamen vorgeben. Sonst heißen Ihre Fotos vom Fußballspiel plötzlich »Dreifaltigkeitskirche-1.jpg«, »Dreifaltigkeitskirche-2.jpg« usw.

14 Speichern Sie Ihre Einstellungen jetzt als Vorgabe. Dazu klicken Sie unten links im Dialog auf **Hinzufügen**, dann tippen Sie die Bezeichnung ein (ich schreibe »JPEGs volle Auflösung auf Festplatte«, so weiß ich genau, wie und wohin ich exportiere).

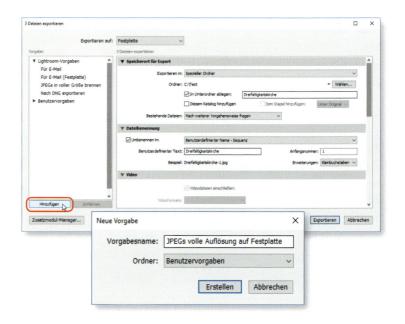

Bibliothek | Entwickeln | Karte | Buch | Diashow | Drucken | Web

15 Sobald Sie auf **Erstellen** klicken, erscheint die neue Vorgabe im Bereich links unter **Benutzervorgaben**. Wollen Sie jetzt JPEGs genau nach Ihren Wünschen exportieren, kostet Sie das nur noch einen Klick. Sie können die Vorgabe leicht ändern (hier habe ich zum Beispiel den **Farbraum** auf **ProPhoto RGB** umgestellt und das **Wasserzeichen** abgewählt): Klicken Sie mit der rechten Maustaste auf den Namen einer geänderten Vorgabe und dann auf **Mit den aktuellen Einstellungen aktualisieren** (wie hier zu sehen).

Nachdem wir schon hier sind: Vielleicht wollen Sie eine zweite JPEG-Export-Vorgabe anlegen, etwa für JPEGs in Online-Galerien? Sie wollen dann vielleicht die **Auflösung** auf 72 ppi einstellen und die Bildgröße verringern. Die Ausgabeschärfe stellen Sie dann vermutlich auf **Bildschirm** und **Standard**, wählen unter **Metadaten** die Einstellung **Nur Copyright und Kontaktinformationen**, und vielleicht schalten Sie auch das **Wasserzeichen** wieder ein. Mit einem Klick auf **Hinzufügen** entsteht die neue Vorgabe, die Sie zum Beispiel »JPEGs fürs Web« nennen.

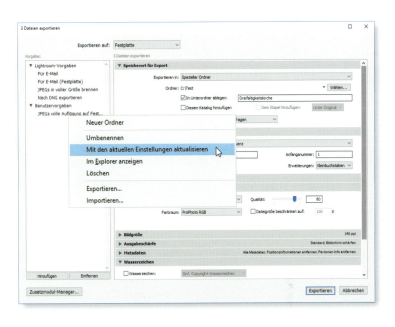

16 Ihre eigenen Vorgaben haben Sie nun, und jetzt sparen Sie noch mehr Zeit, indem Sie den gesamten Exportieren-Dialog einfach komplett übergehen. Wählen Sie die Fotos für den Export aus, dann folgt der Befehl **Datei • Mit Vorgabe exportieren**, und Sie wählen die gewünschte Vorgabe aus (hier nehme ich **JPEGs fürs Web**). Anschließend exportiert Lightroom die Bilder, ohne dass Sie noch etwas dazutun müssen. Sehr angenehm!

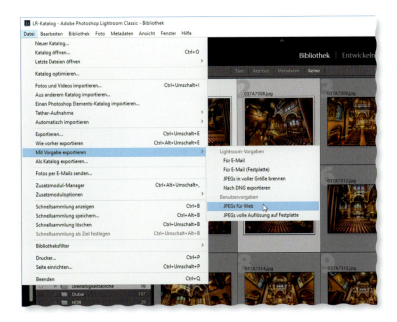

Schützen Sie Ihre Bilder mit einem Wasserzeichen

Sie präsentieren Ihre Bilder im Internet? Dann kann jeder Ihre Aufnahmen herunterladen und in anderen Projekten weiterverwenden (das passiert leider täglich). Sie können den Missbrauch aber einschränken – zeigen Sie ein sichtbares Wasserzeichen auf Ihren Fotos. Klaut dann jemand Ihre Bilder, wird sofort deutlich, dass sich hier jemand mit fremden Leistungen brüstet. Und Wasserzeichen schützen nicht nur: Nutzen Sie das Wasserzeichen auch als Firmenlogo und fürs Marketing. So richten Sie Ihr Wasserzeichen ein:

1 Drücken Sie zuerst [Strg]/[Cmd]+[⇧]+[E], so landen Sie im Exportieren-Dialog. Dort scrollen Sie nach unten bis zum Bereich **Wasserzeichen**. Schalten Sie das Kontrollkästchen vor **Wasserzeichen** ein, und wählen Sie im Menü **Wasserzeichen bearbeiten**.

Hinweis: Ich bespreche Wasserzeichen hier im Exportieren-Kapitel, denn beim Exportieren in die Formate JPEG, TIFF usw. können Sie Wasserzeichen ins Bild pflanzen. Verwenden Sie die Wasserzeichen aber auch beim Druck (im Drucken-Modul) oder in Web-Galerien (im Web-Modul).

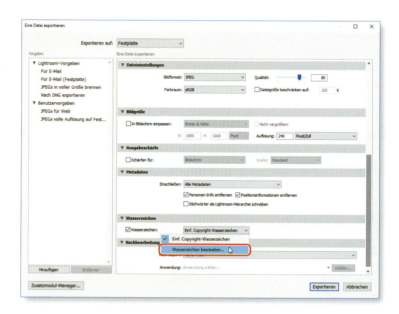

2 Lightroom zeigt jetzt den **Wasserzeichen-Editor**, und hier entwerfen Sie entweder ein schlichtes Text-Wasserzeichen, oder Sie importieren eine Grafik als Wasserzeichen (vielleicht das Logo Ihres Studios oder Ihre eigenen Entwürfe aus Photoshop). Oben rechts wählen Sie entweder **Text** oder **Grafik**. Zunächst zeigt Lightroom den Benutzernamen Ihres Computers, darum erscheint hier mein Copyright im Textfeld ganz unten. Der Text sitzt im Bild ganz links außen unten, aber zum Glück kann man den Abstand zum Bildrand ändern (mehr dazu in Schritt 4). Wir passen zunächst den Text an.

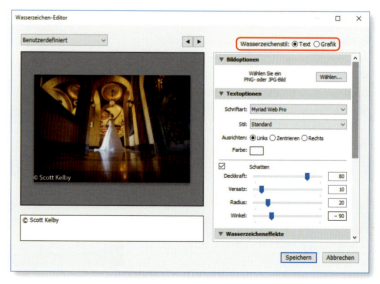

Bibliothek | Entwickeln | Karte | Buch | Diashow | Drucken | Web

3 Ins Textfeld unten links tippen Sie den Namen Ihres Studios, dann wählen Sie in den **Textoptionen** eine **Schriftart**. Hier nehme ich **Tw Cen** (Twentieth Century, ein Futura-Ersatz; und übrigens: Den senkrechten Strich | erzeugen Sie mit `Alt Gr`+`<`). Um die Schrift weiter auszudehnen, habe ich nach jedem Buchstaben die Leertaste gedrückt. Definieren Sie auch die Textausrichtung (**Links**, **Zentrieren** oder **Rechts**), und nach einem Klick auf das Farbfeld ändern Sie die Schriftfarbe. Die Schriftgröße steuern Sie im Bereich **Wasserzeicheneffekte** mit dem **Größe**-Regler. Dort gibt es auch die Optionen, um über die gesamte Bildbreite zu schreiben (**Einpassen**) oder sogar darüber hinaus (**Ausfüllen**). Der Text im Vorschaubild zeigt Anfasspunkte, sobald Sie die Maus darüber halten – ziehen Sie mit der Maus nach außen, um den Text zu vergrößern, oder ziehen Sie zum Verkleinern nach innen.

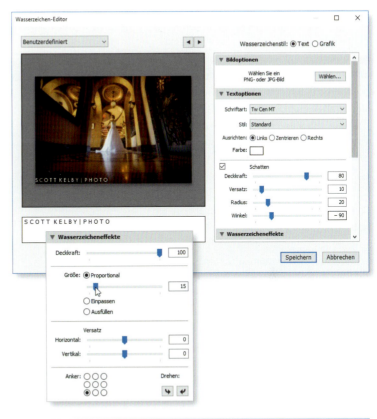

4 Im Bereich **Wasserzeicheneffekte** steuern Sie die Platzierung. Das **Anker**-Schema unten bietet verschiedene Positionen an. Soll das Wasserzeichen links oben erscheinen, klicken Sie auf den linken oberen **Anker**-Punkt. Klicken Sie auf den mittleren **Anker**-Punkt, um das Wasserzeichen in der Bildmitte anzuordnen, und so weiter. Mit den Drehschaltflächen rechts daneben entsteht ein senkrechtes Wasserzeichen. Und in Schritt 2 hatte ich ja schon erwähnt, dass Sie den Abstand zum Rand fein steuern können – ziehen Sie einfach an den **Versatz**-Reglern für **Horizontal** und **Vertikal** (direkt über dem **Anker**-Schema). Sobald Sie die Regler bewegen, erkennen Sie die endgültige Textposition an Hilfslinien im Vorschaufenster. Und mit dem **Deckkraft**-Regler direkt unterhalb von **Wasserzeicheneffekte** machen Sie das Wasserzeichen bei Bedarf mehr oder weniger durchsichtig.

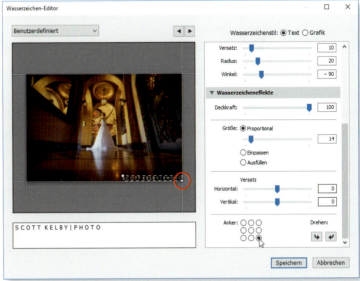

5 Erscheint das Wasserzeichen über einem helleren Hintergrund, können Sie in den **Textoptionen** im Bereich **Schatten** noch einen Schlagschatten hinzufügen. Wie dunkel der Schatten ausfällt, entscheiden Sie hier mit dem **Deckkraft**-Regler. Der **Versatz**-Regler ändert den Abstand zwischen Schatten und Text. **Radius** ist Adobes Geheimwort für Weichheit: Je höher der **Radius**, desto weicher fällt der Schatten aus. Der **Winkel**-Regler ändert die Platzierung des Schattens – der Standardwert – 90 ordnet den Schatten rechts unterhalb vom Text an. Eine Eingabe von 145 zeigt den Schatten links oberhalb usw. Ziehen Sie einfach am Regler, und Sie sehen schon die Auswirkung auf den Schatten. Schalten Sie das **Schatten**-Kontrollkästchen am besten ein paarmal an und aus – so erkennen Sie am besten, wie gut der Schatten wirkt.

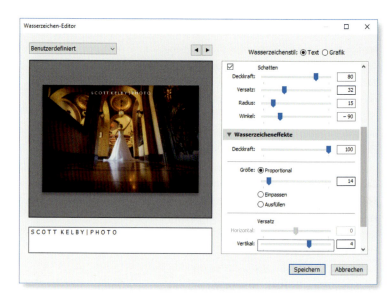

6 Testen wir jetzt ein grafisches Wasserzeichen, zum Beispiel Ihr Studiologo. Sie können Grafiken in den Formaten JPEG oder PNG verwenden, speichern Sie also unbedingt in einem dieser Formate. Scrollen Sie zurück nach oben zum Bereich **Bildoptionen**. Neben der Zeile **Wählen Sie ein PNG- oder JPEG-Bild** klicken Sie auf **Wählen**, dann auf Ihre Grafikdatei, dann auf **Wählen**, und dann erscheint das Logo (leider sieht man hier noch den weißen Hintergrund, aber darum kümmern wir uns im nächsten Schritt). Lightroom bietet hier weitgehend die gleichen Regler wie bei einem Text-Wasserzeichen – im Bereich **Wasserzeicheneffekte** macht der **Deckkraft**-Regler das Wasserzeichen stufenlos durchsichtig, und der **Größe**-Regler ändert die Größe des Logos. Mit dem **Versatz**-Regler bewegen Sie das Logo von den Rändern weg, und das **Anker**-Schema sorgt für eine Platzierung in unterschiedlichen Bildbereichen. Lightroom zeigt die **Textoptionen** einschließlich **Schatten** ausgegraut, weil Sie ja mit einer Grafik arbeiten.

Bibliothek | Entwickeln | Karte | Buch | Diashow | Drucken | Web

7 Damit der weiße Hintergrund durchsichtig wird, öffnen Sie die Ebenendatei des Logos in Photoshop und erledigen zwei Aufgaben:

1. Ziehen Sie die Hintergrundebene in den Mülleimer unten im **Ebenen**-Bedienfeld, so löschen Sie die Ebene, und nur die Grafik mit Ihrem Schriftzug bleibt über transparentem Hintergrund zurück.

2. Speichern Sie die Photoshop-Datei im PNG-Dateiformat, so entsteht eine neue Datei. Alle Ebenen verschmelzen hier, aber der Hintergrund ist transparent (hier in der unteren Abbildung zu sehen).

Dieses Logo hat in Photoshop eine weiße Hintergrundebene, darum zeigt auch der **Wasserzeichen-Editor** das Logo mit weißem Hintergrund.

Ziehen Sie die Hintergrundebene in den Mülleimer, dann speichern Sie im PNG-Dateiformat. So erhält das Logo einen transparenten Hintergrund.

8 In den **Bildoptionen** im **Wasserzeichen-Editor** wählen Sie jetzt das neue PNG-Logo aus. Es erscheint nun ohne den weißen Hintergrund (wie hier, wo ich allerdings zu einem weißen Logo gewechselt habe). Im Bereich **Wasserzeicheneffekte** ändern Sie **Größe**, Position und **Deckkraft** des Logos. Haben Sie Ihr Logo passend eingerichtet, sollten Sie es als Vorgabe speichern (dann lässt es sich leicht wiederverwenden und auch in den Modulen Drucken und Web abrufen). Klicken Sie also rechts unten auf **Speichern**, oder verwenden Sie das Menü links oben und dort den Befehl **Aktuelle Einstellungen als neue Vorgabe speichern**. Jetzt laden Sie das Logo jederzeit mit nur einem Klick.

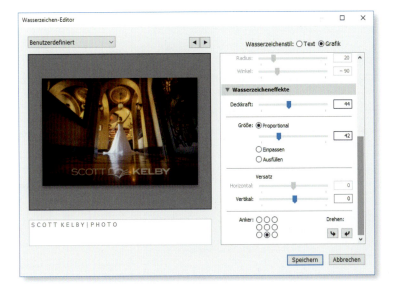

Mailen Sie Fotos aus Lightroom heraus

Wollte man Fotos aus Lightroom 3 oder älteren Versionen verschicken, war das ... nun ja, sagen wir mal, es war nicht so einfach. Lightroom präsentierte alle möglichen Hürden (Verknüpfungen zum E-Mail-Programm einrichten, diese dann im richtigen Lightroom-Ordner ablegen und so weiter und so fort). Es funktionierte irgendwie, aber irgendwie war es auch umständlich. Jetzt ist die E-Mail-Technik zum Glück gleich eingebaut und kinderleicht zu bedienen.

1 In der Rasteransicht klicken Sie bei gedrückter `Strg`/`Cmd`-Taste auf alle Bilder, die Sie per E-Mail verschicken möchten. Dann folgt der Befehl **Datei • Fotos per E-Mails senden**. So erscheint Lightrooms E-Mail-Dialog (zu sehen im nächsten Schritt).

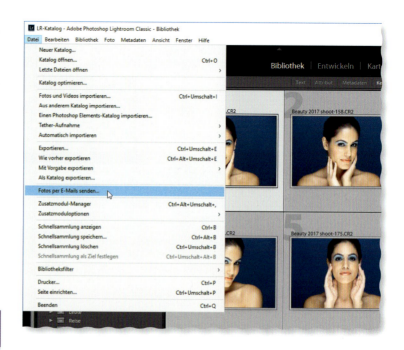

2 Hier tippen Sie die E-Mail-Adresse des Empfängers und die Betreffzeile ein. Lightroom verwendet Ihr Standard-E-Mail-Programm (nennen Sie bei Bedarf ein anderes E-Mail-Programm im Menü **Aus:**). Sie sehen auch die Fotos, die Sie gerade in der Rasteransicht gewählt haben.

TIPP: Das E-Mail-Programm erscheint nicht?

Dann klicken Sie im Ausklappmenü **Aus:** auf **Zum E-Mail-Kontomanager gehen**. Dort klicken Sie links unten auf **Hinzufügen**. Im Dialog **Neues Konto** wählen Sie dann einen E-Mail-Anbieter aus dem **Dienstanbieter**-Menü aus (zum Beispiel AOL, Gmail, Hotmail usw.). Wird Ihr E-Mail-Dienst nicht angeboten, klicken Sie auf **Andere** und geben die Server-Einstellungen selbst ein. Im Bereich **Berechtigungseinstellungen** tragen Sie dann E-Mail-Adresse und Passwort ein (Lightroom überprüft die Angaben auf Korrektheit). Nun erscheint Ihr E-Mail-Server auch im Menü **Aus:**.

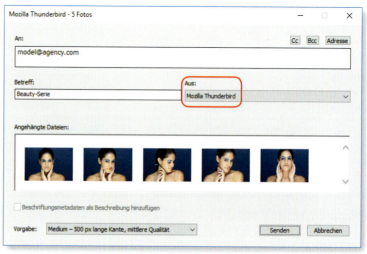

Bibliothek | Entwickeln | Karte | Buch | Diashow | Drucken | Web

3 Auch die Pixelgröße der Fotos lässt sich einstellen (denn verschicken Sie zu viele Bilder in Originalgröße, werden sie vom E-Mail-Dienst vielleicht blockiert). Lightroom bietet vier Größenvorgaben im Ausklappmenü unten links. Haben Sie schon E-Mail-Vorgaben angelegt, erscheinen diese auch hier. Wollen Sie eine neue Vorgabe erzeugen, klicken Sie unten im **Vorgabe**-Menü auf **Neue Vorgabe erstellen**. Sie erhalten dann den üblichen Exportieren-Dialog. Nehmen Sie die gewünschten Einstellungen vor, um sie als Vorgabe zu speichern. Dazu klicken Sie auf **Hinzufügen** unten links im Exportieren-Dialog. Jetzt erscheint die Vorgabe im Menü mit den E-Mail-Vorgaben.

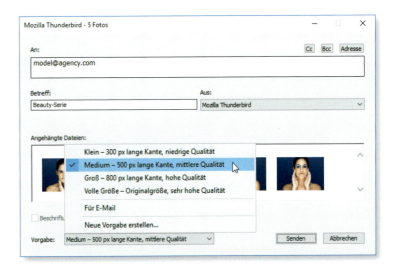

4 Verwenden Sie ein E-Mail-Programm? Nach dem Klick auf **Senden** startet Lightroom dieses Programm, trägt die Informationen ein (E-Mail-Adresse, Betreffzeile usw.), dann hängt Lightroom Ihre Dateien in der geplanten Größe und Qualität an die E-Mail an. Klicken Sie nur noch auf die **Senden**-Schaltfläche im E-Mail-Programm, und die Bilder gehen auf die Reise. Schreiben Sie Mails im Browser, zeigt Lightroom bereits ein Feld zum Eintippen der Nachricht. Nach dem Tippen klicken Sie auf **Senden**.

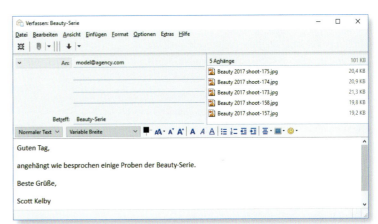

> **TIPP: Zwei E-Mail-Vorgaben verwenden**
>
> Im Exportieren-Dialog bietet Lightroom bereits zwei E-Mail-Vorgaben an: Die eine Vorgabe heißt **Für E-Mail**. Sie zeigt den üblichen E-Mail-Dialog, den Sie gerade kennengelernt haben. Die andere Vorgabe speichert Ihre zu versendenden Fotos schlicht auf der Festplatte, Sie verschicken die Aufnahmen anschließend von Hand. Um Fotos für eigene spätere E-Mails auf der Festplatte zu speichern, wählen Sie **Datei • Mit Vorgabe exportieren • Für Mail (Festplatte)**. Sie geben den gewünschten Ordner an, und dann sichert Lightroom die Bilder als kleine JPEG-Dateien (640 × 640 Pixel in der Qualitätsstufe 50).

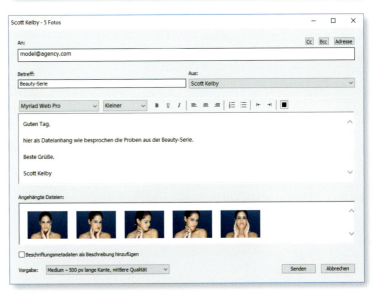

301

Kapitel 9 Speichern Sie JPEGs, TIFFs (und mehr)

So exportieren Sie Ihre Original-RAW-Dateien

In diesem Kapitel haben wir bis jetzt Fotos bearbeitet und sie dann als JPEG oder TIFF exportiert. Aber vielleicht wollen Sie auch die Original-RAW-Dateien exportieren. Ich zeige Ihnen das Verfahren, und Sie entscheiden dabei selbst, ob Sie Stichwörter und andere Metadaten aus Lightroom mitexportieren – oder auch nicht.

1 Beim RAW-Export werden alle Änderungen aus Lightroom in einer separaten XMP-Filialdatei gesichert (sie enthält Stichwörter, Metadaten und sogar die Korrekturen aus dem Entwickeln-Modul). Sie können Metadaten nicht direkt in die RAW-Datei einbetten (wir haben das in Kapitel 3 besprochen), darum müssen Sie die RAW-Datei und die XMP-Filialdatei als Doppelpack handhaben. Wählen Sie ein RAW aus, und drücken Sie [Strg]/[Cmd]+[⇧]+[E], um den Exportieren-Dialog zu zeigen. Klicken Sie auf **JPEGs in voller Größe brennen**, um einige Einstellungen dieser Vorgabe zu verwenden. Oben im Menü **Exportieren auf** wählen Sie **Festplatte**. Im Bereich **Speicherort für Export** sagen Sie dann, wo die neue RAW-Datei gespeichert werden soll (ich wähle hier den Desktop). Im Abschnitt **Dateieinstellungen** wählen Sie **Original**. Wenn Sie **Original** angeben, bietet Lightroom viele weitere Optionen nicht mehr an, sie erscheinen ausgegraut.

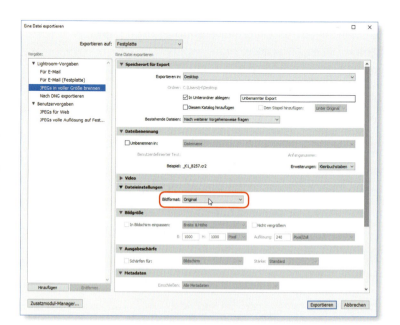

TIPP: Speichern Sie RAW-Dateien als DNG

Wählen Sie **DNG** im **Bildformat**-Menü, um die DNG-Optionen zu zeigen. Die Einstellung **Schnell ladende Dateien einbetten** baut die Bilder bei der Weitergabe an andere Lightroom-Installationen etwas schneller auf (und macht die Dateien ein bisschen größer). **Verlustreiche Komprimierung verwenden** wirkt bei RAW-Dateien so wie bei anderen Fotos die JPEG-Komprimierung: Etwas Bildinformation fliegt raus, dafür sinkt die Dateigröße um rund 75 % (gut zum Archivieren von Bildern zweiter Wahl).

2 Klicken Sie auf **Exportieren**. Lightroom muss hier ja nichts neu berechnen, darum erscheinen die Dateien schon nach wenigen Sekunden auf dem Desktop (beziehungsweise am geplanten Speicherort). Sie sehen die Datei und direkt daneben die XMP-Filialdatei (mit demselben Namen, aber mit ».xmp« als Dateierweiterung, hier auf meinem Desktop zu sehen). Solange diese zwei Dateien zusammenbleiben, lesen auch andere kompatible Programme wie Adobe Bridge und Adobe Camera Raw die Metadaten und zeigen die Bilder mit Ihren Änderungen aus Lightroom an. Wenn Sie das Bild verschicken oder auf einen anderen Datenträger kopieren, sollten Sie das Bild und seine XMP-Filialdatei immer zusammenlassen. Möchten Sie das Bild dagegen ohne die Änderungen aus Lightroom weitergeben, verschicken Sie es ohne die XMP-Datei.

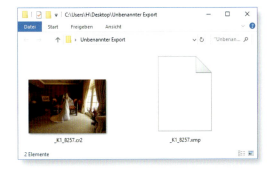

Kontrast, *Tiefen*, *Schwarz* und *Weiß* sowie die *Dynamik* wurden geändert: Geben Sie das Bild mit XMP-Datei weiter, erscheint es mit allen Lightroom-Korrekturen.

3 Schicken Sie die Datei an einen Empfänger mit Photoshop, öffnet sich das Bild dort nach einem Doppelklick im Dialog von Camera Raw. Falls Sie die XMP-Datei mitgeliefert haben, sieht der Empfänger alle Änderungen aus Lightroom, wie hier im oberen Bild: Ich habe **Kontrast**, **Lichter, Tiefen, Klarheit** und **Weißabgleich** geändert und dem Bild noch eine **Teiltonung** spendiert. Zum Vergleich das untere Bild: So sieht der Empfänger Ihre RAW-Aufnahme, wenn Sie die XMP-Datei nicht mitliefern – das völlig unveränderte Original ohne jede Bearbeitung aus Lightroom.

Hier das Originalfoto ohne die Korrekturen: So erscheint die Aufnahme, wenn die XMP-Filialdatei fehlt.

Kapitel 9 Speichern Sie JPEGs, TIFFs (und mehr)

Wie Sie Ihre Bilder mit nur zwei Klicks veröffentlichen

*Zeigen Sie Ihre Fotos regelmäßig auf Websites wie Flickr oder Facebook, speichern Sie sie auf anderen Festplatten oder auf dem iPhone? So etwas erledigen Sie bequem per Drag & Drop. Lightroom sorgt auch automatisch dafür, dass die jeweils neueste Bildversion veröffentlicht wird. Richten Sie das Bedienfeld **Veröffentlichungsdienste** nur zwei Minuten lang ein, dann sparen Sie viel Zeit, sobald Sie Bilder online stellen oder auf anderen Laufwerken speichern.*

1 Das Bedienfeld **Veröffentlichungsdienste** finden Sie im Bibliothek-Modul im linken Bedienfeldbereich. Standardmäßig können Sie vier Dienste einrichten: Ihre Festplatte, Adobe Stock, Facebook und Flickr. Klicken Sie zunächst auf das Wort **Einrichten** rechts neben dem Dienst, den Sie verwenden wollen. Hier beginnen wir mit Flickr, das ist besonders kompliziert, und gegen Ende richten wir noch kurz Ihre Festplatte ein. Die Verfahren für Adobe Stock und Facebook ähneln weitgehend dem Vorgehen für Flickr – Sie klicken auf **Einrichten**, autorisieren Lightroom und können praktisch schon loslegen. Also: Klicken Sie neben **Flickr** auf **Einrichten**.

2 Der **Lightroom-Veröffentlichungsmanager** erinnert an den Exportieren-Dialog, allerdings mit zwei Ausnahmen: Oben gibt es die Bereiche **Veröffentlichungsdienst**, **Flickr-Konto** und **Flickr-Titel**, und unten zeigt Lightroom die Flickr-Optionen für **Datenschutz und Sicherheit**. Klicken Sie zunächst oben auf **Autorisieren**. Ein Dialog (unten links abgebildet) zeigt jetzt eine weitere **Autorisieren**-Schaltfläche. Diese klicken Sie an, um zu Flickr zu wechseln, sich dort anzumelden, und dann erlauben Sie Lightroom die Zusammenarbeit mit Flickr. Klicken Sie also auf **Autorisieren**. Der Dialog meldet jetzt (unten rechts zu sehen), dass Sie das Verfahren in Lightroom noch abschließen müssen, sobald Sie in Flickr alles erledigt haben.

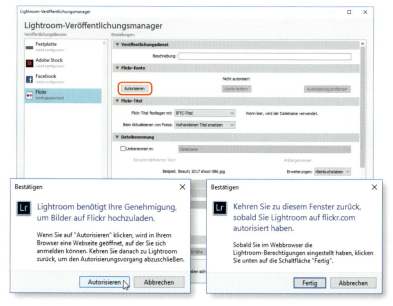

Bibliothek | Entwickeln | Karte | Buch | Diashow | Drucken | Web

3 Melden Sie sich über Ihr Yahoo-Konto bei Flickr an (Wenn Sie noch kein Flickr-Konto haben und den Dienst nutzen möchten, dann können Sie sich dort kostenlos registrieren). Flickr zeigt in etwa eine Seite wie hier, auf der Sie die Zusammenarbeit zwischen Lightroom und Flickr freigeben. Klicken Sie auf **OK, ich autorisiere es**, dann wechseln Sie wieder zurück zu Lightroom.

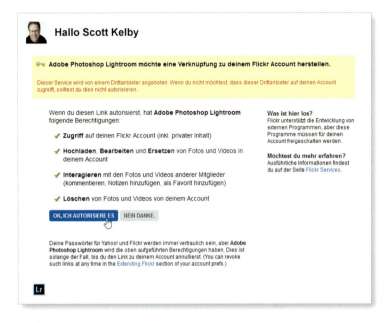

4 Hat Flickr die Bestätigung angezeigt? Dann klicken Sie im Dialog aus Schritt 2 auf **Fertig**. Jetzt richten Sie nur noch die schon bekannten Exportoptionen ein (Scharfzeichnung, Wasserzeichen usw.). Weiter unten sehen Sie dann aber noch die Flickr-Optionen für **Datenschutz und Sicherheit** für die hochgeladenen Bilder (wie unten abgebildet). Richten Sie den Bereich wie gewünscht ein, und mit dem Klick auf **Speichern** steht Ihr Flickr-Veröffentlichungsdienst endgültig bereit.

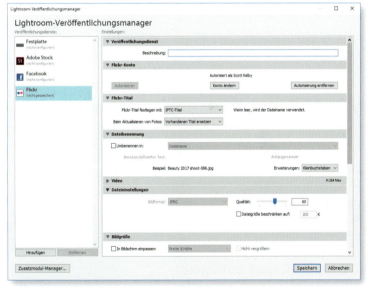

TIPP: Weitere Plugins laden

Möchten Sie weitere Veröffentlichungsdienste und Export-Plugins verwenden? Dann klicken Sie unten im Bedienfeld **Veröffentlichungsdienste** auf **Weitere Dienste online suchen**. Nach dem Herunterladen und der Installation erscheint der neue Veröffentlichungsdienst unter den anderen Diensten. Um ein Export-Zusatzmodul zu installieren, klicken Sie unten links im Exportieren-Dialog auf **Hinzufügen**. Sie finden das Zusatzmodul dann oben im Exportieren-Dialog im Menü **Exportieren auf**.

5 Wählen Sie nun die Fotos aus, die Sie auf Flickr zeigen wollen. Ziehen Sie die Bilder auf den **Flickr-Fotostream** unmittelbar unter dem **Flickr**-Balken im Bedienfeld **Veröffentlichungsdienste**. Haben Sie die Fotos in die Sammlung gezogen (ja, genau, das ist eine Sammlung), klicken Sie direkt auf **Fotostream**. Sie sehen: Die Bilder, die Sie hierhingezogen haben, warten auf ihre Veröffentlichung (sie werden erst dann zu Flickr hochgeladen, wenn Sie auf **Veröffentlichen** klicken. Diese Schaltfläche finden Sie unter dem linken Bedienfeldbereich sowie oben rechts über dem mittleren Vorschaubereich). Das Schöne dabei: Sie können unterschiedlichste Fotos aus verschiedenen Sammlungen zusammenstellen und dann alle gemeinsam mit einem Klick hochladen. In unserem Beispiel hier übertragen wir aber nur diese fünf Bilder.

6 Klicken Sie also auf die Schaltfläche **Veröffentlichen**. Der Vorschaubereich erscheint jetzt geteilt, und oben im Bereich **Zu veröffentlichende neue Fotos** sehen Sie zwei Bilder. Die Bilder wandern dann eins nach dem anderen nach unten in den Bereich **Veröffentlichte Fotos** (hier wurden drei der fünf Bilder bereits veröffentlicht). Ist alles vollständig hochgeladen, verschwindet der Bereich **Zu veröffentlichende neue Fotos**, denn es gibt ja keine weiteren Bilder zum Veröffentlichen. (Übrigens: Beim Hochladen zeigt Lightroom links oben einen kleinen Statusbalken, daran erkennen Sie den Fortschritt.)

Bibliothek | Entwickeln | Karte | Buch | Diashow | Drucken | Web

7 Öffnen Sie Ihren Flickr-Fotostream im Internetbrowser – Ihre Bilder sind jetzt hochgeladen. Lightroom bietet sogar noch mehr Service, denn die Kommentare der Nutzer unter Ihren Bildern lesen Sie direkt in Lightroom im **Kommentare**-Bedienfeld (in der rechten Bedienfeldleiste). Zum Beispiel habe ich auf der Flickr-Seite auf die Kommentar-Schaltfläche des ersten Fotos geklickt und dann ins Kommentarfeld geschrieben: »Das Wasserzeichen erscheint wohl besser unten auf den Fotos.«

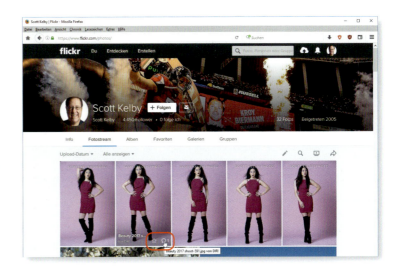

8 Um die Kommentare in Lightroom anzuzeigen, klicken Sie mit der rechten Maustaste auf **Fotostream** und dann auf **Jetzt veröffentlichen**. So lädt Lightroom die neuesten Kommentare der Flickr-Nutzer zu Ihren Bildern herunter. Klicken Sie dann auf ein Foto, und prüfen Sie im **Kommentare**-Bedienfeld (im rechten Bedienfeldbereich unten), ob ein neuer Kommentar vorliegt. Sie sehen auch, wie viele Anwender das Bild als Favorit ausgewählt haben.

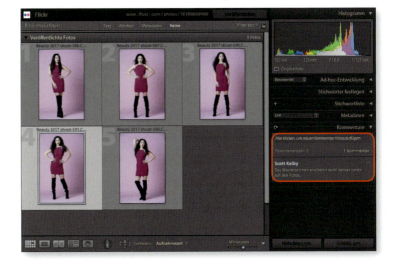

Kapitel 9   Speichern Sie JPEGs, TIFFs (und mehr)

9   So weit, so gut. Was aber, wenn Sie eins der schon hochgeladenen Fotos noch einmal ändern? Ich erkläre Ihnen das Verfahren (und hier überzeugt mich dieser Veröffentlichungsdienst ganz besonders): Klicken Sie zuerst auf den **Flickr-Fotostream**. So sehen Sie die schon hochgeladenen Bilder. Klicken Sie dann auf ein Bild, das Sie ändern wollen, und wechseln Sie mit D ins Entwickeln-Modul. Hier stelle ich nur ein paar Werte in den **Grundeinstellungen** neu ein. Ist die Bearbeitung abgeschlossen, sollten Sie die neueste Version auch in Flickr anzeigen.

10   Wechseln Sie wieder ins Modul Bibliothek, dort ins Bedienfeld **Veröffentlichungsdienste**, und klicken Sie auf **Fotostream** (wie abgebildet). Lightroom zeigt wieder eine geteilte Ansicht: Diesmal erscheint das geänderte Foto oben, damit Sie es neu hochladen können. Klicken Sie wieder auf **Veröffentlichen**, so dass Lightroom das Foto auf Flickr aktualisiert. Es erscheint also auch online in der neuesten Fassung. Anschließend verschwindet natürlich der Bereich **Erneut zu veröffentlichende geänderte Fotos**, denn nun haben Sie ja alles an Flickr übertragen.

Gut, das war also der Flickr-Veröffentlichungsdienst, und weil Sie den jetzt bestens beherrschen, richten Sie mühelos auch eine Festplatte für Drag & Drop ein. Also, auf geht's.

Bibliothek | Entwickeln | Karte | Buch | Diashow | Drucken | Web

11 Im Bedienfeld **Veröffentlichungsdienste** klicken Sie zuerst neben **Festplatte** auf **Einrichten**. Wir konfigurieren es so, dass Sie Bilder auf den Balken **Festplatte** ziehen und so hochaufgelöste JPEGs erzeugen (also eine schnelle Umwandlung in JPEG, ohne dass Sie erst den ganzen Exportdialog durchlaufen). Benennen Sie diesen Veröffentlichungsdienst – zum Beispiel mit »Als JPEG speichern«. Die weiteren Optionen füllen Sie so aus wie für hochaufgelöste JPEGs erforderlich, die Sie auf die Festplatte schreiben (so wie auf Seite 288). Nach dem Klick auf **Speichern** steht neben dem Dienst nicht mehr **Einrichten**, sondern dessen Name (hier **Festplatte: Als JPEG speichern**). Sie können mehrere dieser Dienste einrichten. Dazu klicken Sie mit der rechten Maustaste neben **Festplatte** und wählen **Einen anderen Veröffentlichungsdienst über »Festplatte« erstellen**. Erzeugen Sie zum Beispiel Dienste, um Originale zu exportieren, oder Varianten für E-Mails oder ... na, Sie wissen, was ich meine (schauen Sie sich das Bedienfeld **Veröffentlichungsdienste** an, hier habe ich ein paar weitere Dienste eingerichtet, Sie sehen also, wie das aussieht).

12 Einen Dienst haben Sie jetzt mindestens eingerichtet, testen wir die Sache also. Klicken Sie im Bibliothek-Modul auf vier RAW-Dateien, die Sie im JPEG-Format speichern wollen (es muss nicht RAW sein, Sie können auch JPEGs angeben, die Sie exportieren wollen). Ziehen Sie die gewählten Fotos auf Ihren Veröffentlichungsdienst **Festplatte: Als JPEG speichern**. Ab hier geht es insgesamt so weiter wie vorhin bei Flickr: Die Bilder erscheinen in einem Bereich **Zu veröffentlichende neue Fotos**, bis Sie auf **Veröffentlichen** klicken, dann schreibt Lightroom die Aufnahmen im JPEG-Dateiformat in den zuvor festgelegten Ordner.

Foto: Scott Kelby | Belichtung: 1/250 s | Brennweite: 28 mm | Blende: f/7,1

Der Sprung zu Photoshop
Wann und wie Sie wechseln sollten

10

Seien wir uns eines immer bewusst: Zur Verwirklichung unserer Ziele müssen wir gelegentlich zu Photoshop wechseln, so vielseitig Lightroom sich heute auch zeigt. Eine kleine historische Rückblende zeigt uns, wann und warum es dieses Wechsels bedarf: Denn, wir erinnern uns, Lightroom 1.0 erschien vor mehr als 11 Jahren. Das liegt noch länger zurück, als es klingt: Bedenken Sie, dass Lightroom vor dem iPhone herauskam. Klingelte seinerzeit bei Lightroom-Nutzern das Telefon, so klingelte es aus einem wunderlichen Motorola- oder Nokia-Klapphandy mit einem scheußlichen, einfarbigen Bildschirmchen wie von der letzten Sojus-Raumfahrtmission aus den 1960er-Jahren. Diese damaligen Handys hatten keine Apps, keine Spiele, nicht mal Twitter gab es (beim Wort »Twitter« dachten die Leute damals an das englische Wort für Vogelgezwitscher). Wer beim Arzt oder bei der Kfz-Zulassungsstelle im Wartezimmer saß, konnte nicht mal schnell auf dem Handy ein paar Videos gucken oder Kommentare ins Netz blasen. Traurige Wahrheit: Man saß still da, starrte tränenüberströmt an die Wand und wartete auf den Todesengel, der einen gnädig von der unendlichen Langeweile erlösen möge. Oh, schweife ich ab? Worum ging's? Richtig, Photoshop. Seinerzeit hatte Lightroom kaum Funktionen, und viele Regler waren nur Attrappe. Adobe natürlich wusste das und organisierte ein Geheimtreffen in den weitläufigen Katakomben unter der kalifornischen Firmenzentrale; die Lenker der Weltbank erschienen ebenso wie der Ordo Templi Orientis. Man beschloss, Lightroom so nahtlos an Photoshop anzubinden, dass Nutzer die Lightroom-Mängel nicht bemerken würden. Der Plan ging auf. Er würde sogar heute funktionieren, wenn nicht einige Kids ihre Finger mit drinhätten. Tja, die Kids und die Illuminati.

Kapitel 10 Wann und wie Sie zu Photoshop wechseln sollten

So übergeben Sie Ihre Dateien am besten an Photoshop

Wenn Sie ein Bild von Lightroom an Photoshop schicken, um es dort zu bearbeiten, dann erzeugt Lightroom standardmäßig eine TIFF-Kopie der Datei. Lightroom verwendet dabei das Farbprofil ProPhoto RGB, eine Farbtiefe von 16 Bit und 240 ppi Auflösung. Aber das lässt sich ändern – Sie können die Bilder auch im PSD-Format weiterreichen (so mache ich es), die Farbtiefe auf 8 Bit einschränken und zudem das Farbprofil frei bestimmen.

1 Öffnen Sie die **Voreinstellungen** von Lightroom mit [Strg]/[Cmd]+[W], und klicken Sie auf den Reiter **Externe Bearbeitung** (hier zu sehen). Falls Sie Photoshop installiert haben, legt Lightroom dieses Programm automatisch für die externe Bildbearbeitung fest. Entscheiden Sie also oben im Dialog über das Dateiformat, in dem die Bilder von Lightroom zu Photoshop wandern (ich nehme PSD, denn das braucht weniger Platz als TIFF). Dann legen Sie unter **Farbraum** einen Farbraum fest (Adobe empfiehlt **ProPhoto RGB**.) Falls Sie dabei bleiben, stellen Sie auch Photoshop auf **ProPhoto RGB** ein – auch bei anderen Farbprofilen sollten Sie generell ein einheitliches Profil für Lightroom und Photoshop verwenden). Adobe empfiehlt auch eine **Bittiefe** von 16 Bit (ich nehme meist 8 Bit). Zudem können Sie die **Auflösung** festlegen (ich lasse sie bei 240 ppi). Verwenden Sie noch ein anderes Bildbearbeitungsprogramm, dann richten Sie dies im Bereich **Weiterer externer Editor** ein.

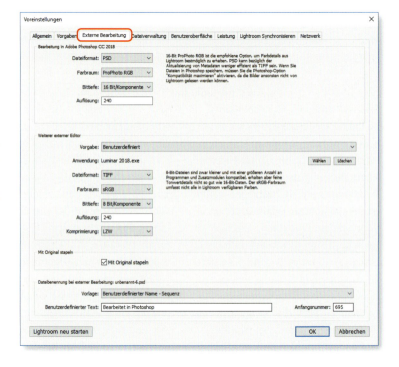

2 Dann kommt das Kontrollkästchen **Mit Original stapeln**: Lassen Sie es am besten eingeschaltet. So bleiben Original und bearbeitete Bildversion zusammen (mehr dazu im nächsten Projekt). Sie finden die bearbeitete Version also schnell wieder. Im Bereich **Dateibenennung bei externer Bearbeitung** steuern Sie, mit welchem Dateinamen Lightroom die Bilder an Photoshop schickt. Die Möglichkeiten erinnern weitgehend an den Import-Dialog.

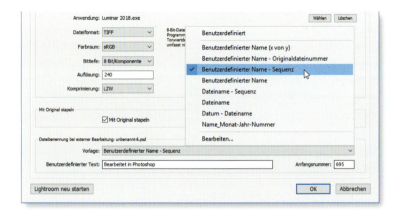

Bibliothek | **Entwickeln** | Karte | Buch | Diashow | Drucken | Web

Der Sprung zu Photoshop – und der Sprung zurück

Bei Bildverwaltung, Kontrastkorrektur und Ausdruck macht Lightroom einen tollen Job, aber es ersetzt nicht Photoshop. Lightroom liefert weder Special Effects noch eine Highend-Retusche, Ebenen noch die Trillionen anderer Photoshop-Funktionen. Gelegentlich müssen Sie also wohl zu Photoshop wechseln und typische »Photoshop-Aufgaben« erledigen. Für Druck und Präsentation springen Sie dann zurück zu Lightroom. Die beiden Programme arbeiten zum Glück nahtlos zusammen.

20-Sekunden-Lehrgang

So schicken Sie das Bild an Photoshop: Wählen Sie **Foto • Bearbeiten in • In Adobe Photoshop … bearbeiten**, oder drücken Sie einfach `Strg`/`Cmd`+`E` – so schickt Lightroom eine Bildkopie an Photoshop. Bearbeiten Sie das Bild in Photoshop nach Belieben, speichern Sie es, und schließen Sie das Fenster. Schon sehen Sie das Foto wieder in Lightroom. Das hier folgende Projekt macht aber viel mehr Spaß (und Sie lernen ein paar coole Photoshop-Tricks dabei!). Hier ist unsere Fotovorlage in Lightroom.

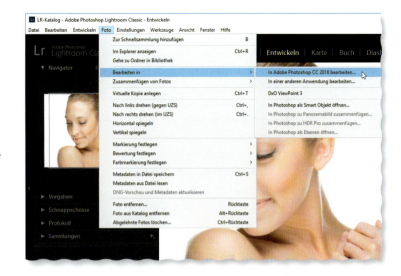

1 Mit `Strg`/`Cmd`+`E` öffnen Sie das Bild in Photoshop. RAW-Aufnahmen »verleiht« Lightroom dabei als Kopie an Photoshop, dort werden sie geöffnet. Bei JPEG- oder TIFF-Dateien sehen Sie dagegen den Dialog **Foto mit Adobe Photoshop … bearbeiten**. Ihre drei Möglichkeiten hier:

1. Sie schicken eine Kopie des Originals, die alle Änderungen aus Lightroom enthält, an Photoshop.

2. Sie schicken eine Kopie des Originals, die Änderungen aus Lightroom sind nicht enthalten.

3. Sie bearbeiten das Original selbst in Photoshop ohne die bisherigen Korrekturen aus Lightroom. Nachdem wir hier eine JPEG-Datei vor uns haben, nutzen wir die erste Option: Wir verwenden eine Kopie, die bereits alle Änderungen aus Lightroom enthält.

Kapitel 10 Wann und wie Sie zu Photoshop wechseln sollten

2 Hier sehen Sie die Kopie unseres Bildes in Photoshop. Wir kombinieren jetzt zwei Bilder in einer Art Überblendung. Der Effekt ist derzeit in der Werbung und auf Websites sehr beliebt. Schalten Sie das Schnellauswahlwerkzeug mit der Taste W ein (hier rot markiert). Photoshop wählt das Hauptmotiv jetzt wahlweise automatisch aus; dazu klicken Sie oben auf **Motiv auswählen**; das funktioniert verblüffend gut. Alternativ übermalen Sie Ihr Model. In beiden Fällen entsteht ein Auswahlumriss um Ihr Hauptmotiv herum wie in unserer Abbildung. Falls Sie von Hand vorgehen, sollten Sie per Strg/Cmd+ + weit hineinzoomen und die Pinselgröße senken (die Taste Ö schrumpft den **Pinsel**, die Taste # vergrößert ihn). Nur so kommen Sie in alle Winkel. Das Werkzeug arbeitet hervorragend, lange sollten Sie also nicht brauchen. Übrigens, das Gesamtbild sehen Sie wieder per Doppelklick auf das Hand-Werkzeug links unten in der Leiste.

3 Steht die Auswahl? Mit dem Tastendruck Strg/Cmd+ J heben Sie nur die Frau selbst auf eine neue Ebene, unabhängig von der **Hintergrund**-Ebene. Hier habe ich die **Hintergrund**-Ebene noch im **Ebenen**-Bedienfeld ausgeblendet (die Ebene, die auch die weiße Umgebung mit anzeigt). Dazu reichte ein Klick auf das Augensymbol links von der Ebenenminiatur. So erkennen Sie noch deutlicher, dass sich das Porträt auf einer eigenen Ebene ohne weiße Umgebung befindet. Das grauweiße Schachbrettmuster ringsum zeigt transparente Bildbereiche an – dort ist also nur der Kopf, aber keine weißen Pixel drumherum. Für unsere Technik hier ist es entscheidend, dass sich das Hauptmotiv ohne Umgebung auf einer eigenen Ebene befindet.

Bibliothek | **Entwickeln** | Karte | Buch | Diashow | Drucken | Web

4 Jetzt zum Bild, das wir mit dem Porträt überlagern. Es entstand von der Aussichtsplattform des Rockefeller Centers in New York. Klicken Sie das Motiv in Lightroom an, dann öffnen Sie es per Strg/Cmd+E in Photoshop. Sehen Sie oben im Photoshop-Programmfenster den Tab **New York.jpg**? Je nach Photoshop-Voreinstellung wechseln Sie per Klick auf diese Tabs zwischen den Dateien. Wählen Sie das ganze New-York-Bild mit Strg/Cmd+A aus. Dann drücken Sie Strg/Cmd+C zum **Kopieren**; zeigen Sie das Porträt mit einem Klick auf den Tab **Beauty.jpg** an, dann drücken Sie Strg/Cmd+V – so fügen Sie New York über dem Porträt ein. Das Stadtpanorama landet auf einer eigenen, unabhängigen Ebene, und damit haben Sie jetzt drei Ebenen: die **Hintergrund**-Ebene zeigt Ihr Originalbild, **Ebene 1** den Kopf vor transparentem Hintergrund und **Ebene 2** ganz oben zeigt New York.

5 Wir brauchen wieder eine Auswahl um unser Hauptmotiv herum, und dabei hilft ein Tastaturbefehl: Klicken Sie bei gedrückter Strg/Cmd-Taste unmittelbar auf die Miniatur der **Ebene 1** im **Ebenen**-Bedienfeld. Dabei entsteht eine Auswahl um den Kopf herum (genau wie schon in Schritt 2). Man sieht also diese Auswahl; stellen Sie sicher, dass **Ebene 2** mit New York noch aktiv ist. Dann klicken Sie unten im **Ebenen**-Bedienfeld auf **Ebenenmaske hinzufügen** (die dritte Schaltfläche von links, hier rot eingekreist). Dabei maskieren Sie die Skyline mit dem Kopfumriss, wie hier zu sehen. Zugleich hebt Photoshop die Auswahl auf (darum verschwindet die Auswahl also).

315

Kapitel 10 Wann und wie Sie zu Photoshop wechseln sollten

6 Für die richtige Überblendung erhält die New York-Ebene einen neuen Mischmodus. Er verrechnet die aktive Ebene mit darunter liegenden Ebenen. Standardmäßig gilt der Mischmodus **Normal** – der überblendet gar nichts, die aktive Ebene überdeckt einfach die Ebenen darunter. Ändern Sie diesen Modus, erhalten Sie reizvolle Kombinationen. Photoshop bietet allerdings 27 verschiedene Mischmodi, die je nach Bild unterschiedlich wirken. Darum drücken Sie immer wieder ⇧+0 (Null); so durchlaufen Sie die verschiedenen Mischmodi. Bleiben Sie einfach bei einem Modus, der Ihnen gefällt. Hier nehme ich **Ineinanderkopieren**, aber ich lege Ihnen auch **Weiches Licht**, **Hartes Licht**, **Subtrahieren** und **Lichtpunkt** ans Herz – Sie haben die Wahl.

7 Das Originalbild soll noch deutlicher hervortreten, und dazu benötigen wir wieder die untere Ebene (so dass die New York-Ebene etwas zum Mischen hat). Der Plan: Wir kopieren die Porträtebene mit der Transparenz und heben sie im Ebenen-Stapel ganz nach oben. Klicken Sie also im **Ebenen**-Bedienfeld auf **Ebene 1** (unser Model mit Transparenz), und drücken Sie Strg/Cmd+J. Sie erhalten ein Duplikat der Ebene, aber das liegt einstweilen noch unter der New-York-Ebene, darum sieht man keine Veränderung. Klicken Sie auf das duplizierte Porträt, und ziehen Sie es im **Ebenen**-Bedienfeld ganz nach oben. Unser Zwischenergebnis sieht damit wieder so aus wie ganz zu Anfang.

316

8 Diese Duplikat-Ebene oben verstecken wir jetzt hinter einer Ebenenmaske; anschließend machen wir nur die benötigten Bildteile wieder sichtbar. Klicken Sie also bei gedrückter Alt-Taste auf die Schaltfläche **Ebenenmaske hinzufügen** (unten im **Ebenen**-Bedienfeld, wir haben sie ja vorhin schon genutzt). Damit verschwindet die Duplikat-Ebene spurlos hinter einer schwarzen Ebenenmaske. Sie ist aber immer noch da, wir haben sie nur versteckt. Dann schalten Sie in der Werkzeugleiste den **Pinsel** ein (oder drücken Sie einfach das B). Oben in den Optionen, bei den Pinselvorgaben, wählen Sie eine große Werkzeugspitze mit weicher Kante (wie hier rechts zu sehen). Den Regler für die **Größe** des **Pinsel**s ziehen Sie dann auf 1.800 Pixel. Ebenfalls oben in den Optionen setzen Sie die **Deckkraft** des **Pinsels** auf 50 Prozent.

Eine schwarze Ebenenmaske verbirgt die Kopie-Ebene.

Nehmen Sie eine große Pinselvorgabe mit weichem Rand, dann ziehen Sie den **Größe**-Regler auf 1.800 Pixel.

Oben in den Einstellungen senken Sie die **Deckkraft** auf 50 Prozent.

9 Prüfen Sie unten in der Werkzeugleiste, ob Weiß als Vordergrundfarbe eingerichtet ist (wenn nicht, drücken Sie das X, bis das weiße Farbfeld vorn erscheint). Nun malen Sie mit dem **Pinsel** über Stellen des Originals, die Sie wieder hervorholen möchten; hier habe ich über die linke Gesichtshälfte gemalt. Dank unserer weichen Werkzeugspitze entsteht ein flüssiger Übergang. Etwas Skyline sieht man hier immer noch im Gesicht. Wollen Sie New York noch weiter zurückdrängen und das Gesicht stärker betonen, übermalen Sie das Gesicht mehrfach (wir arbeiten ja mit 50 Prozent **Deckkraft**, so baut sich der Effekt mit jedem Übermalen einer Region weiter auf).

Kapitel 10 Wann und wie Sie zu Photoshop wechseln sollten

10   Damit ist die Bildbearbeitung in Photoshop abgeschlossen. Sie können das Bild nun auf eine **Hintergrund**-Ebene eindampfen (dazu wählen Sie **Auf Hintergrundebene reduzieren** im Menü zum **Ebenen**-Bedienfeld); dann bleibt nur eine einzige Ebene übrig, typisch für Fotos in Lightroom. Sie können aber auch alle Ebenen beibehalten und auch das an Lightroom übergeben (mehr zu diesem Verfahren auf der nächsten Seite). Doch egal, ob Sie die Ebenen beibehalten oder alles verschmelzen, dies sind Ihre nächsten Schritte: Drücken Sie ⌊S⌋ zum **Speichern** und ⌊W⌋ zum **Schließen** des Bildfensters. **Speichern** und **Schließen**. Das ist's schon. Und werfen Sie in Lightroom mal einen Blick in Ihre Porträtsammlung – dort finden Sie Ihre Photoshop-Arbeit direkt neben dem Originalbild (wie hier gezeigt). Arbeiten Sie mit Ordnern, erscheint die neue Photoshop-Montage nach allen anderen Bildern im Ordner.

11   In Lightroom können Sie die Montage so wie jedes andere Bild auch bearbeiten. Wagen wir uns also an eine Schwarzweißumsetzung, und legen wir dann noch etwas Filmkorn auf (Schwarzweißbilder bearbeite ich häufig mit Filmkorn, so dass sie stärker an den Look von Schwarzweißfilmen erinnern). Natürlich stehen Ihnen alle Regler und Profile im Entwickeln-Modul zur Verfügung, aber wir nehmen hier das **Vorgaben**-Bedienfeld in der linken Bedienfeldleiste; unter **S/W** klicken Sie auf **S/W Hoher Kontrast**. Im selben Bedienfeld wechseln Sie dann zu den **Körnung**-Vorgaben; mit einem Klick auf **Mittel** landet die Körnung im Bild. Und hier noch einmal der Ablauf in der Übersicht: Mit ⌊Strg⌋/⌊Cmd⌋+⌊E⌋ schicken Sie das ausgewählte Bild an Photoshop. Dort bearbeiten Sie es nach Belieben, danach speichern und schließen Sie es – so erscheint Ihre Arbeit wieder in Lightroom. Lesen Sie aber unbedingt noch die nächste Seite; dann wissen Sie, wie Sie eine Datei mit Ebenen richtig in Lightroom behandeln.

Bibliothek | **Entwickeln** | Karte | Buch | Diashow | Drucken | Web

So behalten Sie Ihre Photoshop-Ebene bei

Schicken Sie ein Bild an Photoshop und packen Sie eine Reihe Ebenen drauf, dann können Sie das Ganze dort wie besprochen speichern und schließen – und was passiert mit den Ebenen? Die Ebenen bleiben erhalten, selbst wenn Sie in Lightroom nur ein flaches Bild sehen (als ob Sie in Photoshop »auf Hintergrundebene reduziert« hätten). Man muss nur wissen, wie man das Ebenen-Bild in Photoshop erneut öffnet, um die Ebenen auch wieder vorzufinden.

1 Im letzten Projekt hatten wir ein Bild mit mehreren Ebenen. Das können Sie in Photoshop speichern und schließen, ohne alle Ebenen auf den »Hintergrund« einzuschmelzen; Lightroom zeigt dann die »flache« Version des Bildes – aber die Ebenen sind gleichwohl immer noch da (man sieht sie halt nicht, weil Lightroom Ebenen nicht unterstützt). Wollen Sie die Ebenen sehen oder bearbeiten, müssen Sie zu Photoshop zurückkehren. *Aber, bitte beachten:* Wenn Sie die Ebenen-Montage in Lightroom anklicken und mit Strg/Cmd+E zu Photoshop schicken, kommt es auf die richtige Option an: Lightroom fragt, ob Sie eine Kopie mit Ihren Änderungen aus Lightroom bearbeiten möchten, und Sie wählen **Original bearbeiten** (wie hier gezeigt).

2 Mit der Option **Original bearbeiten** zeigt das Bild in Photoshop wieder seine altbekannten Ebenen (und übrigens, in keiner anderen Situation wählen wir je **Original bearbeiten** im Dialog **In Adobe Photoshop ... bearbeiten**). Ohne **Original bearbeiten** schickt Lightroom Ihre Montage als reine Hintergrund-Ebene an Photoshop, ohne Einzelebenen. Öffnen Sie also eine Datei, die eigentlich Ebenen zeigen sollte, aber Sie finden die Ebenen nicht mehr vor? Dann haben Sie wohl im Dialog die falsche Option verwendet.

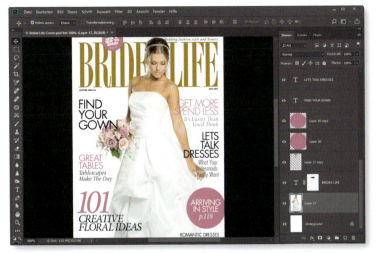

Kapitel 10 Wann und wie Sie zu Photoshop wechseln sollten

Fügen Sie Ihrer Lightroom-Bearbeitung eine Photoshop-Automatik hinzu

Wollen Sie Ihre Bilder nach der Bearbeitung in Lightroom noch abschließend in Photoshop verfeinern? Das lässt sich automatisieren: Nach dem Export der Dateien startet dann automatisch Photoshop, ändert die Aufnahmen und speichert sie wieder. Dazu erzeugen Sie in Photoshop eine Aktion (eine gespeicherte Befehlsfolge, die alle gewünschten Schritte rasant abspielt). Hier zeige ich Ihnen, wie Sie die Aktion aufzeichnen und mit Lightroom verbinden:

1 Wir beginnen in Photoshop, öffnen Sie also mit `Strg`/`Cmd`+`E` ein Bild in Photoshop (Sie wissen ja, Sie können die Anleitung exakt mit den hier gezeigten Dateien nachspielen. Laden Sie die Aufnahmen von der Website herunter, die ich vorn in der Einleitung zum Buch nenne). Wir erzeugen hier eine Photoshop-Aktion, die ein Passepartout und einen schlichten schwarzen Rahmen um Ihr Bild legt und dann noch Ihren Namen daruntersetzt (das sieht besser aus, als es klingt). Haben Sie die Aktion erst aufgezeichnet, lässt sich jedes Bild, das Sie in Lightroom als TIFF oder JPEG exportieren, blitzschnell »digital einrahmen«.

2 Blenden Sie zunächst das **Aktionen**-Bedienfeld ein: Dazu wählen Sie **Fenster • Aktionen**. Unten im Bedienfeld klicken Sie auf das Symbol **Neue Aktion erstellen** (es sieht aus wie das Symbol **Neue Ebene erstellen** im **Ebenen**-Bedienfeld und ist hier eingekreist). Damit erscheint der Dialog **Neue Aktion**, in dem Sie Ihre Aktion benennen. Ich schreibe hier »Neuer Rahmen«, und dann klicke ich auf **Aufzeichnen** (die Schaltfläche heißt nicht **OK** oder **Speichern**, denn jetzt beginnt sofort die Aufzeichnung).

Bibliothek | **Entwickeln** | Karte | Buch | Diashow | Drucken | Web

3 Das Bild muss von der **Hintergrund**-Ebene weg auf eine eigene Ebene. Drücken Sie zunächst ⌈Strg⌉/⌈Cmd⌉+⌈A⌉, um das Gesamtbild in eine Auswahl einzufassen (wie hier zu sehen). Dann drücken Sie ⌈⇧⌉+⌈Strg⌉/⌈Cmd⌉+⌈J⌉; so trennen Sie das Bild aus der **Hintergrund**-Ebene heraus und heben es auf eine neue Ebene (wie hier im **Ebenen**-Bedienfeld zu erkennen: Das Foto findet sich auf der **Ebene 1**, und die **Hintergrund**-Ebene ist leer).

4 Jetzt kommt der weiße Rand dazu. Sie wählen **Bild • Arbeitsfläche** (oder drücken Sie einfach ⌈Strg⌉/⌈Cmd⌉+⌈Alt⌉+⌈C⌉). Unten im **Arbeitsfläche**-Dialog öffnen Sie das Menü **Farbe für erweiterte Arbeitsfläche** und nehmen **Weiß**. In der Mitte schalten Sie **Relativ** ein (so definieren Sie die Randausdehnung ohne viel Rechnerei: Sie addieren den neuen Rand einfach zu den vorhandenen Maßen). Geben Sie als Breite 10 Zentimeter und als **Höhe** 15 Zentimeter an; also mehr Zuwachs oben und unten als an den Seiten. Bestätigen Sie mit **OK**, und schalten Sie mit dem ⌈V⌉ zum Verschieben-Werkzeug. Ziehen Sie Ihr Foto auf der Arbeitsfläche etwas nach oben; halten Sie dabei die ⌈⇧⌉-Taste gedrückt, so bleibt es perfekt in der Mitte. Der untere Rand ist damit etwas größer und bietet ideal Platz für eine Bildzeile.

Kapitel 10 Wann und wie Sie zu Photoshop wechseln sollten

5 Wir brauchen wieder eine Auswahl ums Foto herum. Klicken Sie im **Ebenen**-Bedienfeld bei gedrückter Strg/Cmd-Taste direkt auf die Miniatur der **Ebene 1** (hier unser Paris-Bild). Photoshop legt eine Auswahl ums Bild, die Sie jetzt ringsum etwa 1,2 Zentimeter ausdehnen (die Grundlage für unser Passepartout). Wählen Sie **Auswahl • Auswahl transformieren**. Ziehen Sie die Mittelanfasser auf allen vier Seiten jeweils etwa 1,2 Zentimeter nach außen (wie hier gezeigt), mit identischem Abstand auf allen vier Seiten. Theoretisch könnten Sie die Lineale mit Strg/Cmd+R einblenden und den Abstand genau messen; aber ich verlasse mich ehrlich gesagt einfach aufs Augenmaß. Erscheint Ihre Auswahl so wie hier, bestätigen Sie mit der ↵-Taste.

6 Die Auswahl füllen wir weiß, aber der Bereich muss unter dem Bild erscheinen, er darf es nicht überdecken. Klicken Sie also unten im **Ebenen**-Bedienfeld auf **Neue Ebene erstellen**. Diese neue, leere Ebene ziehen Sie im Bedienfeld unter die Paris-Ebene. Die Auswahl ist noch da; drücken Sie darum D und dann X, so erhalten Sie weiße Vordergrundfarbe. Per Alt+Entf-Taste (← am Mac) füllen Sie die Passepartout-Auswahl nun weiß. Unten im **Ebenen**-Bedienfeld klicken Sie auf **Ebenenstil hinzufügen** und auf **Schein nach innen**. Im **Ebenenstil**-Dialog (hier abgebildet) nehmen Sie die Füllmethode **Normal** und als **Deckkraft** 26 Prozent; klicken Sie auf das Farbfeld, und stellen Sie Schwarz ein, dazu kommt als **Größe** 19 Pixel. Innerhalb der weißen Fläche entsteht so ein leichter Schatten, der an handgeschnittene Passepartouts erinnert.

Bibliothek | **Entwickeln** | Karte | Buch | Diashow | Drucken | Web

7 Legen wir noch einen dünnen schwarzen Rand außen um die Bildfläche. Klicken Sie auf die Miniatur der **Hintergrund**-Ebene, und drücken Sie `Strg`/`Cmd`+`A`; so entsteht eine Auswahl ums Gesamtbild herum (wie gezeigt). Wir brauchen eine weitere leere Ebene, klicken Sie also unten im **Ebenen**-Bedienfeld wieder auf **Neue Ebene erstellen**; die neue Ebene entsteht dann direkt über der **Hintergrund**-Ebene, wie Sie auch hier im Bedienfeld sehen.

8 Für den schwarzen Umriss wählen Sie **Bearbeiten • Kontur füllen**. Die Kontur soll innen an der Auswahl entlanglaufen, darum nehmen Sie **Innen** als **Position**. Als **Breite** nennen Sie 100 Pixel (das klingt enorm, aber bei unserem hochaufgelösten Bild ist das nicht sehr viel). Nach dem **OK**-Klick sehen Sie einen dünnen schwarzen Rand rings ums Bild (wie hier). Mit `Strg`/`Cmd`+`D` heben Sie die Auswahl auf.

323

9 Der Schriftzug entsteht jetzt mit dem **Horizontalen Textwerkzeug** (Tastaturbefehl [T]). Klicken Sie unter das Foto, und schreiben Sie einen passenden Namen. Hier tippe ich meinen Namen, und die senkrechte Trennlinie entsteht per [AltGr]+[<]. Ich verwende die Schriftart Gil Sans Light in Großbuchstaben bei 24 Punkt. Wir wollen das Textobjekt noch ausmitteln und in etwas blasserem Grau zeigen, das erledigen wir in Schritt 10.

10 So platzieren Sie Ihren Namen exakt mittig: Schalten Sie in der Werkzeugleiste zum Verschieben-Werkzeug, und klicken Sie im **Ebenen**-Bedienfeld bei gedrückter [Strg]/[Cmd]-Taste auf den Namen der **Hintergrund**-Ebene (nicht auf die Miniatur); damit wählen Sie Text- und **Hintergrund**-Ebene gemeinsam aus. Klicken Sie oben in den Optionen auf die Schaltfläche **An horizontaler Mittelachse ausrichten** – so landet Ihr Text genau in der Mitte der Bildfläche. Klicken Sie im **Ebenen**-Bedienfeld einmal auf die Text-Ebene, und senken Sie rechts oben im Bedienfeld die **Deckkraft** auf 50 Prozent; so erscheint der Text grau statt schwarz, er wirkt dezenter. Speichern und schließen Sie Ihre Arbeit; dazu drücken Sie erst [Strg]/[Cmd]+[S], danach [Strg]/[Cmd]+[W].

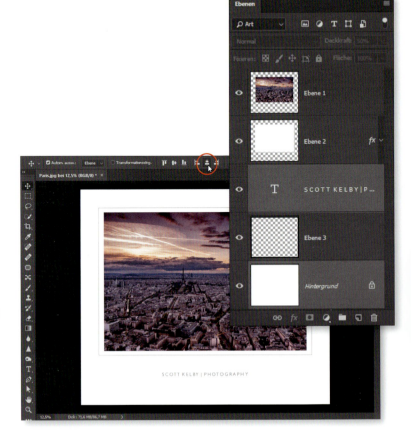

Bibliothek | **Entwickeln** | Karte | Buch | Diashow | Drucken | Web

11 Falls Sie es zwischenzeitlich vergessen haben sollten: Wir zeichnen die Bearbeitung die ganze Zeit auf. (Erinnern Sie sich an die Aktion, die wir angelegt haben? Tja, diese zeichnet alle unsere Änderungen auf.) Klicken Sie im **Aktionen**-Bedienfeld unten links auf die Schaltfläche **Ausführen/Aufzeichnung beenden**. Sie haben nun eine Aktion aufgezeichnet, die das Bild verändert und die Datei dann speichert und schließt. An dieser Stelle teste ich meine Aktionen gern, damit ich weiß, ob ich alles richtig aufgezeichnet habe. Springen Sie zu Lightroom, klicken Sie ein anderes Bild an, und schicken Sie es mit `Strg`/`Cmd`+`E` zu Photoshop. Dort im **Aktionen**-Bedienfeld klicken Sie auf Ihre Aktion **Neuer Rahmen** und dann unten im Bedienfeld auf **Auswahl ausführen**. Photoshop sollte den Effekt ratzfatz anwenden und die Datei dann speichern und schließen. Sieht alles gut aus, geht's weiter mit dem nächsten Schritt.

12 Diese Aktion verwandeln wir jetzt in ein sogenanntes Droplet, das sich in Lightroom verwenden lässt. Ziehen Sie ein Bild direkt auf das Droplet, startet Photoshop automatisch mit diesem Bild und wendet die Aktion **Neuer Rahmen** an, denn die haben Sie als Droplet angelegt. Dann wird Photoshop das Bild speichern und schließen, weil Sie diese zwei Schritte mit in der Aktion aufgezeichnet haben – sehr angenehm. Wählen Sie also in Photoshop **Datei • Automatisieren • Droplet erstellen** (wie gezeigt).

13 Damit erscheint der Dialog **Droplet erstellen**. Klicken Sie oben auf **Wählen**, verwenden Sie Ihren Desktop als Ziel, an dem das Droplet gespeichert wird, und nennen Sie das Droplet »Neuer Rahmen«. Im **Abspielen**-Bereich des Dialogs geben Sie im **Aktion**-Menü **Neuer Rahmen** an (so hatten wir unsere Aktion vorhin genannt). Das war's, den Rest des Dialogs brauchen Sie nicht, klicken Sie einfach oben rechts auf **OK**. Auf dem Desktop Ihres Rechners sehen Sie jetzt ein großes Symbol mit einem Pfeil. Der Pfeil zeigt auf den Namen des Droplets wie hier in der unteren Abbildung.

14 Das Droplet »Neuer Rahmen« haben wir also in Photoshop erstellt, jetzt fügen wir es unserem Arbeitsablauf in Lightroom hinzu – mit Hilfe sogenannter »Export Actions« – das sind automatisierte Abläufe nach dem Exportieren einer Datei. Dazu müssen Sie das Droplet in den Ordner packen, in dem Lightroom seine »Export Actions« sichert. Diesen Ordner zeigt Lightroom zum Glück ganz bequem an. Wählen Sie in Lightroom **Datei • Exportieren**. Scrollen Sie im Exportieren-Dialog bis zum Bereich **Nachbearbeitung**. Im Ausklappmenü **Nach Export** wählen Sie **Jetzt zum Ordner »Export Actions« wechseln**. So kommen Sie zu dem Ordner, in dem Lightroom Exportaktionen sichert. Sie ziehen jetzt nur noch das Droplet »Neuer Rahmen« in den Ordner **Export Actions**, um es Lightroom hinzuzufügen. Damit können Sie den Ordner schon wieder schließen – Ihr Droplet ist jetzt eine »Export Action« in Lightroom.

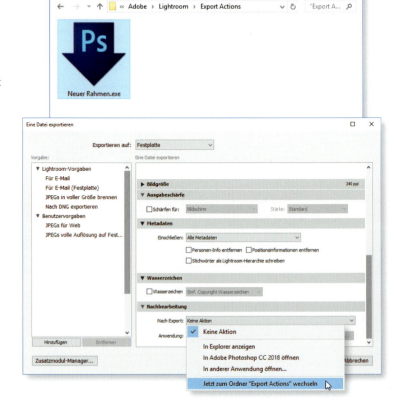

Bibliothek | **Entwickeln** | Karte | Buch | Diashow | Drucken | Web

15 Und jetzt testen wir das Ganze: In der Rasteransicht der Bibliothek wählen Sie eine Aufnahme (oder mehrere), um den Effekt anzuwenden, dann rufen Sie mit [Strg]/[Cmd]+[E] den Exportieren-Dialog auf. Links im **Vorgabe**-Bereich klicken Sie auf das nach rechts zeigende Dreieck links neben **Benutzervorgaben**. Klicken Sie auf die Vorgabe **JPEGs fürs Web**, die wir in Kapitel 9 erstellt haben (haben Sie diese Vorgabe noch nicht erzeugt, holen Sie es jetzt nach). Im Bereich **Speicherort für Export** klicken Sie auf **Wählen** und geben an, in welchem Ordner Sie die neuen JPEG-Dateien sichern möchten (falls Sie den Ordner ändern möchten). Im Bereich **Dateibenennung** geben Sie bei Bedarf einen neuen Namen an. Der Abschnitt **Nachbearbeitung** ganz unten zeigt im Menü **Nach Export** erstmals den Punkt **Neuer Rahmen** (Ihr Droplet), den Sie also auswählen.

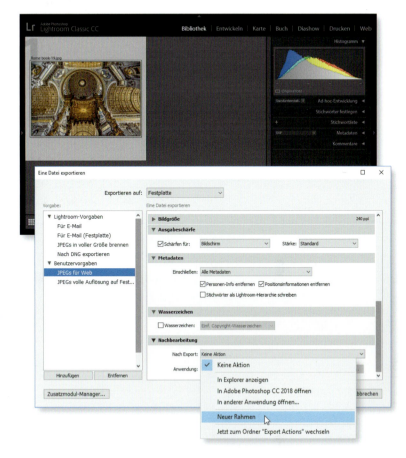

16 Sobald Sie auf **Exportieren** klicken, entstehen neue JPEG-Dateien, dann öffnet sich automatisch Photoshop, wendet die Weichzeichnung an und speichert und schließt die Dateien. Ganz schön clever! Dieses Bild hatten wir vorhin in Lightroom ausgewählt, exportiert und automatisch an das Photoshop-Droplet weitergeleitet. Schön, wenn ein Konzept so gelungen aufgeht.

327

Foto: Scott Kelby | Belichtung: 1/160 s | Brennweite: 14 mm | Blende: f/2,8

Fotobücher
Gestalten Sie Alben mit Ihren Fotos

11

Ist es nicht erstaunlich? Mit Lightrooms Buch-Modul produziert heute jeder wunderschöne Hardcover-Bildbände samt schickem Schutzumschlag – ganz wie aus dem Buchladen. Kein Verleger, kein schnöseliger Lektor muss seinen Segen geben. Ganz richtig, Sie allein sind Herr des Verfahrens. In nur vier Tagen liegt Ihr famoses Coffee-Table-Buch auf Ihrem eigenen Coffee Table, und zeitgleich bieten Sie es im Online-Shop von Blurb sogar zum Kauf an. Andere Fotografen sehen Ihren Bildband und fragen beiläufig: »Sie verkaufen das also? Kann man das irgendwo bestellen?« Das süffisante Grinsen Ihrer Gäste signalisiert allerdings schon die hinterhältige Erwartung Ihrer Antwort: »Nein, nicht wirklich.« Doch Sie entgegnen mild lächelnd: »Aber klar gibt's die zu kaufen«, und holen lässig eine vorgedruckte Karte mit der Webadresse für die Bestellung raus. Nebenher sagen Sie noch: »Die Bände kosten richtig Geld, aber wenn Sie möchten, habe ich auch einen Rabatt-Code für Sie.« Dann schweigen Sie vielsagend, Ihre Antwort hängt schwer in der Luft, und das süffisante Grinsen Ihrer Besucher gerinnt zu einem Ausdruck von Neid und Beschämung, eine epochale Blamage. Der Geruch des Scheiterns wabert so gewaltig, dass er selbst mit Irish-Spring-Duschgel nicht wieder wegginge. Sie haben auf diesen Moment gewartet – der arrogante Ex-Vizepräsident Ihres Fotoclubs bekommt endlich mal eins auf die Nase. Es könnte so schön sein. Könnte: Denn tatsächlich wird niemand Ihr Coffee-Table-Buch oder Ihren Coffee Table je sehen, denn heutzutage besuchen sich die Leute ja gar nicht mehr. Sie sitzen alle zuhause über Facebook und betrachten Ihre Bilder acht Zentimeter breit auf einem nicht farbkalibrierten Samsung Galaxy Tab S2 (werksüberholt). Seufz. Diese Geschichte klang in meinem Kopf irgendwie deutlich besser.

Kapitel 11 Gestalten Sie Alben mit Ihren Fotos

Bevor Sie mit dem ersten Fotobuch anfangen

Lesen Sie diese nützlichen Hinweise, bevor Sie tatsächlich mit dem ersten eigenen Buch anfangen. Erfahren Sie zum Beispiel, welche Bucharten, Papiergrößen und Buchumschläge Sie über Adobes Druckpartner Blurb bekommen (www.blurb.com).

1 Wechseln Sie oben mit den Modul-Schaltflächen ins Buch-Modul (oder drücken Sie einfach [Strg]/[Cmd]+[Alt]+[4]). So erscheint oben in der Menüleiste das Menü **Buch**. Bevor wir hier weitermachen, sollten Sie zuerst dieses **Buch**-Menü öffnen und auf **Voreinstellungen für Buch** klicken. Fangen wir am besten oben an: Wie in den Modulen Drucken, Diashow oder Web entscheiden Sie auch im Buch-Modul, ob Sie die Fotos per **Ausfüllen** oder **Einpassen** in Bildrahmen einsetzen (ich bleibe bei **Ausfüllen**, schlicht weil es meist besser aussieht, aber Sie nehmen einfach das, was Ihnen besser gefällt).

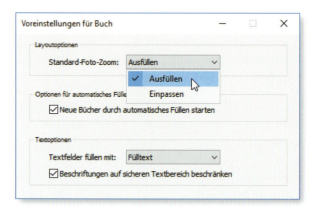

2 Ab der übernächsten Seite gestalten wir unser eigenes Buch. Sie können dann die Option **Neue Bücher durch automatisches Füllen starten** aktivieren. Alle vorbereiteten Fotos erscheinen dann automatisch im Buch, ohne dass man sie erst einzeln auf die Seiten ziehen muss. Wechseln Sie mit dieser Vorgabe ins Buch-Modul, verteilt Lightroom Ihre Fotos aus dem Filmstreifen sofort auf die Bildrahmen im gesamten Layout – und zack, haben Sie Ihr Buch (Sie können natürlich immer noch Seiten umgestalten oder Fotos austauschen, aber es ist ein guter Einstieg).

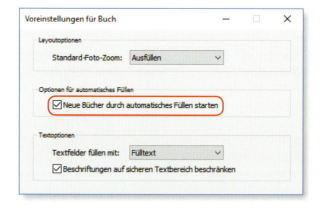

3 Mit einer Vorgabe im letzten Abschnitt sehen Sie leichter, wo man Text einfügen kann. Einige Layouts haben Textfelder, und diese erkennt man leicht in den Miniaturen. Wenden Sie das Layout aber auf die Seite an, weiß man oft nicht, ob oder wo sich ein Textfeld befindet – es sei denn, dort gibt es schon Fülltext. Darum empfehle ich die Option **Textfelder füllen mit: Fülltext**, denn sie erinnert Sie daran, die Textfelder auszufüllen. Und keine Sorge, der Fülltext ist nur zur Verdeutlichung. Lightroom druckt ihn garantiert nicht mit. Gedruckt wird dieser Teil der Seite nur, wenn Sie den Fülltext löschen und etwas Eigenes dorthin schreiben – Lightroom druckt ja auch die Hilfslinien nicht mit. Haben Sie im **Metadaten**-Bedienfeld des Bibliothek-Moduls schon **Überschriften** und **Beschreibungen** eingetippt? Dann können Sie statt **Fülltext** auch diese **Titelmetadaten** einsetzen, das spart eindeutig viel Zeit. Und die Option **Beschriftungen auf sicheren Textbereich beschränken** verhindert, dass Ihre Bildtexte über den Seitenrand hinaus oder in den leeren Bereich zwischen zwei Seiten geraten.

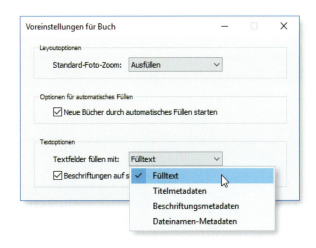

4 Bevor Sie umblättern und wir mit unserem Buch anfangen, wollte ich Ihnen gern die verschiedenen Buchgrößen und -arten zeigen, die Sie direkt aus Lightroom heraus bei Blurb bestellen können (dieser Fotobuch-Dienstleister ist sehr beliebt bei Fotografen und arbeitet mit Adobe zusammen).

Es gibt fünf verschiedene Größen: **Quadratisch klein** (18 × 18 cm), **Standardhochformat** (20 × 25 cm), **Standardquerformat** (25 × 20 cm), **Großes Querformat** (33 × 28 cm) und **Großes Quadrat** (30 × 30 cm). Blurb bietet jeweils drei verschiedene Einbände an: **Softcover**, **Bedrucktes Hardcover** (hier links und rechts zu sehen) und **Leinencover mit Buchumschlag** (Sie können dort sogar die inneren Umschlagseiten gestalten, wenn Sie wollen). Also, fangen wir mit dem Buch an.

Kapitel 11 Gestalten Sie Alben mit Ihren Fotos

Gestalten Sie Ihr erstes Fotobuch in nur 10 Minuten

Dies hier ist der Schnelleinstieg – so entsteht ein Buch von Anfang an. Die Auswahl der Bilder kostet Sie dabei sicher mehr Zeit als die Buchgestaltung selbst; das dauert höchstens zehn Minuten. Danach behandeln wir in diesem Kapitel einzelne Aufgaben wie Bildunterschriften, eigene Layouts etc. Aber lassen Sie uns jetzt fix ein erstes Buch bauen. Wenn Sie erst erleben, wie bequem und einfach das geht, werden Sie schnell zum leidenschaftlichen »Buchmacher«.

1 Der erste Schritt bereitet keine Mühe: Legen Sie eine neue Sammlung mit den Bildern an, die voraussichtlich ins Buch sollen. Es stört nicht, wenn es letztlich einige dieser Aufnahmen nicht auf die Seiten schaffen; auch die Reihenfolge spielt keine Rolle. Wir brauchen nur irgendeinen Ausgangspunkt. Ich suche mir darum immer zuerst die Top-Bilder zu einem Thema heraus (hier erzeuge ich das Album »Marokko für Fotobuch« innerhalb des Sammlungssatzes »Marokko«).

2 Wechseln Sie zum Buch-Modul, und weil wir auf den letzten beiden Seiten die **Voreinstellungen für Buch** eingerichtet haben, platziert Lightroom die Bilder Ihrer Sammlung automatisch auf den Buchseiten, mit der Reihenfolge aus der Sammlung. Keine Sorge, die Reihenfolge lässt sich ändern, wir kommen sogar gleich dazu. Aber wir haben jetzt einen Einstieg. Die linken Bedienfelder brauchen wir nicht weiter; darum sollten Sie diesen Bereich schließen, um mehr Platz für die Buchseiten zu schaffen. Standardmäßig setzt Lightroom ein Bild auf jede rechte Seite und lässt die linke Seite leer. Aber vielleicht möchten Sie auf jeder Seite ein Bild sehen (so wie hier bei mir); dann öffnen Sie rechts das **Auto-Layout**-Bedienfeld, klicken auf **Layout löschen** und gehen im **Vorgabe**-Klappmenü auf **Ein Foto pro Seite**. Klicken Sie auf die Schaltfläche **Auto-Layout**, und sofort füllt Lightroom beide Seiten aus.

3 Zuerst sollten Sie die **Größe** im Bedienfeld **Bucheinstellungen** festlegen – denn ändern Sie die Maße später, fällt Ihre Gestaltung auseinander. Bei Ihrem ersten Buch würde ich 25 × 20 oder 20 × 25 Zentimeter empfehlen, einfach aus Kostengründen. Später können Sie sich dann immer noch einen üppigen Coffee-Table-Band gönnen, etwa **Großes Querformat** oder **Großes Quadrat**. Ich produziere meist das **Standardquerformat** mit 25 × 20 Zentimetern – das ist erschwinglicher, und Untersuchungen weisen diese typische Magazingröße als besonders beliebt aus. Jetzt zum **Einband**: Ich nehme meist das taschenbuchartige **Softcover** – tadellose Qualität bei niedrigem Preis. Mehr bezahlen Sie für **Bedrucktes Hardcover** (Ihr Bild erstreckt sich über vorderen und hinteren Buchdeckel) und für **Leinencover mit Buchumschlag** (Ihr Bildband steckt in einem eigenen Hochglanz-Schutzumschlag). Zuletzt zur Papiersorte: Für alltägliche Projekte wie auch für Geschenke nehme ich zumeist **Standard** oder **Premium Matt**. Weil es mehr kostet, bestelle ich **ProLine Pearl-Foto** – ein wirklich schönes Papier – nur für große Bildbände im Coffee-Table-Format.

Hinweis: Sollte Lightroom den Preis in US-Dollar anzeigen, klicken Sie direkt auf den Betrag und wählen Euro (ohne Mehrwertsteuer).

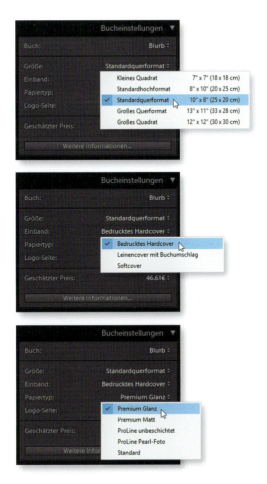

4 Bevor Sie jetzt die einzelnen Seiten und das Layout bearbeiten, sollten Sie die drei verschiedenen Darstellungsarten für Ihr Layout kennen, die Sie mit den Schaltflächen links unter der Vorschau aufrufen. Diese Doppelseiten-Ansicht hier erhalten Sie mit der zweiten Schaltfläche (oder drücken Sie Strg/Cmd + R, die Funktion benötigt man immer wieder). Per Klick auf die erste Schaltfläche sehen Sie Ihr gesamtes Buchlayout (oder drücken Sie Strg/Cmd + E). Der dritte Button zeigt eine Einzelseite, aber das brauchen Sie nur für Textkorrekturen.

Kapitel 11 Gestalten Sie Alben mit Ihren Fotos

5 So viel zu den langweiligen Formalitäten, jetzt stürzen wir uns ins Vergnügen – den eigentlichen Buchentwurf. Wie in Schritt 2 gesagt, füllt Lightroom die Seiten automatisch mit Ihren Bildern, aber Reihenfolge und Layout bestimmen Sie nun nach Belieben. Diese Doppelseite hier zeigte zunächst zwei seitenfüllende Bilder, aber das lässt sich kinderleicht umstellen: Klicken Sie auf eine Seite, die Sie umbauen wollen; Lightroom kennzeichnet sie durch einen gelben Rahmen als ausgewählt. Nach einem Klick auf das kleine Dreieck rechts unter der Seite zeigt Lightroom andere Layoutangebote (wie abgebildet). Hier klicke ich auf **1 Foto**, und in der Liste mit Layoutvarianten klicke ich auf eine Miniatur, die einen weißen Rahmen um mein Bild legt. Lightroom wendet das Layout sofort an, wie hier zu sehen. Und mehr ist auch gar nicht erforderlich: Sie klicken schlicht eine Miniatur mit ansprechendem Layout an.

6 Standardmäßig zeigt Lightroom eine Aufnahme pro Seite, aber wahlweise können Sie mehrere Bilder auf ein Blatt packen – auch dafür finden Sie reihenweise Gestaltungsvorlagen. Hier habe ich erst auf **2 Fotos** geklickt, so dass Lightroom die Vorlagen für zwei Bilder pro Seite zeigt. Der nächste Klick ging auf die Vorlage für zwei Hochformate nebeneinander, und Lightroom wendet dieses Seitenlayout sofort an. Natürlich müssen Sie hier noch ein zweites Bild einsetzen, darum präsentiert Lightroom zunächst nur einen grauen Bildplatzhalter (die sogenannte »Zelle«).

Hinweis: Manche Layouts sehen Bildtexte vor, die Lightroom durch Linien anzeigt. Aber Sie müssen dort keinen Text einsetzen, selbst wenn die Miniatur ein Textfeld enthält.

Bibliothek | Entwickeln | Karte | Buch | Diashow | Drucken | Web

7 Ab jetzt geht's mit Ziehen und Loslassen weiter, ein Kinderspiel. Blenden Sie unten den Filmstreifen ein, dort suchen Sie eine zweite Aufnahme für unser **2 Fotos**-Layout. Ziehen Sie die Miniatur direkt in die hochformatige graue Box, schon erscheint das Bild auf der Seite (wie gezeigt). Tauschen Sie die Bilder bequem gegeneinander aus: Klicken Sie auf das linke Motiv, ziehen Sie es über das rechte, und lassen Sie die Maustaste los; schon wechseln Ihre Bilder die Seiten.

Hinweis: Sehen Sie sich noch einmal das linke Hochformatbild in Schritt 6 an. Das Hauptmotiv ist dort ja unschön angeschnitten. Aber Sie können Ihre Bilder innerhalb der Zellen verschieben, dazu ziehen Sie einfach nach links oder rechts (so wie hier, ich habe den Bildausschnitt verbessert). Bei jedem Klick auf ein Foto zeigt Lightroom einen **Zoom**-Regler, der das Motiv bei gleichbleibender Zellengröße vergrößert oder verkleinert. Zoomen Sie allerdings zu weit hinein, bleibt vielleicht nicht genug Auflösung für den Druck übrig; in diesem Fall zeigt Lightroom rechts über dem Foto eine Warnung.

> **TIPP: Weitere Seiten anbauen**
>
> Bauen Sie jederzeit weitere Seiten an. Dazu klicken Sie rechts im **Seite**-Bedienfeld auf **Seite hinzufügen**.

8 Und nicht nur auf einer Einzelseite können Sie ziehen und ablegen, sondern quer durch Ihr Buch: Ziehen Sie das Bild von der linken Seite auf die rechte Hochformat-Zelle, schon tauschen sie die Plätze. (Wie Sie sehen, wanderte das Bild von links außen auf die rechte Seite, die Motive wurden ausgetauscht.)

> **TIPP: Platzierte Fotos verwerfen**
>
> Klicken Sie ein Foto an, und drücken Sie die ⌫-Taste (← am Mac). So wird die Zelle frei für ein anderes Bild. Die Aufnahme verschwindet dabei nicht aus Ihrer Sammlung. Sie bleibt Ihnen unten im Filmstreifen erhalten und kann jederzeit auf anderen Seiten wieder eingesetzt werden.

Kapitel 11 Gestalten Sie Alben mit Ihren Fotos

9 Besonders gern und häufig zeige ich doppelseitige Bilder. Warum? Erstens beeindruckt das Format Doppelseite ganz besonders, und zweitens wirkt fast jedes Motiv auf einer Doppelseite besonders gut.

Hinweis: Der **Zweiseitige Druckbogen** hat ja wohl zwei Seiten, oder? Geben Sie allerdings ein Einzelfoto für eine Doppelseite vor, verschwindet das Bild von der anderen Seite nicht einfach – stattdessen entsteht eine neue Seite. Wenden Sie die Doppelseite auf die Aufnahme einer rechten Seite an, entsteht dort eine neue leere Seite – die Sie neu mit Bildmaterial füllen müssen –, und Ihr zuvor gewähltes Foto landet auf der neuen Doppelseite. Klicken Sie auf ein Foto links und wechseln dann zum **Zweiseitigen Druckbogen**, entsteht eine weitere Seite für die Doppelseite, und das alte Foto von der rechten Seite wandert eine Seite weiter – Ihr ganzes Layout verrutscht um eine Seite. Ihre Möglichkeiten sind jetzt: (a) Sie klicken auf die Seite nach der Doppelseite, fügen eine weitere Seite hinzu und ziehen ein Foto hinein, oder (b) Sie löschen die leere Seite, die vormals Ihre rechte Seite war, und das Layout sitzt wieder. Entscheiden Sie selbst.

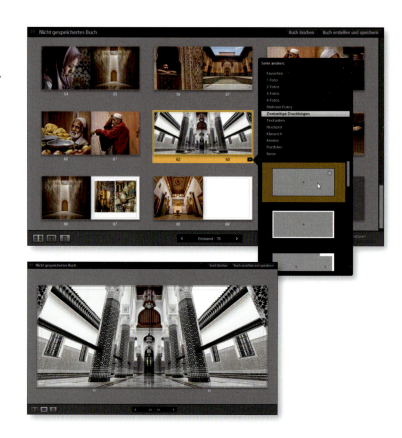

10 Sie können nicht nur Fotos, sondern auch Einzelseiten durchs Buch ziehen. Sie wählen die Seite per Klick aus, ziehen sie in die gewünschte Position und lassen los. Dabei können Sie sogar eine Doppelseite aufbrechen, wie hier – ich habe die rechte Seite von links unten genommen und damit die zwei Seiten in der Reihe oberhalb unterbrochen. Die dünne gelbe Linie signalisiert, an welcher Position die Seite bei Loslassen der Maustaste landet. Auf diese Art tauschen Sie auch linke und rechte Seite aus. Sie möchten eine komplette Doppelseite bewegen? Klicken Sie die linke Seite an, dann klicken Sie bei gedrückter `Strg`/`Cmd`-Taste auf die rechte Seite – so sind beide Hälften ausgewählt (wie hier unten gezeigt). Ziehen Sie Ihren Doppelpack an den neuen Ort.

336

Bibliothek | Entwickeln | Karte | **Buch** | Diashow | Drucken | Web

11 Das Layout passt, Titel und Rückseite (Seite 355) stimmen auch? Dann suchen Sie bitte jetzt nach Tippfehlern, denn es gibt nichts Schlimmeres als ein schickes Fotobuch mit einem üblen Tippfehler. Ich kenne einen Typen, dem das passiert ist – er war am Boden zerstört. Okay, ich war der Typ. Und ich war am Boden zerstört. Lernen Sie aus meinen Fehlern. Wie dem auch sei, sieht alles gut aus, klicken Sie unter den rechten Bedienfeldern auf **Buch an Blurb senden** (hier rot markiert). Grübeln Sie nicht über Auflösung (abgesehen von meiner Anmerkung in Schritt 7), Farbraum oder anderen Technikkram – Lightroom erledigt das, verpackt alles und bereitet die Datenübertragung vor.

12 Nach dem Klick auf **Buch an Blurb senden** landen Sie im Dialog **Buch kaufen**. Oben erscheinen die Angaben wie Stil, Papier, Seitenzahl und Preis. Darunter finden Sie Felder für Buchtitel, Untertitel und Urheber (nützlich, falls Sie das Buch über die Blurb-Website öffentlich verkaufen wollen). Sind Sie bei Blurb noch nicht registriert, werden Sie jetzt dazu aufgefordert (der Druckdienst braucht Ihre Bankverbindung und Postadresse). Ist das erledigt, stellt Lightroom die endgültigen Daten zusammen und lädt sie hoch (das geht schneller als vermutet). Wenige Tage später trifft Ihr eigener Bildband ein und verursacht sicher einige Ooohs und Aaahs. Das ist der ganze Ablauf – verblüffend einfach. Sie möchten noch mehr Feinheiten der Buchgestaltung kennenlernen? Na, dann lesen Sie in diesem Kapitel weiter.

Machen Sie es sich leicht mit »Auto-Layout«

*Vorne beim Schnelleinstieg haben wir ja ins Buch-Modul umgeschaltet, und schon verteilte Lightroom die Bilder aus unserer Sammlung auf die Seiten. Diese Funktion heißt **Auto-Layout**. Aber das Standardlayout ist reichlich schlicht – ein Foto pro Seite, randabfallend, auf jeder Seite oder auf jeder rechten Seite. Gähn. So etwas erwartet man vielleicht bei einem Fotobuch von Aldi. Zum Glück können Sie Ihre eigenen Automatiklayouts gestalten und speichern. Dann entstehen mit einem einzigen Klick weit spannendere Fotobücher.*

1 Haben Sie gerade schon etwas entworfen? Lassen Sie uns hier lieber noch einmal bei null beginnen, damit wir das **Auto-Layout** nutzen können. Öffnen Sie im Buch-Modul oben rechts das **Auto-Layout**-Bedienfeld, und klicken Sie auf **Layout löschen** (obere Abbildung). Lightroom liefert einige Entwürfe mit, die nach einem Klick aufs **Vorgabe**-Menü erscheinen. Aber die reißen uns nicht vom Hocker, das wissen wir ja schon. Wählen Sie also **Auto-Layout-Vorgabe bearbeiten**. Nun richten Sie Ihr eigenes Automatik-Layout ein.

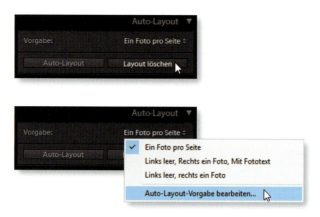

2 Damit landen Sie im **Editor für Auto-Layout-Vorgaben** (hier im Bild) mit seiner Zweiteilung in **Linke Seiten** und **Rechte Seiten**. Das Ausklappmenü links zeigt **Wie rechte Seite** oder **Leer** (je nachdem, welche Vorgabe Sie vorher verwendet haben). Das heißt, wenn Sie die rechte Seite einrichten (rechts im Dialog), dann wiederholt die linke Seite dieses Layout, oder sie bleibt leer. Wählen Sie stattdessen im Menü **Festes Layout**. So gestalten Sie linke und rechte Seite unabhängig voneinander.

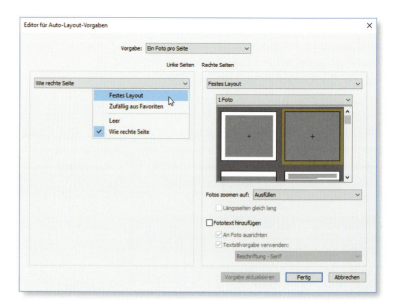

Bibliothek | Entwickeln | Karte | **Buch** | Diashow | Drucken | Web

3 Unser Plan: Wir erzeugen ein **Auto-Layout** für quadratische Bilder links und ganzseitige Fotos rechts. Nachdem Sie also für die **Linken Seiten** auf **Festes Layout** geklickt haben, wählen Sie im Ausklappmenü darunter **1 Foto**. Scrollen Sie bis zum quadratischen Fotolayout, um es anzuklicken (wie gezeigt). Auf der rechten Seite behalten Sie **Festes Layout** mit einem formatfüllenden Bild.

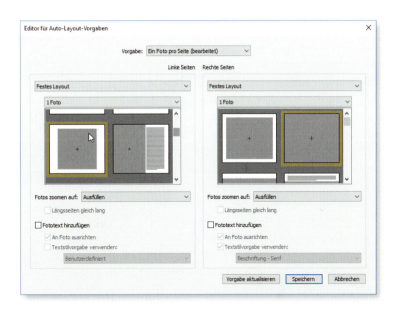

> **TIPP: Weg mit der Info-Überlagerung**
>
> Standardmäßig präsentiert Lightroom links oben in der Layoutvorschau allerlei Informationen – Buchmaße, Seitenzahl und Preis. Das lenkt nur ab. Verbannen Sie die Anzeige mit dem Befehl **Ansicht • Informationen anzeigen** (oder drücken Sie einfach das [I]).

4 Hier bei den eigenen Layoutvorgaben sollten Sie noch eine weitere Option kennenlernen: Im Klappmenü **Fotos zoomen auf** entscheiden Sie, wie groß Ihr Bild innerhalb der Fotozelle erscheint. Wenn Sie bei unserem quadratischen Menü **Einpassen** vorgeben, füllt unser Bild das Quadrat ganz aus (wie hier oben links). Aber genau deswegen erscheint es nicht mehr quadratisch. Dafür brauchen Sie den Menüpunkt **Ausfüllen** (den sehen Sie hier oben rechts und im vorherigen Schritt). Das können Sie zum Glück auf jeder Einzelseite nachträglich immer noch ändern: Klicken Sie mit der rechten Maustaste auf ein Bild, und wählen Sie **Foto auf Zellengröße zoomen** an oder ab (wie im unteren Bild).

Fotos zoomen auf: Einpassen

Fotos zoomen auf: Ausfüllen

Klicken Sie mit der rechten Maustaste, um **Foto auf Zellengröße zoomen** *auszuwählen.*

5 Sie haben hier noch mehr Möglichkeiten. Brauchen Sie Bildtexte? Dann schalten Sie das Kontrollkästchen **Fototext hinzufügen** ein. Damit zeigt Ihr späteres Layout bereits vorbereitete Textfelder. Es gibt sogar **Textstilvorgaben** für **Titel** und **Beschriftung**. Natürlich können Sie auch eine Layoutvorgabe wählen, die bereits Text vorsieht; aber diese Option hier ermöglicht immerhin Text auch in Layouts, die zunächst »wortlos« daherkommen. Verbessern wir aber zunächst das etwas langweilige Layout links mit dem einen großen Quadrat: Klicken Sie dafür im zweiten Menü für **Linke Seiten** auf **2 Fotos**, klicken Sie das hier gezeigte Layout für zwei Querformate an, und im Menü **Fotos zoomen auf** nehmen Sie **Ausfüllen**.

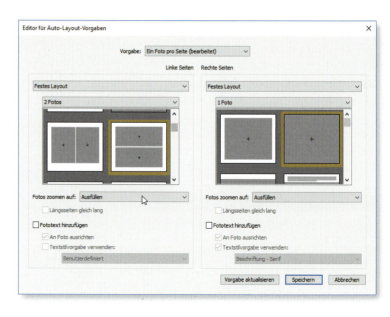

6 Damit haben wir zwei Querformate links und ein seitenfüllendes Motiv rechts. Das sichern Sie per Klick auf **Aktuelle Einstellungen als neue Vorgabe speichern** (unten zu sehen). Ich vergebe hier einen möglichst aussagekräftigen Namen mit Beschreibungen für linke und rechte Seiten (wie gezeigt). Klicken Sie auf **Erstellen**, dann auf **Fertig**, und jetzt lassen Sie uns die Sache dann auch ausprobieren.

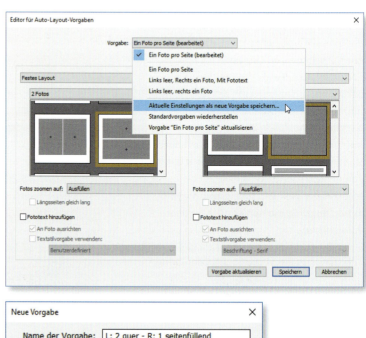

Bibliothek | Entwickeln | Karte | **Buch** | Diashow | Drucken | Web

7 Sie brauchen wieder das **Auto-Layout**-Bedienfeld. Falls Lightroom schon eine gelayoutete Bildstrecke zeigt, klicken Sie auf **Layout löschen**, und im **Vorgabe**-Klappmenü nehmen Sie dann Ihre soeben gespeicherte Vorgabe (hier links unten zu sehen). Klicken Sie nun auf die Schaltfläche **Auto-Layout** – schon füllt Lightroom die leeren Seiten mit den Schnappschüssen aus Ihrer Sammlung und stützt sich dabei auf Ihre Layoutvorgabe (wie hier erkennbar). Das ist natürlich nur ein erster Ausgangspunkt – Sie bauen noch nach Gusto um. Klicken Sie eine Seite an, dann klicken Sie auf den schwarzen Pfeil in der rechten unteren Ecke und wählen ein anderes Layout.

Hinweis: Lightroom setzt ja das erste Foto als Titelbild fürs Buch ein und zeigt dieselbe Aufnahme dann abermals auf der ersten Seite (wie hier). Also das geht mir immer auf den Keks, aber viel unternehmen lässt sich dagegen nicht. Sie müssen eins der Bilder von Hand ersetzen – bei jedem Buchprojekt aufs Neue.

8 Das **Auto-Layout** beweist seine Stärke so richtig, wenn Sie eigene **Benutzerseiten** entwerfen (nächstes Projekt ab Seite 342). Dann nutzen Sie **Auto-Layouts** mit ihren eigenen Entwürfen und nicht mit vorgefertigten Lightroom-Seiten. Wenn Sie Vorgaben speichern, können Sie im Klappmenü unter **Festes Layout** die **Benutzerdefinierten Vorgaben** wählen. Damit erscheinen Miniaturen für Ihre selbst gestalteten Seiten, und Sie wählen nach Belieben aus. Hier habe ich für links und rechts dasselbe kleine Quadrat gewählt und das Ganze als Vorgabe gesichert. Im **Auto-Layout**-Bedienfeld habe ich dann auf **Layout löschen** geklickt, damit das Layout aus Schritt 7 verschwindet; danach ging's weiter mit diesem Layout: links und rechts ein kleines Quadrat – das sieht sehr nach Fine-Art-Fotokunst aus. So nutzen Sie **Auto-Layouts** wirklich aus – mit Ihren selbst gestalteten Seitenvorlagen.

Richten Sie eigene Benutzerseiten ein

Lightroom bietet reihenweise Seitenlayouts zur Auswahl, und die wichtigsten können Sie als Favorit kennzeichnen; dann müssen Sie Ihre Lieblingsvorlagen nicht jedes Mal in langen Miniaturenreihen suchen. Gestalten Sie zusätzlich aber auch Ihre eigenen Seitenvorlagen – Seiten genau nach Ihren Wünschen (na ja, jedenfalls in gewissen Grenzen). Diese sogenannten **Benutzerseiten** *haben Sie jederzeit bequem parat.*

1 Der Einfachheit halber: Klicken Sie doppelt auf eine Buchseite und dann auf den kleinen, abwärtsgerichteten Pfeil rechts unten. Dort im Bereich **1 Foto** nehmen Sie das randlose Layout für ein Einzelbild (wie gezeigt). Auf dieser Basis legen wir gleich unsere eigene Seite an.

Hinweis: Lightroom erlaubt eigene Seitenvorlagen nur mit einem Einzelbild. Mehrere Fotos auf einer eigenen Seitenvorlage – das geht leider nicht.

2 Halten Sie den Mauszeiger über die rechte untere Ecke der Seite, so dass er als Doppelpfeil erscheint (wie zu sehen). Ziehen Sie diagonal nach innen, um das Bild zu verkleinern (wie gezeigt) – das Seitenverhältnis bleibt dabei generell fix. Brauchen Sie lediglich solch ein verkleinertes Bild, vielleicht sogar noch kleiner, ziehen Sie einfach bis zur gewünschten Größe, und das speichern Sie dann als eigene Seite. Ich könnte mir allerdings vorstellen, dass Sie hier noch mehr vorhaben (und wenn dem so ist, dann lesen Sie weiter).

Bibliothek | Entwickeln | Karte | **Buch** | Diashow | Drucken | Web

3 Seiten mit abweichenden Bildproportionen entstehen bei den Bedienfeldern rechts im **Zelle**-Bedienfeld. Die vier Regler unter **Füllung** steuern die weiße Fläche rings ums Bild (also die Größe der Zelle). Sind die Regler nicht zu sehen, klicken Sie auf das Dreieck (rot markiert). Standardmäßig sind die vier Regler verknüpft – ziehen Sie einen, bewegen sich alle, und darum ändert sich auch beim Ziehen am Zellenrand alles immer gleichmäßig. Heben Sie die Verknüpfung auf, um einzelne Regler unabhängig von den anderen zu bewegen; dazu schalten Sie das Kontrollkästchen **Alle verknüpfen** ab. Soll es ganz präzise werden, ziehen Sie an den Reglern; aber jetzt, nachdem wir die Verknüpfung aufgehoben haben, klicke ich auf beliebige Ränder der Zelle und bugsiere sie ins gewünschte Seitenverhältnis. Hier ziehe ich vom unteren Rand aufwärts, und nur dieser bewegt sich. Das sieht wie ein Panorama aus. Jedes Foto, das ich in diese Zelle ziehe, wirkt also sofort wie ein Panorama. In meinen Büchern nutze diesen Look häufig.

4 Das Prinzip kennen Sie nun. Gestalten wir wie hier eine Seite mit einer kleinen quadratischen Bildfläche (in dieser Art bietet Lightroom nur eine Vorgabe mit ausgefranstem Rand, und das ist wirklich nicht mein Geschmack). Hier habe ich die vier Seiten nach innen gezogen, bis ich in etwa ein Quadrat hatte. Im **Zelle**-Bedienfeld habe ich dann geprüft, ob die Werte identisch sind, vor allem **Nach-links** und **Nach-rechts**. Wenn nicht, ziehe ich die Regler passend oder klicke in ein Feld und tippe den Wert, der passen müsste. Sieht alles aus wie gewünscht? Dann klicken Sie mit der rechten Maustaste irgendwo in die Seite und gehen Sie im Kontextmenü auf **Als Benutzerseite speichern** (wie hier zu sehen). Dieses Layout wenden Sie jetzt auf jede Seite an. Dazu nehmen Sie das Menü **Seitenlayout ändern** (das kleine schwarze Dreieck), dort öffnen Sie die **Benutzerseiten**. Hier sehen Sie die zwei Seiten, die wir gestaltet haben.

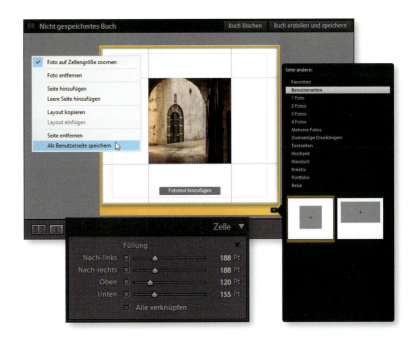

343

Kapitel 11 Gestalten Sie Alben mit Ihren Fotos

Bildunterschriften und andere Texte für Ihr Fotobuch

Wer schon eine Weile mit Lightroom arbeitet, weiß, dass die Textfunktionen wirklich bescheiden waren. Beim Fotobuch aber baute Adobe seine ausgefeilte Texttechnik direkt ins Buch-Modul ein – mit allen Schikanen. Aussehen und Platzierung der Schriftzüge kann man sehr gut steuern. Die Texttalente des Buch-Moduls sollte Adobe eigentlich auch in den Modulen Diashow und Drucken anbieten (ich will gar nicht weiter darüber nachdenken).

1 Auf zwei unterschiedliche Arten bringen Sie Text in Ihr Fotobuch: Verwenden Sie erstens ein Layout, das schon Text vorsieht. Dann müssen Sie nur noch ins Textfeld klicken und Text eintippen. Fügen Sie zweitens Texte an beliebigen anderen Stellen hinzu. Dazu klicken Sie rechts im **Text**-Bedienfeld auf das Kontrollkästchen **Fototext**. Damit erscheint unten quer über der Seite ein waagerechtes gelbes Textfeld. Klicken Sie einfach hinein, und tippen Sie Ihren Bildtext ein.

2 Das Kontrollkästchen **An Foto ausrichten** platziert die Bildunterschrift immer gleichmäßig ausgerichtet, auch wenn Sie das Bild verkleinern. Verkleinern Sie die Aufnahme innerhalb der Zelle, wird auch die Bildunterschrift kleiner. Der **Versatz**-Regler steuert den Abstand zwischen Bildtext und Foto – je weiter Sie den Regler nach rechts ziehen, desto weiter entfernt sich der Text vom Foto (wie hier).

Hinweis: Soll Lightroom ein Textfeld für Sie aktivieren, klicken Sie auf den Menübefehl **Bearbeiten • Alle Textzellen wählen**. (Haben Sie eine Seite mit drei Fotos und drei Bildtexten, die Sie alle abschalten wollen, dann klicken Sie einfach auf **Alle Textzellen wählen**. Anschließend schalten Sie das Kontrollkästchen **Fototext** ab, um die Texte auszublenden.)

Bibliothek | Entwickeln | Karte | **Buch** | Diashow | Drucken | Web

3 Sie können den Bildtext auch oberhalb vom Foto oder direkt im Bild selbst platzieren (wie hier gezeigt). Dazu nutzen Sie die drei Schaltflächen unter dem **Versatz**-Regler: **Oben**, **Drüber** und **Unten**. Klicken Sie auf **Drüber**, zeigt Lightroom die Textbox direkt über dem Foto. Der **Versatz**-Regler steuert, ob die Schrift weiter oben oder unten im Bild auftaucht (ziehen Sie am Regler, bewegt sich der Text nach oben und unten).

Hinweis: Erstreckt sich das Foto randlos über die ganze Seite, bietet Lightroom zur Platzierung nur die Schaltfläche **Drüber**, denn unter oder über dem Foto gibt es kein weißes Papier für Ihren Text.

4 Standardmäßig richtet Lightroom Ihren Text linksbündig am Foto aus. Aber im nächsten Bedienfeld ganz unten, also im **Schriftart**-Bedienfeld, finden Sie Schaltflächen zum Ausrichten. Wählen Sie **Linksbündig**, **Zentrieren** oder **Rechtsbündig** (dann folgt noch Blocksatz, aber das kommt nur bei ganzen Textspalten in Frage).

Hinweis: Ihr **Schriftart**-Bedienfeld sieht anders aus als hier und zeigt viel weniger Regler? Dann klicken Sie auf das kleine nach links weisende Dreieck rechts vom Wort **Zeichen** (rot markiert). Damit erweitern Sie das Bedienfeld und sehen mehr Optionen.

345

5 Nachdem wir schon im **Schriftart**-Bedienfeld sind, markieren wir doch unseren Text und stellen weiße Textfarbe ein (das ist auf diesem Foto leichter zu lesen). Klicken Sie auf das schwarze Farbfeld rechts neben **Zeichen**. Sobald der Farbwähler erscheint, klicken Sie auf das weiße Kästchen. Klicken Sie jetzt auf die Schaltfläche **Linksbündig** unten im **Schriftart**-Bedienfeld. Vielleicht möchten Sie diesen Text etwas vom Rand wegbewegen, aber dafür gibt es keinen Regler. Stattdessen klicken Sie außerhalb des Fotos in die weiße Umgebung. Dann halten Sie den Mauszeiger einen Moment lang über den linken Rand des Textfeldes, bis er als Doppelpfeil erscheint. Jetzt können Sie den Text etwas nach rechts ziehen.

Hinweis: Ich muss Sie warnen, denn manchmal braucht es mehrere Versuche, bis der Doppelpfeil tatsächlich auftaucht. Es ist einigermaßen frickelig. Sie können den Mauszeiger auch über den oberen und unteren Rand des Textfeldes halten, um den Text hoch- oder runterzubugsieren (aber das ist genauso frickelig).

6 Lightroom bietet alle weiteren Optionen, die man für die Textgestaltung erwartet, also **Größe**, **Deckkraft** und **Zeilenabstand**. Lightroom überraschte mich zudem mit ein paar besonders raffinierten Reglern wie **Laufweite** (der Abstand zwischen den Buchstaben eines Wortes), **Kerning** (der Abstand zwischen zwei Buchstaben) und **Grundlinie** (damit ziehen Sie Buchstaben oder Zahlen über oder unter die Textgrundlinie, zum Beispiel bei Ausdrücken wie »H_2O«). Natürlich entscheiden Sie oben im Bedienfeld noch über Schriftart und Stil (fett, kursiv usw.). Ganz oben listet das **Schriftart**-Bedienfeld zudem die nützlichen **Textstilvorgaben** auf. Hier bietet Lightroom beliebte Schriftstile an. Arbeiten Sie zum Beispiel an einem Reise-Fotobuch, dann wählen Sie **Beschriftung – Serif**. So erhalten Sie einen Schriftstil, der zum Thema Reise passt, und das spart Zeit.

7 Da wir schon von Vorgaben reden: Vielleicht entdecken Sie nach ein paar Veränderungen einen besonders attraktiven Stil, dann speichern Sie ihn als Vorgabe. Dazu wählen Sie im **Textstilvorgaben**-Menü **Aktuelle Einstellungen als neue Vorgabe speichern**. So müssen Sie beim nächsten Mal nicht alles völlig neu einrichten. Soll zusätzlich zur Bildunterschrift eine weitere Textzeile erscheinen, wechseln Sie wieder ins **Text**-Bedienfeld und aktivieren die Option **Seitentext**. So entsteht weiter unten auf der Seite eine neue Zeile. Den Abstand zum Bild steuern Sie wieder mit dem **Versatz**-Regler genau wie beim ursprünglichen **Fototext**. Mit dem **Schriftart**-Bedienfeld regeln Sie nun, wie bekannt, Schriftart, Ausrichtung und die weiteren Feinheiten. Aber Sie müssen den Text wieder zuerst auswählen.

8 Statt an Reglern zu ziehen und Werte festzulegen, können Sie Ihre Texte auch mit einer intuitiveren Methode anpassen – klicken Sie auf das Zielkorrekturwerkzeug (hier markiert). Nun klicken und ziehen Sie über ausgewähltem Text, um **Größe** oder **Zeilenabstand** zu ändern. Halten Sie den Mauszeiger einfach direkt über den Text, und ziehen Sie nach oben oder unten, wenn Sie den Zeilenabstand bearbeiten wollen. Waagerechtes Ziehen ändert die Text-**Größe** (das mache ich hier gerade). Ehrlich gesagt verwende ich das Zielkorrekturwerkzeug bei Bildtexten kaum. Das Ziehen an den Reglern geht einfacher und schneller, aber jeder hat andere Vorlieben. Jetzt wissen Sie also, wie man ein Fotobuch mit Texten nach allen Regeln der Kunst aufwertet.

Hinweis: Einige Layouts bieten sehr viel Platz für Text. Den können Sie mit dem **Spalten**-Regler unten im Bedienfeld in mehrere Spalten umbrechen. Der **Bundsteg**-Regler vergrößert oder verkleinert den Abstand zwischen den Spalten.

Kapitel 11 Gestalten Sie Alben mit Ihren Fotos

Wie Sie Seitenzahlen einfügen und anpassen

Mir gefällt auch die automatische Seitennummerierung in Lightrooms Buch-Modul. Sie steuern Platzierung und Formatierung (Schriftart, Größe usw.) und sogar die Seite, auf der die Zählung beginnt. Auf Leerseiten können Sie diese sogenannte Paginierung wahlweise verbergen.

1 Wollen Sie die Seitenzahlen einschalten, schalten Sie im **Seite**-Bedienfeld das Kontrollkästchen **Seitennummern** ein. Standardmäßig erscheinen die Seitenzahlen auf linken Seiten links unten und auf rechten Seiten rechts unten.

2 Rechts neben dem **Seitennummern**-Kontrollkästchen regelt ein Ausklappmenü die Platzierung der Seitenzahlen. Die Angaben **Oben** und **Unten** zeigen die Seitenzahl mittig oben oder unten auf der Seite (ich platziere hier die Zahlen mittig unten). **Seite** stellt die Seitenzahl jeweils außen auf mittlere Höhe. Per **Obere Ecke** wandern die Ziffern logischerweise zu den oberen Seitenecken.

Bibliothek | Entwickeln | Karte | **Buch** | Diashow | Drucken | Web

3 Sobald die Zahlen auf der Seite erscheinen, kann man sie formatieren (wählen Sie eigene Schriftarten, Größen usw.). Dazu klicken Sie auf eine beliebige Seitenzahl, wechseln ins **Schriftart**-Bedienfeld und ändern das Aussehen (hier wechselte ich zur Schriftart **Minion Pro** und senkte die **Größe** auf 12 Punkt).

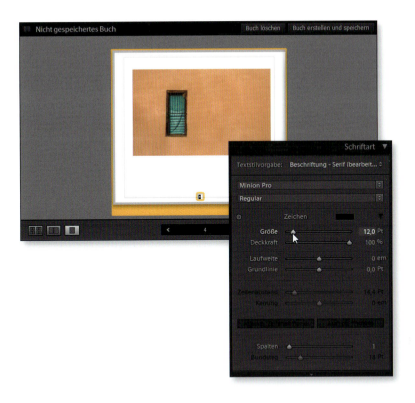

4 Nicht nur das Aussehen lässt sich ändern. Entscheiden Sie auch, wo die Seitenzählung beginnen soll. Vielleicht ist die erste Buchseite leer, die ersten Bilder oder Texte erscheinen also auf einer rechten Seite. Dann legen Sie diese rechte Seite als Seite 1 fest. Dazu klicken Sie mit der rechten Maustaste direkt in die Seitenzahl der rechten Seite und gehen im Kontextmenü auf **Erste Seitenzahl**. Vielleicht gibt es auch leere Seiten, zum Beispiel alle linken Seiten, und Sie wollen dort keine Seitenzahl zeigen. Klicken Sie in diesem Fall auf die Seitenzahl einer leeren Seite, im Kontextmenü nehmen Sie danach **Seitenzahl ausblenden**.

Diese vier Dinge sollten Sie über Layoutvorlagen wissen

Einige nützliche Funktionen im Buch-Modul findet man nicht so leicht, darum möchte ich sie Ihnen hier gesammelt zeigen, denn dann müssen Sie nicht mehr danach wühlen. Das ist alles nicht kompliziert, aber Adobe schmuggelt gern ein paar Funktionen unterhalb der Wahrnehmungsschwelle ein oder verwendet Bezeichnungen, die höchstens Stephen Hawking durchschaut hätte. Darum möchte ich Sie hier vor größerer Verzweiflung bewahren.

Nummer 1: Lange Kanten anpassen

Erstellen Sie eine **Auto-Layout**-Vorgabe, und wählen Sie **Fotos zoomen auf: Einpassen**, dann sehen Sie das Kontrollkästchen **Lange Kanten anpassen**. Ist diese Option abgeschaltet, erscheinen Hochformate viel größer als Querformate auf derselben Seite (hier links zu erkennen). Aktivieren Sie **Lange Kanten anpassen**, gleicht Lightroom die Größenunterschiede aus (rechts zu sehen). Verwenden Sie nicht **Auto-Layout**, lassen sich die Bildgrößen immer noch angleichen: Halten Sie den Mauszeiger über eine Ecke des Hochformats, so dass er als Doppelpfeil erscheint. Dann ziehen Sie nach innen und verkleinern die Aufnahme passend.

*Ohne **Lange Kanten anpassen** unterscheiden sich die Bildgrößen deutlich.*

*Hier wurde **Lange Kanten anpassen** aktiviert, das Layout wirkt ausgewogener.*

Nummer 2: Lieblingslayouts speichern

Sie möchten eine Layoutvorgabe schnell wiederfinden? Speichern Sie die Vorgabe als Favorit oben im Menü **Seite verändern**. Dazu halten Sie den Mauszeiger über eine Layoutvorgabe und klicken auf den kleinen Kreis, der wie der Schnellsammlungsmarker aussieht (hier abgebildet). Ändern Sie Ihre Meinung, öffnen Sie die **Favoriten** und klicken auf den nunmehr grauen Kreis. Die Vorlage verschwindet aus den Favoriten. Haben Sie einige Favoriten eingerichtet, gibt es im **Editor für Auto-Layout**-Vorgaben die Option **Zufällig aus Favoriten** – damit erscheint ein bevorzugtes Layout. Sie steuern sogar die Bildzahl pro Seite (suchen Sie Favoriten für ein oder zwei Fotos pro Seite, bietet Lightroom nur die an). Cool!

Nummer 3: Seiten anordnen

Ordnen Sie die Seiten in der **Mehrseitigen Ansicht** an. Klicken Sie auf die gewünschte Seite, dann klicken Sie unter der Seite auf die gelbe Leiste mit der Seitenzahl (ich klickte hier auf Seite 17). Nun ziehen Sie die Seite an die geplante Stelle. Um eine Doppelseite zu verschieben, klicken Sie auf die erste Seite und dann bei gedrückter ⇧-Taste auf die zweite Seite, dann klicken Sie auf den Seitenzahlenbereich der linken oder rechten Seite, um die ganze Doppelseite zu verschieben. Bewegen Sie sogar ganze Seitenblöcke wie Seiten 10 bis 15: Erst klicken Sie die Seiten bei gedrückter ⇧-Taste an, dann klicken Sie unter einer der gewählten Seiten auf die gelbe Leiste und ziehen. Sie können in der **Mehrseitigen Ansicht** übrigens auch Bilder austauschen: Ziehen Sie die Fotos einfach an die gewünschte Stelle.

Nummer 4: Titelseite und Rückseite mit Schutzumschlag

Falls Sie Ihr Buch als **Leinencover mit Buchumschlag** bestellen, können Sie auf den Innenklappen weitere Bilder und Texte platzieren. Diese Innenklappen erscheinen nur, wenn Sie den **Schutzumschlag** vorgeben (wie hier).

Nummer 5: Ich weiß schon, ich hatte von vier gesprochen, aber…

Denken Sie auch über die letzte Buchseite nach (Blurbs Logo-Seite). Akzeptieren Sie im Bedienfeld **Bucheinstellungen** ein Blurb-Logo, erhalten Sie einen Preisnachlass. Wie viel? Nun ja, dieses Buch hier kostete regulär 49,12 € ohne Logo-Seite (und ohne Mehrwertsteuer). Akzeptieren Sie das Logo jedoch, sinkt der Preis auf 40,45 € netto (fast 20 % Rabatt für Werbung auf einer Seite, die sonst leer erscheinen würde, also durchaus attraktiv).

Kapitel 11 Gestalten Sie Alben mit Ihren Fotos

Passen Sie Ihren Hintergrund individuell an

Standardmäßig zeigt Lightroom Ihre Fotobücher zunächst mit weißem Hintergrund, aber das muss nicht so bleiben. Hier sind vier Techniken für individuelle Seitenhintergründe – mit Einzelfarben oder Grafiken.

1 Sie möchten schlicht die Hintergrundfarbe ändern? Das erledigen Sie im **Hintergrund**-Bedienfeld. Dort schalten Sie die **Hintergrundfarbe** ein. Die neue Farbe suchen Sie nach einem Klick auf das Farbfeld. Klicken Sie auf eine der Farbvorgaben, oder wählen Sie eine beliebige Farbnuance aus dem Farbverlauf darunter. Möchten Sie mehr Farben sehen, ziehen Sie den Balken über dem senkrechten Farbverlauf rechts aufwärts, bis Lightroom weitere Farben zeigt.

2 Verwenden Sie als Hintergrund statt der Einzelfarben auch eine der Grafiken aus Lightrooms Lieferumfang: Die Kategorie **Reise** enthält Landkarten und stilisierte Seitenränder; in der Kategorie **Hochzeit** finden Sie aparte Verzierungen. Dafür schalten Sie zuerst das Kontrollkästchen **Grafik** ein; rechts neben dem Feld **Foto hier ablegen** klicken Sie dann auf das kleine Dreieck (rot markiert). Im Menü **Hintergrundgrafik hinzufügen** sehen Sie nun Miniaturen der mitgelieferten Seitenhintergründe (hier abgebildet). Klicken Sie einfach oben die gewünschte Kategorie an, scrollen Sie nach unten zur Grafik Ihrer Wahl, und klicken Sie darauf – schon erscheint sie hinter Ihren Bildern (wie gezeigt). Per **Deckkraft**-Regler steuern Sie, wie hell oder dunkel die Grafik erscheinen soll; mit dem Farbfeld ändern Sie auch die Farbe (dazu mehr im nächsten Schritt).

Bibliothek | Entwickeln | Karte | **Buch** | Diashow | Drucken | Web

3 Sie können auch wiederkehrende Muster statt einer Einzelgrafik verwenden und ihre Farbe zudem nach Bedarf ändern. Zuerst holen Sie sich in der **Reise**-Kategorie den Linienhintergrund. Dessen Helligkeit definiert der **Deckkraft**-Regler. Klicken Sie dann auf das Farbfeld neben dem **Grafik**-Kontrollkästchen; im Farbwähler (abgebildet) suchen Sie eine Farbe für Ihre Linienstruktur (ich nehme hier Orange und senke die **Deckkraft** auf 32 Prozent, damit das Muster weniger aufdringlich wirkt).

4 Bevor wir zur letzten Gestaltungsmöglichkeit im **Hintergrund**-Bedienfeld kommen, reden wir über die Option dort ganz oben: **Hintergrund global anwenden**. Ist sie eingeschaltet, erscheint der aktuelle Hintergrund auf sämtlichen Buchseiten. Sie müssen den Hintergrund dann nicht mehr von Hand überall hinzufügen. Ich verzichte allerdings auf diese Option, damit ich jede Einzelseite individuell einrichten kann. Also, jetzt zur letzten Hintergrundvariante – der Foto-Hintergrund, sehr beliebt bei Hochzeitsalben. Suchen Sie im Filmstreifen nach dem gewünschten Hintergrundmotiv, und ziehen Sie es auf das Feld für die Hintergrundgrafik (wie zu sehen). Das Foto erscheint nun im Seitenhintergrund. Ich zeige es meist sehr blass, damit es sich nicht mit dem Hauptfoto im Vordergrund beißt; darum fahre ich die **Deckkraft** massiv herunter – meist auf 10 bis 20 Prozent. Und übrigens, wollen Sie das Hintergrundbild ganz entsorgen, klicken Sie mit der rechten Maustaste auf das Fotofeld und nehmen **Foto entfernen**.

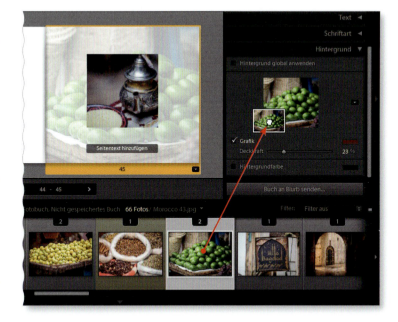

Tipps zum Layout und zum Druck außerhalb von Blurb

Hier sind noch ein paar Dinge, die Sie womöglich kennen sollten (na ja, vielleicht brauchen Sie diese Informationen auch gar nicht; aber wenn Sie doch einmal danach suchen, dann sind sie jedenfalls hier zu finden, nicht wahr?).

Hilfslinien:
Sie brauchen Orientierung bei der Anordnung von Bild und Text? Lightroom hat alles an Bord. Diese Elemente steuern Sie über das **Hilfslinien**-Bedienfeld rechts; sie erscheinen generell nicht im Druck. Vier Optionen stehen zur Verfügung:
1. Der **Seitenanschnitt** zeigt den schmalen Rand jeder Seite, der bei seitenfüllendem Fotodruck nicht mitdruckt; das sind nur etwa drei Millimeter, kaum zu bemerken.
2. Im **Sicheren Textbereich** platzieren Sie Ihre Textzeilen, ohne dass sie vom Seitenrand oder vom Buchknick in der Mitte angeschnitten werden.
3. Die **Fotozellen**-Hilfslinien erscheinen ohnehin beim Klick auf eine Fotozelle, darum lasse ich die natürlich ausgeschaltet.
4. Die **Fülltext**-Option zeigt Blindtext in Layouts mit Textfeldern (Sie erkennen also, wo Sie etwas eintippen können).

Speichern Sie als PDF oder JPEG:
Sie müssen Ihr Buch nicht bei Blurb drucken lassen – alternativ speichern Sie als PDF oder JPEG und drucken bei jedem anderen Dienstleister. Das steuern Sie in den **Bucheinstellungen** rechts oben. Im **Buch**-Ausklappmenü nehmen Sie entweder **Blurb**, **PDF** oder **JPEG** (dabei entsteht eine eigene JPEG-Datei pro Seite). Wählen Sie **PDF** oder **JPEG**, entscheiden Sie über die **JPEG**-Qualität (ich nehme 80), das **Farbprofil** (viele Druckdienste empfehlen sRGB), die **Dateiauflösung** (ich nehme 240 ppi), die Stärke beim **Schärfen** und den **Medientyp** (Papierart) – hier verwende ich **Hoch** und **Glanz**.

Bibliothek | Entwickeln | Karte | **Buch** | Diashow | Drucken | Web

Entwerfen Sie Schriftzüge für die Titelseite

Möchten Sie spezielle Schriftzüge für den Buchtitel direkt in Lightroom gestalten? Dann haben Sie Glück, denn Lightroom ist in diesem Bereich erstaunlich leistungsfähig. Zeigen Sie mehrere Textzeilen und mehrere Textfelder mit unterschiedlichen Schriftarten. Bei Hardcover-Einbänden können Sie sogar Text auf dem Buchrücken platzieren.

1 Klicken Sie auf die Seite **Vorderer Einband**, um sie zu aktivieren. In der unteren Bildmitte erscheint jetzt **Fototext hinzufügen**. Sobald Sie darauf klicken, zeigt Lightroom ein Textfeld unten im Bild. Was Sie hier eintippen, wird direkt auf dem Foto eingeblendet. Sehen Sie die Schaltfläche **Fototext hinzufügen** womöglich nicht? Öffnen Sie in der rechten Bedienfeldleiste das **Text**-Bedienfeld, und schalten Sie das Kontrollkästchen **Fototext** ein. Hier habe ich »Magisches Marokko« eingetippt. Man erkennt es kaum, weil der Text standardmäßig klein und schwarz erscheint (aber keine Sorge, das ändern wir gleich).

2 Wie gesagt, zunächst erscheint das Textfeld im unteren Bildbereich. Doch mit dem **Versatz**-Regler im **Fototext**-Bereich des **Text**-Bedienfeldes ändern Sie die Platzierung. Je weiter Sie den **Versatz**-Regler ziehen, desto höher wandert der Text nach oben (ich bewege hier den Text ganz nach oben).

Kapitel 11 Gestalten Sie Alben mit Ihren Fotos

3 Haben Sie den Text passend angeordnet? Jetzt haben Sie im **Schriftart**-Bedienfeld alle Steuermöglichkeiten, etwa Schriftfarbe, Schriftgröße, Zeilenabstand oder Laufweite (der Abstand zwischen den Buchstaben im Text), sogar Textausrichtung (linksbündig, rechtsbündig, mittig oder Blocksatz). Mit diesem bärenstarken Bedienfeld gelingen wirklich prächtige Schriftzüge. Wir beginnen damit, dass wir die Schriftart und -größe ändern. Klicken und ziehen Sie also über dem Text, um ihn auszuwählen, dann wählen Sie im ersten Ausklappmenü des **Schriftart**-Bedienfeldes eine neue Schrift und passen die **Größe** an (ich nehme hier die Schriftart **Cezanne** mit 54 Punkt). Wollen Sie die Textfarbe ändern, klicken Sie auf das schwarze Farbkästchen rechts neben **Zeichen** und geben eine neue Farbe im Farbwähler an; hier wechsele ich zu Weiß.

4 Jetzt passen Sie nur noch die Platzierung an. Hier klickte ich unten im Bedienfeld auf die Schaltfläche **Zentrieren**, so dass der Text in die Mitte rückt; dann habe ich noch oben auf den Textrahmen geklickt und etwas nach unten gezogen.

> **TIPP: Brauchen Sie noch ein Textfeld?**
>
> Wechseln Sie zurück ins **Text**-Bedienfeld, und schalten Sie **Seitentext** ein. So erzeugen Sie ein zweites Textfeld, das Sie beliebig platzieren und formatieren können.

Bibliothek | Entwickeln | Karte | **Buch** | Diashow | Drucken | Web

5 Brauchen Sie in einem Textfeld eine zweite Zeile, klicken Sie einfach hinter den letzten Buchstaben und drücken ⏎. Das Schöne dabei: Die zweite Zeile lässt sich völlig unabhängig von der ersten Zeile formatieren. Tippen Sie also Ihren Text ein, wählen Sie ihn aus, dann geben Sie eine andere Schriftart an (ich nahm **Minion Pro**), ändern die **Größe** (hier in 18 Punkt), und mit dem **Laufweite**-Regler steuern Sie den Abstand zwischen den Buchstaben. Mit einem **Zeilenabstand**-Wert von 50,3 entstand mehr Raum zwischen den Zeilen. Zuletzt habe ich noch oben auf das Textfeld geklickt und es etwas nach unten gezogen.

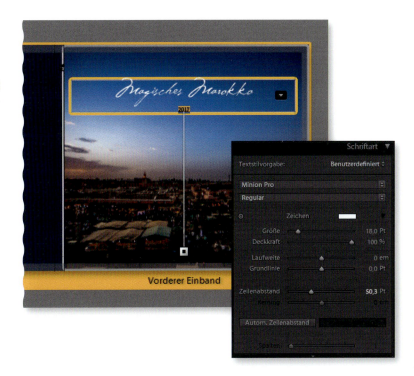

6 Beim **Einband**-Typ **Bedrucktes Hardcover** richten Sie auch Text für den Buchrücken ein. Halten Sie den Mauszeiger über den Buchrücken (zwischen Titelbild und Rückseite), so dass ein senkrechtes Textfeld erscheint. Klicken Sie in das Textfeld, und tippen Sie Ihren Text, er läuft gedreht den Buchrücken hinunter. Wie bei jedem Textfeld ändern Sie Schriftart, Farbe, Platzierung usw.

> **TIPP: Die Farbe für den Buchrücken**
>
> Schalten Sie im **Hintergrund**-Bedienfeld das Kontrollkästchen **Hintergrundfarbe** ein, dann klicken Sie auf das Farbfeld und wählen eine neue Farbe. Noch besser: Sobald der Farbwähler für die Hintergrundfarbe erscheint, klicken Sie in die Farbfläche und halten die Maustaste gedrückt. Bei weiter gedrückter Maustaste ziehen Sie die **Pipette** über Ihr Titelbild und schnappen sich dort einen Farbton direkt aus dem Foto.

Kapitel 11 Gestalten Sie Alben mit Ihren Fotos

Erzeugen Sie ein besonders raffiniertes Layout

Sie brauchen eine Seitengestaltung, die noch vielseitiger ist als die schlichten Layouts, die Sie bis hierhin kennengelernt haben? Da gibt es einen raffinierten Trick, den ich Adobes Lightroom-Managerin Julieanne Kost verdanke: Sie erzeugen im Drucken-Modul ein beliebiges Layout in der Größe Ihres Buches, speichern es als JPEG und importieren dieses Layout wie ein Einzelbild in Lightroom. Es ist keine Layoutvorlage, sieht aber so aus.

1 Wechseln Sie zuerst ins Drucken-Modul, und klicken Sie links unten auf **Seite einrichten**. Unter Windows klicken Sie jetzt je nach Drucker auf **Eigenschaften**, dann auf **Papiergröße: Benutzerdefiniert**. (Am Mac öffnen Sie das **Papiergröße**-Menü und wählen **Papierformate anpassen**.) Es erscheint je nach Gerät der hier abgebildete Dialog. Dank der neuen Größenvorgabe müssen Sie diesen Vorgang nicht mehr wiederholen. Tippen Sie einen Namen und die Maße 180×180 mm ein. Am Mac klicken Sie auf das **+** und tragen ebenfalls 180×180 mm ein, also Blurbs Fotobuch-Format **Kleines Quadrat**. Am Mac setzen Sie noch alle nicht druckbaren Randbereiche auf null, dann klicken Sie zweimal auf **OK**. Vielleicht möchten Sie Vorgaben für weitere Blurb-Größen anlegen (wie 20×25, 25×20, 33×28 und 30×30 cm).

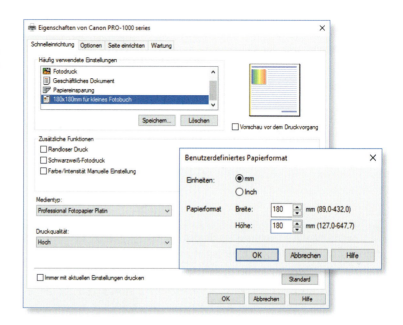

2 Im Drucken-Modul erzeugen Sie jetzt ein beliebiges Layout. Hier klickte ich links im Vorlagenbrowser auf die mitgelieferte Vorgabe **4 nebeneinander**. Nachdem die Vorlage erschien, habe ich die vier gewünschten Bilder ausgewählt und dann die **Erkennungstafel**-Option im **Seite**-Bedienfeld rechts abgeschaltet. Mit nur zwei kleinen Änderungen im **Layout**-Bedienfeld habe ich alles gut auf unsere 18×18-cm-Buchseite angepasst: Den oberen und unteren Rand setzte ich auf 11,2 mm, die Seiten rechts und links beließ ich bei 12,7 mm. (Bei den Buchvorlagen gibt es kein vergleichbares Layout.)

3 Ich habe hier zwar eine eingebaute Druckvorlage genutzt, Sie können aber im Drucken-Modul auch die **Bildpaket**-Funktion nutzen (zu finden im Bedienfeld **Layoutstil** oben rechts im Programmfenster). Dann beginnen Sie mit einer leeren Seite und erzeugen x-beliebige Layouts (mehr in Kapitel 12). Sieht die Seite aus wie gewünscht, scrollen Sie bis zum **Druckauftrag**-Bedienfeld abwärts. Im **Ausgabe**-Menü schalten Sie auf **JPEG-Datei**. Richten Sie **Ausdruck schärfen** und **Medientyp** wie üblich ein (mehr dazu wieder in Kapitel 12), dann aktivieren Sie das Kontrollkästchen für **Benutzerdefinierte Dateiabmessungen** (damit Lightroom tatsächlich die Größe 18 × 18 cm verwendet). Klicken Sie auf **In Datei ausgeben**, um diese einzelne 18 × 18-cm-Seite als JPEG-Datei zu sichern.

4 Wechseln Sie jetzt zum Bibliothek-Modul, und öffnen Sie das Import-Fenster mit `Strg`/`Cmd`+`⇧`+`I`. Importieren Sie die JPEG-Datei, die Sie vorhin erzeugt haben, in Lightroom. Dann ziehen Sie die Datei in die Sammlung für das Fotobuch und schalten wieder zum Buch-Modul um. Zeigen Sie die Buchseite an, auf der dieses Bild mit der Option **4 nebeneinander** erscheinen soll. Klicken Sie das Bild auf dieser Seite mit der rechten Maustaste an, dann wählen Sie **Foto entfernen**, zurück bleibt also eine leere Seite. Im Menü **Seite ändern** suchen Sie jetzt ein Layout mit einem seitenfüllenden Bild (oben). Suchen Sie nun einfach Ihr Bild im Filmstreifen, und ziehen Sie es auf die leere Seite – Sie erhalten ein Layout wie hier zu sehen. Der Nachteil allerdings: Dies ist keine Layoutvorlage, es ist ein einfaches Foto, eine ganz normale JPEG-Datei ohne Ebenen. Der Vorteil: Sie haben eine Buchseite mit einem ganz persönlichen Layout genau nach Ihrem Geschmack.

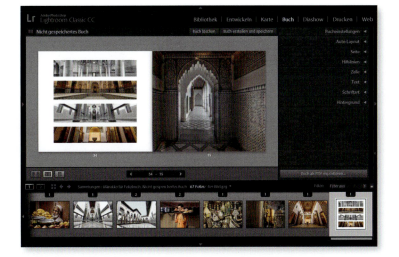

Foto: Scott Kelby | Belichtung: 1/400 s | Brennweite: 11 mm | Blende: f/4

Das große Drucken
Bringen Sie Ihre Bilder zu Papier

12

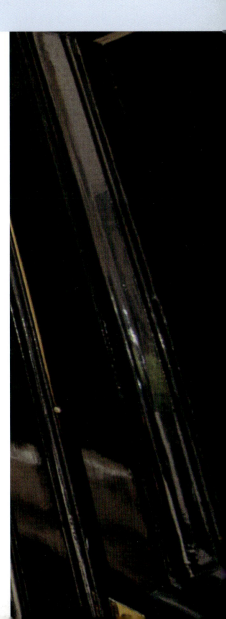

Also, Warnung. Das hier wird ein kleiner Gefühlsausbruch, das passiert mir manchmal beim Thema Drucken. Fotos werden beim Ausdruck eigentlich erst geboren. Was Sie da auf Ihrem Monitor sehen, existiert nicht wirklich. Das sind Pixel und Nullen und Einsen, weggesperrt hinter einer dünnen Glasplane. Sie lassen sich nicht berühren, schmecken, fühlen – sie sind digital. Ein Print aber ist echt. Und davon einmal ganz abgesehen: Ausdrucke retten Ihr lichtbildnerisches Werk zum Wohl zukünftiger Generationen. Ihre Bilder liegen alle doppelt gesichert auf einer Festplatte? Fein! Das hält mindestens drei Jahre, mit Glück auch vier oder fünf. Wenn Sie versehentlich eine Platte im Betrieb anrempeln oder vom Tisch fegen, dann war's das. Bilder weg. Und das betrifft nicht nur Festplatten. Sichern Sie Ihre Fotoschätze ruhig auf CDs, DVDs, optischen Laufwerken – was auch immer. Alle diese Datenträger haben kurze Verfallszeiten, und die Frage ist nicht, ob sie je verrecken, sondern wann. Aber wissen Sie, was 100 Jahre überdauert? Ausdrucke. Sagen Sie, was Sie wollen – der Schuhkarton voller Fotos aus dem Elternhaus bereitet uns noch heute Freude. Unsere Vorfahren haben Ausdrucke bestellt und in eine Schachtel gepackt; nur deshalb besitzen wir heute eine visuelle Geschichte unserer frühen Jahre. Ausdrucke überdauern uns selbst nach dem Tod. Wie kann man ihr Leben noch weiter verlängern? Buchen Sie einen Flug auf den Spitzbergen-Archipel, nördlich von Norwegen. Fragen Sie nach dem Weltweiten Saatgut-Tresor auf Svalbard. Dort angekommen, verlangen Sie nach Earl (sagen Sie Earl ruhig, ich hätte Sie geschickt). Erzählen Sie ihm, dass Sie Ihre Ausdrucke hier archivieren möchten. Sie sind in der kühlen arktischen Luft bestens aufgehoben, hinter sechs superdicken Sicherheitsschleusen aus Stahl; drumherum diese übellaunigen Eisbären, immer auf der Suche nach Häppchen. Es schadet übrigens nichts, wenn Sie Earl ein Bacon Swiss Crispy Chicken Fillet Sandwich von Carl's Jr mitbringen. Und eine mittlere Diet Dr. Pepper. Da geht ihm das Herz auf.

Kapitel 12 Bringen Sie Ihre Bilder zu Papier

Wie Sie ein Einzelbild drucken

Vielleicht gefällt Ihnen dies und das an Lightroom – und beim Drucken-Modul werden Sie sich in das Programm verlieben! Es ist wirklich hervorragend gemacht (ich hatte noch kein Programm mit einer besseren, leichteren und effizienteren Druckfunktion als hier). Die mitgelieferten Vorlagen erleichtern die Arbeit nicht nur, sie machen auch noch Spaß (und sie sind ein guter Ausgangspunkt, um eigene Vorlagen zu gestalten und zu speichern).

1 Bevor Sie irgendetwas anderes im Drucken-Modul tun, klicken Sie links unten auf **Seite einrichten** und nennen die Papiergröße (so müssen Sie später nichts umarrangieren). Links klicken Sie auf den **Vorlagenbrowser** und auf die Vorlage **Kunstdruckpapier**. Sie sehen dann das Layout, wie hier mit dem ersten Bild Ihrer aktuellen Sammlung (haben Sie bereits ein Bild ausgewählt, erscheint dieses Motiv). Es gibt hier zudem ein **Sammlungen**-Bedienfeld, Sie können also auch im linken Bedienfeldbereich zu einer anderen Sammlung wechseln. Über der linken oberen Bildecke erscheinen ein paar Zeilen Information. Diese werden ohnehin nicht mitgedruckt, aber wenn diese Zeilen Sie ablenken, schalten Sie sie mit der Taste [I] ab, oder wählen Sie **Ansicht • Informationen anzeigen**.

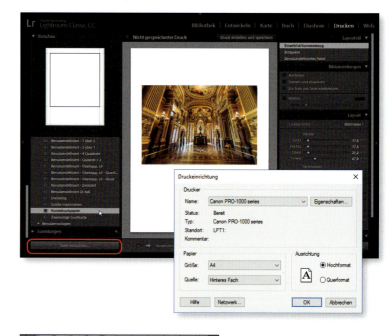

2 Wollen Sie mit dieser Vorlage mehr als ein Bild drucken, klicken Sie im Filmstreifen weitere Fotos bei gedrückter [Strg]/[Cmd]-Taste an. Sofort fügt Lightroom weitere Seiten hinzu (hier sehen Sie nur ein Bild, aber unten in der Werkzeugleiste meldet Lightroom **Seite 1 von 19**). Das **Layoutstil**-Bedienfeld oben rechts bietet drei Layoutstile. Dieser hier heißt **Einzelbild/Kontaktabzug**. Er zeigt jedes Foto in einer Zelle mit änderbarer Größe. Um diese Zelle zu erkennen, aktivieren Sie im **Hilfslinien**-Bedienfeld **Hilfslinien einblenden**. In Hellgrau erkennen Sie jetzt die Seitenränder, die Bildzelle wird schwarz eingerahmt.

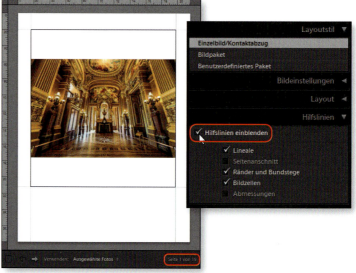

362

Bibliothek | Entwickeln | Karte | Buch | Diashow | **Drucken** | Web

3 Sehen Sie sich doch noch einmal das Layout in Schritt 2 an. Fällt Ihnen auf, dass das Bild bis zum linken und rechten Rand der Zelle reicht, aber nicht bis ganz nach oben und unten? Der Grund: Standardmäßig passt Lightroom Ihr Foto so ein, dass es vollständig sichtbar ist. Wollen Sie aber die Zelle komplett mit Ihrer Aufnahme ausfüllen, klicken Sie im Bedienfeld **Bildeinstellungen** auf **Ausfüllen**. Jetzt füllt Ihr Foto die Zelle ganz aus. Allerdings werden natürlich auch Bildbereiche abgeschnitten (jedenfalls bei diesem Layout hier). Mit **Ausfüllen** soll man Kontaktbögen anlegen, aber im Lauf dieses Kapitels wächst Ihnen dieses kleine Kontrollkästchen sicherlich noch ans Herz: Damit entstehen nämlich sehr edle Layouts – Ihre Kunden werden sie lieben. Also verschmähen Sie die Funktion nicht einfach, weil sie etwas vom Bild abschneidet – sie wird sehr bald noch richtig nützlich.

4 Befassen wir uns zuerst mit diesen Zellen. Haben Sie das durchschaut, ist der Rest ein Kinderspiel. Zuerst einmal: Weil Ihr Bild in einer Zelle ist und Sie **Ausfüllen** eingeschaltet haben, können Sie die Zellengröße ändern, während die Bildgröße gleich bleibt. Das heißt: Verkleinern Sie die Zelle, werden Bildteile abgeschnitten. Das ist nützlich, wenn Sie Layouts gestalten. Um das besser zu verstehen, nehmen Sie einmal das **Layout**-Bedienfeld mit den **Zellengröße**-Reglern. Ziehen Sie den **Höhe**-Regler nach links bis auf 112 mm, und sehen Sie einmal, wie das ganze Bild schrumpft, bis die ursprüngliche Breite ohne Zoom erreicht ist. Dann kehren Sie den oberen und unteren Zellenbereich nach innen, ohne die Breite weiter zu ändern. Sie sehen Ihr Bild nun wie in einem Breitwandkino.

5 Ziehen Sie den **Höhe**-Regler wieder nach rechts, ungefähr an die ursprüngliche Position. Dann bewegen Sie den **Breite**-Regler nach links, um die Breite zu verringern. Wir haben es hier ja mit einem Querformat zu tun. Wenn Sie den oberen und unteren Zellenrand ändern, schrumpft das Bild und dann die Zelle. Ziehen Sie dagegen (wie wir hier) am **Breite**-Regler, schrumpft die Zelle nach innen (das ergibt gleich noch Sinn). Sehen Sie, wie sich die Zellenränder links und rechts bewegt haben, so dass diese hohe, schmale Zelle entstand? Irgendwie ist dieses hohe, schmale Layout schon wieder cool – jedenfalls sieht man es nicht alle Tage, oder? Allerdings rutschte der Mittelpunkt des Bildes ganz nach links. Das kriegen wir aber noch hin.

> **TIPP: Schneller zum Drucken-Modul**
>
> Wollen Sie schnell ins Drucken-Modul wechseln, nutzen Sie denselben Tastaturbefehl wie in fast jedem anderen Programm mit Druckfunktion auch – das gute alte `Strg`/`Cmd`+`P`.

6 An diesen Zellen gefällt mir auch, dass man die Bilder innerhalb der Zellen bewegen kann. Sobald Sie den Mauszeiger über die Zelle halten, erscheint er als Handwerkzeug. Jetzt klicken und ziehen Sie das Bild einfach an die gewünschte Position. Hier habe ich die Aufnahme einfach ein wenig nach rechts geschoben, bis sie gut ausgemittelt war.

7 Unten im Bereich **Zellengröße** gibt es das Kontrollkästchen **Quadrat beibehalten**. Schalten Sie das einmal ein. Höhe und Breite haben jetzt identische Werte und verändern sich parallel (denn die Zelle ist genau quadratisch). Ändern wir die Zellengröße auch einmal so: Ziehen Sie selbst an den Zellenrändern, direkt auf dem Layout im Vorschaubereich. Sehen Sie, wie sich diese senkrechten und waagerechten Linien über die Seite erstrecken und die Zellengrenzen markieren? An diesen Linien können Sie direkt ziehen, probieren Sie das einmal aus. Hier klicke ich auf die obere horizontale Linie (hier rot hervorgehoben) und ziehe nach außen, um meine quadratische Zelle zu vergrößern (und das Foto darin auch). Jetzt wird endgültig klar, dass die Zelle eine Art Fenster für Ihr Bild ist.

> **TIPP: Bilder drehen**
>
> Haben Sie ein hochformatiges Bild in einer querformatigen Zelle (oder auf einer querformatigen Seite), können Sie es so einrichten, dass Ihr Bild mehr Papierfläche bedeckt. Klicken Sie unter **Bildeinstellungen** auf das Kontrollkästchen **Drehen und einpassen**.

8 Beenden wir das Projekt mit einer meiner Lieblingsfunktionen aus Lightroom: Ändern Sie die Farbe des Seitenhintergrunds. Dazu aktivieren Sie einfach im **Seite**-Bedienfeld das entsprechende Kontrollkästchen. Dann klicken Sie auf das Farbfeld rechts daneben, um den Farbwähler für den Seitenhintergrund zu sehen (hier abgebildet). Hier wähle ich Schwarz, aber Sie können auch jede andere Farbe nehmen (Grau, Blau, Rot – was auch immer). Dann schließen Sie den Farbwähler wieder. Legen Sie bei Bedarf auch eine Kontur um eine Bildzelle herum. Dazu schalten Sie in den **Bildeinstellungen** das **Kontur**-Kontrollkästchen ein. Dann wählen Sie aus dem Farbfeld eine Farbe. Der **Breite**-Regler steuert, wie kräftig die Kontur ausfällt.

Kapitel 12 Bringen Sie Ihre Bilder zu Papier

Gestalten Sie Kontaktbögen mit mehreren Fotos

*Die ganzen Experimente beim Einzelfotoprojekt sollten Sie nur auf das eigentliche Talent der Vorgabe **Einzelbild/Kontaktabzug** vorbereiten. Dort gestalten Sie nämlich auch Kontaktbögen mit mehreren Bildern, und hier geht der Spaß erst richtig los. Wir arbeiten also hier mit einer anderen Bildreihe weiter. Produzieren Sie wirklich interessante Layouts mit mehreren Fotos – Ihre Kunden werden das schlicht und einfach lieben.*

1 Klicken Sie auf eine der Vorlagen für mehrere Fotos, die zu Lightroom gehören (halten Sie den Mauszeiger über eine der Vorlagen im **Vorlagenbrowser**, zeigt das **Vorschau**-Bedienfeld oben links das Layout). Klicken Sie beispielsweise auf **2 × 2 Zellen**, erscheinen Ihre gewählten Fotos in zwei Spalten und zwei Reihen. Hier habe ich sechs Fotos ausgewählt. Rechts in der Werkzeugleiste erkennen Sie, dass Lightroom zwei Seiten drucken wird, doch nur eine Seite zeigt vier Fotos – die letzte Seite hat nur noch die zwei restlichen Aufnahmen. Das Layout hier überzeugt noch nicht, weil wir Querformate in hochformatige Zellen setzen, aber das beheben wir gleich. Es würde noch schlimmer aussehen, wenn auch hochformatige Bilder in der Kollektion wären.

2 Sie könnten natürlich alle Querformate auf einer Seite mit querformatigen Zellen drucken und dann eine zweite Vorlage mit hochformatigen Zellen anlegen. Einfacher jedoch: Schalten Sie im Bedienfeld **Bildeinstellungen** das **Ausfüllen** ein. Lightroom vergrößert alle Bilder so, dass die Zellen voll ausgefüllt werden. Damit vergrößern sich die Querformate, und die Druckseite wirkt homogen. Sie können die Bilder natürlich auch in den Zellen neu platzieren – klicken und ziehen Sie einfach. Allerdings schneidet die Option **Ausfüllen** ein bisschen von Hochformaten ab und sogar ziemlich viel von querformatigen Aufnahmen. Die Fotos erhalten so eine andere Wirkung (aber das lässt sich zum Glück auch vermeiden).

366

3 Wir wollen also Hochformate wie auch Querformate fast in voller Größe drucken ohne viel Randbeschnitt. Der Trick: Das Kontrollkästchen **Drehen und einpassen** (hier zu sehen). Es dreht die Querformate so, dass sie die hochformatigen Zellen gut ausfüllen. (Sie sehen das im oberen Bild: Die Querformate wurden auf die Seite gedreht, um die Zellen besser zu füllen.) Das Kontrollkästchen **Drehen und einpassen** gilt für alle Seiten gleichzeitig. Haben Sie also auf späteren Seiten noch mehr Querformate, werden sie ebenfalls gedreht.

4 Sie möchten ein und dasselbe Bild mehrfach in ein und derselben Größe drucken? Dann aktivieren Sie in den **Bildeinstellungen** das Kontrollkästchen **Ein Foto pro Seite wiederholen**, wie hier zu sehen. Sie möchten ein und dasselbe Foto mehrfach auf einer Seite drucken, aber in unterschiedlichen Größen – zum Beispiel einmal in 10×15 cm und vier Passfotos? Diese Aufgabe besprechen wir ab Seite 380.

5 Klicken Sie auf ein anderes Layout für mehrere Fotos wie **4 × 5 Kontaktbogen**, fügen sich Ihre Aufnahmen sofort ins neue Layout ein. An diesem Layout gefällt mir auch, dass die Bildnamen direkt unter jedem Foto erscheinen. Das können Sie jedoch auch abschalten: Verzichten Sie unten im **Seite**-Bedienfeld auf die Option **Fotoinfo**. Übrigens: Wenn dieses Kontrollkästchen aktiviert ist, können Sie auch andere Informationen unter Ihren Bildern einblenden. Die gewünschte Angabe wählen Sie im Menü rechts vom Wort **Fotoinfo** aus. Ich habe wieder das Kontrollkästchen **Ausfüllen** eingeschaltet. Das ist natürlich nicht zwingend erforderlich – sollen Ihre Bilder nicht angeschnitten werden, dann lassen Sie **Ausfüllen** abgeschaltet.

6 Bis jetzt haben wir die mitgelieferten Vorlagen verwendet, aber das ist nur der halbe Spaß! Nutzen Sie auch die Möglichkeit, eigene Vorlagen zu entwerfen. Das ist verblüffend einfach, sofern es Sie nicht stört, dass alle Zellen gleich groß werden. Diese Einschränkung gilt für Layouts vom Typ **Einzelbild/Kontaktabzug**. Sie können nicht ein Quadrat und zwei längliche Bilder zeigen, sondern entweder nur Quadrate oder nur Rechtecke, aber keine Sorge, später entwerfen wir auch noch Layouts mit mehreren unterschiedlichen Bildproportionen auf einem Blatt. Erst einmal basteln wir uns hier ein paar coole Layouts. Wählen Sie einige Fotos aus (acht oder neun sind eine gute Zahl), dann klicken Sie auf die Vorlage **Größe maximieren**. Daraus lassen sich gut eigene Layouts entwickeln. Weil wir noch Fotos hinzufügen, habe ich im Bedienfeld **Bildeinstellungen** das Kontrollkästchen **Drehen und einpassen** abgeschaltet (standardmäßig ist es bei dieser Vorlage aktiv).

7 Ihre eigenen Layouts für mehrere Fotos entstehen im **Layout**-Bedienfeld. Im Bereich **Seitenraster** steuern Sie die Zahl der Reihen (Zeilen) und Spalten. Ziehen Sie den **Reihen**-Regler auf 3, erhalten Sie drei Fotos in drei Reihen übereinander ohne jeden Zwischenraum.

Hinweis: Die schwarzen Linien rings um die Zellen sind nur Hilfslinien, die Ihnen die Zellenränder anzeigen. Sie lassen sich abschalten. Dazu klicken Sie im **Hilfslinien**-Bedienfeld die Option **Bildzellen** weg. Ich schalte diese Option meist aus, weil man die Zellenränder immer noch in Hellgrau erkennt.

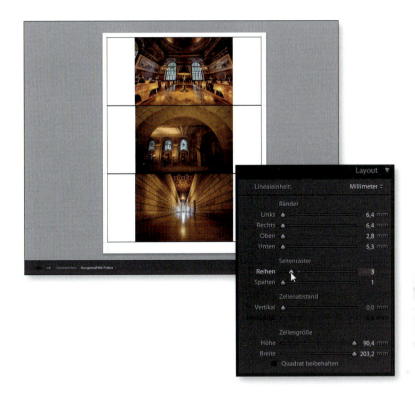

8 Erzeugen Sie etwas Abstand zwischen den oberen und unteren Bildrändern. Dazu ziehen Sie im Bereich **Zellenabstand** den **Vertikal**-Regler nach rechts. (Hier habe ich ihn auf 17 mm gezogen, so dass zwischen den Bildern jeweils gut erkennbare Leerfläche entsteht. Das verfeinern wir jetzt noch.)

9 Im Bereich **Seitenraster** ziehen Sie nun auch den **Spalten**-Wert auf 3. Damit ist Ihr Layout drei Spalten breit und drei Reihen tief. Standardmäßig zeigt Lightroom ja null Freiraum zwischen den Bildern, darum sieht man zwischen den rechten und linken Bildrändern momentan keinerlei Abstand.

10 Vergrößern Sie den Abstand zwischen den Spalten. Dazu bewegen Sie im Bereich **Zellenabstand** den **Horizontal**-Regler nach rechts. Den Abstand zwischen den Fotos haben Sie damit geregelt, aber achten Sie einmal auf die Seitenränder: Oben und unten gibt es jede Menge Leerfläche, aber links und rechts ist nur wenig Freiraum.

Bibliothek | Entwickeln | Karte | Buch | Diashow | **Drucken** | Web

11 Sie können die Seitenränder zwar im **Layout**-Bedienfeld mit den **Ränder**-Reglern einstellen. Sie können aber auch direkt auf die Ränder klicken und an ihnen ziehen. Hier habe ich alle vier Ränder etwa jeweils 13 mm von der Papierkante aus nach innen gezogen. Und wenn wir gerade dabei sind, wechseln wir doch noch einmal hoch in die **Bildeinstellungen**. Dort nutzen Sie das **Ausfüllen** (wie hier zu sehen), so dass die Bilder die Zellen vollständig füllen (wie gesagt, Sie können die Bilder nun innerhalb der Zellen neu platzieren, klicken Sie einfach auf ein Foto, und ziehen Sie).

12 Wollen Sie die Fotos größer und ohne Anschnitt sehen? Dann schalten Sie das Kontrollkästchen **Drehen und einpassen** ein. Damit dreht Lightroom alle Fotos so, dass sie die volle Zellenbreite größtmöglich einnehmen (wie hier gezeigt).

13 Beenden wir diesen Abschnitt mit ein paar lässigen Layouts auf Basis der **Kontaktabzug**-Vorlagen (hier im Letter-Format 22 × 28 Zentimeter, das Sie nach einem Klick auf **Seite einrichten** links unten einstellen). Zuerst schalten Sie in den **Bildeinstellungen** die Option **Ausfüllen** ein. Im **Layout**-Bedienfeld im Bereich **Seitenraster** stellen Sie die **Reihen** auf 1 und die **Spalten** auf 3. Die **Ränder**-Regler **Links**, **Rechts** und **Oben** stellen Sie auf etwa 19 mm, und den Regler **Unten** ziehen Sie auf 70 mm (damit bleibt genug Platz für Ihre Erkennungstafel). Unter **Zellenabstand** heben Sie den **Horizontal**-Wert auf 5 mm. Unten im Abschnitt **Zellengröße** ziehen Sie die **Höhe** auf 190 mm und die **Breite** auf nur 56 mm. So entstehen schlanke hochformatige Zellen wie gezeigt. Wählen Sie drei Fotos aus, und aktivieren Sie im **Seite**-Bedienfeld die **Erkennungstafel**. Vergrößern Sie die Erkennungstafel, um sie dann mittig unter die Bilder zu ziehen, wie hier gezeigt (ich habe auch das Kontrollkästchen **Hilfslinien einblenden** abgeschaltet, damit die ablenkenden Linien verschwinden). *Hinweis:* Nützliche Layouts können Sie speichern (Seite 385).

14 Erzeugen wir jetzt vier Panoramen auf einem Blatt (dafür benötigen Sie keine echten Panoramaaufnahmen, denn dieses Layout simuliert Panoramen mit beliebigen Fotos). Zuerst setzen Sie die **Reihen** auf 4 und die **Spalten** auf 1. Für die **Ränder** stellen Sie für **Links** und **Rechts** jeweils 12 mm ein. **Oben** wählen Sie 19 oder 20 mm, der Wert für **Unten** liegt bei 38 mm. Im Bereich **Zellengröße** muss die Option **Quadrat beibehalten** abgeschaltet sein, dann stellen Sie die **Breite** dort auf 185 mm und die **Höhe** auf etwa 48 mm. So erhalten Sie flache, breite Zellen. Den Abstand zwischen Ihren unechten Panoramen steuern Sie mit dem **Vertikal**-Regler (nehmen Sie ungefähr 10 mm), und Sie erhalten ein Layout wie hier abgebildet. Ich habe dann auf vier Reisefotos geklickt und erhielt sofort das gezeigte Panoramalayout.

Bibliothek | Entwickeln | Karte | Buch | Diashow | **Drucken** | Web

15 Wie wäre es mit einem Poster, 36 Fotos auf Schwarz? Kein Thema: Legen Sie zuerst eine Sammlung nur mit Querformaten an. Dann schalten Sie im **Bildeinstellungen**-Bedienfeld die Option **Ausfüllen** an. Im **Layout**-Bedienfeld im Bereich **Ränder** erzeugen Sie 25 mm Abstand zu allen vier Papierrändern. Im Abschnitt **Seitenraster** sorgen Sie für neun **Reihen** und vier **Spalten**. Als **Zellenabstand Horizontal** lassen Sie bei 0 cm. Zum **Zellenabstand: Vertikal** und Horizontal nehmen Sie 3,5 mm. Im **Seite**-Bedienfeld aktivieren Sie noch **Hintergrundfarbe der Seite**, danach klicken Sie auf das Farbfeld rechts neben dieser Option und stellen Schwarz als Hintergrundfarbe ein. Falls Sie einen weißen Rand sehen, klicken Sie auf **Seite einrichten** und stellen Randlosdruck ein (je nach Drucker).

16 Hier etwas Besonderes: ein einziges Foto, verteilt über fünf hohe, schlanke Zellen. Klicken Sie zuerst unten links auf **Seite einrichten**, und sorgen Sie für eine querformatige Seite. Dann klicken Sie mit der rechten Maustaste auf ein Bild im Filmstreifen und danach auf **Virtuelle Kopie anlegen**. Das wiederholen Sie dreimal, so dass Sie das Foto fünfmal vor sich haben. In den **Bildeinstellungen** aktivieren Sie **Ausfüllen**, und im **Layout**-Bedienfeld setzen Sie alle **Ränder** auf 12,7 mm. Unter **Seitenraster** wählen Sie eine **Reihe** und fünf **Spalten**. Den **Zellenabstand Horizontal** setzen Sie auf 8 mm. Unter **Zellengröße** wählen Sie als **Höhe** 184 mm und als **Breite** 44,4 mm. Wählen Sie alle fünf Bildvarianten im Filmstreifen aus. Ziehen Sie die Bilder einzeln in den Zellen zurecht, bis es wie ein einziges Bild aussieht (wie abgebildet).

373

Gestalten Sie eigene Layouts

*In Lightroom können Sie die durchstrukturierten Layouts früherer Programmversionen ganz hinter sich lassen. Gestalten Sie eigene Layouts mit beliebigen Bildgrößen und -platzierungen. Dazu nutzen Sie den Stil **Benutzerdefiniertes Paket**. Hier entstehen Layouts ohne jede Größenbeschränkung, und Sie sind nicht mehr an ein fixes Seitenraster gebunden.*

1 Zuerst klicken Sie im **Layoutstil**-Bedienfeld auf **Benutzerdefiniertes Paket** (sollten Sie jetzt schon Zellen sehen, klicken Sie im **Zellen**-Bedienfeld auf **Layout löschen**). Auf zwei Arten platzieren Sie Fotos: Erstens können Sie schlicht Bilder aus dem Filmstreifen auf die Seite ziehen (wie hier). Das Bild erscheint dann in einer eigenen Zelle, deren Größe Sie durch Ziehen an den Eckanfassern ändern (dieses Bild wirkte zunächst sehr klein, ich habe es daher deutlich vergrößert). Standardmäßig bleibt das Seitenverhältnis bei einer Größenänderung geschützt. Sie können jedoch im **Zellen**-Bedienfeld unten **Auf Foto-Seitenverhältnis sperren** abschalten. Dann verhält sich das Foto wie eine Zelle mit der Option **Ausfüllen** – mit den Zellenrändern schneiden Sie das Foto also zu (dazu gleich mehr).

2 Klicken Sie auf **Layout löschen**. Dann testen Sie die zweite Technik, Bilder ins Layout zu holen: Dabei erzeugen Sie zuerst leere Zellen, ordnen sie beliebig an und ziehen dann erst die Fotos in die Zellen. Dazu klicken Sie im **Zellen**-Bedienfeld oben auf eine beliebige Größe. Brauchen Sie zum Beispiel eine Zelle von rund 6 × 13 cm, klicken Sie einfach auf die Schaltfläche **6 × 13** (achten Sie oben im Bedienfeld **Lineale, Raster und Hilfslinien** auf die **Linealeinheit Zentimeter**, sonst zeigt Lightroom andere Zellengrößen an). So entsteht eine leere 6 × 13-Zentimeter-Zelle auf der Seite. Klicken Sie in die Zelle, um sie an eine beliebige Stelle zu ziehen. Und dann ziehen Sie einfach ein Bild aus dem Filmstreifen in diese Zelle.

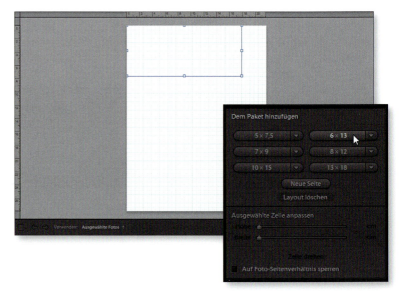

Bibliothek | Entwickeln | Karte | Buch | Diashow | **Drucken** | Web

3 Legen wir mit diesen Schaltflächen ein ganz neues Layout an. Klicken Sie also wieder auf **Layout löschen**, damit wir bei null anfangen. Per Klick auf **6 × 13** erzeugen Sie eine breite, flache Zelle. Dann aber klicken Sie auf **Zelle drehen**, so dass eine hohe, schmale Zelle entsteht. Diese Zelle wirkt etwas hoch, aber sie lässt sich verkleinern: Ziehen Sie an den Anfasspunkten, oder nutzen Sie den Bereich **Ausgewählte Zelle anpassen** (senken Sie hier die **Höhe** auf 12,7 cm). Wir brauchen zwei weitere Zellen dieser Größe. Der schnellste Weg: Bei gedrückter Alt -Taste klicken Sie in die Zelle und ziehen nach rechts. So entsteht eine Kopie. Das wiederholen Sie, so dass Sie drei Zellen haben, die Sie so wie hier anordnen. (Die Zellen orientieren sich »magnetisch« an einem unsichtbaren Grundraster, das bei der gleichmäßigen Verteilung hilft. Sie sehen das Raster und aktivieren die »Anziehungskraft«, wenn Sie im Bedienfeld **Lineale, Raster und Hilfslinien** die Kontrollkästchen **Hilfslinien einblenden** und **Seitenraster** einschalten.)

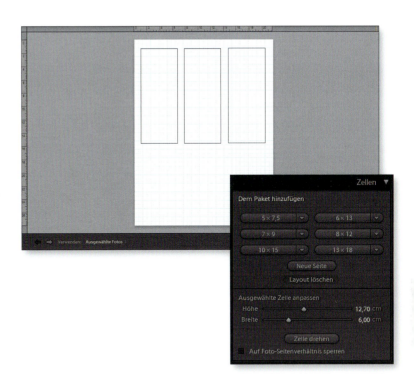

4 Unten im Layout setzen wir jetzt noch ein größeres Foto ein. Klicken Sie auf die Schaltfläche **10 × 15**. So entsteht eine neue breite Zelle, aber die Größe passt noch nicht ganz. Heben Sie die **Höhe** auf 11,2 cm und die **Breite** auf 19,7 cm (wie abgebildet). Damit steht unser Layout, aber bevor Sie jetzt Bilder auf die Seite ziehen, müssen Sie noch zwei Dinge erledigen:

1. Die oberen Zellen sind hochformatig und schmal, darum muss **Auf Foto-Seitenverhältnis sperren** abgeschaltet sein (das ist hier schon eingerichtet). Ansonsten würden sich die Zellen einfach vollständig auf die Größe der Bilder ausdehnen, die Sie hineinziehen.

2. Ebenfalls abschalten müssen Sie die Option **Drehen und einpassen** oben in den **Bildeinstellungen**. Sonst würde Lightroom Querformate in diesen hochformatigen Zellen auf die Seite drehen.

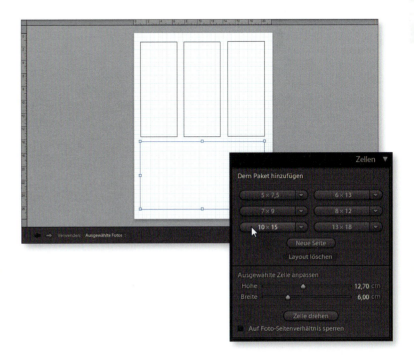

375

5 Jetzt sind Sie so weit: Ziehen Sie Bilder ins Layout. Wirkt ein Bild nicht so gut, ziehen Sie einfach ein anderes Motiv darüber. Zeigt eine Zelle nicht den richtigen Bildausschnitt, ziehen Sie bei gedrückter ⟨Strg⟩/⟨Cmd⟩-Taste am Bild, bis der gewünschte Bildteil sichtbar wird. (*Hinweis:* Im Bedienfeld **Lineale, Raster und Hilfslinien** habe ich die Option **Hilfslinien einblenden** abgeschaltet.) Speichern Sie gelungene Layouts als eigene Vorlagen, mehr dazu auf Seite 385.

6 Die Bilder können sich auch überlappen, fast wie Photoshop-Ebenen. Wir fangen noch einmal ganz von vorn an, aber klicken Sie zuerst unten links auf **Seite einrichten**, und stellen Sie auf querformatige Seiten um. Im **Zellen**-Bedienfeld klicken Sie jetzt auf **Layout löschen** und dann auf **13 × 18**. Vergrößern und verschieben Sie diese Zelle so, dass sie fast die gesamte Seite einnimmt. Jetzt klicken Sie dreimal auf **5 × 7,5** und ziehen jede Zelle etwas schmaler. Platzieren Sie die Zellen wie hier gezeigt, so dass sie über dem Hauptbild liegen. Wollen Sie die Fotos anders vor- oder hintereinander zeigen, klicken Sie das Bild mit der rechten Maustaste an. Hier können Sie die Aufnahmen schrittweise weiter nach oben oder unten oder ganz an den Anfang oder ans Ende des Stapels bugsieren. Hier habe ich noch einen weißen Rand hinzugefügt. Dazu aktivieren Sie in den **Bildeinstellungen** das Kontrollkästchen **Fotorand** (mit eingeschalteten Hilfslinien sehen Sie es noch besser).

Bibliothek | Entwickeln | Karte | Buch | Diashow | **Drucken** | Web

7 Möchten Sie blitzschnell zu einem anderen Layout wechseln? Stellen Sie probeweise einmal auf Hochformat um. Ich dachte, das eignet sich vielleicht gut für ein Hochzeitsalbum, und beim Rotieren erhielt ich fast schon dieses Layout. Ich musste nur noch das große Bild etwas breiter ziehen und den **Fotorand** abschalten. Dann habe ich mit der Option **Kontur innen** einen zwei Punkt breiten schwarzen Umriss erzeugt (ebenfalls in den **Bildeinstellungen**).

8 Hier noch eine Variante zu Schritt 7, und der Umbau hat mich nur 60 Sekunden gekostet. Ich habe die **Kontur innen** auf Weiß umgestellt und die kleinen Bilder nach rechts gezogen, so dass sie komplett über dem Hauptbild liegen und nicht nur knapp hineinragen. Zudem habe ich alle Ränder des großen Fotos weiter nach außen gezogen, damit es die Seite noch besser füllt.

Hinweis: Haben Sie in Schritt 7 eine Benutzervorlage gespeichert? Sie lässt sich jetzt mit dem aktuellen Layout überschreiben: Klicken Sie im **Vorlagenbrowser** Ihre Benutzervorlage mit der rechten Maustaste an, dann nehmen Sie **Mit den aktuellen Einstellungen aktualisieren**. Und wie erwähnt, detailliert besprechen wir eigene Benutzervorlagen ab Seite 385.

Kapitel 12 Bringen Sie Ihre Bilder zu Papier

So bringen Sie Text auf Ihre Seiten

*Sie können problemlos Text auf Ihren Druckseiten anzeigen. Wie auch in den Modulen **Web** und **Diashow** stellt Lightroom automatisch Informationen aus den Metadaten im Druck dar. Ohne Weiteres zeigen Sie auch Ihren ganz eigenen Text und/oder die Erkennungstafel. Hier erfahren Sie, was geht und wie es geht:*

1 Wählen Sie ein Bild aus, dann wählen Sie im **Vorlagenbrowser** die Vorlage **Kunstdruckpapier** und schalten **Ausfüllen** ein. Besonders einfach erhalten Sie Text, indem Sie im **Seite**-Bedienfeld das Kontrollkästchen **Erkennungstafel** einschalten (mehr zu Erkennungstafeln in Kapitel 4). Die Erkennungstafel lässt sich auf der Druckseite beliebig über die Seite ziehen (hier platzieren Sie die Erkennungstafel mittig unter dem Bild). So erzeugen Sie die zwei Zeilen: Tippen Sie die obere Zeile mit einem Leerzeichen nach jedem Buchstaben, dann erzeugen Sie zwei Leerzeilen, indem Sie zweimal Alt+↵ drücken. (Unter Windows geht das nicht, aber Sie können es in Photoshop als grafische Erkennungstafel einrichten.) Um den Text mittig zu setzen, drücken Sie ungefähr 30 Mal die Leertaste und tippen die zweite Zeile. Alles unterhalb der ersten Zeile markieren Sie dann und ändern die Schriftart.

2 Lightroom kann auch Textinformationen aus Metadaten ableiten (Belichtungswerte, Kameramodell, Dateiname oder die **Beschreibung** aus dem **Metadaten**-Bedienfeld im Bibliothek-Modul). Dazu schalten Sie im **Seite**-Bedienfeld die **Fotoinfo** ein und nennen die gewünschten Angaben im Menü rechts. Hier wähle ich **Text** und tippe im Eingabefeld den Aufnahmeort ein, also El Centro, California. Wie Sie sehen, erscheint die Angabe direkt unter dem Bild. Im Menü direkt darunter ändern Sie den **Schriftgrad**.

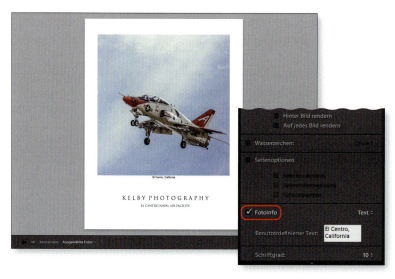

3 Zeigen Sie auch Metadaten genau nach Ihren Wünschen an. Klicken Sie im **Seite**-Bedienfeld und dort im **Fotoinfo**-Menü unten auf **Bearbeiten**, um den **Textvorlagen-Editor** zu öffnen (hier abgebildet). Hier erzeugen Sie eine eigene Liste mit Textinformationen, die Lightroom aus den Metadaten ausliest und unter das Bild druckt. Hier zeige ich Dateiname, Belichtung, ISO und Brennweite. Dazu habe ich neben den entsprechenden Feldern im Editor auf **Einfügen** geklickt oder die Eigenschaften zunächst im Ausklappmenü angegeben. Zusätzlich habe ich auf der Tastatur noch Trennstriche eingetippt, damit die Informationen übersichtlicher erscheinen (meines Erachtens geht es nicht ohne dieses Trennelement). Keine Ahnung allerdings, warum irgendjemand diese Informationen unter dem Bild sehen will. Aber Sie wissen es, und ich weiß es, irgendjemand liest dies hier und denkt: »Super, jetzt kann ich die EXIF-Daten im Ausdruck zeigen.« (Und solche Leute braucht die Welt.)

4 Wenn Sie Bilder für ein Fotobuch drucken, dann nummeriert Lightroom die Seiten auf Wunsch automatisch durch. Schalten Sie im **Seite**-Bedienfeld das Kontrollkästchen **Seitenoptionen** ein und dann die Option **Seitennummern**. Falls Sie gerade Testausdrucke produzieren, können Sie Ihre Druckeinstellungen links unten im Ausdruck anzeigen (hier sind unter anderem die Einstellungen für Scharfzeichnung, Farbprofil und den gewählten Drucker zu sehen). Dazu schalten Sie das Kontrollkästchen **Seiteninformationen** ein.

Drucken Sie ein Foto mehrfach auf einer Seite

*Sie haben schon gesehen, wie Sie ein und dasselbe Foto mehrfach mit einheitlicher Größe auf eine Druckseite stellen. Vielleicht möchten Sie die Aufnahme aber auch in unterschiedlichen Maßen abbilden (zum Beispiel einen 13 × 18-Abzug und vier Passfoto-Varianten). Hier nutzen Sie die **Bildpaket**-Funktion von Lightroom.*

1 Klicken Sie zuerst auf das Bild, das mehrfach in unterschiedlichen Größen erscheinen soll. Links im **Vorlagenbrowser** klicken Sie auf die mitgelieferte Vorlage **(1) 4 × 6, (6) 2 × 3**. So erhalten Sie das hier gezeigte Layout. Achten Sie einmal auf das **Layoutstil**-Bedienfeld oben rechts: Dort ist der Stil **Bildpaket** aktiviert.

Hinweis: Hier nutze ich im Bedienfeld **Lineale, Raster und Hilfslinien** bewusst die Option **Hilfslinien einblenden** zusammen mit **Seitenraster** und **Bildzellen**. So erkennen Sie, wie die Bilder in die Zellen und diese auf die Seite passen.

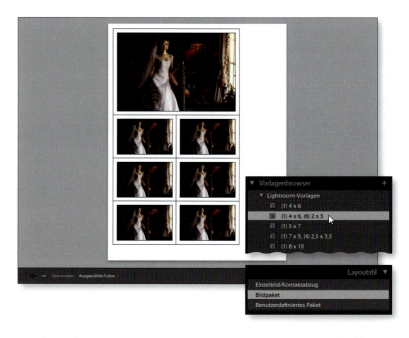

2 In Schritt 1 sehen Sie, dass Lightroom die Bildvarianten zunächst mit einem weißen Rahmen einfasst. Wollen Sie diesen Rand abschalten, verzichten Sie im **Bildeinstellungen**-Bedienfeld auf die Option **Fotorand**. Damit sitzen die Bilder ohne Zwischenraum Rand and Rand.

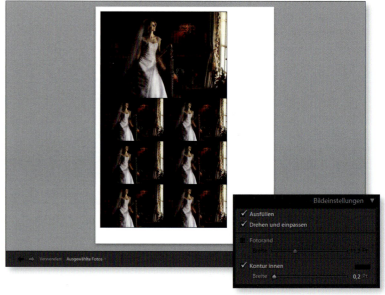

Bibliothek | Entwickeln | Karte | Buch | Diashow | **Drucken** | Web

3 Standardmäßig zeigen die Bilder auf der Druckseite auch noch innere Konturen (deren Stärke steuern Sie unterhalb von **Kontur innen** mit dem **Breite**-Regler). Wir verzichten auf die Linien und schalten sie mit dem Kontrollkästchen **Kontur innen** ab. Lightroom trennt die Bilder immer noch durch dünne Linien – das sind aber Hilfslinien, die nicht mitgedruckt werden; schalten Sie diese Linien jetzt ruhig im Bedienfeld **Lineale, Raster und Hilfslinien** ab (so wie ich hier). Jetzt sieht man nur noch die Bilder selbst im ursprünglichen Ausschnitt, und sie grenzen nahtlos aneinander an (es gibt keine weitere Leerfläche). Auch der schwarze Rahmen ist weg. Wenn Ihnen dieses Layout gefällt, speichern Sie es als eigene Benutzervorlage. Dazu klicken Sie auf das **+** rechts neben der Überschrift **Vorlagenbrowser**.

4 Das Einsetzen weiterer Fotos ist kinderleicht: Rechts im Programmfenster im **Zellen**-Bedienfeld sehen Sie Schaltflächen für unterschiedliche Größen. Klicken Sie auf eine Schaltfläche, schon erscheint ein Foto in der gewählten Größe im Layout (ich habe auf **5 × 7,5** geklickt und erhielt die neue Zelle, die Sie hier sehen). Das ist also der Ablauf: Klicken Sie auf die Schaltflächen, um mehr Fotos im **Bildpaket** zu zeigen. Um eine Zelle zu löschen, klicken Sie einfach darauf, dann drücken Sie die ←-Taste, unter Windows alternativ die Entf-Taste.

381

5 Sie möchten ein eigenes **Bildpaket**-Layout ganz neu anlegen, ohne mit einer mitgelieferten Vorlage zu beginnen? Klicken Sie im **Zellen**-Bedienfeld auf **Layout löschen**, wie hier geschehen. So verschwinden alle Zellen, Sie beginnen wieder mit einem leeren Blatt Papier.

6 Klicken Sie jetzt unter **Dem Paket hinzufügen** eine der Schaltflächen für die verschiedenen Zellengrößen an, landen sie sofort auf der Seite. Wie Sie hier sehen, werden die Fotos nicht immer optimal platziert, aber Lightroom räumt hier nachher auch noch für Sie auf.

Bibliothek | Entwickeln | Karte | Buch | Diashow | **Drucken** | Web

7 Klicken Sie unten im Bereich **Dem Paket hinzufügen** auf die Schaltfläche **Auto-Layout**. So versucht Lightroom, die Bilder automatisch sinnvoll anzuordnen. Das Programm erzeugt sogar noch leere Fläche, so dass Sie weitere Bilder hinzufügen können. Klicken Sie jetzt bitte noch einmal auf **Layout löschen**, so dass wir wieder eine leere Seite haben. Ich möchte Ihnen nämlich noch eine weitere nützliche Funktion vorstellen.

> **TIPP: Ziehen und kopieren**
>
> Sie möchten eine Zelle duplizieren? Halten Sie die Alt -Taste gedrückt, dann klicken Sie auf eine Zelle, und ziehen Sie – so entsteht eine Kopie, die Sie frei platzieren können. Wenn ein Bild ein anderes überdeckt, zeigt Lightroom rechts oben auf der Seite ein kleines Warnsymbol.

8 Erzeugen Sie so viele Zellen, dass nicht mehr alle auf die Seite passen, dann fügt Lightroom automatisch neue Seiten für die überschüssigen Zellen hinzu. Ein Beispiel: Sie erzeugen zwei **13 × 18**-Zellen und lassen zwei weitere **13 × 18**-Zellen folgen. Das passt nicht mehr auf eine A4-Seite im Hochformat, also ergänzt Lightroom eine Seite. Erzeugen Sie noch einige weitere **7 × 9**-Zellen, legt Lightroom noch eine dritte Seite an. Unser cleveres Programm denkt mit! Wollen Sie selbst von Hand eine neue Seite hinzufügen, klicken Sie unten im Bereich **Dem Paket hinzufügen** auf die Schaltfläche **Neue Seite** (hier zu sehen); Sie können nun beliebige Bilder von anderen Seiten auf diese leere Seite ziehen.

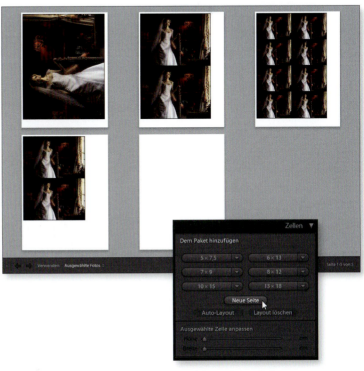

9 Sie möchten eine Seite löschen, die von Lightroom angelegt wurde? Halten Sie einfach den Mauszeiger über diese Seite. Dann erscheint über der linken oberen Ecke ein kleines **x** (wie hier über der dritten Seite). Mit einem Klick auf dieses **x** löschen Sie die Seite (die zwei Seiten, die wir im letzten Schritt erzeugt hatten, habe ich hier schon gelöscht).

> **TIPP: Eine Seite größer darstellen**
>
> Sie haben mehrere Seiten angelegt und wollen sich dann ganz auf eine einzelne Seite konzentrieren? Dann zeigen Sie diese Seite größer. Klicken Sie auf die Seite, und anschließend klicken Sie links im Programmfenster neben der Bedienfeldüberschrift **Vorschau** auf **Seite einzoomen**.

10 Ändern Sie die Größe der Zellen auch von Hand (nun schneiden Sie ein Foto bequem zu, sofern Sie **Ausfüllen** einschalten). Löschen Sie zum Beispiel erst das untere Bild auf der zweiten Seite. Dann klicken Sie das obere Bild an, so dass die Anfasspunkte zur Verfügung stehen. Dann ziehen Sie den unteren Anfasspunkt nach oben, so dass ein schmaler Bildausschnitt entsteht. Denselben Effekt erhalten Sie auch unten im **Zellen**-Bedienfeld mit den Reglern unter **Ausgewählte Zellen anpassen**, getrennt für **Höhe** und **Breite**. Bei gedrückter [Strg]/[Cmd]-Taste verschieben Sie die Bilder innerhalb der Zelle.

Bibliothek | Entwickeln | Karte | Buch | Diashow | **Drucken** | Web

Speichern Sie Ihre eigenen Layouts als Vorlagen

Sie haben ein schönes Layout gefunden und wollen es jederzeit mit einem einzigen Klick anwenden? Dann speichern Sie Ihren Entwurf als Vorlage. Diese Vorlagen sichern nicht nur den Seitenentwurf, sondern Lightroom merkt sich hier auch Seitengröße, Druckername, Farbprofil und die gewünschte Scharfzeichnung – also diesen ganzen Kleinkram!

1 Erzeugen Sie ein Seitenlayout, das Ihnen wirklich gefällt und das Sie als Vorlage speichern wollen. Diese Vorlage basiert auf einer A3-Seite (die Papiergröße steuern Sie nach einem Klick auf **Seite einrichten** unten links im Programmfenster). Im Bereich **Seitenraster** habe ich fünf **Reihen** und vier **Spalten** eingestellt. Die Zellen sind quadratisch mit jeweils rund 66,3 mm Kantenlänge. Ich verwende 16 mm Randabstand links, rechts und oben, während der Randabstand unten 71 mm beträgt. Ich habe die **Kontur** eingeschaltet und auf Weiß gestellt sowie die **Erkennungstafel** aktiviert. In den **Bildeinstellungen** muss **Ausfüllen** aktiviert sein.

2 Das Layout stimmt? Klicken Sie rechts neben der Überschrift **Vorlagenbrowser** auf das **+**. Damit erscheint der Dialog **Neue Vorlage**. Standardmäßig will Lightroom Ihre neuen Vorlagen im Ordner »Benutzervorlagen« sichern (Sie können beliebig viele Ordner für Drucklayoutvorlagen anlegen, zum Beispiel getrennte Ordner für verschiedene Papiergrößen oder Motive). Um einen neuen Vorlagenordner anzulegen, klicken Sie im **Ordner**-Menü auf **Neuer Ordner**. Benennen Sie Ihre Vorlage, klicken Sie auf **Erstellen**, und dann erscheint die Vorlage im gewählten Ordner. Halten Sie den Mauszeiger über eine Vorlage, erscheint eine Vorschau dieser Vorlage im **Vorschau**-Bedienfeld oben links.

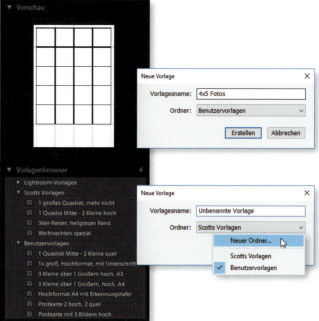

385

So merkt sich Lightroom Ihre Drucklayouts

Sie haben mit viel Aufwand ein tolles Drucklayout erstellt, und die Fotos kommen klasse heraus? Das alles wollen Sie natürlich nicht verlieren, wenn Sie zu einer anderen Sammlung schalten, oder? Zum Glück können Sie einen Druckentwurf speichern, der alles aufbewahrt – Seitengröße, genaues Layout, dazu die tatsächlich verwendeten Fotos in der richtigen Reihenfolge. Und so gehen Sie die Sache an:

1 Sie haben gedruckt, und das Layout passt gut (ebenso wie die Ausgabeeinstellungen, auf die wir später noch kommen)? Dann klicken Sie oben rechts über der großen Vorschau auf **Druck erstellen und speichern**. Damit erscheint der Dialog **Druck erstellen**. Sie speichern hier eine Drucksammlung. Wichtig ist hier: Aktivieren Sie die Option **Nur verwendete Fotos einschließen**. Speichern Sie nun diese neue Drucksammlung, sichert Lightroom hier nur die tatsächlich gedruckten Fotos. Zudem können Sie die neue Drucksammlung innerhalb einer Sammlung sichern – schalten Sie einfach das Kontrollkästchen **Innen** ein, und wählen Sie die Sammlung oder den Sammlungssatz, in dem die Drucksammlung erscheinen soll.

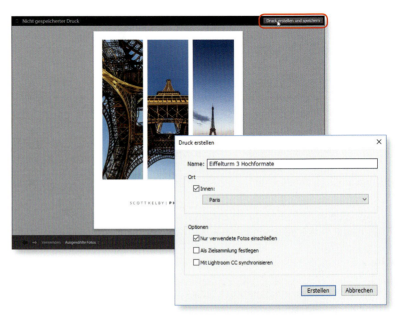

2 Klicken Sie jetzt auf **Erstellen**. Damit entsteht eine neue Drucksammlung im **Sammlungen**-Bedienfeld (eine Drucksammlung erkennen Sie am Druckersymbol vor dem Namen der Sammlung). Und das war's schon! Klicken Sie auf die Drucksammlung, dann sehen Sie das gewünschte Layout mit den passenden Fotos samt Ausgabeeinstellungen (welcher Drucker, Scharfzeichnung, Auflösung, all das) – und das auch noch nächstes Jahr.

Hinweis: Sehen Sie die Bilder noch nicht im Layout, wählen Sie alle Motive im Filmstreifen aus – nun erscheinen sie auf der Druckseite.

Bibliothek | Entwickeln | Karte | Buch | Diashow | **Drucken** | Web

Gestalten Sie Ausdrucke mit blassem Hintergrundbild

So leistungsfähig das Drucken-Modul sonst daherkommt – Sie können Ihre Ausdrucke nicht mit einem blassen Hintergrundfoto unterlegen. Für diesen beliebten Gestaltungstrick bei Hochzeitsalben habe ich darum eine Lösung entwickelt: Zeigen Sie ein blasses Foto auf dem Seitenhintergrund und ein normales Foto direkt darüber. Es ist nicht schwer, allerdings entdeckt man die Technik auch nicht so leicht.

1 Wählen Sie zunächst das Bild aus, das Sie blass im Seitenhintergrund haben wollen. Davon erzeugen Sie mit [Strg]/[Cmd]+[T] eine virtuelle Kopie. Diese Kopie lassen wir gleich verblassen, damit das Original unverändert bleibt. Sobald Sie die virtuelle Kopie haben, öffnen Sie im Entwickeln-Modul das Bedienfeld **Gradationskurve**. Hier muss die **Punktkurve** aktiv sein (sieht es bei Ihnen etwas anders aus und mit mehr Reglern, dann klicken Sie einfach rechts unten im Bedienfeld auf das kleine **Punktkurve**-Symbol).

2 Um das Foto aufzuhellen, ziehen Sie den linken unteren Endpunkt der Kurve senkrecht an der linken Kante entlang nach oben, bis ungefähr drei Viertel der Strecke zurückgelegt sind.

3 Diesen Schritt hier können Sie auch überspringen, aber vielleicht möchten Sie Ihr Hintergrundmotiv in Schwarzweiß umwandeln. So setzt es sich besser vom Bild im Vordergrund ab. Der Weg zu Schwarzweiß ist einfach: Sie klicken im **Grundeinstellungen**-Bedienfeld auf **Schwarzweiß**.

Hinweis: Das hier ist nur ein aufgehelltes Hintergrundmotiv, darum erzeugen wir das Schwarzweißbild mit einem schnellen Einzelklick. Ansonsten empfehle ich die vielseitigere Technik für kontrastreiche Schwarzweißbilder aus Kapitel 7.

Wechseln Sie jetzt zum Drucken-Modul. Klicken Sie auf **Seite einrichten**. Ich nehme hier das Druckformat 22 × 28 cm im Querformat.

4 Oben rechts im **Layoutstil**-Bedienfeld klicken Sie auf **Benutzerdefiniertes Paket**, und anschließend scrollen Sie abwärts bis zum **Zellen**-Bedienfeld. Klicken Sie auf **Layout löschen**, und stellen Sie sicher, dass **Auf Foto-Seitenverhältnis sperren** abgeschaltet ist (damit können Sie Ihr Bild wenn nötig über die Seitengröße hinaus vergrößern). Ziehen Sie das aufgehellte Hintergrundmotiv auf die Seite. Damit es die Seite ganz ausfüllt, ziehen Sie das Bild in die linke obere Ecke. Dann ziehen Sie den rechten unteren Eckanfasser nach außen, bis die Seite randlos ganz ausgefüllt ist. Lässt sich das Bild nicht weit genug strecken, dann haben Sie **Auf Foto-Seitenverhältnis sperren** zu Beginn dieses Schritts noch nicht deaktiviert.

Bibliothek | Entwickeln | Karte | Buch | Diashow | **Drucken** | Web

5 Eigentlich lässt sich ein anderes Bild ganz einfach über das Hintergrundmotiv legen – man muss nur den Trick kennen. Das Problem zunächst: Fügen Sie eine weitere Zelle hinzu, zum Beispiel **8×12**, dann erscheint diese nicht auf derselben Seite, sondern Lightroom legt eine neue Seite an. Ziehen Sie das Hauptbild für den Vordergrund zunächst in die neue Zelle auf der zusätzlichen Seite. Dann ziehen Sie diese Zelle auf die erste Seite – und sie erscheint über dem blassen Hintergrund (zu sehen im nächsten Schritt).

6 Platzieren Sie das Hauptbild jetzt nach Belieben (Sie sehen nun auch eine leere Seite, aber klicken Sie einfach auf das **x** links oben in dieser Seite, dann verschwindet sie). Hier habe ich das innere Bild durch Ziehen an einem Eckanfasser noch etwas vergrößert. Hier ist das Ergebnis mit blassem Hintergrundmotiv und einer zweiten Aufnahme darüber. Mit der **Erkennungstafel**-Option habe ich noch eine Textzeile hinzugefügt. Genutzt habe ich die Schriftart Rough Beauty Script von Pedro Teixeira – bei *MyFonts.com* gab es sie zum Sonderpreis von sieben US-Dollar.

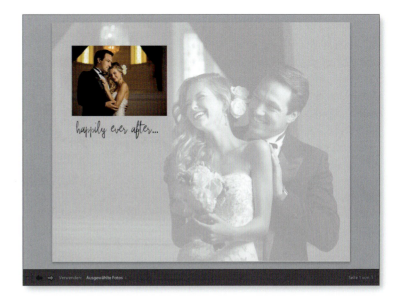

Kapitel 12 Bringen Sie Ihre Bilder zu Papier

Die richtigen Druck- und Farbeinstellungen

*Stimmt das Layout, dann stellen Sie im Bedienfeld **Druckauftrag** alles so ein, dass Ihre Bilder wirklich optimal auf Papier erscheinen. Hier erfahren Sie, welche Schaltfläche Sie wann und warum anklicken sollten:*

1 Richten Sie das Drucklayout wie gewünscht ein. Für diese Anordnung hier habe ich links unten auf **Seite einrichten** geklickt und das Papier mit 43 x 56 Zentimeter im Querformat gewählt. Im **Vorlagenbrowser** nahm ich **Größe maximieren**. Die **Ränder Links**, **Rechts** und **Oben** habe ich auf je 5 cm gestellt, für **Unten** wählte ich 12,7 cm. Das Kontrollkästchen **Ausfüllen** ist eingeschaltet. Zuletzt habe ich noch meine Erkennungstafel unter dem Bild eingebaut (so wie wir es früher in diesem Kapitel schon erledigt haben). Jetzt müssen wir unten rechts das **Druckauftrag**-Bedienfeld richtig einstellen.

2 Wahlweise schicken Sie Ihr Drucklayout zum Drucker, oder Sie speichern es als hochaufgelöste JPEG-Datei (so können Sie es an eine Druckerei schicken, an einen Kunden mailen, auf einer Website zeigen – was auch immer). Die Frage, ob »Ausdruck oder JPEG-Datei?«, klären Sie oben im **Druckauftrag**-Bedienfeld im **Ausgabe**-Menü. Wollen Sie eine JPEG-Datei erzeugen, dann lesen Sie im nächsten Projekt mehr zu den einzelnen Möglichkeiten und JPEG-Einstellungen.

Bibliothek | Entwickeln | Karte | Buch | Diashow | **Drucken** | Web

3 Wir haben arbeiten uns nun von oben nach unten durch und kommen zu **Drucken im Entwurfsmodus**. Damit drucken Sie viel schneller, verzichten aber auf Qualität. Denn nun druckt Lightroom nicht mehr das hochaufgelöste Originalbild, sondern nur die niedrig aufgelöste JPEG-Vorschau innerhalb der Datei. Der Ausdruck kommt also ratzfatz aus dem Drucker. Ich empfehle **Drucken im Entwurfsmodus** aber nur für Bildkataloge mit zahlreichen kleinen Bildern. Ich schalte die Option für Kontaktbögen sogar jedes Mal ein, denn sie eignet sich bestens, um kleine Bildchen zu drucken – sie wirken bestechend scharf und klar. Allerdings, sobald Sie **Drucken im Entwurfsmodus** einschalten, bietet Lightroom alle weiteren Optionen nicht mehr an. Nehmen Sie die Option also für kleine Bildübersichten, ansonsten verzichten Sie darauf.

4 Also, **Drucken im Entwurfsmodus** ist abgeschaltet, jetzt steuern Sie die Bildauflösung. Ich grüble hier nicht lange – ich drucke alles mit der vorhandenen Bildauflösung. Darum schalte ich die Option **Druckauflösung** einfach aus. Wenn Sie diese Option aktivieren, bietet Lightroom standardmäßig die Auflösung 240 ppi an (gut geeignet für die meisten Farbtintenstrahler). Ich würde das Kontrollkästchen nur einschalten, wenn ich eine andere Auflösung brauche (vielleicht, um die Bildgröße hochzurechnen), aber auch das habe ich schon ewig lange nicht gemacht. Online findet man zu dem Thema ein paar veraltete Wortgefechte von 2012, und diese Forumexperten empfehlen alles von 180 bis 720 ppi – kein Scherz. Also wie gesagt, ich tippe gar keine Auflösung ein, weder beim Ausdruck auf meinen eigenen Canon-Druckern noch wenn ich die Fotos an Druckstudios schicke. (Ich nehme auch keine Kameras mit allerhöchsten Megapixel-Zahlen. Die meisten meiner Ausdrucke stammen von einer 18-Megapixel-Kamera – heute ein niedriger Wert, denn schon günstigste Einsteiger-DSLRs bieten oft 24 Megapixel.)

5 Jetzt zum Menü **Ausdruck schärfen**. Sie geben den Papiertyp und den gewünschten Grad der Scharfzeichnung an, dann kalkuliert Lightroom noch die verwendete Auflösung mit ein, und dann schärft es das Bild genau so wie für dieses Papier bei dieser Auflösung erforderlich (wie angenehm!). Schalten Sie also das Kontrollkästchen **Ausdruck schärfen** ein (ich verwende es bei jeder Ausgabe auf Papier oder als JPEG-Datei), und dann wählen Sie unter **Medientyp** entweder **Glanz** oder **Matt**. Jetzt entscheiden Sie neben **Ausdruck schärfen** über den Grad der Scharfzeichnung (ich nehme heutzutage generell **Hoch**. Bei **Niedrig** sieht man kaum einen Effekt, und **Standard** wirkt irgendwie lasch). Mehr ist gar nicht dabei – Lightroom erledigt den Job für Sie.

6 Das nachfolgende Kontrollkästchen **16-Bit-Ausgabe** stand bei der Drucklegung dieses Buches nur für Mac-Rechner mit mindestens Mac OS X Leopard zur Verfügung. Bei Lightroom für Windows fehlte die Option, als wir das Buch produziert haben. Vielleicht hat Adobe aber zwischenzeitlich die Windows-Version nachgebessert. Manche Leute schwören auf die **16-Bit-Ausgabe**, andere sehen angeblich keinen Unterschied. Falls Sie also mit Mac OS X Leopard oder höher arbeiten und einen 16-Bit-tauglichen Drucker verwenden, dann schalten Sie das Kontrollkästchen **16-Bit-Ausgabe** ein. Es könnte was bringen, und es schadet wohl nicht (ich kann mich online darüber zanken). Die anderen Abbildungen in diesem Projekt entstanden unter Windows, darum erscheint die **16-Bit-Ausgabe** dort erst gar nicht.

7 Jetzt richten Sie das **Farbmanagement** ein, damit das gedruckte Bild so aussieht wie die Version am Monitor. (Und übrigens: Das klappt nur, wenn Sie vorab ein Gerät zur Bildschirmkalibrierung einsetzen und damit Ihren Bildschirm optimal einrichten. Ohne kalibrierten Monitor gelingt nicht viel; mehr dazu gleich.) Zwei Dinge müssen Sie hier nur einstellen: Erstens wählen Sie das Drucker-**Profil**, und zweitens legen Sie die **Priorität** fest. Unter **Profil** ist standardmäßig zunächst **Vom Drucker verwaltet** eingestellt. Das heißt, der Drucker kümmert sich diesmal um die Farben. Damit entstanden früher indiskutable Prints, aber aktuelle Drucker liefern mit **Vom Drucker verwaltet** sogar brauchbare Ergebnisse (soll es aber »mehr als nur brauchbar« werden, lesen Sie weiter).

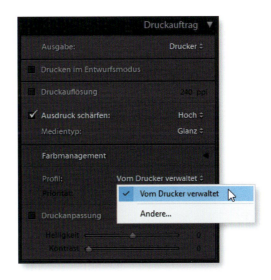

8 Mit einem eigenen Profil für Ihre Drucker-Papier-Kombination erhalten Sie bessere Ergebnisse. Sie holen sich also von der Website Ihres Druckpapierherstellers die kostenlosen ICC-Profile, die zu Ihrem Drucker passen. Hier verwende ich das Papier »Hahnemühle Photo Rag Ultra Smooth« auf dem Canon-Drucker imagePROGRAF Pro-1000. Ich gehe also bei *Hahnemuehle.com/de* in den Bereich **Digital Fine Art • ICC-Profile • Download Center** und nenne Drucker und Papiersorte. Dann kann ich das Gratis-Profil für meinen Drucker herunterladen und installieren. Am Mac entpacken Sie das Zip-komprimierte Profil und ziehen es in den Ordner **Library/ColorSync/Profiles**. Dieser Ordner ist jedoch versteckt. Klicken Sie darum bei gedrückter ⎇-Taste auf **Gehe zu • Library**. Dort liegt der **ColorSync**-Ordner und darin der **Profiles**-Ordner – dorthinein ziehen Sie die Papierprofile. Windows-Nutzer entpacken die Profildatei, klicken mit der rechten Maustaste darauf und nehmen **Profil installieren**.

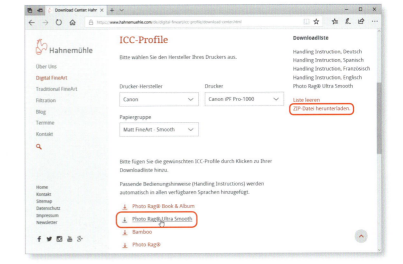

9 Nachdem das Farbprofil installiert ist, klicken Sie in Lightroom länger auf das **Profil**-Menü (dort steht zunächst **Vom Drucker verwaltet**) und wählen **Andere**. Lightroom zeigt nun einen Dialog mit sämtlichen Farbprofilen auf Ihrem Computer. Suchen Sie in der Liste nach den Profilen für Ihren Drucker und dann nach den Profilen für Ihre üblichen Papiere (hier suche ich nach »Hahnemühle Photo Rag Ultra Smooth« für den Canon imagePROGRAF Pro-1000). Schalten Sie das Kontrollkästchen neben diesem Papier an (wie gezeigt). Dann klicken Sie auf **OK**, damit das Profil in Ihrem Menü erscheint.

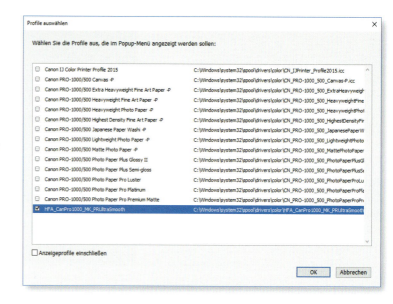

10 Das **Profil**-Menü im Bedienfeld **Druckauftrag** bietet jetzt auch das Farbprofil für Ihren Drucker an. Wählen Sie also hier das passende Farbprofil, falls es noch nicht angegeben ist (ich nehme hier das Profil für »Hahnemühle Photo Rag Ultra Smooth«, aber Sie nennen es sehr rätselhaft » HFA_CanPro1000_MK_PRUltraSmooth« – damit wollen sie wohl die Nordkoreaner verwirren). Jetzt weiß Lightroom ganz genau, wie es die Farben für diesen Drucker mit diesem Papier aufbereiten muss. Dieser Schritt ist der Schlüssel zu den hochwertigen Drucken, die wir uns alle wünschen.

11 Neben **Priorität** wählen Sie **Perzeptiv** oder **Relativ**. Theoretisch sollte **Perzeptiv** besser aussehen, weil es die Verhältnisse zwischen den Farben schützt, aber es reproduziert die Tonwerte, die Sie auf dem Monitor sehen, nicht unbedingt besonders genau. Mit **Relativ** erhalten Sie eventuell eine bessere Wiedergabe der Bildtonwerte, doch vielleicht gefällt Ihnen das Ergebnis nicht so gut. Was ist also besser? Das Verfahren, das mit Ihrem Drucker und dem aktuellen Foto besser wirkt! **Relativ** ist wohl insgesamt populärer, und da Sie sich irgendwie entscheiden müssen, nehmen Sie es ruhig (gut möglich, dass **Relativ** die beste Wahl ist, aber erst nach ein paar Probedrucken wissen Sie es wirklich).

Machen Sie ein paar Testdrucke – einen mit **Perzeptiv**, den anderen mit **Relativ** –, dann wissen Sie, was besser aussieht (aber denken Sie daran, das hängt auch vom Foto ab). Den letzten Punkt **Druckanpassung** besprechen wir, nachdem Sie das erste Blatt ausgedruckt haben.

12 Klicken Sie jetzt unten rechts auf **Drucken**. Damit erscheint der **Drucken**-Dialog (falls Sie am Mac arbeiten und nur einen kleinen Dialog mit nur zwei Ausklappmenüs sehen, also nicht den großen Dialog mit mindestens vier Ausklappmenüs, dann klicken Sie auf die Schaltfläche **Details anzeigen**, um alle Optionen des **Drucken**-Dialogs zu sehen). Hier sehen Sie den **Drucken**-Dialog von Windows.

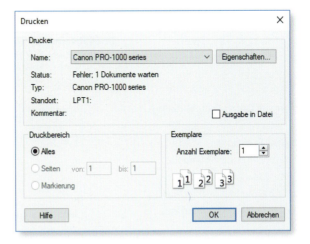

13 Klicken Sie unter Windows oben neben dem Druckernamen auf **Eigenschaften • Seite einrichten**, um in die Druckerfeinsteuerung zu gelangen (hier zu sehen). Am Mac klicken Sie länger auf das Hauptausklappmenü und wählen **Farbanpassung**. Übrigens sieht der Teil des Dialogs, der mit der Farbverwaltung des Druckers zu tun hat, für Ihren Drucker vielleicht anders aus. Wundern Sie sich also nicht, wenn meine Abbildungen hier nicht perfekt zu Ihrem Drucker passen.

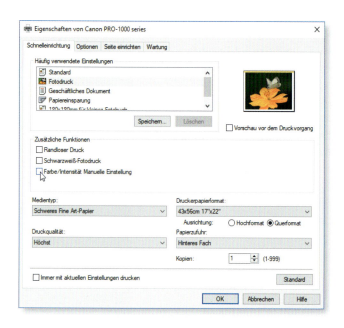

14 Sie haben die Farbverwaltung ja schon an Lightroom übertragen. Vielleicht ist die Farbverwaltung durch den Drucker darum schon ausgegraut und abgeschaltet (wetteifern zwei Geräte um die Oberhoheit bei der Farbverwaltung, bringt das für die richtige Farbe gar nichts). Falls aber noch erforderlich, schalten Sie am Mac von **Canon Color Matching** zu **ColorSync** um. Unter Windows klicken Sie im Bereich **Zusätzliche Funktionen** auf das Kontrollkästchen **Farbe/Intensität Manuelle Einstellung** (in Schritt 13 zu sehen) und wechseln in den Bereich **Abstimmung** (hier gezeigt). Wählen Sie im Bereich **Farbkorrektur** den Punkt **Keine**.

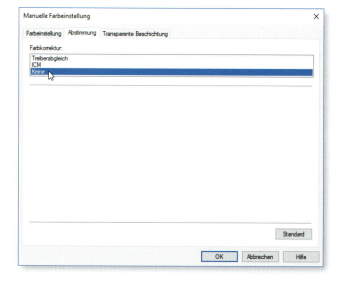

15 Ebenfalls in den **Eigenschaften** unter **Optionen • Medientyp** unter Windows oder am Mac in den **Druckereinstellungen** im **Drucken**-Dialog geben Sie unter **Medium** exakt die von Ihnen verwendete Papiersorte ein (ich wählte hier **Fine-Art-Papier, max. Farbdichte**). Sollte Ihr Drucker 16-Bit-Ausgabe unterstützen, schalten Sie das ein. Wie gesagt, je nach Druckermodell sehen die Dialoge anders aus.

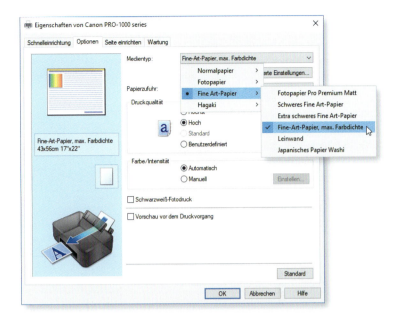

16 Unter Windows klicken Sie im Bereich **Optionen • Druckqualität** auf **Hoch**. Am Mac wählen Sie diese Vorgabe im Bereich **Qualität und Medium**. Wie gesagt, wir spielen das hier mit einem Canon-Drucker und Hahnemühle-Papier durch. Verwenden Sie einen anderen Drucker, wählen Sie Einstellungen, die bestmöglich zu Ihrem Papier passen.

Jetzt entspannen Sie sich und schauen in aller Ruhe zu, wie Ihr Drucker gemächlich die allerfeinsten Ausdrucke hervorbringt. So weit, so gut.

17 Haben Sie den Ausdruck in der Hand, prüfen Sie ganz genau, ob er mit dem Monitorbild übereinstimmt. Haben Sie den Monitor mit einem Kalibrierungsgerät kalibriert und die Anleitung bis hierhin genau nachvollzogen, dann sollten Ihre Bildfarben genau zum Monitor passen. Liegen die Farben jedoch deutlich daneben, haben Sie vermutlich kein Gerät zur Farbkalibrierung eingesetzt (beliebt sind X-Rite ColorMunki und der hier gezeigte Datacolor Spyder 5). Die Anwendung ist kinderleicht: Sie halten das Ding auf Ihren Monitor, starten die Software, wählen den Modus »Ich erledige das alles ganz von selbst für Sie« (so heißt der nicht wirklich), und innerhalb von etwa vier Minuten haben Sie den Monitor kalibriert. Hardwarekalibrierung in irgendeiner Form ist absolut entscheidend für gute Farben. Anders erhalten Sie kaum je eine Übereinstimmung zwischen Monitor- und Papierbild.

18 Haben Sie ein Kalibrierungsgerät verwendet und meine Anleitung befolgt, müssten die Farben gut passen. Aber Sie stoßen wahrscheinlich noch auf ein anderes Druckproblem. Die Farben stimmen vermutlich ziemlich genau, aber ich vermute auch, dass der Ausdruck in Ihrer Hand deutlich dunkler wirkt als das Bild auf dem Monitor. Bis jetzt haben Sie Ihr Foto nur auf einem hellen, rückbeleuchteten Monitor gesehen. Aber Ihr gedrucktes Bild verwendet ganz andere, deckende Farben. (Stellen Sie sich ein innenbeleuchtetes Schild vor, bei dem dann die Beleuchtung abgeschaltet wird. So etwas halten Sie gerade in der Hand.) Zum Glück hat Adobe unten im **Druckauftrag**-Bedienfeld noch die **Druckanpassung** eingebaut (hier abgebildet).

19 Das Tolle an der **Druckanpassung**: Sie ändert Helligkeit und Kontrast Ihrer Bilddatei nicht – Sie regelt nicht das Foto, sondern nur den Ausdruck. Tatsächlich ändert sich nur das Bild auf Papier, während auf dem Monitor alles wie immer bleibt. Das ist enorm hilfreich. Aber woher weiß ich, wie stark man die **Helligkeit** anheben muss, bis sie der Helligkeit auf dem Monitor entspricht? Machen Sie einen Probedruck. Sie kommen eigentlich um einen Probedruck gar nicht herum, denn die Änderungen durch die Regler **Helligkeit** und **Kontrast** sehen Sie nicht auf dem Bildschirm (sie werden nur beim Ausdruck angewendet). Sie müssen den Testdruck nicht auf teurem A3-Papier machen – ein kleiner Versuch mit 10×15 cm reicht.

20 Vergleichen Sie die Helligkeit der Testdrucke mit dem Monitorbild (bauen Sie auf Ihren Probeprints Bildunterschriften mit den Einstellungen ein, etwa »Helligkeit 10«, »Helligkeit 15« und dann noch »Helligkeit 20«; diese Bildunterschrift entstehen im **Seite**-Bedienfeld im Bereich **Fotoinfo**; mehr dazu auf Seite 378). Zeigt schließlich ein Ausdruck die passende Helligkeit, dann verwenden Sie fortan diesen Wert in der **Druckanpassung**. Den **Kontrast** musste ich noch nie anheben; sollte jedoch die gesteigerte **Helligkeit** auf den Bildkontrast drücken, testen Sie auch höhere **Kontrast**-Werte. Damit haben Sie den perfekten Druck.

Hinweis: Papiersorten wie Matt, Hochglanz oder Fine Art geben Helligkeiten unterschiedlich wieder; drucken Sie also mit einem anderen Papier, müssen Sie die Helligkeit eventuell erneut testen.

Sichern Sie Ihr Layout als JPEG-Datei

Alle Drucklayouts können Sie auch als JPEG-Datei speichern und dann an ein Fotolabor schicken, bei einem Freund ausdrucken, an einen Kunden schicken und viele andere Dinge mehr – die JPEG-Version ist einfach nützlich. Und so geht's:

1 Sobald das Layout steht, öffnen Sie rechts im Programmfenster im **Druckauftrag**-Bedienfeld das **Ausgabe**-Menü und klicken auf **JPEG-Datei**.

2 Sobald Sie **JPEG-Datei** eingestellt haben, zeigt Lightroom andere Optionen an. Ignorieren Sie das Kontrollkästchen **Drucken im Entwurfsmodus**, denn dies eignet sich nur für katalogartige Übersichten voller kleiner Bildminiaturen. Standardmäßig bietet Lightroom im Feld **Dateiauflösung** 300 ppi an. Wenn Sie das ändern möchten, klicken Sie direkt in dieses Feld, und tippen Sie die neue Auflösung ein. Ich ändere dort nichts, aber falls Sie hier an der Auflösung drehen wollen, kennen Sie jetzt das Verfahren.

3 Dann folgt das Menü **Ausdruck schärfen**. Hier nennen Sie Lightroom die geplante Papiersorte (**Matt** oder **Glanz**) und den gewünschten Grad der Scharfzeichnung (**Niedrig**, **Standard**, **Hoch**). Lightroom verrechnet diese Angaben mit der gewählten Auflösung und wendet die bestmögliche Scharfzeichnung an. Ich verwende **Ausdruck schärfen** für jede Ausgabe auf Papier oder als JPEG, aber wenn Sie die Funktion nicht brauchen, schalten Sie das Kontrollkästchen **Ausdruck schärfen** einfach ab.

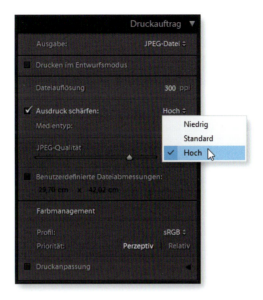

4 Ein paar Optionen sollten Sie jetzt noch durchgehen: Zunächst kommt die **JPEG-Qualität** (ich verwende meist den Wert 80, meines Erachtens ein guter Kompromiss aus Qualität und Dateikomprimierung, aber Sie können beliebige andere Werte bis hinauf zu 100 vorgeben).

5 Danach folgt der Bereich **Benutzerdefinierte Dateiabmessungen**. Wenn Sie das Kontrollkästchen abgeschaltet lassen, verwendet Lightroom die aktuell in der Druckereinrichtung gewählte Papiergröße (hier war es ein A3-Bogen). Wollen Sie die Druckmaße des JPEGs ändern, schalten Sie **Benutzerdefinierte Dateiabmessungen** ein, dann halten Sie den Mauszeiger über ein Größenfeld und ziehen für Größenänderungen nach links oder rechts, wie hier zu sehen (der Mauszeiger erscheint dabei als Doppelpfeil). Je nach Layout müssen Sie anschließend eventuell Zellengrößen und Randabstand ändern.

6 Zuletzt legen Sie noch das (Farb-)**Profil** fest (viele Foto-Dienstleister erwarten das sRGB-Profil, fragen Sie am besten nach). Wollen Sie ein spezielles Farbprofil einbetten, werfen Sie noch einmal einen Blick ins letzte Projekt. Dort beschreibe ich, wie Sie andere Farbprofile finden, und ich erkläre dort auch die **Priorität**-Optionen. Klicken Sie jetzt nur noch unten rechts auf **In Datei ausgeben**, um Ihre JPEG-Datei zu speichern.

Bibliothek | Entwickeln | Karte | Buch | Diashow | **Drucken** | Web

Zeigen Sie Ihre Ausdrucke mit neuen Bildrahmen

*Leider kann man in Lightroom keine eigenen Bildränder und Bildrahmen ums Foto legen. Diese Möglichkeit vermisse ich. Allerdings erreichen Sie den Effekt doch direkt in Lightroom mit Hilfe der **Erkennungstafel** und einer speziellen Option. Hier das Verfahren:*

1 Bildränder, Passepartouts und Rahmen kann man bei *AdobeStock.com* und anderen Agenturen kaufen. Diesen Rand habe ich jedoch selbst in Photoshop erzeugt – ein Metallrahmen mit Passepartout. Ich habe ein kurzes englisches Video produziert, in dem Sie sehen, wie dieser Rahmen in Photoshop entsteht – es ist verblüffend einfach. Sie finden das Video auf der Seite mit den Bilddateien zum Buch. Unsere Datei darf keinen weißen Hintergrund haben, denn der würde das Foto in Lightroom überdecken – der Hintergrund muss also transparent sein. Haben Sie Ihre Rahmenmontage abgeschlossen, ziehen Sie im **Ebenen**-Bedienfeld die **Hintergrund**-Ebene in den Papierkorb (unten im Bedienfeld); das Karomuster signalisiert nun transparente Bereiche. Dann speichern Sie die Datei im PNG-Format; die Transparenz bleibt auf diese Weise in Lightroom erhalten.

2 Okay, das war Photoshop – jetzt wieder zu Lightroom. Klicken Sie auf das Bild, das den Rand erhalten soll, und wechseln Sie ins Drucken-Modul. Im **Seite**-Bedienfeld schalten Sie die **Erkennungstafel** ein. Im Menü zur Erkennungstafel gehen Sie auf **Bearbeiten**, damit der **Editor für Erkennungstafeln** erscheint. Klicken Sie auf **Grafische Erkennungstafel verwenden** (denn wir nutzen eine Grafik, keine Textzeile). Klicken Sie danach auf **Datei suchen**, dann auf die vorhin gespeicherte PNG-Datei und dann auf **Öffnen** (am Mac auf **Wählen**). So erscheint die Datei im Editor (hier in der kleinen Vorschau nicht vollständig zu erkennen).

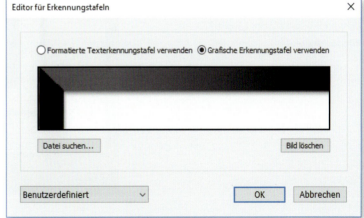

3 Sobald Sie auf **OK** klicken, erscheint Ihr neuer Bildrahmen über dem Druckbild (fast wie eine separate Ebene). Größe und Platzierung stimmen noch nicht, und das werden Sie vermutlich zuerst ändern wollen. (Wir kommen im nächsten Schritt dazu, aber beachten Sie hier doch einmal die transparente Rahmenmitte – man blickt durch den Rahmen hindurch auf das Foto. Darum mussten Sie diese Datei ohne Hintergrundebene im PNG-Format speichern, nur so bleibt die Transparenz erhalten.)

4 Ziehen Sie einfach an einem Eckanfasser des Rahmens (rot markiert), um ihn zu vergrößern oder zu verkleinern – alternativ nutzen Sie im **Seite**-Bedienfeld den **Maßstab**-Regler. Stimmt die Größe in etwa, ziehen Sie den Rahmen auf die optimale Position. Eventuell wollen Sie auch die Größe des Bildes ändern. Verwenden Sie dafür im **Layout**-Bedienfeld die **Ränder**-Regler.

5 Passt alles, dann klicken Sie einmal in einen Bereich außerhalb des Rahmens, um ihn zu deaktivieren. Hier sehen Sie das fertige Foto mit Bildrahmen. Möchten Sie den Rahmen in Zukunft öfter verwenden, öffnen Sie noch einmal den **Editor für Erkennungstafeln**. Links unten im Dialog im Menü **Benutzerdefiniert** wählen Sie **Speichern unter**. So speichern Sie diesen Rahmen als Erkennungstafel, die Sie jederzeit für einen schnellen Rahmeneffekt anwenden können.

> **TIPP: Rahmen für mehrere Fotos gleichzeitig**
>
> Zeigt Ihr Drucklayout mehrere Fotos? Sie können den Rahmen automatisch auf alle Bilder einzeln anwenden. Dazu schalten Sie im **Seite**-Bedienfeld die Option **Auf jedes Bild rendern** ein.

6 Sie haben einen Rahmen im Querformat erzeugt, aber wie bearbeitet man damit ein Hochformatbild? Klicken Sie unten links im Programmfenster auf **Seite einrichten**, und stellen Sie die Seite auf **Hochformat** um. Dabei dreht sich die Erkennungstafel automatisch mit. Drucken Sie ein Hochformat auf einer querformatigen Seite? Dann klicken Sie im Bereich **Erkennungstafel** auf die Gradzahl und wählen einen Drehwinkel. Sie müssen den Rahmen eventuell neu platzieren und vergrößern oder verkleinern, bis er genau sitzt (ich habe den Rahmen hier auch noch einmal angepasst).

Foto: Scott Kelby | Belichtung: 1/125 s | Brennweite: 24 mm | Blende: f/7,1

Video
Mit Filmclips aus Ihrer Kamera arbeiten

13

Beim Begriff Lightroom denken Sie ja nicht an Video, stimmt's? Sie denken zuerst an ... genau, an Licht. An Licht in einem Raum. Darum hieß das Programm in seiner Betaphase vor mehr als elf Jahren tatsächlich intern auch »Tischleuchte«, und fast hätte man es als TableLamp 1.0 herausgebracht. Dann ermittelte Adobes Marketingabteilung, dass Licht in einem Raum nicht zwingend von der Leuchte auf einem Tisch ausgehen muss: Es könnte auch von einer Hängelampe stammen, von einer dieser Funzeln unten am Deckenventilator oder von einer Unterputzleuchte an der Decke. Und darum wurde nichts aus der Idee. Eine Zeitlang (ich glaube, um Beta 6, Build 1.3 herum) planten die Kalifornier mit diesem Namen: »Light that hangs from the bottom of a ceiling fan«, intern kompakt heruntergebrochen auf »LTHFTBOACF«. Aussprechen konnte man das kaum, aber gedruckt sah es fast aus wie »LIFEBOAT« (wenn man die Augen zusammenkniff). Allerdings steht BOA auch für etwas anders; na, für die Boa Constrictor. Darum redeten einige Programmierer schon von LIFESNAKE. Manche bevorzugten allerdings auch das lässigere SnakeBoat 1.0, natürlich mit einer zeitgeistgemäßen BinnenMajuskel (das habe ich für Sie nachgeschlagen, kleiner Service). Dann meldete sich jedoch die Qualitätskontrolle bei Adobe in Seattle zu Wort (ja, seit dem Aldus-Kauf im August 1994 hat Adobe auch ein Büro in Seattle): Man bemerkte, dass die ersten drei Buchstaben »LTH« nicht zufällig auch den Flughafencode für Lathrop Wells Airport in Nevada bilden (Tatsache!). In Seattle sah man darin ein Zeichen. Und so würden wir heute eigentlich mit LathropSnakeLampBoat Classic arbeiten, wenn sich nicht noch im letzten Moment ein legasthenischer Verpackungsgestalter bei Adobe schlimm vertippt hätte. Und das hier ist die wahre Geschichte.

So kürzen Sie Ihre Filme

Sie werden noch staunen, was Lightroom alles aus Ihren Videos macht. Mit ein paar schnellen Umwegen gelingen sogar komplette HD-Filme samt Überblendung, Titelschrift, Ton und Musik. Und keine Sorge, das Ganze geht erstaunlich einfach. Beginnen wir mit einer typischen ersten Aufgabe – schneiden wir unsere Videoclips.

1 Ein Video importieren Sie in Lightroom genauso wie ein Foto. Dass es sich um Filmmaterial handelt, erkennen Sie an dem Videokamera-Symbol links unten in der Miniatur, sobald das Video im Importieren-Fenster erscheint (Lightroom importiert die meisten bekannten Videoformate aus DSLRs). Nach dem Importieren packen Sie Ihr Video in Sammlungen, Sie fügen **Markiert**-Fahnen oder Metadaten hinzu – ganz wie bei Fotos auch. Die Laufzeit erscheint in der linken unteren Ecke, bei diesem Video hier sind es elf Sekunden. Bewegen Sie den Mauszeiger über die Miniatur und ziehen Sie nach links und rechts, liefert Lightroom bereits Einblicke in den Inhalt des Videos.

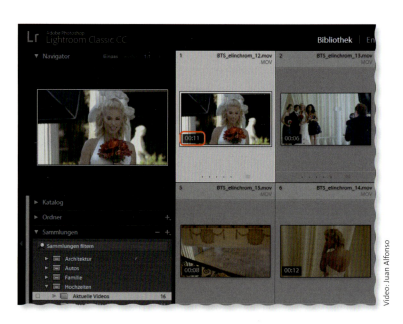

2 Sie möchten das gesamte Video sehen? Nach einem Doppelklick erscheint das Video in der Lupenansicht (wie hier gezeigt). Zum Abspielen klicken Sie auf die (wer hätte es gedacht) **Abspielen**-Schaltfläche, oder starten und stoppen Sie Ihr Video einfach mit der Leertaste. Alternativ fliegen Sie im Zeitraffer durch Ihren Filmclip: Dazu ziehen Sie einfach am Marker für die Zeitposition nach links oder rechts. Lightroom liefert hier Bild und Ton, zeigt jedoch keinen Lautstärkeregler. Steuern Sie den Ton also mit dem Lautstärkeregler Ihres Computers.

Bibliothek | **Entwickeln** | Karte | Buch | **Diashow** | Drucken | Web

3 Möchten Sie Ihr Video zuschneiden? Vielleicht wollen Sie etwas vom Ende abschneiden oder den Anfang entfernen, damit es erst ein paar Sekunden später anfängt. Dann klicken Sie auf die **Zuschneiden**-Schaltfläche (das kleine Zahnrad rechts außen in der Steuerleiste). Damit zeigt Lightroom die Schneidefunktionen. Kürzen Sie Ihr Video mit zwei unterschiedlichen Techniken: Beim ersten Verfahren klicken Sie einfach auf die Anfangs- oder Endmarke (zwei kleine senkrechte Balken) und ziehen zum Kürzen nach innen. Oder Sie definieren Anfangs- und Endpunkt so: Spielen Sie das Video mit der Leertaste ab. Kommt die Stelle, an der das Video tatsächlich beginnen soll, drücken Sie ⇧+I, das ist der Anfangspunkt. Ist das Video bis zum gewünschten Ende weitergelaufen, definieren Sie den Endpunkt mit ⇧+O.

4 Lightroom schneidet Ihre Videos verlustfrei, das Original bleibt stets in voller Länge erhalten. Wenn Sie das Video jedoch exportieren (mehr dazu später), dann entsteht eine wirklich gekürzte Kopie. Sie erhalten also eine gekürzte Kopie, und das Original erscheint in Lightroom ebenfalls gekürzt. Doch Sie können in Lightroom jederzeit das Original markieren und die Anfasser der Anfangs- und Endmarken nach außen ziehen. Dann sehen Sie Ihre Aufzeichnung wieder in voller Länge (wie abgebildet).

Kapitel 13 Mit Filmclips aus Ihrer Kamera arbeiten

Thumbnail für das Video festlegen

Bei Videos in Blogs oder auf Facebook haben Sie es bestimmt schon gesehen: Das Vorschaubild zeigt Leute mit weit aufgerissenem Mund in der Mitte eines Satzes. Besonders schmeichelhaft ist das ja nicht, oder? Solche Miniaturen werden willkürlich aus den ersten Sekunden des Videos ausgewählt. In Lightroom legen Sie zum Glück selbst nach Maß fest, welches Einzelbild als Miniatur erscheint. Diese Miniatur sehen Sie dann in der Rasteransicht und unten im Filmstreifen.

1 Ein Vorschaubild nach Maß ist besonders nützlich, wenn Sie mehrere ähnliche Videos durch unterschiedliche Vorschaubilder voneinander trennen wollen – nehmen Sie für jedes Video ein anderes Einzelbild mit der wichtigsten Stelle (und das gilt nicht nur innerhalb von Lightroom, dieses Vorschaubild bleibt auch erhalten, wenn Sie das Video exportieren und weitergeben). So finden Sie das gewünschte Vorschaubild: Laden Sie Ihr Video per Doppelklick in die Lupenansicht (wie gezeigt), spielen Sie den Film bis zu der gewünschten Szene ab, und stoppen Sie den Ablauf dann mit der Leertaste.

Video: Juan Alfonso

2 Dann klicken Sie auf der Steuerleiste länger auf die kleine rechteckige Schaltfläche für Einzelbilder (links von der **Zuschneiden**-Schaltfläche). Dort wählen Sie **Posterbild festlegen** (wie hier zu sehen). Jetzt erscheint Ihr Video mit dem gewählten Einzelbild als Miniatur.

Bibliothek | Entwickeln | Karte | Buch | **Diashow** | Drucken | Web

Ein Bild aus dem Film extrahieren

Verwandeln Sie jedes Einzelbild aus Ihrem Video in eine ganz normale Bilddatei im JPEG-Dateiformat. Das wird uns etwas später in diesem Kapitel noch sehr weiterhelfen, befassen wir uns also schon jetzt mit dieser Technik.

1 Wollen Sie ein einzelnes Bild aus dem Video extrahieren, geht das genauso wie bei unserem vorherigen Projekt mit dem Vorschaubild (mit einer kleinen Abweichung). Sie wechseln per Doppelklick auf die Videominiatur in die Lupenansicht und spielen Ihr Filmchen dort ab. Stoppen Sie das Video bei dem Moment, den Sie als Einzelfoto festhalten wollen.

2 Unten in der Steuerleiste klicken Sie auf die rechteckige Einzelbild-Schaltfläche links von der **Zuschneiden**-Schaltfläche. Diesmal nehmen Sie den Befehl **Einzelbild erfassen**. So entsteht eine zweite Datei (eine ganz normale JPEG-Datei), die direkt rechts neben Ihrem Videoclip im Filmstreifen erscheint (wie hier zu sehen). Haben Sie das Video aber noch nicht in eine Sammlung gezogen, erscheinen Film und Einzelbild als Stapel. Sie sehen eine **2** oben links in der Miniatur (Sie wissen so, dass der Stapel zwei Elemente enthält). Wollen Sie Video und JPEG-Datei nebeneinander sehen, öffnen Sie den Stapel mit der Taste [S] auf Ihrer Tastatur (das funktioniert in der Rasteransicht, aber nicht im Filmstreifen). Aber wie gesagt, das ist nur erforderlich, wenn Ihr Video nicht schon zu einer Sammlung gehört.

Kapitel 13 Mit Filmclips aus Ihrer Kamera arbeiten

So bearbeiten Sie Ihren Film
(auf die einfache, aber auch eingeschränkte Weise)

Holen Sie ein Video ins Entwickeln-Modul, dann erscheint die Meldung **Video wird vom Entwicklungsmodul nicht unterstützt**. *Ein paar einfache Korrekturen am Gesamtfilm sind trotzdem möglich – Schwarzweißumwandlung, Korrekturen bei Helligkeit und Kontrast und ein paar ähnlich schlichte Jobs – all das ohne Wechsel ins Entwickeln-Modul.*

1 Unsere einfache Filmkorrektur findet im Bibliothek-Modul statt. Klicken Sie doppelt auf die Videominiatur, um Ihr Video größer in der Lupenansicht zu zeigen. Rechts oben in den Bedienfeldern nutzen Sie jetzt die **Ad-hoc-Entwicklung**. Das ist eine vereinfachte Variante der **Grundeinstellungen** aus dem Entwickeln-Modul; hier zieht man nicht an Reglern, sondern klickt auf Schaltflächen. Seltsam, aber wahr: Die **Ad-hoc-Entwicklung** bearbeitet auch Ihr Video.

2 Wollen Sie das Video zum Beispiel in Schwarzweiß zeigen, stellen Sie oben in der **Ad-hoc-Entwicklung** das Ausklappmenü **Gespeicherte Vorgabe** auf **S/W • S/W Kraftvoll**. Das war's schon – Ihr ganzer Clip ist jetzt schwarzweiß. Für eine Aufhellung um eine Drittelblende klicken Sie einmal auf den rechten Einzelpfeil neben **Belichtung**; für eine ganze Blende Aufhellung klicken Sie auf den Doppelpfeil. Einige der Einstellmöglichkeiten sind freilich ausgegraut (zu sehen in Schritt 1), sie lassen sich nicht anwenden, aber es gibt immer noch genug Möglichkeiten: Ändern Sie **Kontrast** oder **Dynamik**, korrigieren Sie den Weißabgleich mit **Temperatur** und **Tönung**. Geht etwas schief, widerrufen Sie jederzeit per Strg+Z, oder klicken Sie unten auf **Alles zurücksetzen** – dann erscheint Ihr Video wieder wie beim ersten Öffnen.

Bibliothek | Entwickeln | Karte | Buch | Diashow | Drucken | Web

Vielseitigere Videobearbeitung (mit praktischen Extras)

*Es stimmt ja: Schicken Sie ein Video ans Entwickeln-Modul, dann verweigert sich Lightroom mit den Worten **Video wird vom Entwicklungsmodul nicht unterstützt**. Streng genommen müsste Lightroom aber melden: »Video wird nicht unterstützt, es sei denn, Sie bringen einen Freund mit (ein Einzelbild). Dann können Sie auch das Entwickeln-Modul mit vielen Extrafunktionen nutzen (samt **Gradationskurven, Teiltonung** und mehr).« Dieser Umweg ist seltsam, aber hilfreich.*

1 Für Videobearbeitung im Entwickeln-Modul extrahieren Sie zunächst ein Einzelbild aus Ihrem Film. Wechseln Sie also per Doppelklick in die Lupenansicht, und lassen Sie das Video bis zu der Stelle laufen, die Sie als Einzelbild brauchen. In der Steuerleiste klicken Sie dann auf das Rechteck und nehmen **Einzelbild erfassen**. Damit entsteht eine JPEG-Datei, die im Filmstreifen links vom aktiven Video erscheint (sofern sich das Video in einer Sammlung befindet). Klicken Sie erst auf die JPEG-Datei und dann bei gedrückter `Strg`/`Cmd`-Taste auf das Video. Damit sind beide ausgewählt, wie hier zu sehen. Die JPEG-Miniatur ist heller eingerahmt, weil sie »mehr ausgewählt« ist als das Video.

2 Mit der Taste `D` wechseln Sie jetzt ins Entwickeln-Modul. Damit zeigt Lightroom Ihre JPEG-Datei – denn sie ist ausgewählt, und im Übrigen unterstützt das Entwickeln-Modul ja keine Videos. Rechts unter den Bedienfeldern brauchen Sie die Funktion **Autom. synchr.** (wie hier gezeigt). Falls nötig, aktivieren Sie das mit einem Klick auf den kleinen Schalter links neben **Synchronisieren**. Und so wirkt das automatische Synchronisieren: Jede Änderung am ersten gewählten Foto überträgt Lightroom sofort auf das andere gewählte Foto (das zweite Foto ist hier zwar kein Foto, sondern ein Video, aber es funktioniert trotzdem). Korrigieren Sie jetzt Ihr Einzelbild beliebig – die Änderungen werden auch aufs Video übertragen. Bizarr, ich weiß. Probieren wir die Sache aus!

3 Beginnen wir im **Grundeinstellungen**-Bedienfeld mit einem Klick rechts oben auf **Schwarzweiß**. Wenn wir schon hier sind, heben wir gleich den **Kontrast** auf +30. Scrollen Sie bis zum **Teiltonung**-Bedienfeld nach unten, und wenden Sie einen Duoton-Effekt an: Für eine bräunliche Färbung heben Sie die **Schatten**-Sättigung auf etwa 24 und den **Schatten**-Farbton auf 40. Wechseln Sie jetzt ins **Gradationskurven**-Bedienfeld. Ziehen Sie die Mitte der diagonalen Linie etwas nach unten (wie gezeigt); so senken Sie die Mitteltöne leicht ab.

> **TIPP: Vorgaben in der Ad-hoc-Entwicklung**
>
> Sie haben im Entwickeln-Modul eine starke Bildwirkung gefunden, die Sie auch auf Videos übertragen wollen? Speichern Sie Ihre Einstellungen als Vorgabe (wie in Kapitel 7 besprochen). Sie lässt sich dann in der **Ad-hoc-Entwicklung** anwenden; dort nutzen Sie ganz oben das Ausklappmenü **Gespeicherte Vorgabe**.

4 Im **Details**-Bedienfeld im Bereich **Schärfen** heben Sie den **Betrag** jetzt auf +50. Danach gehen wir ins **Effekte**-Bedienfeld mit dem Bereich **Vignettierung nach Freistellen**. Dort ziehen Sie den **Betrag** nach links auf −11; so dunkeln Sie den Rand ringsum leicht ab. Ist Ihnen etwas aufgefallen? Wir haben unser Foto auf die übliche Art mit allerlei Bedienfeldern bearbeitet – und unser Videoclip unten im Filmstreifen erscheint auch immer wieder verändert. Er übernimmt sämtliche Einstellungen und Effekte wie ein x-beliebiges Foto. Stark, oder?

Hinweis: Ein paar Funktionen im Entwickeln-Modul ändern Ihr Video nicht (obwohl sie nicht ausgegraut werden, so dass sie scheinbar zur Verfügung stehen): Profile, **Klarheit**, **Lichter** und **Tiefen** scheiden aus, ebenso **Objektivkorrekturen** und der **Korrekturpinsel**.

Bibliothek | Entwickeln | Karte | Buch | **Diashow** | Drucken | Web

Einen kurzen Film zusammenstellen und in HD-Qualität speichern

Geht das? Ein Hochzeitsvideo, ein Making-of, ein Interview- oder Werbevideo direkt hier in Lightroom als HD-Film aufbereiten – samt Musik, fliegenden Fotos, eleganten Übergängen sowie Vor- und Abspann? Ob Sie's glauben oder nicht, genau das machen wir jetzt – und das Ganze muss uns kein bisschen stressen.

1 Vorab schneiden Sie die einzelnen Videoclips, damit diese Aufgabe Sie hier nicht mehr aufhält (wie auf Seite 408); die geplanten Fotos schärfen und bearbeiten Sie. Packen Sie alles gemeinsam in eine Sammlung, und ziehen Sie Ihr Material in die fürs Video gewünschte Reihenfolge (ich verwende gern ein paar Fotos, dann ein Video, dann wieder ein paar Fotos, dann noch ein Video usw., kein Medientyp sollte völlig dominieren). Unsere Fotos erhalten ebenfalls Schwenk- und Zoom-Effekte, so dass sie gut mit den Videoszenen harmonieren. Ziehen Sie Ihre Schätze also einfach mit der Maus in die gewünschte Anordnung (wir arbeiten in einer Sammlung, die Reihenfolge lässt sich bei Bedarf immer ändern).

2 Stimmt die Aufreihung? Klicken Sie rechts oben auf **Diashow**, um mit der Sammlung in dieses Modul zu wechseln (hier entsteht unser Film, und keine Sorge – es wird besser, als es klingt). In den Bedienfeldern links klicken Sie im Vorlagenbrowser auf die attraktive, übersichtliche Vorlage **Widescreen**. Oben rechts im **Optionen**-Bedienfeld aktivieren Sie dann das Kontrollkästchen **Zoomen, um Rahmen zu füllen**. So erscheinen die Videos ohne dicke schwarze Balken in unserer Diaschau – ähm, ich meine in unserem Film.

Hinweis: Ein englisches Extrakapitel zum Diashow-Modul finden Sie auf der Website zum Buch, wie in der Einleitung erwähnt.

3 Unten im **Titel**-Bedienfeld schalten Sie jetzt den **Startbildschirm** ein. Möchten Sie dessen Hintergrundfarbe ändern, klicken Sie auf das Farbfeld rechts von **Startbildschirm** und suchen einen anderen Farbton im Farbwähler (ich bleibe hier bei Schwarz). Nach ein paar Sekunden verschwindet dieser Startbildschirm (das ist absurd, aber Lightroom macht das schon immer so). Abhilfe: Klicken Sie länger auf den **Maßstab**-Regler im **Titel**-Bedienfeld – der Startbildschirm bleibt dann so lange sichtbar, wie Sie die Maustaste gedrückt halten. Standardmäßig zeigt das Startbild Ihren Namen oder jedenfalls das, was auf Ihrer Erkennungstafel steht. Das lässt sich natürlich ändern (es sei denn, Sie arbeiten an einer Eigenwerbung).

4 Schreiben wir einen neuen Text für den Filmeinstieg (wir nehmen hier an, dass Sie keinen Hintergrundbericht über Ihre eigene Arbeit schneiden). In der Vorschau für die Erkennungstafel klicken Sie auf das kleine Dreieck rechts unten und dann auf **Bearbeiten**. Im **Editor für Erkennungstafeln** schreiben Sie Ihren Intro-Text und legen Schriftart, Größe und Eigenschaften fest. Alternativ importieren Sie eine Grafik (mehr zu Erkennungstafeln in Kapitel 4). Wenn Sie möchten, gestalten Sie weiter unten im **Titel**-Bedienfeld im Bereich **Endbildschirm** gleich noch einen Abspann für Ihren Film. Die Textgröße ändern Sie übrigens auch nachträglich noch mit dem **Maßstab**-Regler, und für neue Farben nutzen Sie die Option **Farbe überschreiben** und klicken auf das Farbfeld rechts daneben.

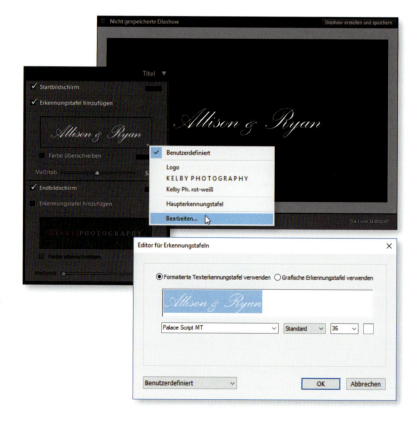

Bibliothek | Entwickeln | Karte | Buch | **Diashow** | Drucken | Web

5   Jetzt zur Hintergrundmusik. Bei Musikdateiformaten gibt sich Lightroom etwas wählerisch – MP3 oder AAC (M4A) muss es sein. Sofern Sie Ihre Musik mit iTunes am PC oder Mac bearbeiten, können Sie eine AAC-Datei erzeugen: Klicken Sie den Song in iTunes an, dann wählen Sie dort **Datei • Konvertieren • AAC-Version erstellen.** Dabei entsteht ein Duplikat des Songs im AAC-Format, das sich für Lightroom eignet. Falls Sie iTunes nicht verwenden, wandeln Sie die Musik ins MP3-Format um. Das können viele kleine Programme aus dem Internet; erledigen Sie diesen Schritt also vorab, sonst nimmt Lightroom die Musik nicht an. Haben Sie Ihre Dateien konvertiert, klicken Sie im **Musik**-Bedienfeld auf das **+** (Pluszeichen) und wählen die Musikdatei. Sie erscheint nun unten im **Musik**-Bedienfeld, daneben meldet Lightroom die Abspieldauer.

6   Jetzt brauchen Sie nur noch das **Abspielen**-Bedienfeld (ja, unser Video ist schon fast fertig). Soll das Video genau so lange dauern wie die von Ihnen gewählte Musik? Dann nutzen Sie die Option **Folien zur Musik synchronisieren**, und Lightroom rechnet alles für Sie aus (Standzeit der einzelnen Bilder und Dauer der Überblendung; klingt die Musik aus, ist auch Ihr Film zu Ende). Per **Audiobalance**-Regler entscheiden Sie, ob man die Tonspur aus dem Filmmaterial in voller Stärke, gedämpft oder gar nicht hört. (Bei unserem Mix aus Film und Fotos wäre es seltsam, wenn Originalton nur hier und da erklingt; darum ziehe ich den Regler ganz nach rechts zu **Musik**; aber die Entscheidung liegt bei Ihnen.) Außerdem schalte ich **Schwenken und Zoomen** ein. Diese Option versetzt Ihre Fotos in Bewegung. Je nach Reglerstellung erhalten Sie leichte oder ziemlich lebhafte Bewegungen. Die anderen Optionen wie der **Abspielbildschirm** für Mehrschirm-Systeme und die **Qualität** sind ohnehin selbsterklärend. Darüber muss man nicht lange nachdenken.

7 Jetzt begutachten wir schon einmal das Zwischenergebnis, klicken Sie also rechts unten auf die Schaltfläche **Vorschau**. Damit läuft der Film im Vorschaubereich ab. Wollen Sie Ihr Werk schon bildschirmfüllend sehen, klicken Sie rechts neben **Vorschau** auf **Abspielen**. Sie fragen, warum man dann überhaupt jemals **Vorschau** statt **Abspielen** verwendet? Die **Vorschau**-Version läuft glatter und startet schneller als die Vollschirmausgabe. Solange die Filmbearbeitung noch nicht abgeschlossen ist, verwende ich also die **Vorschau**; so spare ich Zeit, und mein Zwischenergebnis läuft flüssiger.

8 Gefällt Ihnen, was Sie sehen? Erzeugen Sie nun mit der **Abspielen**-Schaltfläche eine voll aufgelöste, bildschirmfüllende Version. Immer noch zufrieden? Dann schreiben Sie das Video jetzt im gewünschten Dateiformat. Klicken Sie unter den linken Bedienfeldern auf **Video exportieren**. Im Dialog **Diashow als Video exportieren** nutzen Sie das **Videovorgabe**-Ausklappmenü mit verschiedenen Qualitäten und Größen. Die beste Qualität (und die größte Datei) erhalten Sie mit **1080p (16:9)** (für HD-Qualität und -Auflösung). Für jede der vier angebotenen Größen blendet Lightroom eine Erklärung direkt im Dialogfeld ein, die Bedeutung der Vorgaben lässt sich also gleich einschätzen. Wählen Sie eine Vorgabe für Ihre Zwecke, Lightroom erledigt den Rest. Das Programm braucht ein paar Minuten für die Berechnung, dann bringen Sie Ihr Video auch schon unter die Leute. Mehr war gar nicht zu tun (und Sie mussten Lightroom nicht einmal dafür verlassen).

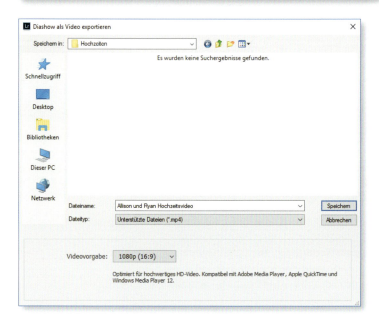

> **TIPP: Direkt auf Facebook posten**
>
> Sie können Ihr Video mithilfe der **Veröffentlichungsdienste** direkt an Facebook schicken. Detailliert erkläre ich das in Kapitel 9; hier wollte ich Ihnen nur kurz mitteilen, dass es diese Möglichkeit gibt.

Bibliothek | Entwickeln | Karte | Buch | Diashow | Drucken | Web

9 Sie können einen einzelnen Videoclip auch mit der üblichen **Exportieren**-Schaltfläche im Bibliothek-Modul exportieren (mehr dazu in Kapitel 9). Der Dialog **Eine Datei exportieren** zeigt nach etwas Scrollen einen speziellen **Video**-Bereich (hier zu sehen). Sie haben ja schon ein Video zum Exportieren angegeben, darum sollte die Option **Videodateien einschließen** aktiviert sein. Entscheiden Sie also nur zwei einfache Fragen:

1. In welchem **Videoformat** möchten Sie speichern? Ich verwende H.264; das läuft fast überall und senkt die Dateigröße nahezu ohne erkennbaren Qualitätsverlust (wenn überhaupt; ähnlich wie JPEG für Fotodateien).

2. Die Komprimierung hängt freilich von der **Qualität** ab, die Sie wählen. Teilen Sie das Video auf einer Website wie YouTube oder Animoto, nehmen Sie vielleicht eine **Qualität** unterhalb von **Max** (Lightroom meldet entstehende Auflösung und Bildwiederholrate in fps direkt neben dem Menü; Sie wissen also, was Sie erhalten). Schicken Sie Ihren Film allerdings noch an ein Videoschnittprogramm, sollten Sie **Max** vorgeben.

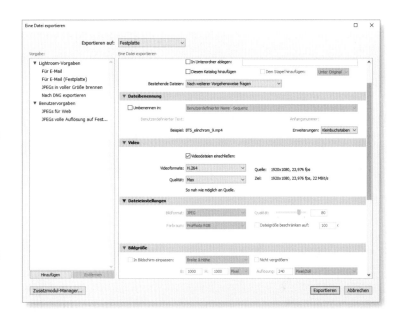

> **TIPP: Video-Voreinstellungen**
>
> Es gibt nur zwei Video-Vorgaben, die Sie in den **Bibliotheksansicht-Optionen** finden ([Strg]/[Cmd]+[J]) und dort im Register **Lupenansicht**. Unten der Bereich **Allgemein** liefert die Option **Bildnummer beim Anzeigen der Videozeit zeigen** – damit präsentiert Lightroom neben der Zeit noch die Bildnummer (gähn). Dann gibt es noch **HD-Video in Entwurfsqualität abspielen** – gut, wenn Sie nicht auf einem Supercomputer arbeiten: Die Option stellt sicher, dass Ihr Video flüssig durchläuft; die Entwurfsqualität beansprucht beim Abspielen weit weniger Rechenpower als die HD-Ausgabe.

Foto: Scott Kelby | Belichtung: 1/125 s | Brennweite: 200 mm | Blende: f/2,8

Lightroom für Mobilgeräte
Unterwegs mit Lightroom

14

Dieses Kapitel hieß mal »Lightroom mobile«, denn die App selbst hieß auch einst Lightroom mobile. Adobe taufte die App jedoch um in »Lightroom CC«. Die alte Bezeichnung war ihnen wohl zu informativ, zu stimmig und zu eingängig. Tatsächlich heißt die App ja mit vollem Namen nicht Lightroom CC, sondern »Adobe Photoshop Lightroom CC« – das erscheint ein paar Sekunden lang auf dem Startbildschirm, wenn Sie die App öffnen. Aber tippen Sie dann auf das **Lr**-Symbol links oben, kommen Sie zur Seite mit den Hinweisen auf die Entwickler. Nur dort finden Sie die vollständige Bezeichnung für »the app previously known as Lightroom mobile«. Und hier steht der amtliche Name (der ist offiziell, das weiß ich von einer Lightroom-Gerüchte-Website, die eine Patentanmeldung zitierte, die mit Hilfe des Informationsfreiheitsgesetzes (IFG) herauskam). Unsere App heißt: »Adobe Photoshop Tito Jermaine Jonathan Livingston Seagull Gordon Lightfoot Keanu Cher Longoria Bailey Hutchinson The Rock Sergio Mendes Marlon Lightroom CC, Sr., III, Esq.« So steht es in der Patenturkunde, vergewissern Sie sich ruhig selbst. Wenn Sie mich fragen, ist das ein bisschen zu lang. Ich persönlich würde ja Gordon, The Rock und Mendes rauswerfen. Wir kämen dann zu dem kürzeren und leichter zu merkenden Namen »Adobe Photoshop Tito Jermaine Jonathan Livingston Seagull Lightfoot Keanu Cher Longoria Bailey Hutchinson Sergio Marlon Lightroom CC, Sr., III, Esq.« Allem Anschein nach plant Adobe mit derselben Patentanmeldung zwei weitere Regler für Lightroom; sie heißen offenbar »Salbe« und »Gerinnsel«. Ich kann mir nicht denken, was diese Regler leisten sollen, aber eins weiß ich: Beim Abendessen werde ich sie ganz sicher nicht verwenden.

Kapitel 14 Unterwegs mit Lightroom

Vier coole Fakten über Lightroom auf Ihrem Mobilgerät

Die Stärken von Lightroom nutzen Sie auch auf Smartphone oder Tablet; dafür installieren Sie die App Lightroom mobile (sie heißt jetzt offiziell »Lightroom CC«, aber ich bleibe bei »Lightroom mobile«, weil das viel eindeutiger ist). Damit bearbeiten Sie Ihre Fotos praktisch überall. Hier vier starke Fakten über das mobile Leben mit Lightroom:

1. Die Kamera-App ist der Hammer!

Lightroom mobile kommt mit einer super Kamera-App. Im **Pro**-Modus steuern Sie Belichtungszeit, ISO-Einstellung und Weißabgleich, und Sie wenden direkt beim Fotografieren Effektvorgaben an. Auch RAW-Aufnahmen sind möglich, sofern Ihr Mobilgerät das unterstützt (zum Beispiel neuere iPhones und Samsung-Handys). Die leistungsfähige HDR-Funktion verwendet dieselben Algorithmen wie Lightroom Classic am Rechner zuhause, und die App synchronisiert Ihre hochauflösenden Handy-Fotos automatisch mit Ihrem Computer. Dazu kommen künstlicher Horizont, Überbelichtungswarnung und die einfachste Belichtungskorrektur aller Zeiten (mehr zur Kamera-App ab Seite 450).

2. Steuern Sie die Synchronisierung Ihrer Sammlungen vom Computer

Schalten Sie das Synchronisieren erstmals ein, wandern Ihre Bilder nicht alle gleich aufs Smartphone (so viel Speicher hat niemand am Handy, oder?). In Lightroom Classic am Rechner legen Sie fest, ob und welche Sammlungen Sie mit Ihren Mobilgeräten synchronisieren. Sie klicken auf ein Kontrollkästchen, schon wandern die Fotos herüber – ganz einfach. Danach erledigen Sie fast alles wie am Computer, aber diesmal mit Handy oder Tablet, samt Bildbearbeitung, Bewertung, Sortieren und Teilen. Übrigens synchronisiert Lightroom nicht Ihre hochauflösenden Dateien. Stattdessen erzeugt es sogenannte Smart-Vorschauen als Stellvertreter. Man kann sie wie die Originale bearbeiten, doch eine Smart-Vorschau belegt auf Ihrem Mobilgerät nur etwa ein Megabyte.

3. Die Bedienung beherrschen Sie schon

So ist es: Lightroom mobile basiert auf Lightroom Classic. Wenn Sie also am Mobilgerät Ihre Bilder öffnen und korrigieren, finden Sie wohlbekannte Funktionen – **Belichtung**, **Kontrast**, **Tiefen**, **Lichter**, **Weiß**, **Schwarz**, **Klarheit**, **Dunst entfernen** sowie **Temperatur** und **Tönung** aus dem **Weißabgleich**. Dieselben Funktionen mit derselben Wirkung wie in Lightroom. Sie müssen nur kurz die mobile Benutzeroberfläche durchschauen, schon legen Sie mit Lightroom mobile los. Besonders angenehm: Die Mobil-Oberfläche erinnert mehr denn je an Lightroom Classic am Computer, darum fällt der Einstieg so leicht (vor allem, wenn Sie erst dieses Kapitel gelesen haben).

Scott Kelby / Apple

4. Sie haben alle Änderungen immer dabei

Korrigieren Sie ein Bild am Handy oder am Rechner, wird es sofort auf allen Geräten aktualisiert. Alles bleibt immer up to date. Ob am Handy, am Tablet oder auf dem Computer: Es spielt keine Rolle, wo Sie an Ihren Fotos arbeiten, jedes Gerät bleibt immer auf dem neuesten Stand, und das ganz automatisch. Wo Sie sind, ist auch Lightroom. Und die synchronisierten Fotos leben nicht nur in Ihrem Mobiltelefon, im Tablet und auf dem Rechner, sondern auch im World Wide Web, dort kann man sie jederzeit teilen. Ein Passwort schützt Ihre Schätze natürlich, nur Sie selbst haben Zugriff. Aber bei Bedarf teilen Sie Ihre Sammlungen mit Freunden, Familie und aller Welt. Ihr Publikum braucht nur einen Webbrowser.

Scott Kelby / Apple

Kapitel 14 Unterwegs mit Lightroom

Richten Sie Lightroom auf Ihrem Mobilgerät ein

Das hier ist zwar einerseits einfach. Andererseits nervt es auch, denn Sie müssen sich an verschiedenen Orten mit Ihrem Adobe-Konto anmelden. Angenehm immerhin: Haben Sie das einmal hinter sich gebracht, müssen Sie sich nicht weiter darum kümmern, und die Sache ist ein für allemal erledigt. So bringen Sie alles schnell in Gang:

1 Starten Sie im guten alten Lightroom Classic auf Ihrem Computer. Klicken Sie links oben auf das Lightroom-Logo. Lightroom präsentiert ein Menü mit der Frage, ob Sie mit Lightroom CC synchronisieren möchten – klicken Sie auf **Starten**. Falls noch nicht geschehen, melden Sie sich mit Ihrer Adobe-ID samt Passwort an. Alles kein Problem.

TIPP: Drei Wege, Ihre Bilder in Lightroom mobile anzuzeigen

1. Synchronisieren Sie Sammlungen aus Lightroom Classic auf Ihrem Desktop-Rechner oder Laptop; 2. importieren Sie Fotos, die Sie schon auf dem Mobilgerät haben, zum Beispiel aus der Kamerarolle; 3. fotografieren Sie mit Lightrooms eingebauter Kamera, die neuen Bilder landen natürlich sofort in Lightroom auf Handy oder Tablet.

2 Mit iPhone oder iPad öffnen Sie jetzt den App Store und laden die kostenlose App Lightroom CC herunter. Android-Nutzer besorgen sich die App bei Google Play. Dann starten Sie die Lightroom-App und melden sich mit Adobe-ID und Passwort an. Auf diesem Weg verbinden Sie die Lightroom-App mit Lightroom Classic auf Ihrem Rechner. Noch sehen Sie keine Bilder in Lightroom mobile (ups, ich meinte natürlich »CC«): Sie haben ja in Lightroom Classic noch keine Apps zum Synchronisieren mit dem Mobilgerät angegeben (das erledigen wir aber bald). Ich wollte Ihnen erstmal diesen Einstieg nahebringen.

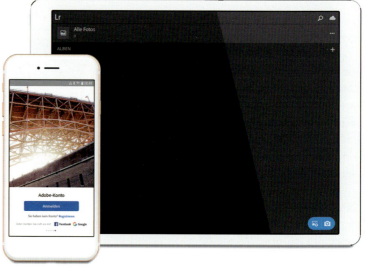

Bibliothek | Entwickeln | Karte | Buch | Diashow | Drucken | Web

Synchronisieren Sie Sammlungen mit dem Mobilgerät

Wohlgemerkt, ich rede von »Sammlungen«. Das ist entscheidend, denn Ordner können Sie zwischen Lightroom Classic und Lightroom mobile nicht synchronisieren. Die Bilder, die Sie in Lightroom mobile sehen wollen, stecken noch nicht in einer Sammlung? Dann sollten Sie jetzt eine Sammlung einrichten (und auf Seite 53 steht, wie Sie Ordner in Sammlungen umsetzen).

1 Schalten Sie das Synchronisieren in Lightroom Classic ein (ab jetzt nenne ich es »Lightroom am Rechner«). Ganz links neben den Namen der Sammlungen erscheint nun ein kleines Kontrollkästchen. Um eine Sammlung mit Lightroom Mobile zu synchronisieren, klicken Sie auf dieses Kästchen. Sie sehen jetzt ein kleines Synchronisierungssymbol (wie abgebildet).

Hinweis: Wie erwähnt verwendet Lightroom mobile nur die Sammlungen aus Lightroom am Rechner und keine Ordner. Wollen Sie in Lightroom am Rechner einen ganzen Ordner synchronisieren, klicken Sie im **Ordner**-Bedienfeld mit der rechten Maustaste auf den Ordnernamen und dann auf **Sammlung … erstellen**. Dann synchronisieren Sie diese neue Sammlung.

2 Wechseln Sie zur Mobil-App – egal auf welchem Gerät, Lightroom am Rechner synchronisiert sich mit allen Geräten mit Lightroom mobile. Ihre Sammlung erscheint jetzt in der **Alben**-Übersicht (wie gezeigt). Und das war schon alles. Sie möchten eine Sammlung nicht länger mit Lightroom mobile synchronisieren? Dann klicken Sie in Lightroom am Rechner wieder auf das kleine Synchronisierungssymbol links neben dem Sammlungsnamen. Diese Sammlung synchronisiert Lightroom also nicht länger.

Hinweis: Auf Lightroom mobile heißen Ihre Sammlungen nicht länger »Sammlungen«, sondern »Alben«. Ab jetzt rede ich darum wohlgemerkt auch von Alben. Merken: Alben!

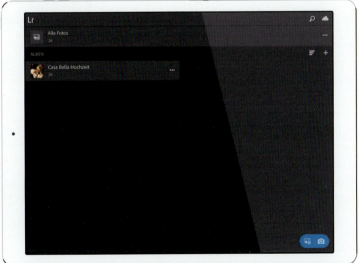

Kapitel 14 Unterwegs mit Lightroom

Arbeiten Sie mit Ihren mobilen Alben

Hier sehen wir uns auf dem Hauptbildschirm von Lightroom mobile um (quasi das mobile Bibliothek-Modul). Sie lernen dabei eine spezielle Rasteransicht kennen, die ich zu gern auch am Rechner hätte. Hinweis: Die Android-Version von Lightroom mobile entstand später als die Ausgabe für iPhone und iPad, darum konnte Lightroom auf Androiden stets weniger. Jetzt hat Lightroom für Android den Rückstand aber fast aufgeholt, und vieles läuft in beiden Mobilwelten gleich. Aber wundern Sie sich nicht: Es gibt immer noch ein paar kleine Unterschiede.

1 Starten Sie auf Ihrem Handy oder Tablet Lightroom CC (wie gesagt, so heißt jetzt die Lightroom-Version für Mobilgeräte); Sie landen zuerst in der **Alben**-Ansicht. Hier zeigt die App kleine Miniaturen für Ihre Sammlungen in einer Spalte (am Smartphone) oder in zwei Spalten (am Tablet, wie hier zu sehen).

> **TIPP: Automatisch Fotos hinzufügen**
>
> Bilder, die zu Ihrer Kamerarolle hinzukommen, können Sie automatisch in ein Album Ihrer Wahl aufnehmen lassen. Dazu tippen Sie auf die drei Punkte rechts neben dem Album und dann auf **Auto-Import aktivieren**.

2 Zeigen Sie die Album-Bilder an. Dazu tippen Sie einfach auf eine Album-Miniatur, und die Aufnahmen erscheinen in der üblichen Rasterdarstellung. Ändern Sie die Miniaturengröße, indem Sie zwei Finger nach innen oder auseinander ziehen. Ich muss sagen, dass dieses »Zoomen per Fingerübung« ziemlich fummelig ist und nicht immer auf Anhieb funktioniert; Sie müssen es vielleicht ein paarmal probieren, bevor die Miniaturen tatsächlich ihre Größe ändern. (Ich habe es auf verschiedensten Geräten durchgespielt, und immer hatte ich dieses Problem, wir müssen wohl damit leben.)

Bibliothek | Entwickeln | Karte | Buch | Diashow | Drucken | Web

3 Tatsächlich gibt es zwei verschiedene Rasteransichten – die standardmäßige **Flach**-Darstellung (wie in Schritt 2) und die hier gezeigte **Segmentiert**-Anzeige. Sie unterteilt Ihre Bilder nach Datum oder Uhrzeit. Sie erhalten die **Segmentiert**-Darstellung, wenn Sie auf die drei Punkte rechts oben, dann auf **Rasteransicht** und dann auf **Segmentiert** tippen (mit dem nächsten Tipp auf die drei Punkte verschwindet das Menü dann wieder). Unterteilen Sie Ihre Aufnahmen wahlweise nach Aufnahmejahren, -monaten, -tagen oder -stunden; dazu tippen Sie etwas länger auf das Datum, das links oben erscheint, und treffen Ihre Wahl im Menü.

> **TIPP: Bildreihenfolge von Hand**
>
> Tippen Sie in der **Flach**-Ansicht auf die drei Punkte oben rechts, dann auf einen Befehl wie **Nach Aufnahmedatum sortieren**, schließlich auf **Benutzerdefiniert** und rechts daneben auf den Stift. Sie landen in der **Sortieren**-Ansicht und können die Fotos manuell sortieren. Leider ganz schön viel Arbeit.

4 Sammlungssätze aus Lightroom am Rechner unterstützt Lightroom mobile nicht. Aber nutzen Sie einfach die mobile Version von Sammlungssätzen, die genauso funktioniert wie Sammlungssätze, nur mit einem anderen Namen – hier in Lightroom mobile heißt es **Ordner**. Packen Sie Alben in Ordner, so wie Sie am Rechner Sammlungen in Sammlungssätzen verstauen. Dazu tippen Sie in der **Alben**-Ansicht auf das **+** (Pluszeichen) rechts oben und dann im Menü auf **Ordner erstellen**. Später tippen Sie auf die drei Punkte neben einem Albennamen, auf **Verschieben nach** (iOS) oder **In Ordner verschieben** (Android), anschließend in der **Ziel**-Übersicht auf den gewünschten Ordner, dann auf **Verschieben nach**. Möchten Sie also einen Sammlungssatz aus Lightroom am Rechner mobil nutzen, erzeugen Sie am Handy oder Tablet einen Ordner; die synchronisierten Sammlungen verschieben Sie dann in den neuen Ordner.

427

Kapitel 14 Unterwegs mit Lightroom

5 Blenden Sie bei Bedarf reihenweise Bildinformationen zu den Miniaturen ein – jeder Tipp mit zwei Fingern schaltet eine Info-Anzeige weiter. Standardmäßig sehen Sie rechts oben in den Miniaturen ein Feld mit dem Dateityp wie JPEG oder RAW. Nach einem Zwei-Finger-Tipp zeigt Lightroom bereits angewendete Sternebewertungen oder **Markiert**-Flaggen. Der nächste Tipp mit zwei Fingern präsentiert Ihnen Aufnahmezeit, Pixelmaße und Dateinamen. Noch einen Zwei-Finger-Tipp später sehen Sie Blende, ISO-Wert und Belichtungszeit (wie hier angezeigt). Bemühen Sie erneut zwei Finger, zeigt Lightroom mobile »Gefällt mir«-Einträge und Kommentare zu Ihren Fotos (mehr dazu später). Und tippen Sie erneut mit zwei Fingern, verschwinden alle Angaben; Sie sehen nur Ihre Aufnahmen. Und bei dieser Darstellung bleibe ich, auf die ganzen Daten kann ich verzichten – aber das ist nur mein persönlicher Geschmack.

6 Auf zwei Arten stecken Sie neue Aufnahmen in ein Album: Tippen Sie entweder rechts unten auf das blaue Symbol **Fotos hinzufügen von**; nun wählen Sie aus Ihrer Kamerarolle oder aus sämtlichen mit Lightroom synchronisierten Aufnahmen aus. Oder Sie tippen auf das Kamerasymbol und fotografieren mit Lightrooms Kamera-App; das neue Foto landet dann im aktuell sichtbaren Album.

Bibliothek | Entwickeln | Karte | Buch | Diashow | Drucken | Web

7 Per Doppel-Tipp landen Sie in der Lupenansicht und sehen ein Einzelbild vergrößert. Mit einem weiteren Tipp verschwinden alle Leisten, Menüs und Info-Überlagerungen, zurück bleibt eine Vollschirmdarstellung der Aufnahme. Der nächste Tipp bringt wieder die übliche Lupenansicht. So zeigen Sie einen Filmstreifen unterhalb der Lupenansicht:

iPad: Tippen Sie rechts unten auf das Filmstreifen-Symbol.

Android-Tablet: Tippen Sie auf den Stern rechts unten.

iPhone und Android-Handy: Tippen Sie oben links auf **Informationen** oder **Bearbeiten** und dann auf **Bewerten/Überprüfen**.

> **TIPP: Metadaten anzeigen**
>
> Zeigen Sie alle Metadaten auf einen Blick: Copyright, Titel, Bildunterschrift und Tech-Daten. Am Handy tippen Sie auf den Menübefehl links oben und auf **Informationen**. Am iPad oder Android-Tablet tippen Sie auf das rund eingerahmte **i** rechts unten.

8 Sie können Bilder in der Rasteransicht in andere Alben verschieben, kopieren oder komplett löschen. Dazu tippen Sie auf die drei Punkte rechts oben und auf das geplante Manöver wie **Verschieben nach**; dann wählen Sie die Bilder per Fingertipp aus – auch mehrere hintereinander durch einfaches Antippen. Haben Sie so etwa Bilder zum Verschieben ausgewählt, tippen Sie als Nächstes auf den Pfeil rechts oben und landen in einer Übersicht Ihrer Alben. Tippen Sie in das Kästchen neben dem Zielalbum und dann rechts oben auf **Verschieben**. Wollen Sie doch nicht verschieben oder kopieren, tippen Sie links oben auf das **x**. Andere Befehle wie **Aus Album entfernen** oder **Löschen** funktionieren entsprechend.

Hinweis: **Aus Album entfernen** löscht das Bild aus Album bzw. Sammlung am Mobilgerät und Rechner – das Original bleibt jedoch im ursprünglichen Ordner am Computer.

Kapitel 14 Unterwegs mit Lightroom

Nutzen Sie Markiert-Fahnen und Bewertung

*In Lightroom mobile macht die Arbeit mit **Markiert**-Fahnen und Sternebewertung definitiv mehr Laune als in Lightroom am Rechner. Und wie gerne hängt man doch nach einem Shooting auf der Couch ab, das Tablet auf dem Schoß, ein leckeres Gläschen Cabernet-Sauvignon in der Hand (oh, ich meinte natürlich Vitaminwasser ... oder Tee – jaaa, Tee!) und wischt gemütlich durch neue Aufnahmen, um generös seinen Favoriten Sterne und Fähnchen zu verleihen.*

1 **Markiert**-Flaggen und Sterne weisen Sie im Bereich **Bewerten und Überprüfen** zu. Zunächst wechseln Sie per Einzeltipp auf eine Miniatur in die Lupenansicht, dann geht's so weiter:
   iPad und Android-Tablet: Tippen Sie auf den Stern rechts unten (hier hervorgehoben).
   iPhone und Android-Handy: Tippen Sie auf den Menübefehl oben links und dann auf **Bewerten/Überprüfen**.
   Lightroom zeigt nun unter dem Bild Sterne und Flaggen. Die tippen Sie an, um eine Bewertung oder **Markiert**-Flagge anzuwenden. Aber dazu gibt es eine flotte Alternative – das »Speed-Rating«.

2 Wollen Sie eine **Markiert**-Fahne anwenden, wischen Sie auf der *rechten* Bildseite nach oben oder unten. Lightroom blendet die Auswahl der drei Flaggen für **Markiert**, **Unmarkiert** und **Abgelehnt** ein (wie gezeigt). Für eine Sternebewertung ziehen Sie auf der *linken* Bildseite nach oben oder unten, Lightroom bietet nun eine Sterneleiste an (hier im kleinen Bild). Halten Sie beim gewünschten Stern einfach an, dann wischen Sie nach links oder rechts zum nächsten Foto – so arbeiten Sie sich herrlich flott durch eine Bildreihe.

Bibliothek | Entwickeln | Karte | Buch | Diashow | Drucken | Web

3 Wollen Sie nur die Bilder mit **Markiert**-Fahne oder einer Sternebewertung sehen, kehren Sie mit dem Pfeil links oben in die Rasteransicht zurück; dann tippen Sie auf das kleine Trichtersymbol rechts oben. Im Filtermenü sehen Sie jetzt Befehle wie **Unmarkiert** (und daneben die Zahl der Bilder ohne Fähnchen), **Markiert** (daneben die Zahl der Bilder mit **Markiert**-Flagge) und **Abgelehnt** (samt Anzahl Ihrer abgelehnten Fotos – hoffentlich ein niedriger Wert, denn sonst wäre jetzt eine ganz andere Diskussion fällig, aber ich schweife wohl ab). Tippen Sie einen dieser Befehle an, und Sie sehen nur noch die Bilder mit **Markiert**-Fahne, unmarkierte oder abgelehnte Aufnahmen. Unten im Menü tippen Sie auf die Sternebewertung für die gesuchten Motive (Sie tippen hoffentlich auf den fünften Stern, denn es gibt viele hinreißende Aufnahmen mit dieser Bewertung). Der Befehl **Kein Filter** oder **Alle anzeigen** oben im Menü schaltet jegliche Filterung wieder ab. Lightroom mobile präsentiert dann wieder alle Bilder dieses Albums.

4 Möchten Sie die **Markiert**-Bilder oder Fünf-Sterne-Fotos in ein eigenes Album stecken? Schalten Sie zuerst den Filter für **Markiert** oder die gewünschte Sternezahl ein, tippen Sie rechts oben auf die drei Punkte, wählen Sie **Kopieren nach** und tippen Sie zum Auswählen auf alle **Markiert**- oder Fünf-Sterne-Fotos (auf Android-Geräten wählen Sie erst aus, dann tippen Sie auf **Hinzufügen zu**). Jetzt tippen Sie rechts oben auf den Pfeil nach rechts **>** und legen das **Ziel** fest. Lightroom mobile zeigt die Alben, aber Sie tippen auf das **+** (Pluszeichen) oben rechts und dann im Menü auf **Album erstellen**. Benennen Sie das neue Album, tippen Sie auf **OK**, dann oben rechts auf **Kopieren**. So landen Ihre **Markiert**-Bilder im neuen Album. Tippen Sie dann auf den Zurück-Pfeil **<** oben links, liefert Lightroom wieder die **Alben**-Übersicht; Ihr neues **Markiert**-Album erscheint hier alphabetisch einsortiert.

431

Kapitel 14 Unterwegs mit Lightroom

Bearbeiten Sie Ihre Fotos am Tablet oder Mobiltelefon

Das hier kennen Sie schon – Lightroom mobile liefert die bekannten Regler mit den bekannten Funktionen und vertrauter Wirkung. Halten Sie das Mobilgerät waagerecht, erinnert die Benutzeroberfläche eher an Lightroom am Rechner (Bedienfelder und Regler erscheinen rechts); auf einem hochkant gehaltenen Handy oder Tablet erscheint Lightroom wie eine typische Mobil-App mit Reglern am unteren Rand. Wie auch immer, Sie haben das hier fast schon durchschaut.

1 Zur Bildbearbeitung wechseln Sie erst per Einzeltipp in die Lupenansicht, und dann:
  Am iPad und Android-Tablet: Tippen Sie auf das **Bearbeitungen**-Symbol rechts oben (hier hervorgehoben). Damit erscheint das **Bearbeitungen**-Bedienfeld.
  Am iPhone und Android-Telefon: Tippen Sie oben auf einen Menübefehl wie **Bewerten** (rechts vom Zurück-Pfeil **<**) und dann auf **Bearbeitungen**. Die Korrektursymbole sehen Sie dann unten am Schirm. Halten Sie das Smartphone waagerecht, wandern die Symbole auf die rechte Seite, der Anblick erinnert nun an Lightroom.

2 Lightroom mobile liefert alle **Farbe**- und **Kreativprofile** (mehr dazu in den Kapiteln 5 und 7). Sichten Sie die Profile je nach Gerät mit der Schaltfläche **Durchsuchen** oder mit dem Symbol der drei übereinanderliegenden Fotos. Wie in Lightroom am Rechner erhalten Sie eine Vorschau auf die mögliche Bildwirkung – aber nur per Miniatur im Profilmenü, nicht am großen Bild. Per Tipp wenden Sie ein Profil an, und wenn es Ihnen nicht gefällt, tippen Sie auf das nächste. Mögen Sie gar kein Profil, tippen Sie oben auf den gebogenen **Rückgängig**-Pfeil oder auf das kleine **x** rechts oben im Profilbrowser (das Häkchen unten steht für **Fertig**). So wechseln Sie in ein anderes Profilverzeichnis: Tippen Sie das Verzeichnis direkt an, oder tippen Sie oben im Browser aufs Menü mit der Auswahl, die Sie schon aus Lightroom am Rechner kennen. Der **Betrag**-Regler unter dem Bild steuert die Intensität des Effekts.

3 Im **Bearbeitungen**-Bedienfeld hat Adobe die Regler passend zu typischen Aufgaben neu angeordnet. Jeder Bereich oder am Handy jedes Symbol liefert eine andere Zusammenstellung von Reglern. Ein Beispiel: Tippen Sie auf **Licht** (oder auf das Sonnensymbol), erscheinen alle Regler für die Helligkeit (**Belichtung**, **Kontrast**, **Lichter**, **Tiefen**, **Weiß** und **Schwarz**). Dieser Bereich zeigt oben auch die Schaltfläche für **Gradationskurven**. Tippen Sie einfach Anfasspunkte in die Diagonale, und ziehen Sie zum Aufhellen nach oben oder zum Nachdunkeln abwärts. Per Doppeltipp auf einen Punkt entfernen Sie ihn wieder.

4 Lightroom mobile liefert eine meiner Lieblingsfunktionen der Rechnerversion, wenn auch etwas versteckt: Heben Sie überbelichtete Bereiche durch Signalfarben hervor. Diese Warnung gibt es für **Belichtung**, **Tiefen**, **Lichter**, **Weiß** und **Schwarz**. Halten Sie einfach zwei Finger an eine beliebige Stelle des aktuell genutzten Reglers. Das Bild erscheint nun schwarz, Sie sehen nur Motivpartien mit der sogenannten Lichterbeschneidung. Hier habe ich den **Weiß**-Regler zu weit nach rechts gezogen und so die Hauttöne nur im **Rot**-Kanal beschnitten; auf der Stirn erhalte ich allerdings Detailverlust in allen drei Farbkanälen. Das ist kein gutes Zeichen, ich muss also **Weiß** oder die **Lichter** wieder zurückfahren, um diesen Detailverlust zu verhindern.

5 Die massiv verbesserte Kontrastautomatik finden Sie auch im mobilen Lightroom. Tippen Sie rechts oben im **Bearbeitungen**-Bedienfeld auf **Auto** oder je nach Gerät auf das Symbol mit dem stilisierten Foto und ein paar Sternchen. Ein Tipp reicht, und entweder das Ergebnis überzeugt, oder Sie tippen zum Widerrufen oben auf **Rückgängig** (hier gefällt mir das Ergebnis nicht, jedenfalls nicht für die geplante Beauty-Retusche).

> **TIPP: Kommando zurück**
>
> Nach einem Fehler tippen Sie zum Widerrufen oben rechts auf den gebogenen, nach links weisenden Pfeil. Mit wiederholtem Tippen widerrufen Sie immer weiter zurückliegende Arbeitsschritte.

6 Nach einem Tipp auf **Farbe** (oder auf das Thermometersymbol) ändern Sie Weißabgleich und Farbstimmung mit den Reglern **Temperatur**, **Tönung**, **Dynamik** und **Sättigung**. Oben in der Mitte dieses Bereichs zeigt Lightroom Weißabgleichvorgaben (eine längere Liste bei RAW-Dateien, ein sehr knappes Angebot für JPEGs). Unser allseits beliebtes Werkzeug **Weißabgleichauswahl** (mehr auf Seite 153) ist auch vertreten, rechts von den Weißabgleichvorgaben. Nach einem Tipp auf das Werkzeug erscheint eine Lupe, die Sie mit Live-Vorschau über Ihr Foto ziehen; Sie sehen die Farbveränderung direkt beim Ziehen und Loslassen. Finden Sie einen Bereich, der einen guten Weißabgleich liefert, tippen Sie an der Lupe auf das Häkchen, und das Werkzeug springt zurück an seinen Platz im Bedienfeld. Zum Abbrechen tippen Sie einfach erneut auf das Weißabgleichsymbol.

7 Bleiben wir noch im Bereich **Farbe**: Ein Tipp auf **SW** verwandelt Ihr Bild in Schwarzweiß, aber das Ergebnis wirkt überaus flau – vermeiden Sie die Funktion, und nehmen Sie die **Monochrom**-Profile im Profilbrowser (zu sehen in Schritt 2). Rechts neben **SW** erscheint der **MIX**- oder **FARBMIX**-Regler (je nach Gerät) für Änderungen individueller Bildfarben nach dem **HSL**-Schema. (*Hinweis:* Nach dem Tipp auf **MIX** finden Sie das Zielkorrekturwerkzeug ganz oben im Bedienfeld, siehe Markierung. Tippen Sie es zum Aktivieren an, dann ziehen Sie über dem Farbbereich im Bild, den Sie ändern wollen.)

TIPP: Zurück auf Start

Sie haben Ihr Bild so richtig vermurkst, wollen alles widerrufen und von vorn anfangen? Tippen Sie auf das Zurücksetzen-Symbol unter den Bedienfeldern (ein Pfeil, der nach unten auf eine Linie zeigt). In einem Menü geben Sie jetzt an, wie massiv Sie widerrufen wollen: Per **Korrekturen** annullieren Sie nur Kontrasteinstellungen; ein Tipp auf **Alle** führt ganz zurück zum Original; der Befehl **Zu import.** zeigt noch einmal, wie Ihre Vorlage beim Import in Lightroom mobile aussah (Sie widerrufen dann Änderungen durch Lightroom mobile, aber nicht durch Lightroom am Rechner). **Zu öffnen** stellt den Zustand beim letzten Öffnen wieder her.

8 Im **Effekte**-Bereich finden Sie Regler wie **Klarheit**, **Dunst entfernen** und **Vignette**. Die Funktion unterscheidet sich nicht von Lightroom am Rechner. Auch eine Schaltfläche für **Teiltonung** taucht hier auf (hey, gehört die nicht zur **Farbe**? [hier das Geräusch von singenden Grillen einfügen]). Im Abschnitt **Detail** (ein Dreieck) sehen Sie die **Schärfen**-Regler wie in Lightroom am Rechner (hier abgebildet), dazu die **Rauschreduzierung**. Nicht viel Neues hier, liebe Leute, sehen wir uns weiter um.

9 Neben all den Reglern schafften es auch drei der famosen örtlichen Korrekturen rüber ins mobile Lightroom (**Korrekturpinsel**, **Verlaufsfilter** und **Radial-Filter**). Sie lassen sich echt gut per Finger anwenden. Tippen Sie auf das Symbol für **Selektive Bearbeitung**, ein Kreis mit einer gestrichelten Umrandung (hier rot markiert), und dann auf das große **+** (Plus) links oben. Tippen Sie nun auf eine der drei örtlichen Bearbeitungsmöglichkeiten, wir nehmen hier den **Korrekturpinsel**. Damit erscheint links ein Menü für **Größe**, **Weiche Kante** und **Fluss**. Tippen Sie ein Symbol an, und ändern Sie die Einstellung durch senkrechtes Ziehen.

> **TIPP: Schneller Vorher-Nachher-Vergleich**
>
> Solange Sie den Finger auf Ihrem Bild halten, zeigt Lightroom den ursprünglichen, unkorrigierten Zustand an. Über dem Foto erscheint die Meldung **Vorher**.

10 Haben Sie ein Werkzeug ausgewählt, nennen Sie als Nächstes die Regler, die Sie mit diesem Werkzeug örtlich anwenden. Tippen Sie auf einen Bereich wie **Licht**, **Farbe** oder **Effekte**, dann korrigieren Sie die Bildzone durch Übermalen von Hand (beim **Verlaufsfilter** ziehen Sie nach unten, beim **Radial-Filter** diagonal nach außen, um Ihren Lichthof zu erzeugen). An der Stelle Ihres ersten Tipps zeigt Lightroom einen Bearbeitungspunkt; tippen Sie ihn an, um ein Menü einzublenden: Damit zeigen Sie zum Beispiel die Maske beim Malen, duplizieren Bearbeitungen oder entfernen die Änderung komplett. Passt alles, bestätigen Sie durch einen Tipp auf **Fertig** (oder am Handy auf das Häkchen). Alternativ tippen Sie auf **Abbrechen** beziehungsweise auf das kleine **x**.

11 Per Tipp auf das **Vorgaben**-Symbol – zwei überlappende Kreise – erhalten Sie reihenweise Vorgaben aus dem Entwickeln-Modul, jeweils mit einer kleinen Vorschau. Ein Einzeltipp genügt – schon hat Ihr Bild den neuen Look. Gefällt er Ihnen, tippen Sie noch auf **Fertig** oder auf das Häkchen – zack, erledigt! Es gibt sieben **Vorgaben**-Bereiche – **Farbe**, **Kreativ**, **S/W**, **Gradationskurven**, **Körnung**, **Schärfen** und **Vignettierung**. Sie tippen irgendeine Vorgabe an, dann noch auf **Fertig**, und das war's auch schon. Nach Anwenden einer Vorgabe können Sie natürlich immer noch mit Reglern wie **Belichtung** oder **Kontrast** nacharbeiten.

12 Manche Vorgaben kann man »stapeln« – Sie addieren einen Effekt zum anderen. Testen Sie das mit Vorgaben wie **Vignettierung** (Abdunkeln des Bildrands) oder **Körnung** (Bildrauschen). Diese Vorgaben lassen sich kombinieren, weil sie keine anderen Regler wie **Teiltonung** oder **MIX** verwenden; sie überschreiben also keine Einstellungen, die Sie schon mit einer anderen Vorgabe angewendet hatten. Ein Beispiel: Sie nutzen eine **S/W**-Vorgabe und lassen eine **Farbe**-Vorgabe folgen. Die Farbe verwirft dann die Graustufenumsetzung und zeigt Ihr Schwarzweiß-Zwischenergebnis wieder bunt. Umgekehrt gilt aber: Ergänzen Sie eine schon vorhandene Vorgabe um **Körnung** oder **Vignettierung**, löschen Sie nichts schon Vorhandenes aus: Die zweite Vorgabe verwendet komplett andere Regler als die erste. Hier habe ich die **S/W**-Vorgabe **S/W Weich** genutzt und auf **Fertig** getippt. Darüber lege ich dann die **Körnung**-Vorgabe **Mittel**; das verstärkt die Wirkung eines körnigen Papierabzugs.

13 Eine der zeitsparendsten Funktionen von Lightroom am Rechner gibt es auch hier in der mobilen Welt: die **Vorherige**-Schaltfläche. Sie wendet alle Korrekturen vom letzten Bild mit einem einzigen Tipp auf das aktuelle Foto an – enorm schnell und praktisch! Und so geht's: Verfeinern Sie ein Foto nach Maß, dann zeigen Sie den Filmstreifen an und wechseln zu einer anderen Aufnahme. Im **Bearbeitungen**-Bedienfeld tippen Sie jetzt auf die Schaltfläche **Vom vorherigen Foto anwenden** (sie zeigt drei Regler und einen Pfeil nach rechts). Im Menü (hier zu sehen) wählen Sie zwischen **Korrekturen** – also nur Tonwertänderungen – und **Alle**, damit übertragen Sie Zuschneiden, Drehungen etc. Nach einem Tipp auf die gewünschte Option ändert Lightroom das Bild postwendend.

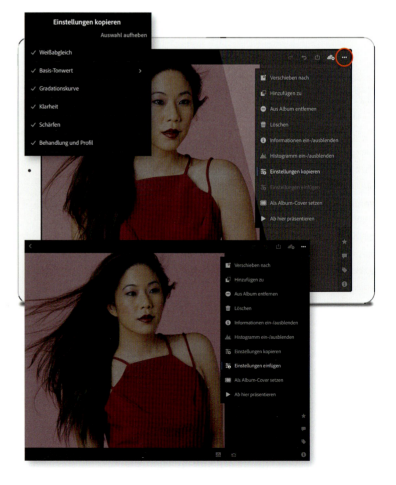

14 Es gibt noch eine andere Möglichkeit, Ihre Einstellungen von einem Bild auf ein anderes zu übertragen oder auf eine ganze Bildserie: Sie können die Korrekturen regelrecht kopieren und einfügen. Haben Sie ein Motiv bearbeitet, tippen Sie auf die drei Punkte rechts oben und nehmen **Einstellungen kopieren**. Im gleichnamigen Dialog bestätigen oder verwerfen Sie die angebotenen Einstellungen und tippen auf **OK**. Sie wechseln nun zu einem Bild, das diese Korrektur erhalten soll, tippen wieder auf die drei Punkte und nehmen im Menü **Einstellungen einfügen**. Mehr ist nicht dabei. Sie können einmal kopierte Einstellungen auf beliebig viele Fotos übertragen.

Bibliothek | Entwickeln | Karte | Buch | Diashow | Drucken | Web

15 Bei Objektivfehlern können Sie ein Objektivprofil anwenden. Tippen Sie auf **Optik** (das Objektivsymbol), und schalten Sie die **Objektivkorrekturen** ein. Lightroom wendet das Objektivprofil für Ihr spezielles Objektivmodell an. Natürlich nur, sofern es ein passendes Profil findet. Liegt kein Korrekturprofil vor, dann ... haben Sie wohl Pech. Aber so schlimm ist es auch nicht – es gibt ja noch Schritt 16.

16 Tippen Sie auf **Geometrie** (mit einem Symbol, das, nun ja, an Geometrie erinnert). Hier finden Sie die **Upright**-Funktionen, also automatische Ein-Tipp-Korrekturen für typische Objektivprobleme wie stürzende Linien oder einen schiefen Horizont. Sogar wilde Verzerrungen korrigieren Sie hier. Sie finden allerlei Regler für **Verzerrung**, **Vertikal**, **Horizontal**, **Drehen** und **Seitenverhältnis** wie in Lightroom am Rechner. Tippen Sie jedoch oben rechts neben dem Wort **Upright** auf **Aus**. Nun zeigt Lightroom die **Upright**-Funktionen wie **Automatisch**, **Waagerecht** oder **Vertikal** (mehr dazu auf Seite 268). Hier erscheint auch die Funktion **Mit Hilfslinien**; damit tippen und ziehen Sie Linien entlang von Motivkonturen, die Sie gerade ausrichten wollen (Details ab Seite 272). Auf Mobilgeräten funktioniert das wirklich gut, es fühlt sich natürlicher an als am Computer. Ziehen Sie bis zu vier Linien auf, und wenn Ihnen das Ergebnis nicht zusagt, tippen Sie auf den Mülleimer. Ansonsten tippen Sie auf **Fertig** (je nach Gerät ist dieses finale Tippen gar nicht nötig). Alles ganz einfach. Die Option **Zuschnitt beschränken** ist auch an Bord. Sie tilgt die weißen Bildränder, die bei allen **Upright**-Funktionen leicht entstehen (ich lasse das meist eingeschaltet, denn in aller Regel spart es viel Zeit).

Zuschneiden und drehen

Also das Zuschneiden haben die Programmierer wirklich gut auf die mobile Welt übertragen. Womöglich gefällt es mir am Handy oder Tablet sogar besser als am Rechner – es funktioniert schnell, intuitiv, und alles, was am Computer geht, kann auch die Mobilversion. Nur dass es hier irgendwie noch flüssiger und eingängiger von der Hand geht. Kurzum: Sie werden es lieben.

1 Zum Zuschneiden tippen Sie einfach auf das Freistellungswerkzeug. Umgibt Lightroom Ihr Bild mit einem Freistellungsrahmen, haben Sie das Freistellungswerkzeug aktiviert. Zusätzlich sehen Sie am Tablet das **Zuschneiden**-Bedienfeld, am Handy eine Reihe von Symbolen unter oder neben dem Foto, je nachdem, ob Sie das Gerät hochkant oder quer halten. Hier sehen Sie all die Freistellmöglichkeiten von Lightroom am Rechner.

2 Nutzen Sie Freistellverhältnisse wie **1 × 1 Quadratisch**, **4 × 3**, **16 × 9** und so weiter. Tippen Sie am Tablet auf das angezeigte aktuelle Seitenverhältnis, am Mobiltelefon auf das Symbol mit den geschichteten Rechtecken. Hier habe ich auf **16 × 9** getippt, und die Freistellungsüberlagerung zeigt die Aufnahme entsprechend zugeschnitten an. Bereiche, die Sie absäbeln, bleiben sichtbar, werden aber dunkelgrau überlagert. Bei dieser Freistellung hier würde oben und unten ein Bildstreifen verschwinden. Nachdem Sie diese Freistellung eingerichtet haben, ziehen Sie das Foto innerhalb der Auswahl an andere Stellen. So passen Sie den Bildausschnitt an.

> **TIPP: Freistellung zurücknehmen**
>
> Sie möchten wieder das ursprüngliche Bild sehen, ohne Zuschnitt? Tippen Sie doppelt in den Auswahlrahmen.

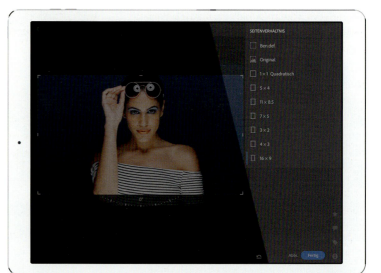

3 Neben den Seitenverhältnissen finden Sie das Vorhängeschloss-Symbol, mit dem Sie zu völlig freien Seitenverhältnissen schalten – Sie sind nicht mehr an Seitenverhältnis-Vorgaben gebunden. Tippen Sie auf das Symbol, damit das Schloss geöffnet erscheint. Nun lässt sich jede Ecke des Auswahlrahmens frei bewegen, ohne dass sich die anderen Seiten mitverändern (als ob Sie am Computer mit dem geöffneten Vorhängeschloss freistellen). Hier habe ich das Vorhängeschloss angetippt, um es zu öffnen, und dann jede einzelne Seite des Rahmens nach meinen Wünschen verändert. Tippen Sie im Bereich **Bild drehen und spiegeln** auf die zwei waagerechten Dreiecke, spiegeln Sie Ihr Bild horizontal (so wie hier, ihr Arm ist nun rechts im Bild). Und tippen Sie auf die zwei senkrechten Dreiecke, spiegeln Sie das Foto vertikal.

> **TIPP: Neue Freistellungsüberlagerung**
>
> Solange Sie mit zwei Fingern in die Freistellungsüberlagerung tippen, zeigt Lightroom mobile Orientierungslinien nach der Drittelregel.

4 Möchten Sie das Bild im Freistellrahmen drehen, ziehen Sie außerhalb der Auswahl nach oben oder unten. Dabei drehen Sie Ihr Bild und nicht den Rahmen. Hier habe ich außerhalb des Fotos auf die Arbeitsfläche getippt und das Modell etwas nach links gedreht.

> **TIPP: Auf Hochformat zuschneiden**
>
> Standardmäßig bietet Lightroom zuerst einen querformatigen Freistellungsrahmen an. Möchten Sie den Rahmen bei gleichbleibendem Seitenverhältnis ins Hochformat drehen, tippen Sie auf das Symbol mit dem gefüllten Rechteck und dem aufwärts oder abwärts zeigenden Pfeil (siehe rote Markierung). Sie erhalten eine hochformatige Freistellung.

Ihre Lightroom-Alben über das Internet teilen

Wenn Sie mit Lightroom am Rechner Alben (Sammlungen) synchronisieren, landen die Bilder wie bekannt auf Ihrem Handy und/oder Tablet. Aber dieselben Alben erscheinen auch auf einer speziellen privaten Website, die nur Sie sehen. Der große Vorteil von »Lightroom im Web«: Teilen Sie Ihre Bilder mit Einzelpersonen oder auf Wunsch auch mit der gesamten Öffentlichkeit. Adobe hat die Technik mit interessanten Optionen aufgepeppt.

1 Dies ist zwar eine Funktion von Lightroom mobile, denn sie basiert auf synchronisierten Alben (Sammlungen) von Ihrem Rechner. Sie betrachten die Fotos jedoch auf einem Internetbrowser am Computer (natürlich könnten Sie die Bilder auch per Browser im Smartphone sehen, aber dort erscheinen Ihre Aufnahmen ja schon in der Lightroom-App). So zeigen Sie Ihre synchronisierten Alben im Web: Öffnen Sie das Bibliothek-Modul in Lightroom am Rechner, dann wählen Sie **Hilfe • Synchronisierte Sammlung im Internet anzeigen** (hier abgebildet). Erscheint der Befehl nicht, laden Sie http://lightroom.adobe.com.

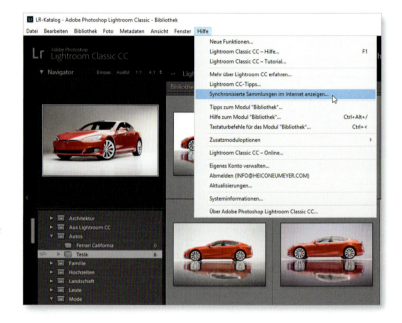

2 Nun öffnet sich Ihr Internetbrowser und zeigt Lightroom im Web an (Ihre Fotos sind passwortgeschützt, Sie müssen sich also eventuell mit Adobe-ID und Passwort anmelden). Hier sehen Sie Ihre synchronisierten Alben direkt im Internet. Und was bringt uns das? Bequemes Teilen und Veröffentlichen! Auf diesem Weg teilen Sie Ihre Bilder ganz leicht. Ein Beispiel: Sie fotografieren Schulsport und wollen die Bilder den anderen Eltern zeigen. Teilen Sie Ihr Album mit Einzelpersonen per E-Mail oder Messengerdienst; alternativ veröffentlichen Sie den Link allgemein zugänglich auf Facebook, Twitter oder Google+.

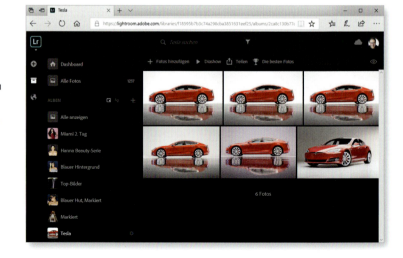

Bibliothek | Entwickeln | Karte | Buch | Diashow | Drucken | Web

3 So teilen Sie ein Album: Klicken Sie es an, dann klicken Sie oben auf der Seite auf **Teilen**. Danach erhalten Sie die Optionen **Dieses Album freigeben** und **Neue Freigabe erstellen** (dort tippen Sie Texte zu Ihren Bildern ein). Klicken Sie erst einmal auf **Dieses Album freigeben**. Die nächste Meldung präsentiert nur allgemeines Blabla, klicken Sie also wieder auf **Dieses Album freigeben**.

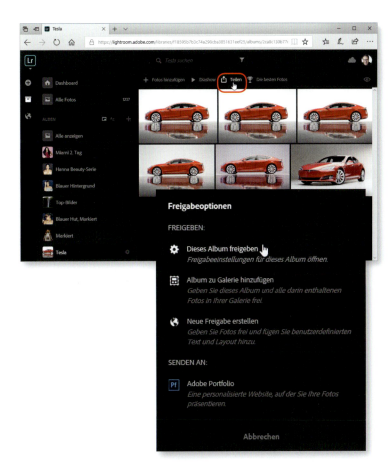

4 Das bringt Sie zu den **Albumeinstellungen** mit vier Registern. Zunächst sehen Sie das besonders wichtige **Freigeben-Register**. Hier zeigt Lightroom die Webadresse für Ihr veröffentlichtes Album. Klicken Sie rechts neben der Adresse auf das Zwischenablage-Symbol; so kopieren Sie die Webadresse und fügen sie in E-Mails oder Kurznachrichten an Freunde und Kunden wieder ein. Wollen Sie das Album allgemein öffentlich vorzeigen, klicken Sie auf die Schaltflächen für Facebook, Twitter oder Google+. Beachten Sie auch weiter unten die Optionen für dieses Album: Wenn Sie Schulsport-Bilder veröffentlichen und **Downloads zulassen**, dann können die anderen Eltern niedrig aufgelöste Bildversionen herunterladen. Per **Metadaten anzeigen** blenden Sie Daten wie Blende, Belichtungszeit oder Kameramodell ein, und mit **Ort anzeigen** veröffentlichen Sie auch eingebettete GPS-Positionsangaben. Mit einem Klick auf die Flaggen weiter unten zeigen Sie wahlweise nur Bilder mit **Markiert**-Flagge, nur Bilder ohne Flagge oder nur abgelehnte Motive (Fotografen, die nur abgelehnte Bilder veröffentlichen, würde ich gern mal in einer Talkshow sehen).

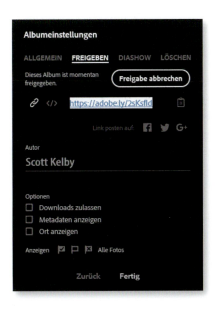

Kapitel 14 Unterwegs mit Lightroom

5 Wer auf Ihre weitergereichte Webadresse tippt oder klickt, sieht eine Webgalerie wie hier. Per Klick lassen sich die Bilder vergrößern, und mit den Pfeiltasten schaltet Ihr Publikum von einem Foto zum nächsten. Die **Diashow**-Schaltfläche rechts oben startet eine automatische Bildfolge (die Optionen regeln Sie im Register **Diashow** in den **Albumeinstellungen**, die Sie aus Schritt 4 kennen). Bei Anzeige des vergrößerten Einzelbilds (wie im nächsten Schritt) kann der Betrachter auf das kleine **i** rechts auf der Seite klicken oder tippen; dann erscheint eine Leiste mit Metadaten und GPS-Ortsangaben. Das sind in etwa die Möglichkeiten – Ihr Publikum sieht die Bilder in beliebigen Webbrowsern. Das genügt ja oft auch.

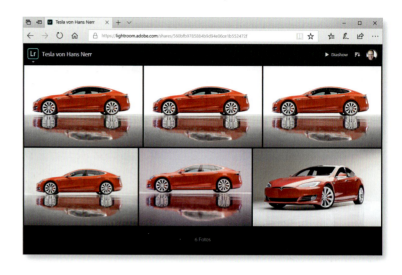

6 Ihre Betrachter können zudem Lieblingsbilder auswählen und sogar Kommentare dazu schreiben. Sie müssen sich dafür jedoch einen Adobe-Nutzernamen samt Passwort zulegen. Das kostet zum Glück nichts, Interessierte könnten sich also kurzum anmelden. Ich habe allerdings gleich einen Nutzernamen für meine Kunden eingerichtet – einen schlichten Namen wie »Zugang@KelbyPhoto.com« mit einem einfachen Passwort wie »Kunde«. Hier geht's ja nicht um Bankverbindungen, darum sollte alles möglichst einfach sein. Die Kunden sehen ja auch nur ein Album mit einer Webadresse, darum bekommen alle denselben Nutzernamen mit Passwort. Jetzt können sich die Betrachter einwählen; bei Bildern, die sie mögen, klicken sie links unten auf das **Gefällt mir**-Symbol (ein Herz), und mit dem Symbol daneben hinterlassen sie Kommentare. Diese Anmerkungen sehen Sie dann direkt in Lightroom am Rechner.

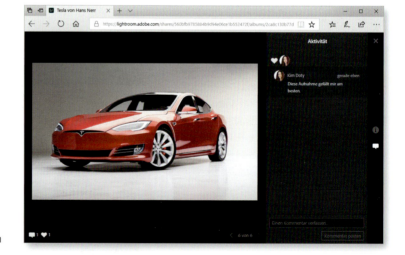

Bibliothek | **Entwickeln** | Karte | Buch | Diashow | Drucken | Web

7 Erhalten Sie online einen Kommentar oder einen **Gefällt mir**-Klick, zeigt Lightroom am Rechner über dem Namen der Sammlung ein gelbes Kommentarsymbol; auch die Bildminiatur selbst erhält ein Symbol, wie hier hervorgehoben. Möchten Sie den Kommentar lesen und vielleicht beantworten, öffnen Sie im Bibliothek-Modul rechts das **Kommentare**-Bedienfeld (wie gezeigt).

> **TIPP: Fotokorrektur im Browser**
>
> Bearbeiten Sie Ihre Bilder problemlos direkt in Lightroom im Internet – die Regler der **Grundeinstellungen** stehen online bereit: Sie wählen ein Bild per Klick oder Tipp aus, dann nutzen Sie links oben die Schaltfläche **Dieses Foto bearbeiten**. Schon erscheinen rechts die **Anpassen**-Regler.

8 Wahlweise zeigen Sie keine übliche Internetgalerie, sondern eine magazinartige Bild-Text-Aufmachung zum Beispiel für Ihre letzte Urlaubsreise. Dafür klicken Sie zu Beginn in den **Albumeinstellungen** auf **Neue Freigabe erstellen** und geben einen **Titel** ein. Sie finden dann bequeme Schaltflächen, mit denen Sie übersichtlich Text einsetzen. Eine Funktion hat Adobe allerdings etwas versteckt – wie man eine neue leere Textfläche zwischen zwei Fotos erzeugt. Dazu halten Sie den Zeiger zwischen zwei Bilder. Dabei entsteht ein Zwischenraum, die Bilder weichen zur Seite wie die Flügel einer Schwingtür. In diesem Zwischenraum klicken Sie auf das **+** (Pluszeichen, hier zu sehen). Damit erhalten Sie eine neue Fläche und einen Button, den Sie für den nächsten Textblock wieder anklicken. Steht Ihre Story? Der Link erscheint bereits links oben auf der Seite, Sie können ihn sofort per E-Mail, Kurznachricht und in allen Netzwerken weitergeben.

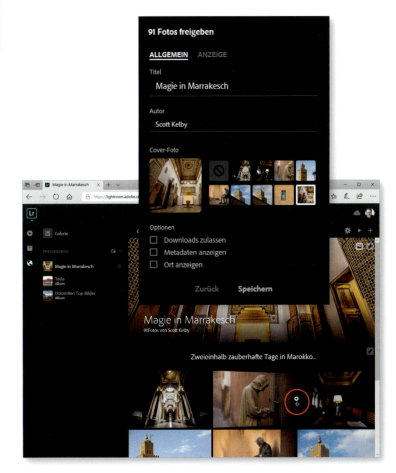

Online-Fotosession für Ihre Kunden

Viel cooler geht's nicht mehr, und Sie beeindrucken Ihre Kunden mit Hi-Tech pur: Wir richten Lightroom mobile so ein, dass die Kunden bei der Fotosession neue Bilder sofort auf einem Tablet sehen. Und mehr als das, die Betrachter können sofort Aufnahmen auswählen, kommentieren und den Link an andere Leute weltweit verschicken. Alle können auf diese Weise am Shooting und an der Bildauswahl teilnehmen!

1 Sie müssen »tethered« fotografieren, also mit Kabelverbindung, so dass Ihre Bilder direkt in Lightroom am Rechner erscheinen (hier mache ich das mit meinem Laptop; mehr zu dieser Technik in Kapitel 3). Im Bild sehen Sie das Modeshooting in einem Studio; neu fotografierte Bilder erscheinen sofort in Lightroom Classic am Laptop. Ich will dem Kunden ein Tablet in die Hand drücken, auf dem er frisch fotografierte Aufnahmen sofort sieht. Dabei will ich aber selbst entscheiden, welche Motive der Kunde tatsächlich zu Gesicht bekommt.

2 In Lightroom am Rechner erzeugen Sie zuerst eine neue Sammlung; ich nenne sie hier im Dialog **Sammlung erstellen** »Rotes Kleid«. Aktivieren Sie auch die Option **Als Zielsammlung festlegen** – nur so funktioniert unser Plan. Außerdem nehmen Sie die Option **Mit Lightroom CC synchronisieren** (ebenfalls sehr wichtig). Das mit der **Zielsammlung** heißt für uns: Sehe ich beim Shooting ein Foto, das ich auch dem Kunden zeigen möchte, drücke ich die Taste B. Damit erscheint die Aufnahme auch in der Zielsammlung. Der Kunde soll nur die besten Bilder sehen – keine Aufnahmen mit geschlossenen Augen oder Blitzversagen; darum drücke ich das B nur bei gelungenen Aufnahmen.

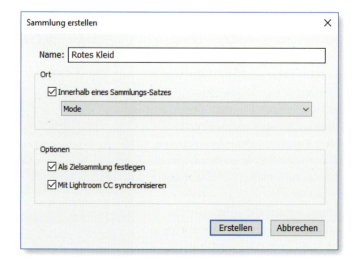

Bibliothek | **Entwickeln** | Karte | Buch | Diashow | Drucken | Web

3 Die Vorbereitungen sind abgeschlossen, es kann losgehen. Ich öffne also Lightroom mobile am iPad und sehe sofort meine neue synchronisierte Sammlung **Rotes Kleid** (nun gut, in Lightroom mobile ist das ein »Album«). Ich tippe auf das Album und gebe das Tablet meinem Kunden, Art Director, Freund, Assistenten oder Besucher. Sie befinden sich im Studio deutlich hinter mir (die meisten Fotografen schätzen es nämlich gar nicht, wenn ihnen bei der Arbeit jemand über die Schulter linst).

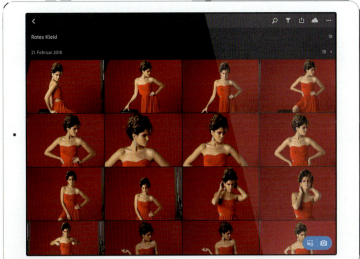

4 Gelingt mir nun beim Fotografieren ein Bild, das auch der Kunde sehen soll, dann drücke ich schlicht das B auf der Tastatur. Das Foto landet so in der Zielsammlung auf meinem Laptop; und die ist mit dem iPad synchronisiert, so dass auch der Kunde gleich das Bild auf dem Tablet sieht. Den Kunden (Freunden, Verwandten) zeige ich auch, dass sie unten am Schirm auf die **Markiert**-Fahne tippen können, wenn ihnen ein Foto gefällt. Vielleicht möchten Sie Ihr Tablet aber nicht aus der Hand geben, oder Sie haben keins parat. Dann nutzen Sie Lightroom im Web (siehe Seite 442), teilen die synchronisierte Sammlung und schicken Ihrem Kontakt die Webadresse des Albums (also Ihrer aktuellen Zielsammlung). Das funktioniert in etwa wie schon beschrieben. Die Bilder erscheinen jedoch im Internetbrowser und nicht auf dem iPad. Ihre Favoriten kennzeichnen die Betrachter mit der Herz-Schaltfläche. Die Kunden können auch Kommentare hinterlassen, wenn sie eine Adobe-Nutzer-ID haben oder von Ihnen erhalten (wie auf Seite 444 erwähnt). Die Kunden können die Webadresse jetzt sogar weitergeben, zum Beispiel an Kollegen im Büro, die unsere Aufnahmesession dann ebenfalls live mitverfolgen. Echt starke Sache.

Die Suchfunktion der Lightroom-App

So viel Unfrieden herrscht heute in der Welt. Aber bei allen Unterschieden sind wir uns doch in einer Sache einig: Verschlagworten nervt tierisch (ich wollte mich kräftiger ausdrücken, aber Sie ahnen, was ich meine). Adobe weiß, dass Sie nicht gern verschlagworten, und deshalb werden Sie die Suchfunktion der Lightroom-App lieben – auf magische Weise, ganz ohne Verschlagwortung findet sie das Gewünschte, zum Beispiel »Autos«, »Gitarren« oder »die Kinder«. Hinter dieser Funktion steckt Adobe Sensei, und das funktioniert meistens ganz prächtig.

1 Tippen Sie in der **Alben**-Ansicht rechts oben auf die Lupe, um in das Suchfeld mit der Sensei-Technik zu gelangen. Tippen Sie Ihren Suchbegriff ein, und Lightroom durchsucht die Bildinhalte mit künstlicher Intelligenz nach Ihrer Abfrage. Sie müssen also vorher nicht verschlagworten.

> **TIPP: Sicheres Übergeben des Handys**
>
> Sie geben Ihr Mobilgerät anderen Personen in die Hand, damit sie Ihre Bilder sichten – aber Sie möchten versehentliche Änderungen bei **Markiert**-Fahnen, Sternebewertung oder **Bearbeitungen** vermeiden? Dafür gibt es den **Präsentieren**-Modus. Er schaltet all diese Funktionen ab, Sie müssen also keine ungewollten Eingriffe befürchten. Tippen Sie einfach oben rechts auf die drei Punkte und dann auf **Präsentieren**. Haben Sie Ihr Gerät dann wieder selbst in der Hand, beenden Sie das **Präsentieren** mit einem Tipp auf das **x** oben links.

2 Hier suche ich meine Aufnahmen vom American Football, also schreibe ich »American Football« ins Suchfeld und tippe in der Bildschirmtastatur auf **Suchen**. Lightroom findet in nur ein oder zwei Sekunden alle Aufnahmen, die visuell zu meinem Suchbegriff passen. Sie sehen es hier, Lightroom zeigt reihenweise Football-Fotos aus unterschiedlichen Alben.

Bibliothek | **Entwickeln** | Karte | Buch | Diashow | Drucken | Web

3 Lightroom liefert die Ergebnisse blitzschnell und bietet dann einige Sortiermöglichkeiten. Tippen Sie auf die drei Punkte rechts oben, dann erkennen Sie im Menü, dass Lightroom Ihre Fotos zunächst nach Relevanz anordnet. Tippen Sie für weitere Sortierkriterien auf **Nach Relevanz sortieren**. Hier habe ich auf **Aufnahmedatum** getippt, so dass meine neuesten Fotos ganz oben erscheinen. Die Reihenfolge lässt sich umkehren, dann sehen Sie die ältesten Bilder zuerst; dazu tippen Sie auf das Symbol rechts neben **Aufnahmedatum**, drei Linien mit einem Pfeil nach unten.

> **TIPP: So speichern Sie RAW-Aufnahmen aus Lightroom mobile in der Kamerarolle**
>
> Standardmäßig landen RAW-Dateien aus Lightrooms Kamera-App je nach Gerät direkt in Lightroom mobile und eventuell nicht in der Kamerarolle (oder Galerie) Ihres Handys. Viele Nutzer wollen aber solche Bilder offenbar auch in der Kamerarolle sehen, und so geht's: Sie tippen auf die gewünschte Aufnahme und dann oben auf das **Teilen**-Symbol. Im Menü tippen Sie auf **Original exportieren** und danach auf **Kamerarolle** oder **Galerie**. Damit sichern Sie das RAW-Bild in der Kamerarolle. Ganz einfach also.

4 Bei einer Suche aus der **Alben**-Übersicht (mit all Ihren Sammlungen – ähm, ich meinte mit Ihren Alben) durchforstet der Dienst zunächst sämtliche Bilder, die Sie in Lightroom mobile verwalten. Wahlweise durchsuchen Sie auch ein einzelnes Album. Tippen Sie es zunächst an, damit die Bildminiaturen des Albums erscheinen (wie hier), anschließend tippen Sie oben auf die Suchlupe und geben Ihren Begriff ein – ich suche hier nach »Blumenstrauß«. Lightroom mobile liefert nur Ergebnisse aus dem aktuellen Album. Wie im kleinen Bild zu sehen, fand die App in diesem Album genau zwei Aufnahmen mit Blumen.

Kapitel 14   Unterwegs mit Lightroom

Die eingebaute Kamerasteuerung ist echt großartig!

Ich hatte ja schon am Kapitelanfang erwähnt, dass Lightroom mobile eine superstarke eingebaute Kamerafunktion mitbringt. Wenn Sie die erst kennen, wollen Sie mit der regulären Kamera-App Ihres Handys nichts mehr zu tun haben. Erschließen wir uns also die neuen Funktionen für mehr Bildqualität und bessere Bedienung.

1   In der **Alben**-Übersicht oder in einem Einzelalbum zeigt Lightroom mobile rechts unten diesen blauen Button mit den abgerundeten Ecken. Dort tippen Sie auf das Kamerasymbol rechts innerhalb der Schaltfläche, um die Kamerafunktion von Lightroom mobile zu öffnen. Sind Sie gerade in einem bestimmten Album und tippen Sie auf die Kamera, landen die Bilder im aktuellen Album. Ansonsten erscheinen sie im Bereich **Alle Fotos** oberhalb der **Alben**-Liste.

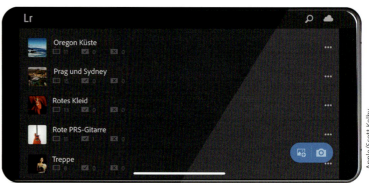

2   Standardmäßig erscheint die Lightroom-Kamera im **Auto**-Modus. Die funktioniert so wie die reguläre Kamera-App Ihres Handys (buh!), sie steuert die Belichtung vollautomatisch. Sie drücken bloß auf den Auslöser (schnarch). Möchten Sie jedoch Weißabgleich, ISO-Einstellung und Belichtungszeit von Hand steuern wie bei einer DSLR oder bei einer spiegellosen Systemkamera, tippen Sie unter dem Auslöser auf **Auto**. Ein Menü bietet jetzt je nach Mobilgerät **High Dynamic Range** oder **HDR** (mehr dazu später); fürs Erste tippen Sie aber auf **Professionell** oder **Pro** (wie gezeigt).

3 Damit erscheinen die Symbole für die Kamerasteuerung links neben dem Auslöser. Tippen Sie ein Symbol an, erscheinen Regler und beim Weißabgleich Symbole. Standardmäßig fotografiert die App zudem JPEGs, aber viele Handys können auch DNG-RAW-Dateien aufzeichnen (das iPhone ab Version 6 aufwärts und viele hochwertigere Android-Geräte). Tippen Sie also wenn möglich auf **JPG** oder **JPEG**. In den **Dateiformate**-Optionen schalten Sie dann zu **DNG** um (Adobes RAW-Dateiformat).

4 Das Scharfstellen geht weitgehend wie bei jeder Kamera: Sie tippen länger auf den Motivteil, den Sie scharf ablichten wollen, dann erscheint ein Scharfstell-Rechteck. Für abdunkelnde **Belichtungskorrektur** ziehen Sie einfach nach links, zum Aufhellen nach rechts. Das geht schnell und einfach, und Lightroom meldet die Änderung in Blendenstufen.

5 Zu den drei Symbolen über dem Auslöser (oder bei Hochformatfotografie rechts daneben): Sie bieten Live-Aufnahmeeffekte (mehr dazu gleich); Messwertspeicher (ein Tipp auf das Schloss speichert den Belichtungswert, dann ändern Sie den Bildausschnitt) und einen Wechsel zwischen Weitwinkel und Tele (falls Ihr Handy zwei Brennweiten bietet, wie etwa ein iPhone mit zwei Objektiven). Interessanter, als man meinen möchte, sind die Live-Effekte: Wenden Sie Effektvorgaben noch vor der Aufnahme an, mit perfekter Vorschau. Sie erkennen also sofort, ob eine Szene gut in Schwarzweiß wirkt, mit Kontrasteffekt oder Kreativlook. Nach einem Tipp auf das Symbol (zwei überlappende Kreise, hier hervorgehoben) zeigt Lightroom mobile unten eine Reihe von Effektminiaturen. Wenden Sie eine Miniatur per Antipp noch vor dem Fotografieren an.

Hinweis: Die Effekte sind verlustfrei. Zeigen Sie Ihre Aufnahme später jederzeit wieder als normales Foto ohne Effekt.

6 Ein Tipp auf die drei Punkte oben links (oder oben rechts) zeigt weitere Optionen rechts oder unten: Über das Zahnradsymbol kommen Sie an die **Einstellungen** für die Kamerafunktion. Das Dreieck (nicht bei allen Geräten) aktiviert die Überbelichtungswarnung, ein schillerndes Streifenmuster. Ein Tipp auf das kleine Schachbrett zeigt die Optionen für **Raster und Wasserwaage** (wie abgebildet) mit einigen Bildüberlagerungen und dem digitalen Horizont (bei neueren iPhones mit haptischem Feedback). Es gibt noch ein Selbstauslöser-Symbol, und die letzte Schaltfläche bestimmt das Seitenverhältnis Ihrer Fotos.

7 Unten oder oben links finden Sie das Symbol für den eingebauten Blitz. Per Tipp erscheint das hier gezeigte Menü. Im **Auto**-Modus entscheidet Lightroom mobile selbst, ob geblitzt werden sollte. Mit **Ein** blitzt die App generell unabhängig von der Umgebungshelligkeit, oder wählen Sie **Aus**. Für beste Bildqualität gibt es nur eine Option: **Aus**. (Ja, wirklich.) Für Ihre Selfies existiert noch das Symbol mit kreisförmigen Pfeilen links oben oder rechts oben; damit schalten Sie zur Frontkamera und lichten Ihr eigenes Konterfei ab.

8 Besonders gefällt mir der eingebaute **HDR**-Modus, mit der HDR-Technik aus Lightroom Classic. Damit fotografieren Sie wenn nötig einen größeren Tonwertumfang. Sehen Sie sich zum Beispiel dieses Motiv aus einem Restaurant an. Im oberen Bild nutzt die Lightroom-Kamera den **Pro**-Modus; die Strukturen im Glas sind verschwunden und die Lichter so weit ausgefressen, dass man draußen nichts mehr erkennt. Dann habe ich noch einmal im **HDR**-Modus fotografiert (unteres Bild). Jetzt sieht man den Innenhof und die Glasmuster. Sogar die Tischlampe hat wieder Feinzeichnung, und die Tieftöne rechts um die Champagnerflaschen herum erscheinen heller. Lightroom zeigt einen größeren Tonwertumfang, indem es mehrere unterschiedlich belichtete Bilder automatisch zu einem einzigen Foto verschmilzt.

Lightroom CC = Lightroom mobile am Computer

Da Sie Lightroom mobile jetzt kennen, wollte ich Ihnen kurz noch die Desktop-Version der App vorstellen, und das ist »Lightroom CC« – mit den bekannten Einschränkungen beim Funktionsumfang, fast identischer Nutzeroberfläche (ohne Module, alles in einem Bildschirm), ja sogar mit Alben und Ordnern, ganz wie Lightroom mobile. Lightroom CC am Rechner ist die cloudbasierte Lightroom-Ausgabe, die ich in der Einleitung zum Buch erwähnt hatte (Seite 12). Hier die Grundlagen:

1 Nur beim Importieren unterscheidet sich Lightroom CC am Rechner merklich von Lightroom mobile. Einfacher geht es hier kaum, denn viel entscheiden können Sie nicht. Einen Speicherplatz legen Sie nicht fest, denn alles wandert in Adobes Cloudspeicher (im Vergleich zum Importieren-Fenster in Lightroom Classic gibt es wirklich kaum Optionen). Tatsächlich lassen sich nur zwei Dinge regeln: Sie wählen Bilder ab, die Sie nicht importieren wollen und entscheiden, ob Sie Dateien in vorhandene Alben einreihen möchten (klicken Sie oben in der Mitte auf **Zu Album hinzufügen**. Wahlweise legen Sie ein neues Album an, Lightroom CC zeigt dann den hier abgebildeten Dialog). Mehr geht hier nicht.

2 Diese Benutzeroberfläche kennen Sie, denn sie unterscheidet sich kaum von Lightroom mobile: Alben und Ordner links, und nach einem Klick auf ein Album erscheinen die Bilder darin, ganz wie in der Lightroom-App am Mobilgerät. Unten sehen Sie **Markiert**-Fahnen und Sternebewertung. Ganz unten links wählen Sie verschiedene Darstellungsarten und Sortierungen. Die Suchleiste oben verwendet dieselbe Sensei-Suche wie Lightroom mobile.

3 Die Regler erscheinen wie in Lightroom mobile auf der rechten Seite – klicken Sie einfach auf ein Symbol (hier habe ich auf **Bearbeiten** geklickt), schon erscheinen die Bedienfelder. Sie gleichen weitgehend Lightroom mobile, mit der bekannten Reihenfolge und Gruppierung, und sie wirken genauso (kein Wunder). Es ist ganz einfach dasselbe (und es funktioniert genauso wie bei den Reglern aus diesem Kapitel und aus dem Kapitel zur Bildbearbeitung ab Seite 142). Der einzige Unterschied: In Lightroom mobile tippen Sie auf den Schirm, in Lightroom CC klicken Sie mit der Maus. Sehen Sie sich in der unteren Abbildung einmal die iPad-Version an: Das ist dasselbe Programm nur mit ein paar Anpassungen für berührungsempfindliche Bildschirme.

> **TIPP: Nie Classic und CC parallel**
>
> Adobe empfiehlt, entweder Lightroom Classic oder Lightroom CC zu verwenden – aber nicht beide zeitgleich. Ein Grund dafür: Wenn Sie Lightroom CC nutzen und dann in Lightroom mobile weiterarbeiten, werden die Änderungen nicht mit Lightroom Classic synchronisiert, sondern nur mit Lightroom CC – große Verwirrung garantiert. Bleiben Sie also bei Lightroom Classic, und dann synchronisieren Sie auch stressfrei mit Lightroom mobile.

4 Falls Sie danach suchten: Ja, die Profile wie **Adobe Farbe**, **Kamera**, **S/W** und die Kreativprofile sind auch hier (die gibt es jetzt überall, in Lightroom Classic, CC und mobile). Hier habe ich auf ein **S/W**-Profil geklickt und mein Bild in Schwarzweiß umgewandelt. Weitere Module gibt es in Lightroom CC nicht – kein Karte-Modul, kein Drucken-Modul (tatsächlich kann man gar nicht drucken). Kein Diashow-, kein Web-, kein Buch-Modul, und vieles andere fehlt auch. Im Lauf der Zeit wird Lightroom CC neue Funktionen erhalten. Derzeit jedoch kann es nicht mehr als die Mobil-App, aber es läuft am Desktop-Rechner.

Foto: Scott Kelby | Belichtung: 1/125 s | Brennweite: 24 mm | Blende: f/8

Mein Workflow
So laufen meine Fotoprojekte ab

15

In den letzten paar Auflagen meines Buchs brachte ich zum Schluss immer dieses Bonuskapitel mit meinem eigenen Arbeitsablauf in Lightroom: ein typisches Projekt von Anfang bis Ende mit allen Arbeitsschritten anhand eines einzelnen Bildes. Es soll zeigen, wie ich dabei die verschiedenen Aufgaben angehe. Ich will ehrlich sein: Ich hatte dieses Kapitel schon komplett geschrieben, dann aber das Foto neu bearbeitet – und daraufhin musste ich das Kapitel neu schreiben. Und nach jeder weiteren Bearbeitung musste ich wieder neu tippen. Und warum? Weil ich alt und vergesslich bin. Körperlich bin ich zwar erst in den 50ern, und wie es so schön heißt, die 50er sind die neue Teeniephase. Aber geistig bin ich in den späten 90er- oder schon in den frühen 100er-Jahren. Ich erinnere mich weder an meine Lightroom-Arbeitsschritte noch daran, wo mein Laptop liegen könnte. Gestern hatte ich ihn noch, er muss also hier irgendwo sein. Ich will aber gar nicht weiter sinnlos an diesem Kapitel tippen auf einem Laptop, dessen genauer Aufenthaltsort in meinem Haus sich meiner Kenntnis entzieht. Stattdessen wollte ich Ihnen mein Lightroom-Procedere lieber mit ein paar einfachen Skizzen auf Bierdeckeln näherbringen. Jedoch kam es schon zu Beginn meiner »Bierdeckel-Notate« zu zwei kleineren Problemchen. Das erste: Habe ich Lightroom nicht direkt vor der Nase, erinnere ich mich oft nicht an die korrekten Funktionsbezeichnungen. Dann muss ich die Dinge sehr allgemein beschreiben, so wie »Klicken Sie oben rechts auf das Dings neben dem anderen Dings« oder »Öffnen Sie oben das Menü, und nehmen Sie die Funktion zum Ändern der Bildwirkung« oder sogar »Ziehen Sie an dem Regler, der das Bild besser macht«. Aber in Verbindung mit meinen Skizzen hilft Ihnen das sicher weiter. Nun aber zum zweiten Problemchen: Der Stift, den ich für die Skizzen und Notizen brauche, steckt in meiner Laptop-Tasche. Ach, Älterwerden ist schon schön.

Kapitel 15   Porträt-Workflow: vom Shooting bis zum Ausdruck

Los geht's mit dem Shooting

Hier lernen Sie meinen ganz alltäglichen Arbeitsablauf in Lightroom kennen – ob Landschaft, Porträt oder Sport, ich nutze Lightroom auf immer die gleiche Weise. In diesem Beispiel geht es um Landschaftsaufnahmen. Wir beginnen also vor Ort in den Südtiroler Dolomiten. Mein GPS sagt, das war in »Livinallongo del Col di Lana«.

1   Unterwegs zu einem Shooting bei Sonnenaufgang kamen mein Bruder Jeff und ich an dieser Stelle vorbei. Auf dem Rückweg sind wir rechts rangefahren und zu diesem kleinen See gewandert (oben links ist die Straße). Die Sonne stand noch nicht sehr hoch, großteils hinter den Bergen, wir hatten noch schönes Morgenlicht. Es war relativ dunkel (dunkler als das Foto vermuten lässt), darum holte ich das Stativ heraus, das Modell Albert des englischen Herstellers 3 Legged Thing. Für eine niedrige Perspektive habe ich die Stativbeine weit gespreizt (wie abgebildet).

2   Das Foto für unser Projekt hier entstand mit einer Canon EOS 5D Mark IV mit dem Objektiv 24–70 mm/F2,8 (wie gesagt, Sie können alle Bilder aus diesem Buch herunterladen – mehr auf Seite 12). Ich fotografierte mit Blendenvorwahl bei Blende 11, 1/15 Sekunde Verschlusszeit und ISO 100. Zurück im Hotel sichere ich sofort alle Aufnahmen auf einer externen Zwei-Terabyte-Festplatte (dann habe ich das Bild auf der Speicherkarte und noch einmal auf dem externen Laufwerk). Gibt es ordentliches Internet, sichere ich meine **Markiert**-Bilder außerdem online in der Dropbox; eine Cloudsicherung kommt also noch hinzu. Und dann habe ich die Kamera leicht geschwenkt, um meinen Bruder Jeff abzulichten. Er hat rein gar nichts mit unserer Aufgabe hier zu tun – aber ich wollte Ihnen meinen formidablen Bruder hier einfach mal vorstellen. ☺

Bibliothek | Entwickeln | Karte | Buch | Diashow | **Drucken** | Web

Workflow Schritt 1: Bilder importieren

Nach der Rückkehr oder je nach Gelegenheit schon unterwegs importiere ich die Bilder in Lightroom. Ich importiere natürlich wohlgemerkt immer auf eine externe Festplatte, ob zu Hause oder auf Reisen. Unterwegs nutze ich das Modell WD Elements mit zwei Terabyte. Warum? Es ist so klein und leicht, dass es mir nicht zur Last fällt. Und wichtiger noch, ich bekam es zum Sonderpreis im Ausverkauf.

1 Zum Importieren schließe ich den Speicherkartenleser an den Computer an. Daraufhin erscheint Lightrooms Importieren-Fenster (hier gezeigt). Sie erkennen oben von links nach rechts: Ich importiere von der Speicherkarte, in der Mitte habe ich auf **Kopie** geklickt (ich kopiere die Bilder also von der Karte), und rechts sehen Sie das Ziel (die **Externe Festplatte**). Bei manchen Bildern erkennt man schon jetzt, dass sie unbrauchbar sind, zum Beispiel völlig verschwommen; dort schalte ich das Kontrollkästchen zum Importieren ab, denn später würde ich sie ohnehin löschen.

2 Rechts in der **Dateiverwaltung** nehme ich **Minimal**, so dass ich die Bilder schnell im Bibliothek-Modul zu Gesicht bekomme. Duplikate vermeide ich unbedingt, also lasse ich die entsprechende Option eingeschaltet. Dazu kommt ein einfacher, aussagekräftiger Dateiname wie »Dolomiten« im Bereich **Dateiumbenennung**, und Lightroom soll die Aufnahmen durchnummerieren ab »-1«. Im Bedienfeld **Während des Importvorgangs anwenden** übertrage ich im **Metadaten**-Klappmenü meine Copyright-Metadaten in jedes Bild (in Kapitel 3 besprechen wir, wie eine Metadatenvorgabe entsteht). Der ganze Ablauf ist einfach und übersichtlich. Dann ein Klick auf **Importieren**, und gleich haben wir die Bilder!

Kapitel 15 Porträt-Workflow: vom Shooting bis zum Ausdruck

Workflow Schritt 2: Bilder sortieren

*Die Fotos landen in Lightroom, und jetzt suchen wir die besten raus. Ich verwende zur Bildverwaltung mein SLIM-System (mehr dazu in Kapitel 2). Wir erzeugen also erst einen **Sammlungssatz**. Dann suchen wir **Markiert**-Bilder und **Top-Bilder**, die wir jeweils in eigene Sammlungen innerhalb des Sammlungssatzes packen. Und hier der Ablauf im Einzelnen:*

1 Sie haben die Fotos importiert, aber noch nichts damit unternommen. Sie öffnen das Bibliothek-Modul, und auf der linken Seite klicken Sie rechts oben im **Sammlungen**-Bedienfeld auf das **+** (Pluszeichen) und dann auf **Sammlungssatz erstellen** (wie gezeigt). Im Dialog tippen Sie eine informative Bezeichnung ein (hier »Dolomiten mit Jeff«), und im Bereich **Ort** nennen Sie einen Sammlungssatz, der den neuen Satz aufnehmen soll (ich packe die Bilder in meinen Sammlungssatz **Landschaft**). Dann klicken Sie auf **Erstellen**.

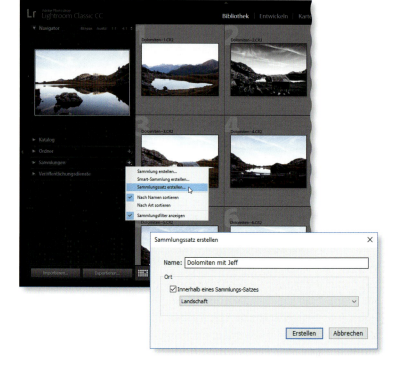

2 Innerhalb des Sammlungssatzes **Dolomiten mit Jeff** erzeugen wir eine neue Sammlung für sämtliche Bilder dieser Serie (das mache ich immer so). Per Strg/Cmd+A wählen Sie alle frisch importierten Bilder aus, und per Strg/Cmd+N laden Sie den Dialog **Sammlung erstellen** (hier zu sehen). Als **Name** tippen Sie »Komplette Serie«, und im Bereich **Ort** geben Sie den Sammlungssatz an, der im letzten Schritt neu entstand (hier also **Dolomiten mit Jeff**). In den **Optionen** müsste **Ausgewählte Fotos einschließen** schon wie üblich aktiviert sein; wenn nicht, schalten Sie die Option ein (und verzichten Sie auf die anderen Möglichkeiten); dann klicken Sie auf **Erstellen**.

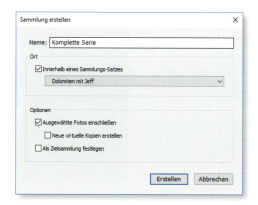

Bibliothek | Entwickeln | Karte | Buch | Diashow | **Drucken** | Web

3 Jetzt trennen wir die Spreu vom Weizen. Klicken Sie auf die Miniatur des ersten importierten Bildes, dann verbergen Sie alle Bedienfelder mit ⇧+⇥ (oder drücken Sie das F, wenn Sie in der **Vollbildvorschau** arbeiten wollen). Jetzt arbeiten Sie sich durch Ihre Aufnahmen. Gefällt Ihnen ein Foto, drücken Sie das P, um es als **Markiert** zu kennzeichnen (dabei meldet Lightroom wie hier **Als ausgewählt markieren**; in der **Vollbildvorschau** erscheint stattdessen nur eine kleine weiße Flagge in der unteren Bildmitte). Mit der →-Taste springen Sie von Bild zu Bild und kennzeichnen die besseren Fotos per P als **Markiert**. Die anderen ignorieren sie.

4 Ein Filter zeigt uns jetzt nur die **Markiert**-Bilder (denn darum geht es ja – wir trennen die Guten von den Durchschnittlichen). Der Filmstreifen unten muss eingeblendet sein. Oben in der Mitte des Filmstreifens klicken Sie neben **Filter** doppelt auf das weiße Fähnchen (hier rot eingekreist). So zeigt Lightroom nur noch Ihre **Markiert**-Auswahl.

Hinweis: Sehen Sie die drei Fähnchen direkt rechts neben **Filter** noch nicht, klicken Sie direkt auf **Filter** – dann erscheinen sie. Mit Strg/Cmd+A wählen Sie alle **Markiert**-Bilder aus, mit Strg/Cmd+N erzeugen Sie eine neue Sammlung, die Sie »Markiert« nennen. Nutzen Sie die Option **Innerhalb eines Sammlungssatzes**, und geben Sie im Ausklappmenü **Dolomiten mit Jeff** an. So landen die **Markiert**-Fotos in einer eigenen Sammlung innerhalb des Sammlungssatzes »Dolomiten mit Jeff«. Also, zusammengefasst: Wir haben jetzt den Sammlungssatz »Dolomiten mit Jeff« und darin zwei Sammlungen: »Komplette Serie« und »Markiert«.

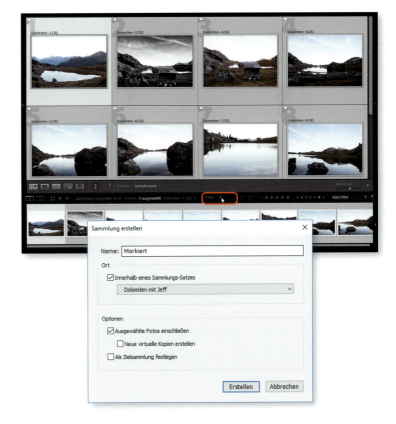

5 Fassen wir die Auswahl noch enger. Diesmal sollten Sie mehr Zeit investieren, denn es geht um die Bilder, die Sie tatsächlich bearbeiten und später drucken oder ins Netz stellen. Klicken Sie im **Sammlungen**-Bedienfeld auf unsere neue **Markiert**-Sammlung und dann auf das erste Bild (oben links im Vorschaubereich). Fahnden wir jetzt nach den wirklich besten Aufnahmen dieser Serie, nach den »Top-Bildern«. Wie zuvor verbanne ich die Bedienfelder per ⇧+↹, und weil alle diese Fotos bereits eine **Markiert**-Fahne haben, kennzeichne ich die Besten der Besten mit einer Fünf-Sterne-Bewertung. Sticht also ein Bild wirklich heraus, dann drücke ich die 5 auf der Tastatur, damit bekommt es fünf Sterne, und Lightroom meldet **Als Bewertung 5 festlegen** (wie gezeigt).

6 Durchlaufen Sie Ihre **Markiert**-Sammlung mit der →-Taste, bis alle würdigen Kandidaten fünf Sterne haben und damit als »Top-Bilder« gekennzeichnet sind. Per Filter zeigen wir jetzt nur die Top-Aufnahmen innerhalb der **Markiert**-Sammlung. Klicken Sie über dem Filmstreifen auf den Fünf-Sterne-Filter (wie gezeigt). Jetzt sieht man nur noch die allerbesten Bilder.

7 Wählen Sie diese Fünf-Sterne-Fotos gemeinsam mit Strg/Cmd+A an, dann legen Sie mit Strg/Cmd+N eine neue Sammlung an, die Sie »Top-Bilder« nennen. Diese Sammlung speichern Sie im Sammlungssatz »Dolomiten mit Jeff«. Das ist der Ablauf: Wir haben den Sammlungssatz »Dolomiten mit Jeff«, und darin gibt es jetzt drei Sammlungen: »Komplette Serie«, »Markiert« und »Top-Bilder«.

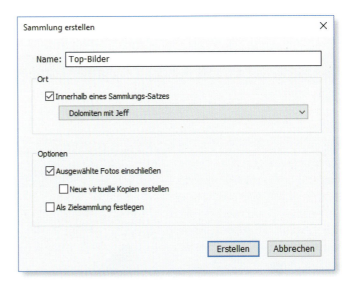

8 Hier ein Blick in mein **Sammlungen**-Bedienfeld, Sie erkennen den Aufbau (er sollte Ihnen ohnehin schon aus Kapitel 2 vertraut sein). Innerhalb des Sammlungssatzes **Landschaft** habe ich den Sammlungssatz **Dolomiten mit Jeff**, und darin gibt es drei Sammlungen:
1. **Komplette Serie**
2. **Markiert**
3. **Top-Bilder**

Bearbeiten, zuschneiden oder weitergeben würde ich nur die Top-Aufnahmen. So organisiere ich alle meine Fotoreihen, egal ob Hochzeiten, Reise, Porträt, Sport oder Wasweißichdennnochalles.

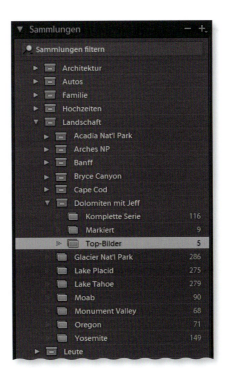

Kapitel 15 Porträt-Workflow: vom Shooting bis zum Ausdruck

Workflow Schritt 3: Top-Bilder bearbeiten

*Nun haben Sie sich die Bilder herausgepickt, die Sie tatsächlich bearbeiten werden – also nichts wie an die Arbeit. Lesen Sie, wie ich eins meiner **Top-Bilder** von A bis Z einstelle. Wir beginnen mit der RAW-Datei frisch aus der Kamera.*

1 Hier ist unsere Vorlage im Entwickeln-Modul (holen Sie sich das Bild von meiner Website zum Buch, wie in der Einleitung erwähnt). Dieses Bild braucht noch ordentlich Nachbearbeitung. Ich hatte keinen Graufilter dabei, darum erscheint der Himmel überbelichtet und flau. Der Vordergrund ist dagegen stark abgeschattet. Dazu kommen noch Kondensstreifen, und wir müssen wohl auch etwas Unkraut jäten – kurzum, dieses Bild braucht viel Zuwendung. Wir legen los in den **Grundeinstellungen**. Zuerst wende ich ein Farbprofil auf die RAW-Datei an. Hier nehme ich **Adobe Kräftig**; das bringt zunächst gar nicht so viel, wie Sie im Vorher-Nachher-Vergleich erkennen. Aber im weiteren Verlauf erweist sich das Profil noch als hilfreich.

2 Jetzt zu einem ganz schlichten Verfahren – das nutze ich bei flauem Himmel seit Jahren mit Erfolg. Ich fahre einfach die **Belichtung** herunter, bis der Himmel gut herauskommt, und dann kümmere ich mich um den zu dunklen Vordergrund. Der lässt sich oft leichter verbessern als ein wirklich miserabler Himmel. Also habe ich die **Belichtung** auf –1,55 gesenkt (wie gezeigt). Eine starke Verbesserung im Vergleich zu Schritt 1, selbst wenn der Vordergrund nun viel zu dunkel aussieht – aber das kriegen wir später noch hin. Und vergleichen Sie einmal die Farbprofile – schalten Sie oben rechts zu **Adobe Farbe** um. Ein ganz schön happiger Unterschied, oder? Also, bitte wieder zurück zu **Adobe Kräftig**.

464

3 Erweitern wir den Tonwertumfang, definieren wir Weiß- und Schwarzpunkt (vielmehr lassen wir Lightroom das für uns erledigen). Klicken Sie bei gedrückter ⇧-Taste jeweils doppelt auf **Weiß** und dann auf **Schwarz**. So findet Lightroom Weiß- und Schwarzpunkt automatisch. Das Bild zeigt schon tiefe Schatten, deshalb tut sich beim **Schwarz**-Regler nicht mehr viel. Aber der **Weiß**-Wert steigt gehörig auf +36.

4 Arbeiten Sie Feinzeichnung in Hügeln und Vegetation heraus. Dafür ziehen Sie den **Tiefen**-Regler nach rechts, bis Ihnen das Ergebnis gefällt (hier ziehe ich auf +86 und erkenne nun in dunklen Bildpartien deutlich mehr Feinheiten als zuvor). Ich hob die **Tiefen** sogar etwas weiter als nötig an, denn bei der **Kontrast**-Steigerung im nächsten Schritt verliere ich wieder etwas.

Kapitel 15 Porträt-Workflow: vom Shooting bis zum Ausdruck

5 Jazzen wir den **Kontrast** ein wenig hoch – so wird Helles heller und Dunkles dunkler. Normalerweise verwende ich hier ziemlich hohe Werte; diesmal konnte ich aber bloß bis +50 gehen, ansonsten wird der Vordergrund wieder zu dunkel; diese **Kontrast**-Steigerung ist dennoch ganz ordentlich. Außerdem modelliere ich den Himmel noch heraus; dazu senke ich die **Lichter** auf etwa –40. Das verbessert den Himmel erkennbar.

6 Wir brauchen noch mehr Details in Bergen und Gras. Darum hebe ich die **Klarheit** auf +23. Kräftigere Farben wären auch nicht schlecht. Das erledigt der **Dynamik**-Regler, hier reicht aber leichte Nachhilfe mit dem Wert +6 (wie zu sehen).

Bibliothek | **Entwickeln** | Karte | Buch | Diashow | **Drucken** | Web

7 Entfernen wir einige der unschönen Kondensstreifen (alle bekommen wir nicht weg, denn sie sind teils sehr groß, wie etwa der waagerechte Streifen in der Mitte; für solche Aufgaben ist Lightroom nicht gerüstet, und selbst mit Photoshop wäre das eine aufwändige Retusche). In der Werkzeugleiste oben über den rechten Bedienfeldern holen Sie sich die **Bereichsreparatur** (Q, hier eingekreist). Übermalen Sie den Kondensstreifen oben links (wie gezeigt).

8 Lassen Sie noch ein paar weiße Fliegerspuren verschwinden. Haben Sie den Himmel ordentlich hinbekommen, entfernen Sie das Gras, das links so störend aufragt (wie hier zu sehen). Den Kopierbereich, den Lightroom automatisch findet, müssen Sie womöglich von Hand verschieben, bis die Retusche besser wirkt (bei mir war es jedenfalls so, ich musste nach links ziehen). Bewahren Sie Ruhe, und verwenden Sie einen Pinsel, der nur wenig größer als Kondensstreifen oder Grashalm ist. Liefert Lightroom seltsame Ergebnisse, verschieben Sie den Kopierbereich (ausführlich haben wir die **Bereichsreparatur** in Kapitel 8 besprochen).

Kapitel 15 Porträt-Workflow: vom Shooting bis zum Ausdruck

9 Werten wir den Himmel mit einem Graufilter-Effekt auf. Schalten Sie oben rechts über den Bedienfeldern zum **Verlaufsfilter** (Tastenkürzel M, mehr zu diesem Werkzeug in Kapitel 6). Ein Doppelklick auf **Effekt** setzt erst einmal alle Regler auf null; anschließend ziehen Sie zum Abdunkeln den **Belichtung**-Regler deutlich nach links, ich gehe hier bis auf –0,89. Für eine schnurgerade Linie halten Sie die ⇧-Taste gedrückt, dann ziehen Sie vom oberen Bildrand nach unten bis knapp in den See hinein. Damit dunkeln Sie den Himmel oben deutlich ab, nach unten nimmt der Effekt gleichmäßig ab. Soll der Himmel noch etwas farbsatter erscheinen, drehen Sie am **Kontrast** (ich hebe den **Kontrast** hier auf +35; betroffen sind davon nur die Bildstellen innerhalb meiner **Verlaufsfilter**-Auswahl).

10 Im vorherigen Schritt haben wir freilich nicht nur den Himmel abgedunkelt – mit betroffen ist auch der Hügel links. Früher hätte man jetzt zur **Löschen**-Funktion geschaltet und den Fels mühsam wieder herausradiert. Aber jetzt nutzen wir die weit genauere und schnellere **Bereichsmaske**. Öffnen Sie also rechts unter den Reglern das **Bereichsmaske**-Menü, und nehmen Sie **Farbe**. Klicken Sie die Pipette an, und klicken Sie dann auf eine Bildfarbe, die in der Auswahl bleiben soll (bei gedrückter ⇧-Taste können Sie bis zu fünf Proben nehmen). Hier habe ich mit der Pipette ein paar Stellen angeklickt, doch das ruinierte jedes Mal den Himmel. Dann habe ich über einem Farbbereich gezogen (wie abgebildet), und jetzt hat Lightroom den Hügel perfekt wegmaskiert, er dunkelt nicht mehr mit ab. Wow, herrliche Funktion!

468

Bibliothek | **Entwickeln** | Karte | Buch | Diashow | **Drucken** | Web

11 Schärfen wir unser Schätzchen noch, dann passt alles. Öffnen Sie also das **Details**-Bedienfeld, und ziehen Sie den **Betrag** nach rechts, bis Ihnen die Bildwirkung gefällt. (Zeigen Sie entweder mit dem kleinen schwarzen Dreieck das kleine Vorschaufenster im Bedienfeld an, oder beurteilen Sie die Bildwirkung in der Zoomstufe **1:1**. Bei kleineren Zoomstufen und ohne das Vorschaufeld weist Lightroom mit einem Symbol darauf hin, dass Ihre Vorschau im Arbeitsbereich nicht ganz zuverlässig ist; per Klick auf das Symbol kommen Sie zur **1:1**-Ansicht. Mehr zum Scharfzeichnen in Kapitel 8.) Hier lifte ich den **Betrag** auf +70, aber mehr sollte es auch nicht sein. Wollen Sie noch deutlicher schärfen, heben Sie den **Radius** auf 1,1 – das reicht generell. Und damit haben wir ein feines Ergebnis. Sehen wir uns den Vorher-Nachher-Vergleich an (unten).

12 Mit der Taste Y zeigt Lightroom Ihr Ausgangsbild und die aktuelle Korrektur nebeneinander. Möchten Sie den Hügel noch deutlicher herausarbeiten, könnten Sie zum **Korrekturpinsel** wechseln (Taste K), alle Regler auf null setzen, die **Belichtung** auf etwa +0,5 heben und mit einem kleinen Pinsel die Hügel im Hintergrund übermalen. Ich habe aber stattdessen einfach die **Tiefen** weiter angehoben (von +86 auf +96). Dann erschien mir das Gesamtbild etwas zu bunt, also habe ich die **Dynamik** von vorher +6 auf −3 zurückgenommen. Das ist mein üblicher Korrekturablauf von Anfang bis Ende.

Kapitel 15 Porträt-Workflow: vom Shooting bis zum Ausdruck

Workflow Schritt 4: Rückmeldungen der Kunden

Vielleicht arbeiten Sie im Kundenauftrag oder für ein Magazin, einen Blog oder ein Firmen-Intranet. Dann möchten Sie Ihre Endauswahl womöglich präsentieren und ein paar Rückmeldungen einholen. Hier kommt mein Verfahren für eine schnelle Internetgalerie; die Betrachter können Fotos als Favoriten kennzeichnen und Kommentare schreiben, die Sie direkt in Lightroom sehen.

1 Haben Sie Ihre Fotos aufpoliert? Dann zeigen Sie die Top-Bilder Ihren Kunden (oder Verwandten und Bekannten). Achten Sie im Bibliothek-Modul auf eingeschaltetes Synchronisieren mit Lightroom CC (das prüfen Sie nach einem Klick auf den **Lightroom**-Schriftzug oben links; mehr dazu in Kapitel 14). Dann schalten Sie im **Sammlungen**-Bedienfeld neben der **Top-Bilder**-Sammlung das **Synchronisieren**-Kontrollkästchen ein (hier rot gerahmt). Und vielleicht möchten Sie den Namen der Sammlung ändern, bevor der Kunde sie sieht. Dazu klicken Sie die Bezeichnung der Sammlung mit der rechten Maustaste an und nehmen **Umbenennen** (wie im nächsten Schritt zu sehen, nenne ich die Sammlung »Dolomiten Top-Bilder«, weil es an einen Kunden geht).

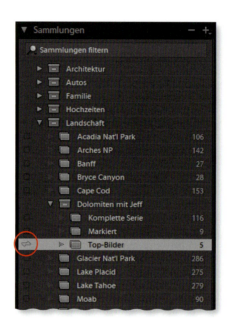

2 Sie haben die Sammlung synchronisiert, sie lässt sich jetzt online auf jedem beliebigen Webbrowser betrachten. Wählen Sie im Bibliothek-Modul **Hilfe • Synchronisierte Sammlung im Internet anzeigen**. Das bringt Sie zu einer privaten Website auf *lightroom.adobe.com*. Dort melden Sie sich mit Ihrem Adobe-Namen und Passwort an, dann erscheint eine Liste Ihrer synchronisierten Sammlungen. Nur Sie selbst sehen die Bilder derzeit. Klicken Sie also oben in der Mitte auf **Teilen** wie hier gezeigt.

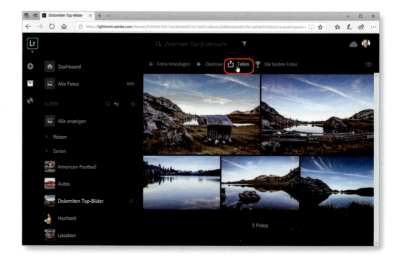

Bibliothek | Entwickeln | Karte | Buch | Diashow | Drucken | Web

3 In den **Freigabeoptionen** steuern Sie nun, wie Sie das Bild mit anderen teilen. Klicken Sie auf **Dieses Album freigeben** und dann erneut auf **Dieses Album freigeben** (ja, zweimal dieselbe Frage). Damit erscheinen die **Albumeinstellungen** wie hier abgebildet. Unter der in diesem Fenster markierten Internetadresse sehen Betrachter Ihre Bilder. Per Klick auf das kleine Zwischenablage-Symbol kopieren Sie die Adresse in den Speicher. Dieser Link lässt sich nun leicht in Messengerdiensten oder E-Mails einfügen und an Kunden oder Freunde schicken. Die anderen Optionen hier haben wir schon ausführlich in Kapitel 14 besprochen.

4 Sobald Ihre Kunden auf die Webadresse klicken, öffnet sich ihr Internetbrowser und zeigt die Galerie **Dolomiten Top-Bilder** (und keine anderen Fotos). Nach dem Klick auf eine Miniatur gelangen die Kunden zu vergrößerten Darstellungen wie hier gezeigt. Aber mehr als Bildergucken geht zunächst nicht. Möchten Sie Rückmeldung erhalten – Kommentare oder Likes – brauchen sie einen kostenlosen Adobe-Benutzernamen samt Passwort. Meist erzeuge ich einen neuen Benutzernamen, oder ich reiche einen Benutzernamen weiter, den ich für solche Fälle schon angelegt habe. Per Klick auf das Herzchen oder auf das Kommentarsymbol erscheint die **Aktivität**-Leiste und fordert die Betrachter zur Anmeldung auf. Später zeigt die entsprechende Sammlung in Lightroom an Ihrem Computer ein Kommentarsymbol. Diese Anmerkungen lesen Sie dann im Bibliothek-Modul rechts im **Kommentare**-Bedienfeld. Wie bei anderen Textnachrichten kann man sofort antworten und hin und her schreiben. Jetzt kenne ich die Wünsche meiner Kunden und weiß, welches Bild ich groß drucken werde.

Kapitel 15 Porträt-Workflow: vom Shooting bis zum Ausdruck

Workflow Schritt 5: Das Bild ausdrucken

Damit haben wir unsere Bilder sortiert, die Top-Motive bearbeitet, und der Kunde hat auch schon eine Auswahl getroffen. Jetzt drucke ich das Bild meist großformatig aus. In der Regel erzähle ich den Kunden davon aber vorab nichts – sie erhalten den Großdruck als Dankeschön von mir.

1 Klicken Sie auf das gewünschte Bild, wechseln Sie ins Drucken-Modul, und klicken Sie im **Vorlagenbrowser** auf eine Vorlage Ihrer Wahl (ich nehme eine eigene Vorlage, die ich früher für das hier gezeigte Bild angelegt hatte). Diese Vorlage verwendet A4 als Standardseitengröße. Ich musste also auf **Seite einrichten** klicken und größere Maße vorgeben. Im Dialog nennen Sie Drucker, Papier, Größe und Ausrichtung, dann wenden Sie die Einstellungen per **OK**-Klick an. Nach dieser Größenänderung müssen Sie eventuell die Seitenränder etwas nachjustieren, weil Lightroom nicht alles automatisch anpasst.

2 Jetzt drucken Sie (wir besprechen das detailliert in Kapitel 12). Scrollen Sie in der rechten Leiste bis zum **Druckauftrag**-Bedienfeld herunter. Das **Ausgabe**-Klappmenü stellen Sie auf **Drucker**. Weil ich einen Farbtintenstrahler verwende, lasse ich die **Druckauflösung** bei 240 ppi. Verwenden Sie auf jeden Fall **Ausdruck schärfen**, und stellen Sie hier eine Vorgabe ein (ich nehme meist **Hoch**). Dann wählen Sie den **Medientyp** (die Papiersorte), ich drucke hier auf **Matt**. Sollte Ihr Drucker 16-Bit-Ausgabe unterstützen, klicken Sie das auch an. Im Bereich **Farbmanagement** nennen Sie ein **Profil** und eine **Priorität**, ich nehme hier **Relativ** (wie gesagt, mehr dazu in Kapitel 12).

Bibliothek | Entwickeln | Karte | Buch | Diashow | Drucken | Web

3 Klicken Sie jetzt rechts unten auf **Drucker**, und Sie landen im **Drucken**-Dialog. Ich zeige hier den Windows-Dialog; am Mac haben Sie dieselben grundlegenden Steuermöglichkeiten, allerdings mit anderer Oberfläche. Die Optionen hier hängen von Ihrem Druckertyp ab. Auf jeden Fall sollten Sie das Farbmanagement durch den Drucker abschalten und die richtige Papiersorte angeben.

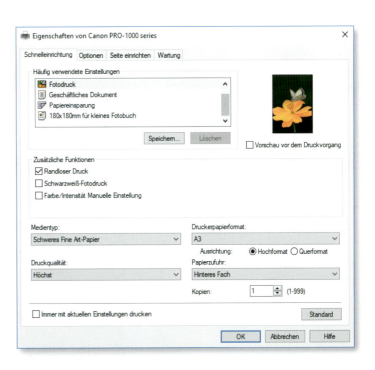

4 Jetzt ein Probedruck. Klicken Sie rechts unten auf **Drucken**; dann lehnen Sie sich zurück und warten, bis das gute Stück aus dem Drucker rollt. Wirkt der Druck dunkler als das, was Sie auf Ihrem superhellen, LED-hintergrundbeleuchteten Monitor sehen? Dann aktivieren Sie das Kontrollkästchen **Druckanpassung** rechts unten im Bedienfeld **Druckauftrag** und ziehen den **Helligkeit**-Regler leicht nach rechts. Anschließend folgt ein weiterer Probedruck. Vielleicht brauchen Sie hier mehrere Testdrucke. Merken Sie sich die beste Einstellung für weitere Drucke mit dem aktuellen Papier (den **Kontrast** können Sie ebenso einrichten). Oder gibt es ein Farbproblem, wirkt der Ausdruck eventuell zu rot oder zu blau? Dann wechseln Sie zurück ins **Entwickeln**-Modul; dort im **HSL**-Bedienfeld senken Sie die **Sättigung** für die betreffende Farbe und drucken noch ein Testblatt. Und jetzt kennen Sie meinen typischen Arbeitsablauf von Anfang bis Ende. Wohlgemerkt, diese Schrittfolge beschreibe ich erst hier hinten im Buch, weil man zum Verständnis den Rest schon gelesen haben sollte. Konnten Sie einige Punkte noch nicht nachvollziehen? Dann schlagen Sie noch einmal die genannten Kapitel nach, und vertiefen Sie dort Ihr Wissen über Dinge, die Sie vielleicht zunächst übersprungen haben.

473

Kapitel 15 Porträt-Workflow: vom Shooting bis zum Ausdruck

Möchten Sie noch mehr von mir lernen?

Gefällt Ihnen meine Art der Lightroom-Vermittlung? Möchten Sie noch mehr erfahren über Lightroom, über Photoshop oder schlicht darüber, wie man bessere Fotos macht? Dann habe ich noch viel mehr für Sie parat! Hier lernen Sie eins meiner anderen Bücher kennen – es hat denselben Stil und denselben »Sound« wie der Band, der gerade vor Ihnen liegt. Außerdem verrate ich weitere spannende Informationsquellen. Sie finden die Angaben hoffentlich nützlich.

»Photoshop for Lightroom Users«

Sie haben es ja hier im Buch gesehen: Ein paar Dinge lassen sich mit Lightroom nicht erledigen, und dann muss man zu Photoshop wechseln. Darum gibt es mein Buch für Lightroom-Anwender, das Zusatzwissen für Photoshop vermittelt – nur solche Dinge, für die Sie Photoshop wirklich brauchen, keine Wiederholung der Möglichkeiten aus Lightroom. Sie lernen in diesem Buch also nicht alles über Photoshop, sondern nur das, was Fotografen in Lightroom vermissen könnten.

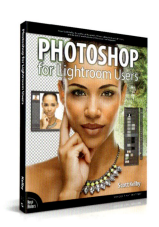

Meine Website: LightroomKillerTips.com

Der führende Lightroom-Blog auf diesem Planeten – Lightroom-Experte Rob Sylvan und ich posten hier an den meisten Werktagen Tipps, Tricks und Anleitungen. Wir beantworten Fragen, haben tolle Verlosungen und Wettbewerbe. Dies ist einfach eine schöne Community für Lightroom-Nutzer. Legen Sie sich *Lightroom-KillerTips.com* als Lesezeichen an, oder abonnieren Sie den RSS-Feed, wenn Sie mögen. Anmelden und registrieren müssen Sie sich nicht – schauen Sie einfach vorbei, und verbringen Sie etwas Zeit bei uns. Es wird Ihnen gefallen.

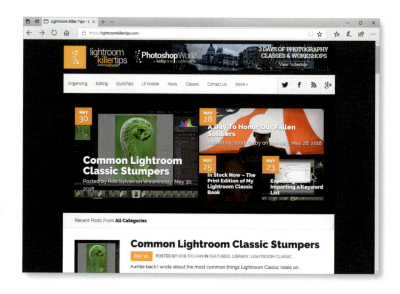

Bibliothek | **Entwickeln** | Karte | Buch | Diashow | **Drucken** | Web

Unsere vollständigen Online-Kurse zu Lightroom

Im Hauptberuf bin ich Geschäftsführer bei *KelbyOne.com*. Zehntausende werden dort mit unseren Kursen zu absoluten Lightroom-Cracks. Wir haben über 50 umfassende Lightroom-Intensivkurse von den meistgeschätzten Lightroom-Trainern, u. a. Matt Kloskowski, Serge Ramelli, Terry White, Lightroom-mobile-Produktmanager Josh Haftel und meine Wenigkeit. Neben Lightroom behandeln unsere erfahrenen Trainer hunderte andere Themen wie Beleuchtung, Photoshop, Posing, Landschaftsfotografie und vieles mehr. Die Preise beginnen bei nur 10 US-Dollar monatlich – also sehr erschwinglich; aber wir haben auch ein Jahresabo. Wie auch immer – Sie werden sich selbst wundern, wie schnell Sie gewaltige Fortschritte machen! Das ganze Programm finden Sie auf *KelbyOne.com*.

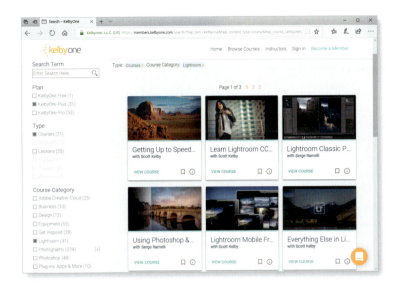

Lernen Sie live von mir

Ich trete laufend in den USA, Kanada und England auf. Ich würde mich außerordentlich freuen, wenn Sie mal einen Tag mit mir verbringen können. Meine nächsten Termine und Auftrittsorte stehen auf *KelbyOne.com*. Es wäre mir eine Ehre, Sie persönlich auf einem meiner Seminare begrüßen zu dürfen.

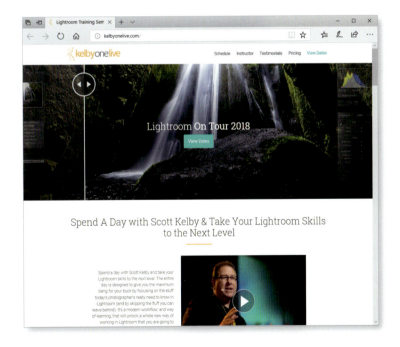

Stichwortverzeichnis

1:1 43

A

Abdunkeln 180
Aberrationen, chromatische 282
Abgelehnte Fotos löschen 57
Abspielen (Video) 408
Abwedeln 180
Ad-hoc-Entwicklung 176
   Reglerwerte 176
   Synchronisieren 177
   Videos bearbeiten 412
Adobe Farbe (Profil) 148
Adobe-ID 424
Alben
   freigeben 471
   über das Internet freigeben 442
Als abgelehnt markieren 56
Als ausgewählt markieren 56
Als DNG kopieren (Import) 33, 40
Als Zielsammlung festlegen 113
Änderungen automatisch in XMP speichern 39, 117
Arbeitsablauf in Lightroom 458
Aufhellen 180
Augenweiß aufhellen 191
Ausfüllen 43
Ausgewählte Fotos einschließen 59
Automatische Korrektur 159
Automatisch maskieren 182
Autom. (Automatisch) 159

B

Backup 18, 20
   auf externer Festplatte 20
   in der Cloud 21
   Katalog 52
Bearbeitungen-Bedienfeld 433

Bedienfelder 132
   automatisch ein- und ausblenden 42
   ein- und ausblenden 132
   Solomodus 132
Beispielbilder (Download) 12
Beleuchtung
   aus 108, 258
   gedämpft 108
   voreinstellen 109
Beleuchtung aus 108
Belichtung 162
   Lichterbeschneidung 165
   Schwarzpunkt 160
   Überbelichtung korrigieren 165
   Weißpunkt 160
Belichtungen angleichen 174
Benutzeroberfläche 125
Benutzervorgaben 224
Bereichsmaske 196
   ein- und ausblenden 198
   Farbe 197
   Korrekturpinsel 199
   Luminanz 197, 199
Bereichsreparatur 261, 264
   Kopierstempel (Kop. Stempel) 266
   Reparieren (Repar.) 266
   synchronisieren 266
Bereichsreparatur-Werkzeug 189
   Porträtretusche 189
   Tastaturbefehl 189
Bewertungsfußzeile einblenden 131
Bibliothek-Modul 47
Bibliotheksansicht-Optionen 126
Bibliotheksfilter 60, 79
Bildanzeige
   1:1 43
   ausfüllen 43
   Beleuchtung ändern 108
   einpassen 43

   Lupenansicht 43
   Tastaturbefehle 43, 44
   Zelle 44
Bildbearbeitung 143
   Reihenfolge 175
Bildbewertung 56
Bilder
   als E-Mail verschicken 300
   ausdrucken 472
   aus Video extrahieren 411
   bearbeiten (Ablauf) 175, 464
   Beispielbilder herunterladen 12
   bewerten 56
   drucken 362
   fehlende finden 85, 86
   freistellen (LR mobile) 440
   importieren 459
   in Schwarzweiß umwandeln 218
   kommentieren lassen 470
   markieren 56
   mobil entwickeln 432
   nach Aufnahmezeit stapeln 69
   nach Datum sortieren 24
   nach Sternen filtern 63
   organisieren 58
   organisieren mit Ordnern 22
   RAW bearbeiten 146
   sortieren 460
   speichern 288
   stapeln 68
   teilen 470
   umbenennen nach Import 78
   vergleichen 64
   Vergleichsansicht 157
   veröffentlichen 304
   virtuelle Kopie 208
   von Festplatte organisieren 54
   Vorher-/Nachher-Darstellung 157
   zuschneiden 255
   zuschneiden (LR mobile) 440

Stichwortverzeichnis

zwischen Mobilgerät und Rechner synchronisieren 422
Bildlook 206
Bildlook übertragen 158
Bildrauschen → Rauschen
Bildschärfe 278
Bildunterschrift 116
Blurb 331, 337, 351
Bonuskapitel (Download) 14
Bonusvideo (Download) 15

C

Chromatische Aberrationen 282
    entfernen 283
Cloud-Backup 21
Copyright 106, 116
    IPTC-Copyright 107
Copyright-Status 116
Cross-Entwicklung 231

D

Dateien umbenennen 34, 102
    automatisch durchnummerieren 104
Dateinamen
    automatisch durchnummerieren 104
    Benutzerdefinierter Text 103
    Vorlagen erstellen 102
Dateinamenvorlagen-Editor 102
Dateiumbenennung-Bedienfeld 34, 105
Dateiverwaltung-Bedienfeld 27
Datensicherung 20
    auf externer Festplatte 20
    in der Cloud 21
Details-Bedienfeld 278
Diashow
    abspielen 418
    Endbildschirm 416
    Musik-Bedienfeld 417
    Startbildschirm 416
    Tastaturbefehl 112

Titel-Bedienfeld 416
Video exportieren 418
Videos zum Film zusammenfügen 415
Vorschau 418
Dieses Album freigeben 471
Digital Negative 40
DNG-Format 40
Doppelbelichtungseffekt (Photoshop) 314
Droplet erstellen 325
Druckauflösung 391
Druckauftrag 390
Drucken
    16-Bit-Ausgabe (Mac) 392
    auf Foto-Seitenverhältnis sperren 374
    Auflösung 391
    Ausdruck schärfen 392
    Auto-Layout 383
    Benutzerdefiniertes Paket 374
    Bildeinstellungen 363, 371
    Bilder drehen 365, 367
    Bilder einpassen 365, 367
    Bilder ins Layout ziehen 376
    Bilder verschieben 364
    Bildpaket 380
    Bildrahmen erzeugen 403
    Bildrahmen für mehrere Fotos 405
    Druckanpassung 398, 399
    Druckauftrag 390
    Drucklayout als JPEG-Datei speichern 400
    Drucklayout als Vorlage speichern 385
    Drucklayout gestalten 372, 374
    Drucksammlung 386
    ein Foto mehrfach drucken 380
    ein Foto pro Seite wiederholen 367
    Einzelbild 362
    Einzelbild/Kontaktabzug 366
    Erkennungstafel 378, 403
    Farbeinstellungen 390
    Farbmanagement 393
    Fotoinfo 368, 378

    Fotorand 376
    Hilfslinien anzeigen 362
    Hintergrundbild 387
    Hintergrundfarbe ändern 365
    im Entwurfsmodus 391
    Kalibrierungsgerät 398
    Kontaktbögen 366
    Layout löschen 374
    Layoutstil 362
    neue Seite hinzufügen 383
    Priorität 395
    Sammlungen-Bedienfeld 362, 386
    Seite 365
    Seite einrichten 362
    Seitennummern 379
    Seitenraster 369
    Seite zoomen 384
    Tastaturbefehl für Modul 364
    Text hinzufügen 378
    Textvorlagen-Editor 379
    Vorlagenbrowser 362, 366, 385
    Zelle ausfüllen 363
    Zelle duplizieren 383
    Zellenabstand 369, 370
    Zellengröße 363, 365
Dunst entfernen 170
    lokal 172
Duotonung 222, 231
Dynamik 169, 216

E

Ebenen 315
    Ebenenmaske 315
    Ebenenmodus 316
    in Lightroom beibehalten 319
Editor für Erkennungstafeln 140
Einpassen 43
Einstellungen zurücksetzen 253
Einzelbild erfassen 411
E-Mail
    aus Lightroom verschicken 300
    neue Vorgabe erstellen 301
    Programm einrichten 300
    Vorgaben 301

Stichwortverzeichnis

Entwickeln-Modul 143
Entwicklungseinstellungen 156
  Ad-hoc-Entwicklung 176
  Protokoll 253
  virtuelle Kopie 208
  zurücknehmen 253
Entwicklungsprofil 147
Entwicklungsvorgabe 224
  aktualisieren 227
  anpassen 226
  Ein-Klick-Vorgabe 224
  importieren 228
  löschen 227
  speichern 227
  umbenennen 224
Entwicklungsvorgaben
  in Lightroom mobile 437
Erkennungstafel 138
  durch Logo ersetzen 140
  grafische 140
  speichern 141
  Text ändern 138
EXIF 115
EXIF und IPTC 115
Exportieren 288
  Ausgabeschärfe 292
  Benutzervorgaben 289, 295
  Bildgröße 291
  Dateieinstellungen 291
  Dateien umbenennen 290
  Exportvorgaben 294
  Flickr 304
  Fotostream 306
  JPEG 288
  Metadaten 292
  mit Vorgabe 295
  Nachbearbeitung 293
  Plugins laden 305
  RAW-Dateien 302
  Speicherort für Export 289, 293, 294
  Veröffentlichungsdienste 304
  Videodateien einschließen 290
  Wasserzeichen 292
  XMP-Filialdatei 302
Exportvorgaben 294

Externe Festplatte 18, 20
  Smart-Vorschauen 35

F

Falten verringern 190
Farbbereichsauswahl 197
Farbbereichsmaske 196
  ein- und ausblenden 198
Farbeinstellungen
  für den Druck 390
Farben
  aus dem Bild aufnehmen 357
  bearbeiten 210
  direkt im Bild anpassen 211
  Dynamik 169
  Farbeinstellungen für den Druck 390
  Kalibrierungsgerät 398
  sättigen 169
Farbmarkierung 57
Farbsäume entfernen 282
Fehlende Fotos 85, 86
Fehlende Ordner 19, 86
Filmstreifen 137
  einrichten 137
Filter 60
Filtern 80
  nach Attributen 60
  nach Metadaten 115
Flagge 56
Flecken entfernen 261, 264
  Bereichsreparatur-Werkzeug 264
Flickr 304
Fotobuch
  Auto-Layout 338
  automatisiert erstellen 332
  Benutzerseiten 342
  Bildgröße 339
  Bildunterschrift 344
  Blurb 331, 351
  Buchgrößen (Blurb) 331
  Buchrücken 357
  erstellen 330
  Favoriten 350

  Fototext 344
  Hilfslinien 354
  Hintergrundfarbe 352
  Hintergrundgrafik 352
  JPEG speichern 354
  Layout gestalten 358
  Layout individualisieren 342
  Layout speichern 350
  Layoutvorlagen 350
  PDF speichern 354
  Schutzumschlag 351
  Seite hinzufügen 335
  Seitenzahlen anpassen 348
  Seitenzahlen einfügen 348
  Seitenzählung ändern 349
  Seite verschieben 336
  Textoptionen 331
  Titelseite gestalten 355
  Voreinstellungen 330
  zweiseitiger Druckbogen 336
Foto mit Adobe Photoshop CC … bearbeiten 313
Fotos nach Aufnahmen segmentieren 95
Fotostream 306
Fotos umbenennen 78
Fragezeichen-Symbol 19
Freigabeoptionen 471
Freistellen
  Beleuchtung aus 258
  Freistellungsüberlagerung 255
  Lightroom mobile 440
  Seitenverhältnis 257
  Werkzeugüberlagerung 256
Freistellungsüberlagerung 255, 259
  Tastaturbefehl 259
Fünf-Sterne-Bewertung 57

G

Gedämpfte Beleuchtung 108
Gegenlicht 167, 248
  Schatten aufhellen 188
Gegenlichteffekt 229
Gerade-ausrichten-Werkzeug 259

Stichwortverzeichnis

Gesichtserkennung 74
   Benannte Personen 75
   Unbenannte Personen 75
Globale Korrekturen 180
Gradationskurve 223, 231
Graukarte 155
Grauverlaufsfilter 193
Grundeinstellungen-Bedienfeld 144
   Reglerwirkung 144
   Reihenfolge 175
   Überblick 144

H

Hautretusche 189
Haut weichzeichnen 191
HDR-Bild erstellen 240
   Geistereffektbeseitigung 242
Helligkeit senken 163
Hilfslinien 110
Himmel abdunkeln 193
Hinzufügen (Import) 30
Histogramm-Bedienfeld, 165
Hochkontrasteffekt 215
Horizont begradigen 259
HSL-Bedienfeld 210

I

Importieren 17
   als DNG kopieren 33, 40
   Bilder groß begutachten 32
   Copyright hinzufügen 106
   Dateien umbenennen 34, 102, 105
   einzelne Fotos auswählen 32
   Hinzufügen 30
   Importoptionen 37
   Importquelle 31
   Importvorgaben 36
   in vorhandene Ordner 25
   Kopie 33
   mehrere Fotos auswählen 32
   Metadaten hinzufügen 106
   mögliche Duplikate nicht importieren 30
   Smart-Vorschauen erstellen 33
   Speicherziel 34
   Stichwörter anlegen 33
   Verschieben 33
   von der Kamera (Einsteiger) 29
   von der Kamera (Fortgeschrittene) 31
   von externer Festplatte 26
   Voreinstellungen 37
   während des Importvorgangs anwenden 33
   Ziel-Ordner 34
Importieren-Fenster 26, 31
   Kompaktansicht 36
Importoptionen 37
Importvorgaben 36
Internetgalerie einrichten 470
IPTC 115
IPTC-Copyright 107

J

JPEG-Format 146

K

Kalibrierung-Bedienfeld 284
Kalibrierungsgerät 398
Kamera-Anpassung 149
Kamera-App 422, 450
   Belichtungskorrektur 451
   Dateiformate 451
   Effekte 452
   HDR-Modus 453
Kamerakalibrierung 284
Kataloge 50
   erstellen 51
   exportieren 118
   importieren 120
   migrieren 118
   reparieren 121
   sichern 52
   Speicherort 52
   Speicherort finden 122
   zusammenführen 50
Katalogeinstellungen 39
KelbyOne.com 475
Klarheit 168, 215
Kommentare-Bedienfeld 471
Kompaktansicht beim Importieren 36
Kontaktbögen 366
Kontrast 164, 167
   hoher (Effekt) 215
Kopie (Import) 33
Korrekturpinsel 180, 186, 237
   Auswahl anpassen 183
   Bearbeitungspunkt 181, 186, 192
   Bearbeitungspunkt löschen 183
   Bereichsmaske 199
   Dichte 186
   Effekt zurücksetzen 180
   Pinsel anpassen 185
   Pinselgröße ändern 181
   Porträtretusche 189
   Wirkung ein- und ausblenden 186
Kreativprofil 206
   Stärke regeln 207

L

Landschaftsfoto
   Aufnahme 458
Layoutüberlagerung 98
   Deckkraft ändern 101
   Photoshop 98
Lichter 166
Lichterbeschneidung 165
Lichtpunkt erzeugen 184
Lichtstrahl erzeugen 236
Lightroom CC 12
   als Desktop-Version 454
   für Mobilgeräte (siehe Lightroom mobile) 422
Lightroom Classic CC 12
   Arbeitsablauf von Scott Kelby 458
Lightroomkillertips (Website) 228, 474
Lightroom mobile
   Alben 425, 426
   Alben teilen 442
   Alben verwalten 428
   automatisch Fotos hinzufügen 426
   Bearbeitungen-Bedienfeld 433
   Benutzeroberfläche 423

Stichwortverzeichnis

Bilder bearbeiten 432
Bilder bewerten 430
Bildreihenfolge anpassen 427
einrichten 424
Einstellungen übertragen 438
Entwicklungseinstellungen zurücksetzen 435
Entwicklungsprofile 432
Entwicklungsvorgaben 437
Flach-Ansicht 427
freistellen 440
Freistellungsüberlagerung 441
Kamera-App 422, 450
lokale Korrekturen 436
Metadaten anzeigen 429
Objektivkorrekturen 439
Ordner 427
Regler zurücksetzen 434
Sammlungen 425
Sammlungssätze 427
Segmentiert-Ansicht 427
sicherer Modus 448
Suchfunktion 448
synchronisieren 422
Überbelichtungswarnung 433
Vorher-Nachher-Vergleich 436
Weißabgleich 434
zuschneiden 440
Lightroom-Oberfläche 41, 125
 Anwendungsleiste 41
 Bedienfeldbereiche 41
 Filmstreifen 41
 Module 41
 Tastaturbefehle 42
 Vorschaubereich 41
Lightroom-Veröffentlichungsmanager 304
Lokale Korrekturen 180
 Bereichsreparatur 264
 Bereichsreparatur-Werkzeug 189
 Flecken entfernen 264
 Radial-Filter 201
 Rote-Augen-Korrektur 267
 Staub entfernen 264
 Verlaufsfilter 193

Look 206
Ircat-Datei 52, 91
Luminanzbereichsmaske 197, 199
Lupenansicht 43, 126
 anpassen 126
 Tastaturbefehl 126
Lupeninformationen 126
Lupenüberlagerung 99, 110

M

Markiert-Flagge 56
Maskenüberlagerung 184
 anzeigen 181
Maskieren
 beim Schärfen 280
Matt-Look 223
Metadaten 39, 115
 Bildunterschrift 116
 Copyright 106
 Metadatenvorgabe 106
 Metadatenvorgaben bearbeiten 107
 XMP-Filialdatei 39
Metadaten-Bedienfeld 115
Metadaten in Datei speichern 39, 117, 129
 Tastaturbefehl 39
Metadatenvorgabe
 bearbeiten 107
 erstellen 106
Miniaturengröße
 im Import-Fenster 32
 verändern 43
Module 41
 Tastaturbefehle 41
Mögliche Duplikate nicht importieren 30
Monitore
 zweiter 133
Montage (Photoshop) 314
Musik-Bedienfeld 417

N

Nachbelichten 180
Nachher-Ansicht 157
 Tastaturbefehl 157
Navigator 253
Navigator-Bedienfeld 43
Nebelbild verbessern 170
Nicht gespeicherte Metadaten 129

O

Objektivkorrekturen 268
 Mit Hilfslinien 272
 Profile 268
 Zuschnitt beschränken 269
Objektivkorrekturen-Bedienfeld
 Vignettierung 212
Objektivprofil 235, 268
Objektiv-Vignettierung 212, 276
 Betrag 276
 Farbpriorität 213
 Farbüberlagerung 213
 hinzufügen 212
 Lichterpriorität 213
 mit Freistellen 213
 Mittelpunkt 276
 weiche Kante 214
Online-Fotosession 446
Online-Kurs 475
Ordner 22, 29
 Bildorganisation 22
 fehlende Ordner suchen 86
Ordner-Bedienfeld 19, 48
Original- & Smart-Vorschau 35

P

Panorama erstellen 233
 automatisches Freistellen 234
 Objektivprofil 235
 Projektion 233
 Randverkrümmung 234
Personen-Ansicht 75
Perspektivkorrektur 268, 272

Stichwortverzeichnis

Photoshop 98, 313
  Aktion erstellen 320
  Aktion in Droplet umwandeln 325
  Dateien übergeben 312
  für Lightroom-Nutzer 474
  Montage 313
  Rahmen erstellen 320
  Voreinstellungen in Lightroom 312
Pinsel
  Größe ändern 265
PNG-Format 98
Porträtretusche 189
  Deckkraft 190
  Haut weichzeichnen 191
Posterbild festlegen 410
Profil 147
Profil-Ausklappmenü 148
Profil-Browser 149, 206
  Favoriten auswählen 150
  Miniaturengröße anpassen 150
Profilkorrekturen aktivieren 268
Protokoll-Bedienfeld 253
  Voreinstellungen 254

Q

QuickInfos 128

R

Radial-Filter 201, 229
  Bereichsmaske 199
  drehen 202
  entfernen 202
  oval aufziehen 201
  rund aufziehen 201
  Tastaturbefehl 201
  umkehren 203, 229
Rahmen
  in Photoshop erstellen 320
Randabdunklung → Vignettierung
Raster 110
  Deckkraft ändern 110
Rasteransicht 44, 128
  anpassen 128
  Erweiterte Zellen 128, 130

  farbige Rasterzellen 128
  Kompakte Zellen 128, 131
  Rasteroptionen anzeigen 131
  Zelle 44
  Zellsymbole 129
Rauschen 248, 250
  Farbrauschen 250
  Helligkeitsrauschen 250
  lokal reduzieren 188
  Rauschreduzierung 250
Rauschreduzierung 250
RAW-Datei
  als DNG speichern 302
RAW-Format 146
  Profil im Entwickeln-Modul 147
RAW-Profil 149
Referenzansicht 158
Retusche 261
  Bereichsreparatur 261
  Flecken entfernen 261
Rote-Augen-Korrektur 267

S

Sammlungen 48
  ausgewählte Fotos einschließen 59
  löschen 55
  mit Mobilgerät synchronisieren 425
  Sammlung erstellen 53
  Schnellsammlung 111
  über das Internet teilen 470
  Zielsammlung 113
Sammlungen-Bedienfeld 48
Sammlungssatz 49
  erstellen 53
  löschen 55
Sättigung 169
Schärfen 278
Scharfzeichnen
  abstellen 280
  Ausdruck schärfen 392
  Betrag 279
  Details-Bedienfeld 278
  Maskieren 280
Schatten
  lokal aufhellen 188

Schatten aufhellen 167
Schlanker machen 192
Schnappschuss 254
Schnappschüsse-Bedienfeld 254
Schnellsammlung 111
  Bild hinzufügen 129
  Schnellsammlungsmarker 111
  speichern 112
  Tastaturbefehl 111
Schwarz 160
Schwarzpunkt 160
Schwarzweiß 218
  als Profil 220
  Duoton 222
  Einstellungen zurücksetzen 222
  geeignete Bilder finden 220
  Körnung 221
  Schwarzweißmischung 219
Sicherungskopie 90, 121
Smart-Sammlung 66
  bearbeiten 67
  erstellen 66
Smart-Vorschau 281
Smart-Vorschauen
  erstellen 35
Solomodus 132
Sonnenstrahlen
  erzeugen 236
  verstärken 230
Speichern 288
Speicherort 19
Speicherziel 34
Spotlicht 201
Stapel
  Gesichtserkennung 76
  nach Aufnahmezeit stapeln 69
  Tastaturbefehl 68
Staub entfernen 264
  Bereichsreparatur-Werkzeug 264
Sternebewertung 56
Stichwörter 70
  auswählen 71
  festlegen 70, 129
  hinzufügen 71
  löschen 72

Stichwortverzeichnis

Stichwortliste-Bedienfeld 72
Stichwortsätze 71
Stichwort-Tag erstellen 73
Unterstichwörter 72
Stichwortliste-Bedienfeld 72
Straßen nass aussehen lassen 244
S/W-Bedienfeld 218

T

Teiltonung 222
Temp. (Temperatur) 152
Tethered Shooting 94
 Canon 96
 große Miniaturen 96
 Kamera anschließen 94
 Nikon 96
 Tastaturbefehl 97
 Tether-Aufnahme starten 94
 über Lightroom mobile 446
 Weißabgleich 155
Tether-Fenster verkleinern 95
Tiefen 167
Titel-Bedienfeld 416
Tonsignal 38
Tonung 152
Tonwertkorrektur 160
Tonwertumfang 242
Transformieren-Bedienfeld 192, 260, 269, 272

U

Überbelichtung 165
Überblendung (Photoshop) 314
Übersicht 64, 134
Upright 260, 269
User Presets 224

V

Vergleichen 64
Verlaufsfilter 193
 gerade aufziehen 193
 lokal anpassen 195
 Tastaturbefehl 193

Veröffentlichen 304
 Flickr 304
 Fotostream 306
 Kommentare-Bedienfeld 307
Veröffentlichungsdienste-Bedienfeld 304
Verschieben (Import) 33
Verschlanken 192
Videodateien einschließen 419
Videos
 abspielen 408
 bearbeiten 412, 413
 Einzelbild erfassen 411
 Entwicklungsvorgabe anwenden 414
 exportieren 419
 importieren 408
 kürzen 408
 Posterbild festlegen 410
 Qualität 419
 Videoformat 419
 Vorschaubild festlegen 410
 zum Film zusammenfügen 415
 zuschneiden 409
Vignette erzeugen 201
Vignette nach Freistellen 275
Vignettierung
 entfernen 275
 Farbpriorität 213
 Farbüberlagerung 213
 hinzufügen 212
 Lichterpriorität 213
 mit Freistellung 213
 Objektivkorrekturen 275
 Objektiv-Vignettierung 276
 weiche Kante 214
Virtuelle Kopie 208
 anlegen 208
 löschen 209
 zurücksetzen 209
Vollbildansicht 45
Vom Datenträger löschen 57
Voreinstellungen
 Dateiverwaltung 40
 externe Bearbeitung 312
 zurücksetzen 123

Vorgaben
 zum Download 15
Vorgaben-Bedienfeld 224
Vorher-Ansicht 157
 Tastaturbefehl 157
Vorher-/Nachher-Darstellung 157
Vorher-Nachher-Vergleich
 in Lightroom mobile 436
Vorschauen erstellen 27
 1:1 28
 Eingebettete und Filialdateien 28
 Minimal 27
 Standard 28

W

Während des Importvorgangs anwenden 33, 107
Wasserzeichen 296
 bearbeiten 296
 Editor 296
 Effekte 297
 Grafik 298
 Text 296
Website
 KelbyOne.com 475
 Lightroomkillertips 228, 474
 Scott Kelby 12
Weiß 160
Weißabgleich 151
 automatisch 152
 beim Tethered Shooting 155
 Graukarte 155
 kreativ nutzen 154
 lokal anpassen 183, 187
 Temperatur 152
 Tonung 152
Weißabgleichauswahl 153
 automatisch abschalten 154
 Lupe anzeigen 153
 Tastaturbefehl 153
 Vorschau 154
Weißpunkt 160
Werkzeugleiste
 ein- und ausblenden 44
Winkel-Regler 259

Stichwortverzeichnis

X

XMP-Filialdatei 117, 302
    Änderungen automatisch
        speichern 117
    exportieren 302

Z

Zelleninformation ändern 130
Zellsymbole 129
Zielsammlung 113
    festlegen 113
Zurücksetzen 253
Zusatzmodul
    deaktivieren 123

Zuschneiden 255
    Beleuchtung aus 258
    Freistellungsüberlagerung 255
    Lightroom mobile 440
    Seitenverhältnis 257
    Werkzeugüberlagerung 256
Zweiter Monitor 133
    Optionen 134
    Vorschau 136

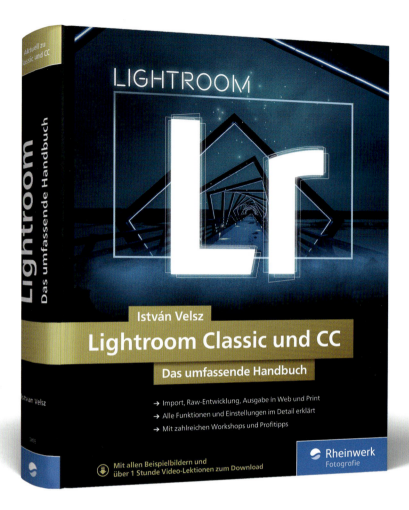

István Velsz

Lightroom Classic und CC
Das umfassende Handbuch

Dieses umfassende Handbuch zu Lightroom Classic und CC lässt keine Frage offen! Sie erfahren, wie Sie Ihre Bildbestände sinnvoll archivieren und verwalten, Raw-Bilder umwandeln und bearbeiten, Ihre Bilder ansprechend präsentieren, veröffentlichen und drucken. Schritt-für-Schritt-Anleitungen erleichtern den Einstieg in die Arbeit mit Lightroom.

996 Seiten, 49,90 Euro, ISBN 978-3-8362-5893-7
www.rheinwerk-verlag.de/4478

Marion Hogl
Digitale Fotografie

Wolfgang Rau
Recht für Fotografen

Die umfassende Fotoschule für Technik, Bildgestaltung und Motive

Lernen Sie das Fotohandwerk von der Pike auf, und beherrschen Sie die großen Themen der Fotografie: Kameratechnik, Belichtung, Scharfstellen, Blitzen, Objektivkunde etc. Lernen Sie außerdem, Motive in den verschiedensten Situationen zu erkennen und vollendet in Szene zu setzen. So werden Sie zum Meister!

708 Seiten, gebunden, 2. Auflage, 39,90 Euro, ISBN 978-3-8421-0324-5
www.rheinwerk-verlag.de/4515

Der Ratgeber für den fotografischen Alltag

Wolfgang Rau erklärt anhand zahlreicher Beispiele Ihre Rechte und Grenzen beim Fotografieren! Ob es um Fotos von Natur, Architektur oder Menschen geht, um das Urheberrecht oder die Panoramafreiheit – alles wird kompetent und verständlich erklärt.

477 Seiten, gebunden, 3. Auflage 2017, 39,90 Euro, ISBN 978-3-8362-4527-2
www.rheinwerk-verlag.de/4375

André Giogoli
Schwarzweiß-Fotografie
Die große Fotoschule

Gewinnen Sie einen anderen Blick auf Motive, ein besseres Verständnis der Fototechnik und mehr Kontrolle über Ihr Bild von der Aufnahme bis zum Druck. Dieses Buch zeigt Ihnen, wie Sie mit analoger sowie digitaler Technik zu gelungenen, modernen Schwarzweiß-Fotos kommen.

322 Seiten, gebunden, 39,90 Euro
ISBN 978-3-8362-1962-4
www.rheinwerk-verlag.de/3181

Harald Franzen
Bildgestaltung
Die Fotoschule in Bildern

Der Fotojournalist Harald Franzen zeigt Ihnen, wie Sie das Beste aus den Motiven machen, die sich Ihnen jeden Tag bieten. Sie lernen, wie Sie bewusst Motive mithilfe von Linien, Formen, Licht, Farbe, Zeit u. v. m. inszenieren. Viele inspirierende Fotos, deren Entstehungsgeschichten und Aufnahmedaten sowie erläuternde Skizzen und Vergleichsbilder veranschaulichen Ihnen alle Aspekte der Bildgestaltung – Bild für Bild!

315 Seiten, broschiert, 2. Auflage, 34,90 Euro, ISBN 978-3-8362-4463-3
www.rheinwerk-verlag.de/4308

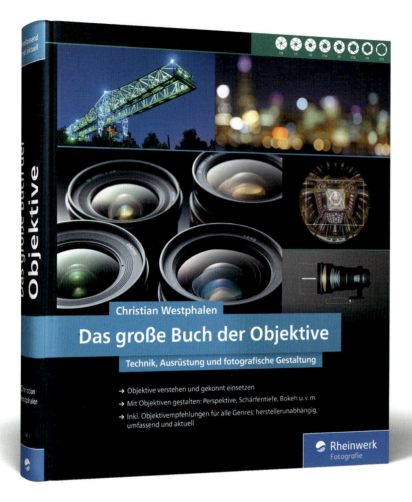

Christian Westphalen

Das große Buch der Objektive
Technik, Ausrüstung und fotografische Gestaltung

Das Objektiv ist die bessere Hälfte Ihrer Kamera! Das neue Buch von Christian Westphalen zeigt Ihnen herstellerunabhängig alles, was Sie über Objektive wissen müssen: von der grundlegenden Technik über Schärfe, Abbildungsfehler und Bokeh bis hin zur Bildgestaltung mit den verschiedenen Objektivtypen. Erfahren Sie, wie Sie Ihren »Fuhrpark« sinnvoll erweitern, alte Objektive einschätzen, Ihre Linsen pflegen, und lassen Sie sich von kreativen Bastellösungen inspirieren. Alles, was Sie je zu Objektiven wissen wollten, finden Sie in diesem Buch!

400 Seiten, 49,90 Euro, ISBN 978-3-8362-5851-7
www.rheinwerk-verlag.de/4464

Brokbals, Färber, Fuchs, Guthier, Kloess, von Kuhwede, Mans, Rothmund, Vogel

Das authentische Porträt

Menschen fotografieren – emotional, nah, direkt! Mehr als 150 Aufnahmen führen Ihnen vor Augen, wie verschiedene Fotografen authentische Bilder vom Menschen schaffen. Porträts, die eine Spannung zwischen dem Betrachter und der abgebildeten Person aufbauen – Bilder, die echt und unmittelbar wirken. Welche Porträts berühren Sie und lassen Sie nicht mehr los? Lassen Sie sich von den unterschiedlichen fotografischen Stilen und Techniken inspirieren und sammeln Sie Ideen für Ihre nächsten Porträtshootings!

303 Seiten, gebunden, 39,90 Euro, ISBN 978-3-8362-4325-4
www.rheinwerk-verlag.de/4225

Maike Frisch, Florian Frisch, Aline Lange, Norma mi Sol, Steffi von der Heid

Babys, Kinder und Familie
Die Fotoschule in Bildern

Dieses Buch zeigt Ihnen, wie moderne Familienfotografie heute geht: von behutsam inszenierten Neugeborenenfotos über authentische Kinderporträts bis hin zum neu interpretierten Klassiker fürs Familienalbum. Egal, ob Sie Ihre eigenen Kinder fotografieren oder ein Familienporträt im Reportagestil machen wollen – Sie lernen, wie dabei Bilder von echten Menschen mit echten Gefühlen entstehen. Ungekünstelt, liebevoll und voller Leben. Lassen Sie sich von den unzähligen Bildern inspirieren und profitieren Sie von zahlreichen Tipps aus der Praxis!

310 Seiten, gebunden, 34,90 Euro
ISBN 978-3-8362-4026-0
www.rheinwerk-verlag.de/4055

Hans-Peter Schaub
Naturfotografie
Die große Fotoschule

In diesem Buch lernen Sie alles, was Sie über die Naturfotografie wissen möchten! Der erfahrene Naturfotograf Hans-Peter Schaub führt Sie in die heimischen Landstriche und zeigt Ihnen, dass überall um Sie herum Naturmotive zu finden sind – egal, ob Sie bevorzugt Landschaften, Tiere oder Pflanzenmakros fotografieren. Dieses Buch inspiriert Sie mit wunderschönen Bildern zu Ihren eigenen Fotografien und liefert Ihnen wichtige Praxistipps, damit Sie im richtigen Moment bei bestem Licht auslösen können!

415 Seiten, gebunden, 3. Auflage, 39,90 Euro, ISBN 978-3-8362-5910-1
www.rheinwerk-verlag.de/4492

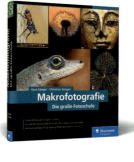

Kyra Sänger, Christian Sänger
Makrofotografie
Die große Fotoschule

Ob im Garten, im Zoo oder im Heimstudio – Kyra und Christian Sänger zeigen Ihnen, wie faszinierende Makroaufnahmen gelingen. Sie geben Ihnen zahlreiche Tipps rund um Ausrüstung, Fototechnik und Bildbearbeitung. Lassen Sie sich auch von den vielen Ideen und Bildbeispielen inspirieren.

348 Seiten, gebunden, 39,90 Euro
ISBN 978-3-8362-4542-5
www.rheinwerk-verlag.de/4380

Markus Botzek, Frank Brehe
Abenteuer Naturfotografie
Auf Fotopirsch mit Botzek und Brehe

Nebeldampfende Seen im Morgengrauen, goldenes Abendlicht über schroffen Felsen, ein Fuchs, der durch den nächtlichen Wald schnürt ... All das ist unsere wilde Heimat Deutschland. Zwei gestandene Naturfotografen nehmen Sie mit auf ihre Touren – Erlebnis garantiert und fotografisches Know-how inklusive.

397 Seiten, gebunden, 39,90 Euro
ISBN 978-3-8362-4592-0
www.rheinwerk-verlag.de/4403

Bastian Werner
Fotografieren mit Wind und Wetter

Nutzen Sie das Wetter gezielt für die eigene Fotografie! Bastian Werner zeigt Ihnen, wie Sie allgemein zugängliche Wetterdaten lesen und interpretieren. Ob Regen, Nebel, Raureif, Polarlichter oder Gewitter: Treffen Sie für Ihre Wunschgegend Vorhersagen und fotografieren Sie, wenn das Wetter zu Ihrem Motiv passt!

356 Seiten, gebunden, 39,90 Euro
ISBN 978-3-8362-4222-6
www.rheinwerk-verlag.de/4176